U0640700

中华传世藏书

【图文珍藏版】

孔子家语通解

[春秋]孔子⊙原著
马博⊙主编

线装书局

【原文】

孔丘有言曰:“推贤而戴者进,聚不肖而王者退。”[史记商君列传]

【释义】

孔子有句话说:“举用贤能之士,爱国忧民的能士会前来;任用不贤能的人,会使成就王业的人隐退。”

【原文】

故云(龟)神至能见梦于元王,而不能自出渔者之笼。身能十言尽当,不能通使于河,还报于江。贤能令人战胜攻取,不能自解于刀锋,免剥刺之患……孔子闻之曰:“神龟知吉凶,而骨直空枯。”[史记龟策列传]

史斿父鼎

【释义】

所以说,龟之神明,能托梦见元王,但不能自己逃出渔夫的笼中,自己说什么都灵验,但不能完成通使大河的使命,还报于江神。能力可使人战必胜,攻必取,而自己却不能从刀下逃脱。免受割剥之灾……孔子听说了有关神龟的事,说:“神龟能预知吉凶,可是骨头是直的,中间是干的。”

【原文】

孔子曰:“六艺于治一也。《礼》以节人,《乐》以发和,《书》以道事,《诗》以达意,《易》以神化,《春秋》以义。”[史记滑稽列传]

【释义】

孔子说："六经对于治理国家来说，有着共同的作用。《礼经》可以规范人的行为，《乐经》可以引导人和谐融洽，《书经》可以使人借鉴效法往事，《诗经》可以表达情感，《易经》可以预测天地的神奇变化，《春秋》可以使人明白大义。"

【原文】

子曰："我欲载之空言，不如见之行事之深切著明也。"［史记太史公自序］

【释义】

孔子说："如果只讲空话是无用的，不如举出具体的人和事来证明是非得失，这样更加透彻。"

【原文】

子华子反自郯，遭孔子于途，倾盖而顾，相语终日，甚相欢也。孔子命子路曰："取束帛以赠先生。"子路屑然而对曰："由闻之，士不中闲见，女嫁无媒，君子不以交礼也。"子曰："固哉！由也，《诗》不云乎？'有美一人，清扬婉兮。邂逅相遇，适我愿兮。'今程子天下之贤士也，于斯不赠，则终身弗能见也。小子！行之。"［子华子孔子赠］

【释义】

程子从郯地回来，在路上遇到孔子，两人倾车相看，畅谈终日，非常高兴。孔子命子路道："拿束帛来赠给先生。"子路很在意地回答说："我听说，男人没有中介而见面，女子没有媒人而出嫁，君子不认为是礼仪之交。"子说："太固执了！子由，《诗经》上不是说了吗？'有位美人站在那里，眉清目秀气度婉约。不期相遇漫漫长道，正好畅谈我心寂寥。'当今,程子乃天下贤达之士,如果今天不能有所馈赠,可能终生不会再见。你这小子!拿束帛来。"

【原文】

夫子曰:车唯恐地之不坚也,舟唯恐水之不深也。有其器则以人之难为易。夫道,以人之难为易也。[尸子劝学群书治要引]

【释义】

夫子说:"有车唯恐道路不坚硬,有船唯恐水积不深厚,有车、船之器就不惧坚、深;人有了器量才德就能把他人难能的变为易行的。这说的就是他人的难能,在自己这里就易行。"

【原文】

孔子曰:自娱于隐括之中,直己而不直人。以善废而不邑邑,蘧伯玉之行也。[尸子劝学群书治要引]

【释义】

孔子说:"在道德规范中自我作乐,修养提高自己而不匡正苛求他人,有才德而被废置不用,却能不郁郁寡欢,这就是蘧伯玉的高行。"

【原文】

孔子曰:大哉!河海乎下之也。夫河下天下之川,故广;人下天下之士,故大。[尸子明堂群书治要引]

【释义】

孔子说：伟大啊！黄河沧海谦虚居下。黄河能够居于天下百川之下，所以非常广阔；人能够礼下天下之士，所以能成就其大。

【原文】

孔子曰：临事而惧，希不济。［尸子发蒙群书治要引］

【释义】

孔子说：遇到事情就谨慎戒惧，很少有不成功的。

【原文】

郑简公谓子产曰："饮酒之不乐，钟鼓之不鸣，寡人之任也。国家之不乂，朝廷之不治，与诸侯交之不得志，子之任也。子无入寡人之乐，寡人无入子之朝。"自是已来，子产治郑，城门不闭，国无盗贼，道无饿人。孔子曰：若郑简公之好乐，虽抱钟而朝可也。［尸子治天下群书治要引］

【释义】

郑简公对子产说："饮酒不能尽兴，钟鼓不能长鸣，这是我的责任；国家不能治，朝廷不能理，与诸侯交往不能如意得志，这是你的责任。你不要干预我为君的快乐，我也不干预你的朝政。"自从这样以后，子产治理郑国，城门不用关闭，国内没有盗贼，道路上没有饥饿的人。孔子说：像郑简公那样爱好音乐，即使是抱着钟听理朝政都可以。

【原文】

孔子曰：欲知则问，欲能则学，欲给则豫，欲善则肄。国乱则择其邪人去之，则国治矣。胸中乱则择其邪欲而去之，则德正矣。[尸子处道群书治要引]

【释义】

孔子说：想知道就得请教，想会就得学，想富足就得预先准备，想有善德就得修习。国家昏乱，就选择那些奸邪之人把他们抛弃，那么国家就有序了；胸中杂乱就选择那些邪恶的欲望把它们抛弃，那么德行就纯正了。

【原文】

孔子曰：君者盂也，民者水也。盂方则水方，盂圆则水圆。上何好而民不从？[尸子处道群书治要引]

【释义】

孔子说：君王就像盂，民众就像是水。盂是方的水也就方了，盂是圆的水也就圆了。君王有什么喜好民众不模仿趋从呢？

【原文】

仲尼曰：得之身者得之民，失之身者失之民。不出于户而知天下，不下其堂而治四方，知反之于己者也。[尸子处道群众治要引]

【释义】

孔子说：自身先做好，民众也就做好了；自身过失了，民众也就有所失误了。不出家门却能知天下，不下堂屋却能治理四方，那是因为返身及物，推己及人。

【原文】

孔子谓子夏曰:商,汝知君之为君乎?子夏曰:鱼失水则死,水失鱼犹为水也。孔子曰:商,汝知之矣。[尸子君治诸子彙函引]

【释义】

孔子对子夏说:卜商,你知道君怎样才能成为君吗?子夏回答说:鱼离开水就死了,水离开鱼还是水。孔子说:卜商,你是明白了。

【原文】

孔子至于胜母,暮矣,而不宿;过于盗泉,渴矣,而不饮,恶其名也。[尸子文选陆机猛虎行注引]

【释义】

孔子走到胜母,已经傍晚了,但他也不进去过夜;经过盗泉的时候,口渴了,但他也不喝那泉水。只是因为他讨厌这类不好的名称。

【原文】

昔周公反政,孔子非之曰:周公其不圣乎?以天下让,不为兆人也。[尸子长短经惧诫引]

【释义】

往昔周公返政给成王,孔子指责他说:周公大概不能成为圣人吧!他把天下让给成王是不为万民着想。

【原文】

孔子曰:诵《诗》读《书》与古人居,读《书》诵《诗》与古人谋。[尸子意林一引]

【释义】

孔子说:诵《诗》读《书》就像与古人生活在一起,读《书》诵《诗》就像与古人谋划一样。

【原文】

子贡问孔子曰:古者黄帝四面,信乎?孔子曰:黄帝取合己者四人,使治四方,不谋而亲,不约而成,大有成功,此之谓四面也。[尸子御览七十九又三百八十五引]

【释义】

子贡问孔子说:古时候黄帝有"四面",是真的吗?孔子说:黄帝选取与自己相合的四个人,使他们治理四方,不用谋划他们就亲附,不用相约就能诚信,成就了伟大的功业,这就是所说的"四面。"

【原文】

鲁哀公问孔子曰:鲁有大忘徙而忘其妻,有诸?孔子曰:此忘之小者。昔商纣有臣曰王子须务,为谄,使其君乐须臾之乐而忘终身之忧,弃黎老之言而用姑息之谋。[尸子御览四百九十引]

【释义】

鲁哀公问孔子道:人说我们鲁国有健忘的糊涂虫连自己的妻子都忘了,有这样的事吗?孔子回答说:这忘的还是小的呢。往昔商纣王有臣叫王子须务,他以谄媚之道侍奉他的君王，使他的君王贪享一时的快乐却忘了终身的大忧，遗弃老人的经验却信用妇人小孩的策谋。

【原文】

孔子曰：诎寸而信尺，小枉而大直，吾为之也。（尸子御览八百三十引）

【释义】

孔子说：委屈退让一寸却能伸长一尺，小弯曲却能换来大的平直，我是肯做这样的事的。

【原文】

仲尼志意不立，子路侍；仪服不修，公西华侍；礼不习，子贡侍；辞不辨，宰我侍；亡忽古今，颜回侍；节小物，冉伯牛侍。曰：吾以夫六子自励也。[尸子广博物志二十引]

【释义】

孔子意志不坚定时，子路陪坐；仪表服饰不修整时，公西华陪坐；礼仪不修习时，子贡陪坐；言辞不利辩时，宰我陪坐；古今之事模糊不清时，颜回陪坐。孔子说：我用这六个弟子激励自己。

【原文】

鲁人所学，谓之鲁论；齐人所学，谓之齐论；孔壁听得，谓之古论。[七略别录皇侃论语疏叙引]

【释义】

鲁人学习的，称为鲁论；齐人学习的，称为齐论；孔壁中听到的，称为古论。

【原文】

（孔子三朝记七篇）孔子见鲁哀公问政，比三朝退，而为此记。故曰三朝。凡七篇，并入大戴礼。［七略别录史记五帝本纪索隐引］

【释义】

（孔子三次朝见写七篇）孔子见鲁哀公，哀公问政，三次朝见后退，记述七篇。因此称三朝。共七篇，并进大戴礼。

【原文】

（孝经古孔氏一篇）庶人章分为二也，曾子敢问章为三，又多一章，凡二十二章。［七略别录汉书艺文志注引〇今从玉函山房辑佚书收入此篇］

【释义】

（孔壁古文孝经一篇）庶人章分为二部，曾子敢问章为三部，又多了一章，共二十二章。

【原文】

孔子生于鲁襄公二十二年。《续博物志二》

【释义】

孔子在鲁襄公二十二年时出生。

【原文】

有鸟九尾，孔子与子夏见之。人以问，孔子曰："鸧也。"子夏曰："何以知之？"孔

子曰："河上之歌云：'鸰兮鸰兮！逆毛衰兮！一身九尾长兮！'"［冲波传绎史孔子类记四引］

【释义】

有一种鸟九只尾巴，孔子和子贡见过。有人问它是什么鸟，孔子说："是鸰。"子贡说："根据什么说是鸰？"孔子说："黄河边上的民歌唱：'鸰啊鸰，卷毛衰。一个身子啊，九个尾巴长。'"

【原文】

孔子使子贡，为其不来，孔子占之，遇鼎。谓弟子曰："古之遇鼎，皆言无足而不来。"颜回掩口而笑。孔子曰："回也哂，谓赐来也？"曰："无足者，乘舟而来至矣。"清旦朝，子贡果至，验如颜回之言。［卫波传艺文类聚七十一引］

【释义】

孔子派子贡出门办事，因为子贡没回来，孔子急着去占卜，得了鼎卦。他对学生们说："古人占卜遇到鼎卦，都说无脚不来。"颜回捂着嘴笑。孔子说："颜回呵！为什么笑？子贡回来吗？"颜回说："无脚的，乘船回来。"清晨朝见，子贡果然回来了，验证了颜回的话。

【原文】

孔子去卫适陈，途中见二女采桑。子曰："南枝窈窕北枝长。"答曰："夫子游陈必绝粮，九曲明珠穿不得，著来问我采桑娘。"夫子至陈，大夫发兵围之，令穿九曲珠乃释其厄。夫子不能，使回、赐返问之。其家谬言女外出，以一瓜献二子。子贡曰："瓜子在内也。"女乃出，语曰："用蜜涂珠，丝将系蚁，蚁将系丝，如不肯过，用烟熏之。"子依

其言，乃能穿之，于是绝粮七日。[冲波传绎史孔子类记一引]

【释义】

孔子离开卫国到陈国去，道上看见两个少女采桑叶。孔子吟道："南枝细细北枝长。"少女答道："先生到陈必断粮，九曲明珠穿不上，到时来问采桑娘。"孔子到了陈国，陈君命大夫发兵包围孔子，命他只有穿上九曲珠子才可解除围兵。孔子穿不上，让颜回和端木赐返回去请教采桑女，他们家里人谎称少女外出了，给他俩一个瓜吃。子贡揶揄道："瓜子在里边。"少女只好出来，告诉说："用蜜糖抹珠子孔儿。丝线拴上蚂蚁，蚂蚁拖着丝线，若是蚂蚁不钻珠子的孔儿，就用烟熏它。"孔子照着采桑女说的，果真穿连上珠子了。因此只断粮七天就解了围。

【原文】

孔子相鲁之时，有神凤游集。至哀公之末，不复来翔。故云："凤乌不至，可为悲矣。"[拾遗记二]

【释义】

孔子当鲁国国相时，经常有凤凰光顾。到了哀公末年，凤凰不再飞来。所以说："凤凰不到，值得悲哀。"

【原文】

周灵王立二十一年，孔子生于鲁襄公之世。夜有二苍龙自天而下，来附征在之房，因梦而生夫子。有二神女，擎香露于空中而来，以沐浴征在。天帝下奏钧天之乐，列于颜氏之房。空中有声，言天感生圣子，故降以和乐笙镛之音，异于俗世也。又有五老列于征在之庭，则五星之精也。夫子未生时，有麟吐玉书于阙里人家，文曰："水

精之子，继衰周而素王。”故二龙绕室，五星降庭。征在贤明，知为神异，乃以绨绂系麟角，信宿而麟去。相者云：“夫子係殷汤，水德而素王。”至敬王之末，鲁定公二十四年，鲁人锄商田于大泽，得麟，以示夫子，系角之绂，尚犹在焉。夫子知命之将终，乃抱麟解绂，涕泗滂沱。且麟出之时，及解绂之岁，垂百年矣。［拾遗记三］

周灵王

【释义】

周灵王继位二十一年的时候，孔子在鲁国出生，正值鲁襄公二十二年。一天夜间，有两条苍龙从天而降，依附在征在卧室的房梁上，于是征在就做了一个梦，生了孔子。这时有二位仙女，手托香气四溢的露水，从空中冉冉而来，用馨香的露水淋洒在征在的头上、身上。天帝下令演奏天宫的仙乐，悠扬的乐声萦绕征在的房屋。空中有一个声音说道，上天感应而生圣人。因此才传来了和谐的簧管钟磬的乐声，可见孔子的降生有别于凡俗的世人。还有五位老者依次立于征在的庭院中，原来是金、木、水、火、土五大星神。在孔子未出生的时候，就有麒麟衔天书送到孔家住所，上面写的字是：“水神的儿子，为维系衰微的周朝来做素王。”所以才会有二条龙盘绕室内，五星神降落庭院。征在十分贤慧、明达，知道这些都是神灵显示吉兆，就用彩绣的丝带系在麒麟的角上，麒麟连宿两夜才离去。占卜的人说：“孔子是殷汤的后代，合于水德，具备当王的品行和学问，可是没有称王的地位。”到了周敬王末年，也就是鲁定公二十四年，鲁国人锄商到水浅草茂的大泽去打猎。获得一只麒麟，并牵来给孔子看，当年征在系在麒麟角上的腰带，依然完好无缺地系在那里。夫子知道生命将要终结，就怀抱麒麟解下丝带，泪流如雨。从麒麟出现的时候，到解下丝带这一天，将近一百年了。

【原文】

鲁国孔子庙中，夫子床前有石砚一枚，作甚古朴，盖夫子平生时物。［从征记初学记二十一引］

【释义】

鲁国孔夫子庙中，夫子的床前有一枚石砚，十分古朴，大概是孔子生平之物。

【原文】

昔鲁人有浮海而失津者，至于澶州，见仲尼及七十子游于海中。与鲁人一体杖，令闭目乘之，使归告鲁侯，筑城以备寇。鲁人出海，投杖水中，乃龙也。具以状告，鲁侯不信。俄而，群燕数万，衔土培城。鲁侯乃大城曲阜。迄，而齐寇至，攻鲁不克而还。［十六国春秋北凉录御览九百二十二引］

【释义】

过去，有个鲁国人浮游在海上找不到渡口，到了澶州岛，看见孔子和七十个弟子在水中游来。给他一支手杖，让他闭着眼睛跨上去，并让他回国告诉鲁君，要修筑城墙防备敌寇。鲁人出海上岸，把手杖扔到水里，竟化作一条龙。把情况报告给鲁国国君，国君不相信，过一会儿，成群的燕子有几万只，飞来衔泥筑墙。鲁君这才大力修整曲阜的城墙。后来，齐国侵略者果真到了。攻打鲁国，没攻下于是返回去了。

【原文】

意为鲁相，到官，出私钱万三千文，付户曹孔䜣修夫子车，身入庙，拭机席剑履。男子张伯除堂下草，土中得玉璧七枚，伯怀其一，以六枚白意。意令主簿安置几前。孔子教授堂下床首有悬瓮。意召孔䜣问："其何瓮也？"对曰："夫子瓮也。背有丹书。

人莫敢发也。"意曰:"夫子圣人,所以遗瓮,欲以悬示后贤。"因发之,中得素书,文曰:"后世修吾书,董仲舒;护吾车,拭吾履,发吾笥,会稽钟离意。璧有七,张伯藏其一。"意即召问伯,果服焉。[钟离意别传后汉书钟离意传注引]

【释义】

钟离意当上鲁地的执政官,到官府后,拿出自己的私钱一万三千文,交给户曹官孔䜣让他修理孔子乘过的车。自己又亲入孔庙,擦拭几案、座席、剑和鞋子。一个叫张伯的男人清除厅堂外的杂草,在土中捡到七枚玉璧,他把其中的一枚藏到怀里,把另六枚交给钟离意。钟离意让主簿把玉璧放到几案前边。在孔子教书的堂下床头悬挂一个瓦罐,钟离意招来孔䜣问:"这是谁的瓦罐?"答道:"是老先生的,后面还有红字,没有人敢打开。"钟离意说:"先生是圣人,之所以留下个瓦罐,想给后来的贤人看。"于是就打开了,里面有写着字的绢书,上写道:"后世篡改我书的人是董仲舒;保修我车的,擦我鞋的,打开我匣子的是钟离意。王璧有七枚,张伯藏一枚。"钟离意马上叫来张伯问,大家真佩服孔子的神异。

【原文】

孔子曰:"丘少而好学,晚而闻道,此以博矣。"[慎子御览六百七引]

【释义】

孔子说:"我少年时喜欢学习,老年时明白了真理,这也可以称为渊博了。"

【原文】

孔子云:"有虞氏不赏不罚,夏后氏赏而不罚,殷人罚而不赏,周人罚且赏。罚,禁也;赏,使也。"[慎子御览六百三十三]

【释义】

孔子说："虞舜时代不奖赏人也不惩罚人，夏代奖赏人而不惩罚人，殷代惩罚人而不奖赏人，周代既惩罚人又奖赏人。惩罚，是为了禁止；奖赏，是为了纵使。"

【原文】

甘罗曰："夫项橐七岁为孔子师。"[春秋后语御览四百四引]

【释义】

甘罗说："项橐七岁时做了孔子的老师。"

【原文】

孔子读书，老子见而问曰："是何书也？"曰："礼也，圣人亦读之。"老子云："圣人可也，汝曷复读之？"[神仙传御览六百十六引]

【释义】

孔子读书，老子看了问道："这是什么书？"孔子回答说："是有关礼方面的书，圣人也应该读。"老子说："圣人读它可以，你为什么读它呢？"

【原文】

阖闾使灵威丈人入洞，秉烛昼夜行，七十日不穷而返。启工曰："初入洞口，其隘伛偻，而入约数里，忽遇一石室，高可二丈，尝垂津液，内有石床枕研，石几上有素书三卷。"持回，上于阖闾，不识。使人问于孔子，孔子曰："此禹石函，文并神迁之事，言大道也。"王又令再入，经二十日却反。云："不似前也，唯上闻风浪声，又有异虫挠人扑火；石燕蝙蝠大如乌，前去不得，穴中高处照不见，颇多人马迹。"昔禹治水，过会稽，梦

人衣玄纁告云:“治水法在山北铟函中,并不死方。”禹得之藏于包山石室,灵威丈人所得是也。[震泽篇卷二古迹]

【释义】

阖闾派灵威老人入洞,(老人)持烛白天黑夜兼行,走了七十天也没走到尽头返回了。奏君王说:“刚进洞口的时候,道路狭窄,行了大约几里,忽然遇到一间石室,大约二丈高,往下滴液体,里面有石床枕砚,石几上三卷素书。”拿回后献于阖闾,认不出就派人问孔子,孔子说:“这是大禹的石函,文章记录神仙之事,言说大道。”君王派灵威老人再次进洞,经过二十天返回。说:“此次不像上次,上面只听到风浪的声音,又有奇异的虫子,还有大的燕和蝙蝠,阻碍道路,无法前进,洞穴中高处照不到,顶上多人马迹象。”从前大禹治水时,经过会稽,梦见穿红衣的仙人说:“治水的方法在山北边的铟函之中,并有长生不老之方。”大禹得到藏在包山石室中,灵威老人得到的就是这书。”

【原文】

赤雀者,王者动作应天时,则衔书来。一云:孔子坐玄扈洛水之上,衔丹书随至。[瑞应图艺文类聚卷九十九引]

【释义】

红雀,君王的行为顺应天时,它就衔书而至。一本书说:孔子在玄扈洛水时,红雀衔书随后到来。

【原文】

昔赵鞅杀鸣犊,仲尼临河而叹,自是而返曰:“丘之不济,命也。”夫《琴操》以为孔

子临狄水而歌矣，曰："狄水衍兮，风扬波。船楫颠倒，更相加。"[水经河水注]

【释义】

过去，赵鞅杀死鸣犊时，孔子面对黄河发出感叹，并从那里返回说："我不会渡过黄河，这可能是命运的安排。"《琴操》记述孔子面对狄水唱了一支歌，其中两句是：狄水激荡啊，大风扬波涛。船桨颠倒啊，更加难航行。"

【原文】

庙屋三闲：夫子在西闲，东向；颜母在中闲，南面；夫人隔东一闲，东向。夫子床前有石砚一枚，作甚朴，云平生时物也。[水经泗水注]

【释义】

孔子旧宅有三间屋子，孔子在窗向东的西间，孔母颜氏在窗向南的中间，夫人在窗向东的东间，孔子床前有一方石砚，做工很质朴说是平生一直都在用的物件。

【原文】

鲁人藏孔子所乘车于庙中，是颜路所请者也。献帝时，庙遇火烧之。永平中，钟离意为鲁相，到官，出私钱万三千文，付户曹孔䜣，治夫子车，身入庙，拭几席、剑履。男子张伯除堂下草，土中得玉璧七枚，伯怀其一，以六枚白意。意令主簿安置几前。孔子寝堂床首有悬瓮，意召孔䜣问：何等瓮也？对曰：夫子瓮也，背有丹书，人勿敢发也。意曰：夫子圣人，所以遗瓮，欲以悬示后贤耳。发之，中得素书。文曰：后世修吾书，董仲舒；护吾车，拭吾履，发吾笥，会稽钟离意；璧有七，张伯藏其一。意即召问伯，果服焉。[水经泗水注]

【释义】

鲁国人在孔庙里收藏着孔子曾坐过的车,这辆车是颜路请求借用的那辆车。汉献帝时遭遇一场火灾,车被烧坏了。永平年间,钟离意到鲁地当执政官。他到任后,自己掏钱一万三千文,交给户曹官孔䜣,修理孔子的车,又亲自到孔庙擦拭几案、座席、剑和孔子穿过的鞋。有个男人叫张伯清除堂外杂草时,从土里捡到七枚璧玉,他把其中一枚藏到怀里,把另六枚上交给钟离意。钟离意让主簿官把璧玉放到几案前边。孔子卧室的床头上悬挂一个瓦罐。钟离意招来孔䜣问:"谁的瓦罐?"回答说:"是先生的瓦罐,后面还有文字,没人敢打开。"钟离意说:"先生是圣人,留下这个瓦罐,是想给后来的贤人以警示罢了。"打开一看,得到一块写字的绢书。上写:"后世篡改我书的人是董仲舒;保护我车,擦拭我鞋,打开我匣子的人是会稽人钟离意;璧玉有七枚,张伯藏起一枚。"钟离意立即召唤张伯来问,大家真佩服孔子的神异。

【原文】

宓子贱之治也,孔子使巫马期观政。入其境,见夜渔者问曰:"子得鱼辄放,何也?"曰:"小者,吾大夫欲长育之故也。"子闻之曰:"诚彼形此,子贱得之善矣!"[水经泗水注]

【释义】

宓子贱大治,孔子派巫马期观察他的教化。到了他管辖的境内,看见打鱼人捕到鱼后又放掉,巫马期问打鱼人说:"你得到鱼却放掉它,是为什么呢?"打鱼人回答说:"小鱼,所以放掉它,季子希望它们长大。"巫马期回去报告这个情况,孔子说:"在这里教诫,便等于在那里执罚,季子的道德达到最高境界了!"

【原文】

孔子曰："刑乱及诸政，政乱及诸身。"［隋书刑法志］

【释义】

孔子说："刑法乱了就会波及政事，政事乱了就会波及人身。"

【原文】

孔子既叙六经以明天人之道，知后世不能稽同其意，故别立纬及谶以遗来世，其书出于前汉。［隋书经籍志］

【释义】

孔子述六经用来彰明天人之道，知道后世不能考校其用意，因此另立谶和纬遗留给后世，这书成于前汉。

【原文】

颜回子路共坐于夫子之门，有鬼魅求见孔子。子路失魄口噤不得言，颜渊乃纳履杖剑搦握其腰。于是形化为蛇。孔子欺曰：勇者不惧，智者不惑，智者必勇，勇者不必有智。［小说王仁俊孔子集语补遗引］

【释义】

颜回子路共同坐在孔子门口，有鬼魅请求见孔子。子路害怕闭口不能言，颜回则手拿宝剑放于腰间。鬼魅化为蛇。孔子说：勇敢的人不害怕，智慧的人不困惑，智慧的人一定勇敢，勇敢的人不一定有智慧。

【原文】

子曰:“滌杯而食,洗爵而饮,可以养家客,未可以饗三军。兕虎在后,隋珠在前,弗及掇珠,先避后患。闻雷掩耳,见电瞑目。耳闻所恶,不如无闻;目见所恶,不如无见。火可见而不可握,水可循而不可毁。故有象之属,莫贵于火;有形之类,莫尊于水。身曲影直者,未之闻也。用百人之所能,则百人之力举。譬若伐树而引其本,千枝万叶,莫能弗从也。”[金楼子立言下]

【释义】

孔子说:“洗了碗再盛饭吃,洗了杯子再斟酒喝,可以养家人待宾客,而不能招待三军将士。猛虎在身后,宝珠在眼前,不会先拾宝珠,而是先避身后的灾祸。听到打雷捂耳朵,看见闪电闭眼睛,因为耳朵听到所讨厌的不如不听,眼睛看到所讨厌的不如不看。火能够看见但不能握住,水可以因循但不能毁灭。所以有形象的东西没有比火更贵重的,有形体的东西没有比水更尊贵的。身子曲而影子直的,从来没有听说过。使用一百人的能力,那么一百人的力量就全部发挥。好比伐树的时候拉动树根,千枝万叶没有能不随着动的。”

【原文】

孔子冢在鲁城北,塋中树以百数,皆异种,鲁人世世无能名者。传言孔子弟子既皆异国之人,各持其国树来种之。孔子塋中至今不生荆棘草木。[金楼子志怪]

【释义】

孔子坟墓在鲁国都城北郊,坟茔里植树几百棵,都是不同的树种,鲁人世世代代都不能全叫出名来。传说孔子的学生都来自不同的诸侯国,各自把本国树种移植此

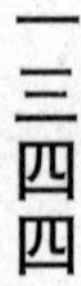

处。另外，孔子坟茔中至今不生荆棘刺草。

【原文】

孔子游舍于山，使子路取水。逢虎于水，与战，揽尾得之，内于怀中。取水还，问孔子曰："上士杀虎如之何？"子曰："上士杀虎持虎头。""中士杀虎如之何？"子曰："中士杀虎持虎耳。"又问："下士杀虎如之何？"子曰："下士杀虎捉虎尾。"子路出尾弃之，复怀石盘，曰："夫子知虎在水，而使我取水，是欲杀我也。"乃欲杀夫子，问："上士杀人如之何？"曰："用笔端。""中士杀人如之何？"曰："用语言。""下士杀人如之何？"曰："用石盘。"子路乃弃盘而去。［金楼子杂记上］

【释义】

孔子出门游山，让子路去打水。子路在河边碰上老虎，与老虎搏斗，最后抓住老虎尾巴捉住了老虎，抱在怀里。打水回来，问孔子："上等士杀虎怎么杀？"孔子说："上等士杀老虎捉虎头。"又问："中等士杀老虎怎么杀？"孔子说："中等士杀虎捉虎耳。"又问："下等士杀老虎怎么杀？"孔子说："下等士杀老虎捉虎尾。"子路松开老虎尾巴放了老虎，又拾起一块大石头，说："先生知道老虎在水边，而让我去打水，是想让老虎吃了我。"于是就想杀孔子。他问孔子："上等士杀人用什么？"孔子说："用笔尖。"又问："中等士杀人用什么？"孔子说："用语言。"又问："下等士杀人用什么？"孔子说："用石头。"子路便扔下石头走了。

【原文】

辨飞龟于石函。［虞世南撰夫子庙堂碑］

【释义】

辨识藏在石函之中的飞龟所授的仙书。

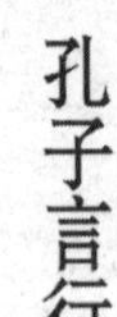

【原文】

三不比两者,孔子所造也。[艺经术数拾遗记引]

【释义】

三不比二,这是孔子制造的。

【原文】

子曰:"言之善者,在所日闻;行之善者,在所能为。"[黔娄子曹庭栋孔子逸语引]

【释义】

孔子说:"言语友好的,在于每日所听;行动友好的,在于每天所为。"

【原文】

十三年,齐大夫陈成恒欲弑简公,阴惮高、国、鲍、晏,故前兴兵伐鲁,鲁君忧之。孔子患之,召门人而谓之曰:"诸侯有相伐者,丘常耻之。夫鲁,父母之国也,丘墓在焉。今齐将伐之子无意一出邪?"子路辞出,孔子止之。子张、子石请行,孔子弗许。子贡辞出,孔子遣之。[吴越春秋夫差内传]

【释义】

夫差十三年,齐国大夫陈成恒想谋杀齐简公,但心中又害怕齐国的高氏、国氏、鲍氏、晏氏等四大家族,因而先发兵讨伐鲁国。鲁哀公感到非常忧虑。孔子也为之忧患,于是召集弟子,对他们说:"诸侯之间有相互攻伐之事,我常常引以为耻。但鲁国是我的父母之邦,我祖宗的坟墓都在这里。现在齐国要攻打鲁国,难道诸位不想到各国去游说一下吗?"子路要告辞出发,孔子却制止了他。子张、子石也请求前去,孔子仍不答应。最后子贡要告辞动身，孔子才同意派他去。

【原文】

越王既已诛忠臣，霸于关东，从瑯琊起观台，周七里，以望东海。死士八千人，戈船三百艘。居无几，射求贤士。孔子闻之，从弟子奉先王雅琴礼乐奏于越。越王乃被唐夷之甲，带步光之剑，杖物卢之矛，出死士三百人为阵关下。孔子有顷到。越王曰："唯唯，夫子何以教之？"孔子曰："丘能述五帝三王之道，故奏雅琴以献之大王。"越王喟然叹曰："越性脆而愚，水行山处，以船为车，以楫为马，往若飘风，去则难从，锐兵任死，越之常也，夫子何说而欲教之？"孔子不答，因辞而去。［吴越春秋勾践伐吴外传］

【释义】

越王勾践既已诛杀忠臣，称霸于关东，在琅琊修建起观海的高台，台的周围七华里，坐在台上就可以眺望东海。他的身边有八千名不顾生死的勇士，三百艘战船。在琅琊住下不久，他又亲自召求圣贤帮他治理国家。孔子听到消息率领弟子，带着先王的古琴和礼乐，到越国来演奏。勾践身披赐夷特制的铠甲，佩戴着步光宝剑，手中拿着物庐造的戈矛，带领三百名敢死的武士，在关下摆好迎宾的阵势。过了一会，孔子从远处向越王叩头行礼。越王勾践热情招呼道："好啊好啊！老夫子远道而来，有何见教啊？"孔子回答说："我能向您讲述五帝三王治国安民之道，所以演奏雅琴奉献大王。"越王感慨地叹息道："我们越国人生性轻薄而缺乏教养，他们久住深山惯行水路，把大船当车使，把小船当马骑，来来往往就像风一样飘忽不定，跑起来追也追不上，坚甲利兵生死不顾，越国人天生的个性就这样，老夫子有什么学说，可用来教导我们呢？"孔子没有回答，就告辞离开了越国。

【原文】

禹治洪水，至牧德之山，见神人焉，谓禹曰："劳子之形，役子之虑，以治洪水，无乃怠乎！我有《灵宝》五符，以役蛟龙水豹。”因授禹而诫之曰：“事毕可秘于灵山。”禹成功后，藏于洞庭苞山之穴。至吴王阖闾之时，有龙威丈人得符献之。吴王以示群臣，皆莫能识。乃令齐符以问孔子，曰：“吴王闲居，有赤乌衔此书以至王所，莫辨其文，故令远问。”孔子曰：“昔禹治水，于牧德之山遇神人，授以《灵宝》五符，后藏洞庭之苞山。君王所得，无乃是乎。赤鸟之事，丘所未闻。”［吴越春秋绎史孔子类记四引今本无］

【释义】

大禹治水，到了穆德山，见到一个神人，对禹说：“劳您的体力，用您的心思，来治洪水，不是太累了吗？我有《灵宝经》五符，可以役使蛟龙水豹，让它们帮您治水。”于是把书送给了大禹并嘱咐他：“事完以后，可以密藏在灵山里边。”大禹治水成功以后，把它藏在了洞庭湖边的苞山的山洞里。到了吴王阖闾时代，有个叫龙威的老人，从山洞里得到了那书符，献给了吴王闺闾。吴王阖闾把它拿给大臣们看，都不认识。吴王就让人带着书符去问孔子，对孔子说：“吴王闲呆着，有一只红鸟衔着这书飞到吴王那里，没有人认识上面的字，所以让我们远远地来问您。”孔子说：“从前大禹治水，在穆德山遇到了神人授给他《灵宝》五符，后来藏在洞庭湖边的苞山。吴王所得的符，莫非就是这书吧。红鸟衔书的事，我没听说过。”

【原文】

夫差闻孔子至吴，微服观之。或人伤其指，王怒欲索或而诛之。子胥谏乃止。［吴越春秋绎史孔子类记四引今本无］

【释义】

夫差听说孔子到了吴国，穿着便服看他。有个人伤到孔子，吴王十分愤怒，想要捉到杀了他。子胥谏诤吴王才不这样做。

【原文】

孔子冢上特多楷树。[广志广韵上平声十四皆楷字注引]

【释义】

孔子的坟墓上长了许多黄连木。

【原文】

客有候孔子者,颜渊问曰:"客何人也?"孔子曰:"宵兮法兮?吾不测也。夫良玉径尺,虽十仞之土,不能掩其光;明珠径寸,虽有函丈之石,不能耿其曜。苟缊矣,自厚容止,可知矣。"[高士传御览五百十引虞盘佐高士传]

【释义】

有个客人来拜访孔子,过后颜回问道:"这位客人是怎样一个人呢?"孔子说:"好人呢,坏人呢?我无法猜测。一尺的美玉,即使在七八丈的厚土之下,它的光芒也是埋不住的;一寸的明珠,即使在一丈厚的石头之中,它的光彩也是掩不住的。

【原文】

孔子曰:"回,来!家贫居卑,胡不仕乎?"回对曰:"不愿仕。回有郭外之田五十亩,足以给饘粥;郭内之圃十亩,足以为丝麻。鼓宫商之音,足以自娱;习所闻于夫子,足以自乐。回何仕焉!"孔子愀然变容曰:"善哉,回之意也。"[高士传]

【释义】

孔子对颜回说:"颜回,你过来!你家里贫困,居住环境又不好,为什么不去做官呢?"颜回说:"不愿做官:我家城外有五十亩田,足以喝粥了;城内还有十亩田,足以供穿衣了。每天弹琴,足以自我欢娱;在先生这学的道理,足以自我快乐。我不愿做官!"孔子听后脸色变得严肃起来,说:"颜回的心态真好啊!"

【原文】

孔子年十七遂适周见老聃。[高士传]

【释义】

孔子十七岁就去周王城见老子。

【原文】

大项橐与孔子俱学于老子。俄而,大项为童子推蒲车而戏孔子候之,遇而不识,问大项居何在。曰:"万流屋是。"到家而知,向是项子也,交之与之谈。[高士传玉烛宝典四引嵇康高士传]

【释义】

大项橐和孔子都师从老子。一会儿,大项橐和小孩一起玩蒲车游戏,孔子经过却不认识,就问大项住在何处。大项说在万流屋。到家了才知道,刚才那个人是大项,就和他相交而谈。

【原文】

闵子骞问仲尼:"道之与孝相去奚若?"仲尼曰:"道者,自然之妙用。孝者,人道之至德。夫其包运天地,发育万物,曲成类形,布丕性寿,其功至实,而不为物府,不为事官,无为功尸,扪求视听,莫得而有,字之曰道。用之于人,字之曰孝。孝者,善事父母之名也。夫善事父母,敬顺为本,意以承之,顺承颜色,无所不至;发一言,举一意,不敢忘父母;营一手,措一足,不敢忘父母。事君不敢不忠,朋友不敢不信,临下不敢不敬,响善不敢不勤,虽居独室之中,亦不敢懈其诚,此之谓全孝。故至诚之至,通乎神明,光于四海,有感必应,善事父母之所致也。

“昔者虞舜其大孝矣,庶母惑父,屡憎害之,舜心益恭惧而无怨。谋使浚井,下土实之。于时天体震动,神明骏赫,导穴而出,奉养滋谨,由是玄德茂盛,为天下君。善事父母之所致也。

“文王之为太子也,其大孝矣,朝夕必至乎寝门之外,问寺人曰:‘兹日安否如何?’曰:‘安。’太子温然喜色。小不安节,太子色忧满容。朝夕食上,太子必视寒暖之节,食下,必知膳羞所进,然后退。寺人言疾,太子肃冠而斋。膳宰之馔,必敬视之。汤液之贡,必亲尝之。尝馔善,则太子亦能食;尝馔寡,太子亦不能饱,以至于复初,然后亦复初。君后有过,怡声以讽。君后所爱,虽小物,必严龚。是故孝成于身,道洽天下。《雅》曰:‘文王陟降,在帝左右。’言文王静作进退,天必赞之。故纣不能害,梦兽之寿,卜世三十,卜年七百,天所命也。善事父母之所致也。”

闵子骞曰:“善事父母之道,既幸闻矣,敢问教子之义。”仲尼曰:“凡三王教子,必视礼乐。乐所以修内,礼所以修外。礼乐交修,则德容发辉于貌,故能温容而文明。夫为人臣者,杀其身有益于君,则为之,况利其身以善其君乎!是故择建忠良贞正之士为之师傅,欲知其父子君臣长幼之道。夫知为人子,然后可以为人父;知为人臣,然后可以为人君;知事人,然后能使人,此三王教子之义也。”闵子骞退而事之于家三年,人无闲于父母昆弟之言,交游称其信,乡党称其仁,宗族称其悌,德行之声溢于天下。此善事父母之所致也。[亢仓子训道]

【释义】

闵子骞问孔子:“道与孝的差别有多大?”孔子说:“道是自然的妙用,孝是人类道德最高的品行。那个包容天地、运转宇宙,滋生养育世界万物,想方设法使它们形成不同的种类和形状，传布自然本性，增加万物寿数，功劳最实在，却不把万物视为私有，不管具体事务，不将功劳据为己有，摸不着，求不来，看不见，听不到，什么都没有的东西，人们给它起名叫道。把道用在人类社会，就叫作孝。孝是好好地侍奉父母的名称，好好地侍奉父母，要以恭敬顺从为根本，秉承父母的意愿，看他们的脸色行事，照顾得无微不至；说一句话，有一个想法，都不敢忘记父母；抬一下手，动一下脚，也都不敢忘记父母。侍奉君主不敢不忠诚，与朋友交往不敢不守信用，统治百姓不敢不慎重，向往善行不敢不勤勉，即使独居一室，也不敢松懈虔诚之心，这就叫作全孝。因此，孝顺虔诚达到最高境界，就能与神明相通，光耀四海，心有所感，上天必定有所反应，这都是好好地侍奉父母导致的结果。

从前虞舜十分孝顺，他的后母蛊惑他的父亲，使他父亲讨厌他并屡次要谋害他，虞舜心里对父母却更加恭敬畏惧而无怨恨。舜父设计让舜清理水井，趁舜在井下时倒土填井。就在这时，上天震撼，神灵大怒，引导舜从旁边的洞口出来，而虞舜奉养父母更加谨慎恭敬，因此，他的玄德淳美盛大，成为天下的君王。这是好好地侍奉父母导致的结果。

周文王做太子的时候，也是非常孝顺的，早晚一定要到父亲的内室门外，询问近侍：‘今天父王是否安康？’近侍说：‘安康。’太子便欣然的露出喜悦的神色。父亲稍有不适，改变生活节奏，太子便愁容满面。朝夕进献食物，太子必定要看看是冷是热，撤下食物，也一定要了解父亲吃了多少，然后才退下。近侍报告父亲有病，太子便整肃衣冠，虔诚祈祷。厨工陈设食品，太子一定恭敬地检查，进贡汤药，太子一定亲口尝尝。父亲吃饭吃得好，太子也就吃得下饭；父亲吃得少，太子也无法吃得饱，直到父亲病愈，太子才恢复常态。父王如果有过错，太子就和声细气地进行讽谏。父王所喜爱的东西，即使很小的东西，太子也一定严肃恭敬地对待。因此，他自身做到了孝顺，使道德走遍天下。《诗·大王·文王》说：‘文王升降，总在天帝的左右。’这是说文王的一举一动，上天必定给予佑助。所以商纣不能加害于他，周武王梦知百年寿期，周成王卜知周王朝传世三十，享年七百，这是上天的安排。这都是好好地侍奉父母导致的结果。”

闵子骞说：“好好侍奉父母的道理，我已经荣幸地听说了，再斗胆问问教育子女应该怎样做。”孔子说：“夏、商、周三代君王教育子女，一定教给他们礼乐。乐用来修身养性，礼用来修饰仪表。礼乐兼修，那么，高贵的品德就会闪闪发光，在外貌上显示出来，所以能够做到温和恭敬而文德辉耀。做人臣的，只要有益于君主，哪怕牺牲自己的生命也要去做，何况是对自己有利而对君主有好处的事呢？因此选择忠诚善良坚贞正直的士人，立为子女的师傅，是想要让他们知道父为子纲、君为臣纲、长幼尊卑的道理。知道怎样做儿子，然后才能够做父亲；知道怎样做臣子，然后才能够做君主；知道怎样侍奉人，然后才能指使人，这就是夏商周三代君王教育子女的方法。”闵子骞回去后，按照孔子的教导在家实践了三年，人们听不到他父母兄弟说他的坏话，交往的朋友都称赞他讲信用，乡亲们都称赞他仁慈，同宗族的人都称赞他敬爱兄长，使德行的美名传遍天下。这是好好侍奉父母导致的结果。

【原文】

善乎！孔子之言。冬饱则身温，夏饱则身凉。[亢仓子农道]

【释义】

孔子的话说得真好啊！冬天吃饱肚子，身体才暖和；夏天吃饱肚子，身体才凉爽。

【原文】

“白马非马，乃仲尼之所取。龙闻楚王张繁弱之弓，载忘归之矢，以射蛟兕于云梦之圃，而丧其弓。左右请求之。王曰：‘止！楚王遗弓，楚人得之，又何求乎？’仲尼闻之曰：‘楚王仁义而未遂也。’亦曰：‘人亡弓，人得之而已，何必楚？’若此，仲尼异‘楚

人’于所谓‘人’。”[公孙龙子迹府]

【释义】

“白马不是马的说法,是孔子所赞同的。我曾听说,当年楚王带上良弓和好箭,在云梦泽的狩猎场打猎,把弓弄丢了。随从们要找回来。楚王说:‘算了!楚国人弄丢了弓,也是楚人拾去,何必去找呢!’孔子听到这件事后说:‘楚王的仁义还不彻底啊!’又说:‘应该说人丢了弓,也是人拾去,何必一定是楚国人?’这样看来,孔子把楚人和人区别开来。

【原文】

孔子曰:“求忠臣必于孝子之门。”[后汉书韦彪传注云孝经纬之文也]

【释义】

孔子说:“求取衷心之臣一定要到孝子的家庭。”

【原文】

孔子曰:“汉三百载,(计)[斗]历改宪。”[后汉书郎顗传引郎顗对尚书曰注云春秋保干图之文]

【释义】

孔子说:“汉朝三百年,斗历改宪。”

【原文】

孔子曰:“雷之始发《大壮》始,君弱臣强从《解》起。”[后汉书郎顗传

【释义】

孔子说:“雷始发从《大壮》开始,君主弱臣子强从《解》而起。”

【原文】

孔子曰:“揖让而化天下者,礼乐之谓也。”[后汉书张奋传注云礼记乐记孔子之辞也]

【释义】

孔子说:“以文德教化天下,说的就是礼乐的功用。”

【原文】

孔子谓子夏曰:“礼以修外,乐以制内,丘已矣夫?”[后汉书张奋传注云礼稽命征之辞也]

【释义】

孔子问子夏说:“用礼修饰行为仪表,用乐修养思想意识,我做到了吗?”

【原文】

孔子忍渴于盗泉之水。[后汉书钟离意传]

【释义】

孔子在盗泉边时,忍住口渴不喝(盗泉中的)水。

【原文】

孔子曰:“吐珠于泽,谁能不含。”[后汉书翟酺传]

【释义】

孔子说："珍珠在湖泽中出现，谁能不抢着要呢。"

【原文】

孔子曰："帝者谛也。"《春秋运斗枢》曰："五帝修名立功，修德成化，统调阴阳，招类使神，故称帝。帝之言谛也。"郑玄注云："审谛于物也。"［后汉书李云传云上书］

【释义】

孔子说："帝王应该把握住真理。"《春秋运斗枢》说："五帝修养名声建立功业，修养德行教化众人，协调阴阳，因此称为帝。'帝'与'谛'音同。"郑玄说："审帝在于物。"

【原文】

孔子曰："智者见变思刑，愚者覩怪讳名。"［后汉书李固传固奏记］

【释义】

孔子说："聪明人看到改变了的东西想着效法学习，愚蠢的人见了奇异的事物回避不提。"

【原文】

孔子曰："夏正得天。"［五行大义四］

【释义】

孔子说："夏历以正月为岁首符合天时规律。"

【原文】

季桓子穿井，获如土缶，其中有羊焉。使问之仲尼曰："吾穿井而获狗，何也？"对曰："以丘之所闻，羊也。丘闻之：木石之怪曰夔、蝄蜽水之怪曰龙、罔象，土之怪曰羵羊。"［国语鲁语下季桓子穿井获羊］

【释义】

季桓子家掘井，在土中挖到一只土瓦罐，里头有只像羊一样的怪物。派人去问孔子说："我们家掘井从土里挖得一只活狗，为什么？"回答说："按我孔丘知道的，是羊。丘听说：山里的精怪叫夔、蝄蜽；水里的精怪叫龙、罔象；土中的精怪叫羵羊。"

【原文】

公父文伯退朝，朝其母，其母方绩。文伯曰："以歜之家而主犹绩，惧忓季孙之怒也，其以歜为不能事主乎！"

其母叹曰："鲁其亡乎！使僮子备官而未之闻邪？居，吾语女。昔圣王之处民也，择瘠土而处之，劳其民而用之，故长王天下。夫民劳则思，思则善心生；逸则淫，淫则忘善，忘善则恶心生。沃土之民不材，逸也；瘠土之民莫不响义，劳也。是故天子大采朝日，与三公、九卿祖识地德；日中考政，与百官之政事，师尹惟旅、牧、相宣序民事；少采夕月，与太史、司载纠虔天刑；日入监九御，使洁奉禘、郊之粢盛，而后即安。诸侯朝修天子之业命，书考其国职，夕省其典刑，夜儆百工，使无慆淫，而后即安。卿大夫朝考其职，昼讲其庶政，夕序其业，夜庀其家事，而后即安。士朝受业，昼而讲贯，夕而习复，夜而计过无憾，而后即安。自庶人以下，明而动，晦而休，无日以怠。

"王后亲织玄紞，公侯之夫人加之以纮、綖，卿之内子为大带，命妇成祭服，列士之妻加之以朝服，自庶士以下，皆衣其夫。社而赋事，蒸而献功，男女效绩，愆则有辟，古之制也。君子劳心，小人劳力，先王之训也。自上以下，谁敢淫心舍力？今我，寡也，尔又在下位，朝夕处事，犹恐忘先人之业。况有怠惰，其何以避辟！吾冀而朝夕修我曰：'必无废先人。'尔今曰：'胡不自安。'以是承君之官，余惧穆伯之绝嗣也。"

仲尼闻之曰："弟子志之，季氏之妇不淫矣。"［国语鲁语下］

【释义】

公父文伯从朝廷回来，朝见他的母亲，他的母亲正在纺麻。文伯说："以我们这样的人家，主母还要纺麻，害怕会触犯季孙氏的怒气，他会认为我不能很好地侍奉母亲吧！"

他的母亲叹息说："鲁国大概快要败亡了吧！让你这样不懂事的孩子当官，而你没听说过做官的道理吗？坐下，我来告诉你。从前圣贤的君王安置百姓，选择瘠薄的土地叫他们居住，让百姓辛勤劳作才好使用他们，所以能长久统治天下。那百姓劳苦就会想到节俭，想到节俭就能产生善心；安乐了就会放荡，一放荡就会失掉善心，失掉善心就会产生坏心。居住在肥沃的土地上的人不会成材，这是因为安乐的缘故；居住在贫瘠土地上的人没有不向往道义的，这是因为勤劳的缘故。因此天子每年在春分这一天，要穿上五彩的衮冕朝拜日神，与三公九卿学习了解土地上五谷的生长情况；中午考查政治，了解百官的日常政务，了解那些大夫官和很多的士、地方长官、国相等普遍安排治理百姓的事务；每年秋分这一天，天子要穿上三彩的黼衣夜间祭祀月神，与太史、司灾恭敬虔诚地观察星空中出现的吉凶的征兆；日落以后监督九嫔，让她们为禘祭和郊祭准备好整治的祭品，然后才去安歇。诸侯早上要处理天子下达的任务和命令，白天要考察自己邦国里的公务，傍晚要检查法令有无不当的地方，夜里要告诫百官，教育他们不要怠惰放荡，然后才去安歇。卿大夫早上要研究自己的本职工作，白天处理各种政事，傍晚要挨次检查自己经办的事务，夜里治理家中的私事，然后才能安歇。士人早上接受任命，白天学习处理，傍晚复习检查夜里反省自己有无过

失,没有可遗憾的,然后才敢安歇。从庶民百姓以下,天明开始干活,夜晚才能休息,没有一天可以怠惰的。

“王后要亲自织玄紞,公侯的夫人除了织玄紞外,还要织紘和綖,卿的妻子缝制大带,大夫的妻子做祭服,列士的妻子还要加做朝服,从庶士以下人的妻子,都要给丈夫做衣服。春耕祭祀土神时安排好农桑一类的生产事务,冬天蒸祭时献上五谷布帛之类劳动果实,男女尽力做出成绩,有过失就要加以处罚,这是古代就定下的制度。君子用心力,小人用劳力,这就是先王留下的法则。从上到下,谁敢懈怠不出力?现今我是个寡妇,你又处在下大夫的职位,从早到晚认真地办事,还恐怕丢弃了先人的功业。何况已经有了怠惰的念头,还怎么能够避免处罚呢!我希望你早晚提醒我说:‘一定不要荒废了先人的业绩。’你现在却说:‘为什么不自己求安逸。’用这种态度来当国君的官,我真害怕姆伯的祭祀要被断绝了。”

王带环佈器

仲尼听到敬姜的这番话后说道:“弟子们要牢记住她的话,季氏家的妇人是不放纵享乐的。”

【原文】

公父文伯之母,季康子之从祖叔母也。康子往焉,伟门与之言,皆不逾阈。祭悼子,康子与焉,酢不受,彻俎不宴,宗不具不绎,绎不尽饫则退。仲尼闻之,以为别于男女之礼矣。[国语鲁语下公父文伯之母别于男女之礼]

【释义】

公父文伯的母亲,是季康子的堂叔祖母。康子去她家,她开着寝门与康子说话,两人都不踏过门限。祭祀悼子时，康子参加祭礼，献上祭肉时她不亲手接，撤下祭祀礼器后不与康子一起宴饮，主持祭祀的人没到场，她不参加次日的祭祀，祭祀完毕后饮酒，站立着吃喝的人没有全散她先退出。仲尼听到后，认为敬姜遵守男女有别的礼节。

【原文】

公父文伯卒，其母戒其妾曰："吾闻之：好内，女死之；好外，士死之。今吾子夭死，吾恶其以好内闻也。二三妇之辱共先祀者，请无瘠色，无洵涕，无掐膺，无忧容，有降服，无加服。从礼而静，是昭吾子也。"仲尼闻之曰："女知莫如妇，男知莫如夫。公父氏之妇智也夫！欲明其子之令德。"[国语鲁语下]

【释义】

公父文伯死了，他的母亲告诫文伯的侍妾说："我听说：喜好内宠，是为女色而死；喜好外务，是大丈夫的死。现在我的儿子早死，我不愿人家说他死于女色传扬在外面。你们这些妇人在供养先人的祭礼时要自己屈辱些，要求你们不要有过于悲伤而毁损的容貌，不要默默地流眼泪，不要拍着胸号哭，不要有忧戚的面容，服丧轻于礼法的规定，不要比礼法规定的还隆重。安安静静地随着行礼，这就是在表扬我儿子的德行了。"仲尼听到后说："处女的智慧不如妇人，童男的智慧不如丈夫。公父氏家这个妇人的智慧是丈夫的智慧啊！她的目的是向外界表明自己儿子的美德。"

【原文】

公父文伯之母朝哭穆伯，而莫[①]哭文伯。仲尼闻之曰："季氏之妇可谓知礼矣。爱而无私，上下有章。"[国语鲁语下]

【注释】

①莫与暮通。

【释义】

公父文伯的母亲早上哀哭丈夫穆伯，而晚上哀哭儿子文伯。仲尼听到后，说："季氏家的妇人可说是懂得礼法的。爱自己的丈夫、儿子却没有私欲，哀哭他们时合乎上下尊卑的礼法。"

【原文】

吴伐越，堕会稽，获骨焉，节专车吴子使来好聘，且问之仲尼，曰："无以吾命。"宾发币于大夫，及仲尼，仲尼爵之。既彻俎而宴，客执骨而问曰："敢问骨何为大？"仲尼曰："丘闻之：昔禹致群神于会稽之山，防风氏后至，禹杀而戮之，其骨节专车，此为大矣。"客曰："敢问谁守为神？"仲尼曰："山川之灵，足以纪纲天下者，其守为神；社稷之守者，为公侯。皆属于王者。"客曰："防风氏何守也？"仲尼曰："汪芒氏之君也，守封、嵎之山者也，为漆姓。在虞、夏、商为汪芒氏，于周为长翟，今为大人。"客曰："人长之极几何？"仲尼曰："僬侥氏是三尺，短之至也。长者不过十之，数之极也。"[国语鲁语下]

【释义】

吴国征伐越国，毁坏会稽城，得到大骨，一节骨就满载一车。吴子夫差派使臣到鲁国聘问重温以前的友好，让使臣问孔子这件事，说："不要用我的命令。"吴国使臣赠送礼物给鲁国大夫，到孔子名下，孔子用爵敬来宾的酒。宾主献酢礼毕，在宴席上，吴国使者手拿桌上的一节骨头问孔子说："不敢请教什么骨最大？"孔子回答说："丘听说：当初大禹王在会稽山召集天下各国的君主，防风氏晚到，大禹把他杀了陈尸示众，他的骨头大到一节就装满一车。这就是那大的了。”客人问：“不敢请教谁可以是天下的主宰？”孔子说：“山川的灵秀精华，才能完全胜任治理天下的，是掌管山川的主宰；社稷的掌管者，是公侯。他们都统属于帝王。”客人问：“防风氏是什么地方的掌管者？”孔子说：“他是汪芒国的君主，统治封山、嵎山的人，为漆氏。在虞、夏、商时叫汪芒国，在我周初年叫长狄，现在就是人们称的大人国。”客人问：“人的个子长短最大限度是多少？”孔子说：“僬侥氏的人身高只有三尺左右，是最矮的。高个子的人大概十尺长，是最高的限度了。”

【原文】

仲尼在陈，有隼集于陈侯之庭而死，楛矢贯之，石砮，其长尺有咫。陈惠公使人以隼如仲尼之馆问之。仲尼曰：“隼之来也远矣！此肃慎氏之矢也。昔武王克商，通道于九夷、百蛮，使各以其方贿来贡，使无忘职业。于是肃慎氏贡楛矢、石砮，其长尺有咫。先王欲昭其令德之致远，以示后人，使永监焉，故铭其楛曰‘肃慎氏之贡矢’，以分大姬，配虞胡公而封诸陈。古者，分同姓以珍玉，展亲也；分异姓以远方之职贡，使无忘服也。故分陈以肃慎氏之贡。君若使有司求诸故府，其可得也。”使求，得之金椟，如之。[国语鲁语下]

【释义】

孔子在陈国时，一只大雕落在陈侯的庭院中一直到死，一支楛木做杆的箭贯穿了它，石制的箭镞长一尺八寸。陈惠公派人拿着这只大雕到孔子住的旅馆去请教这事。孔子说：“这只大雕的来路可远啦！这是肃慎氏的箭啊。当初周武王战胜了商纣王，开辟了通往东边九夷、南边百蛮的道路，让这些化外附庸国带着各自的财宝土特产来进贡天朝，使他们不忘自己的职业。于是肃慎氏进贡楛木做杆的箭、石制的箭镞，它的长有一尺八寸。先王为了昭明天朝具有使远方归服的美德，用来告诉后人，使永远能看到，就在箭的末端刻上铭文‘肃慎氏进贡的箭矢’，把它分给大姬，将大姬婚配虞胡公封在陈地。古时，天子赏赐给同姓是用珍宝珠玉，这使亲者更亲；赏赐给异性诸侯远方进贡的财物土产，使他们不忘自己分内臣服的职责。所以分给陈国的是肃慎氏进贡的箭矢。君主如果让主管的官员去找旧府藏，这箭矢一定可以找到。”陈侯派人去寻找，从一只金柜中得到它，上面果然如孔子所说刻有铭文。

【原文】

正考父校商之名颂十二篇于周大师，以《那》为首。［国语鲁语下］

【释义】

正考夫向周太师校勘商的名颂十二篇，以《那》为首篇。

【原文】

季康子欲以田赋，使冉有访诸仲尼。仲尼不对，私于冉有曰：“求来！汝不闻乎？先王制土，藉田以力，而砥其远迩；赋里以入，而量其有无；任力以夫，而议其老幼。于是乎有鳏、寡、孤、疾，有军旅之出则征之，无则已。其岁，收田一井，出稯禾、秉刍、缶米，不是过也。先王以为足。若子季孙欲其法也，则有周公之藉矣；若欲犯法，则苟而赋，又何访焉！”［国语鲁语下］

【释义】

季康子想要按田亩增收赋税，派冉有去征求孔子的意见。孔子不回答，私下对冉有说：“冉求你过来！你没有听说过吗？先王制定土地的法度，把田亩登记入簿册是按劳动力的实际情况来分配，抽取赋税时要平衡田地远近的差别；商贾的赋税要按其营业额的收入,还要衡量其资金的多少来决定;摊派徭役以一家男女有多少进行登记,再考虑免除老人、幼童的力役。这样还有丧偶的鳏夫、寡妇、无父母的孤儿、丧失劳动力的残疾人的赋税,国家有战争时征收,和平时就停止征收。在征收这些人的赋税那一年,收九百亩田地的赋税,该出六百四十斛小米、一百六十斗牲畜饲料、十六斗稻米,不能超出这个数。先王认为这样就足够供给国家的财用了。如果季孙先生准备按法度办事,有周公制定的籍田法在;如果他打算违犯周公定的法规办事,就胡乱去征收赋税好了,又何必征求什么意见呢?"

【原文】

鲁哀公问于孔子曰:"吾闻夔一足,信乎?"对曰:"夔,人也,何其一足也?夔通于声,尧曰:夔一而已,使为乐正。故君子曰:夔有一足,非一足也。"[国语鲁下孙星衍孔子集语五引今本无]

【释义】

鲁哀公问孔子说:"我听说有个叫夔的人只有一只脚,可信吗?"孔子说:"夔,是一个人,为什么说他只有一只脚呢?夔精通音乐,尧说:有一个夔就足够了,命他做掌管音乐的官。所以君子说:有一个夔就足够了,并不是说他只有一只脚。"

【原文】

包山,在县西一百三十里,中有洞庭,深远,世莫能测。吴王使灵威丈人人洞穴,十七日不能尽,因得玉叶,上刻《灵宝经》二卷,使示孔子,云:"禹之书也。"[吴地记御四十览六引]

【释义】

包山在县西边一百三十里处,中间有洞庭湖,浩渺无边,世人无人清楚地了解。

吴王派灵威老人进入洞穴,(他)走了十七日也没走到尽头,看见了玉叶,在上面刻有《灵宝经》二卷,使人送给孔子看,孔子说:“这是大禹留下的书。”

【原文】

子路私馈,仲尼毁其食器[三国杂事卷下孙盛评曰]

【释义】

子路私自吃饭,孔子毁掉了他吃东西的器具。

【原文】

孔子曰:“周公其为不圣乎!以天下让,是天地日月轻去万物也。”[三国志魏文帝纪注韩国将军等奏]

【释义】

孔子说:“周公恐怕不能算作圣贤吧!他把天下让给成王,这犹如轻易地让天地日月远离万民。”

【原文】

孔子曰:“灾者,修颓应行,精祲相感,以戒人君。”[三国志魏志高堂隆对后汉书五行志注引]

【释义】

孔子说:“所谓灾难,凡美善的事物都是应运而生的,于是精气与妖气相继出现,以此灾难而警戒人君。”

【原文】

老莱子者，楚人。行年七十，父母俱存。至孝蒸蒸，常著班斓之衣。为亲取饮，上堂脚跌。恐伤父母之心，因僵仆为婴儿啼。孔子曰："父母老，常言不称老，为其伤老也。若老莱子，可谓不失孺子之心矣。"［师觉授孝子传御览四百十三引］

【释义】

老莱子，是楚国人。年届七十，父母健在。他极为孝顺，经常穿着五彩斑斓的衣服，以示自己尚有童心。有一次给父母拿水喝，上堂屋的时候跌伤了脚不能再走。恐怕伤父母的心，就故意朝前倒下学着婴儿哭。孔子说："父母老了，平时说话就不提老，因为他们伤感老。像老莱子那样，可以算是不失孺子之心了。"

【原文】

吾儒之师曰鲁仲尼，仲尼师聃龙。吾不知聃师竺乾，善入无为，稽首正觉吾师师师。［唐肃宗三教圣象赞］

【释义】

我们儒生的老师是鲁国的孔子，孔子向老子学习。我不知道老子从竺乾(古印度)学习，善于进入无为的境界，稽首正觉世尊就是我老子的老师。

【原文】

孔子称以能问于不能，以多问于寡；有若亡，实若虚。［唐书孔颖达传］(三)《论语泰伯篇》以此为曾子言。

【释义】

孔子受到称赞是因自己有能力却向没有能力的人请教，自己学识渊博却向知识少的人请教；有学问看来却好像没有学问.知识充实看来却好像很空虚。

【原文】

孔子曰："夫文之所加者深，则武之所服者大；德之所施者博，则武之所制者广。"［唐太宗金镜］

【释义】

孔子说："文事施加的深厚，那么武事能服众的人多；德行施加的广博，那么武事能控制的范围广大。"

【原文】

洞庭有二穴，东南入洞，幽邃莫测。昔阖闾使令威丈人寻洞，秉烛昼夜而行，继七十日，不穷而返。启王曰："初入洞口狭隘，伛偻而入。约数里，忽遇一石室，可高二丈，常垂液。"内有石床枕砚，石几上有素书三卷，持回，上于阖闾，不识，乃请孔子辨之。孔子曰："此夏禹之书，并神仙之事，言大道也。"王又令再入，经二十日却返，云："不似前也。唯上闻风水波涛，又有异虫，挠人扑火，石燕蝙蝠大如鸟，前去不得。"丈人姓毛名苌，号曰毛公。今洞庭有毛公宅，石室并坛存焉。［洞庭山记学津讨原本吴地记引］

【释义】

洞庭湖有两个洞穴，从东南方向进入洞内，幽远深邃不能预测。从前吴王阖闾派遣命令威丈人寻找洞穴，秉持烛火日夜兼程而行路，相继七十天，不能走到尽头而返回。(威丈人)启禀吴王说:“刚开始进入洞穴洞口非常狭窄,只能弯腰弓背进入。大约行走几里路.忽然遇到一间石室,大约高二丈,常常垂下液体。”室内有石床枕头和砚台,石几上有三卷素书,带了回来,奉上给阖闾,都不认识,于是请来孔子辨识这些书,孔子说:“这些是夏禹的书,并且记载了神仙的事,说的是大道啊。”吴王又命令再次进入洞穴,经过二十天返回了。说:“这次不像上次啊。只能够听到风声凌厉,波涛汹涌,又有怪异的生物,抓人喷火,石头一样的燕子和蝙蝠大得像大鸟,没有办法前行啊。”这个丈人姓毛名苌,号称毛公。现在洞庭有毛公宅,石室和石坛都还在。

【原文】

《灵宝经》有《正机》《平衡》《飞龟授袟》凡三篇,皆仙术也。吴王伐石以治宫室,而于合石之中,得紫文金简之书,不能读之,使使者持以问仲尼,而欺仲尼曰:“吴王闲居,有赤雀衔书以置殿上,不知其义,故远咨呈。”仲尼以视之,曰:“此乃灵宝之方,长生之法,禹之所服,隐在水邦,年齐天地,朝于紫庭者也。禹将仙化,封之名山石函之中,乃今赤雀衔之,殆灭授也。”[抱朴子内篇辩问]

【释义】

《灵宝经》中《正机》《平衡》《飞龟受袟》等三篇文章讲的就是神仙的法术。吴王采石修建宫殿时,在一块大石头中获得了一部紫字黄金简策的书籍,却无人能读懂,于是就派使者拿去询问孔子,使者轻慢孔子,就欺骗孔子说:“吴王闲暇时在住的宫中看见有一只红色鸟儿衔着此书放在殿堂上,吴王让人读这本书却没有人懂得其内涵,所以就派我远道前来咨询。”孔子翻了翻书后,说:“这书是《灵宝经》仙方,其中记载的长生不老术连大禹都相信。它可以教人在水中隐身,与天地同寿,朝拜天庭,是本仙书。大禹即将成仙羽化而去时,将它藏在石箱中封在名山里,如今红鸟把它衔给你们大王,实在是老天授意呀!”

【原文】

俗人或曰:“周孔皆能为此,(仙术)但不为耳。”[抱朴子内篇辩问]

【释义】

有的凡人辩解道:“周公、孔子是都能做到这些的,只不过不屑于做罢了。”

【原文】

昔颜回死,鲁定公将躬吊焉。使人访仲尼。仲尼曰:“凡在邦内,皆臣也。”定公乃升自东阶,行君礼焉。[抱朴子外篇逸民]

【释义】

从前颜回死的时候,鲁定公准备亲自去吊唁,派人去询问孔子。孔子说:“凡是在邦国之内的,都是臣子。”鲁定公于是从东边的台阶登堂,行了国君的礼节。

【原文】

孔子云:“丧亲者,若婴儿之失母,其号岂常声之有?”宁令哀有余而礼不足。(抱朴子外篇讥惑)

【释义】

孔子说:“死了亲人的人,就像婴儿失去母亲,他的号哭怎么还会有正常的声音呢?”宁肯让哀痛有余而礼仪不足。

【原文】

《曾子问》曰:“诸侯之祭社稷,俎豆既陈,闻天子崩如之何?孔子曰:废。”臣子哀

痛之,不敢终于礼也。[白虎通社稷]

【释义】

《礼记曾子问》说:"诸侯祭祀社稷,几案与容器已经陈列,(这时)听说天子去世,该怎么办呢?孔子说:停止。"臣下与子弟哀痛天子,不敢将祭祀之礼进行完毕。

【原文】

曾子问曰:"立适以长不以贤,[1]何以言为贤不肖?""不可知也。"[白虎通封公侯]

【注释】

①孔子逸语引何下有"也子曰"三字。

【释义】

曾子问道:"让长子继立嫡子之位,却不考虑才能,凭什么判断他是有才还是无才的呢?"孔子说:"这我也不知道。"

【原文】

孔子曰:"谏有五,吾从讽之谏。事君,进思尽忠,退思补过。去而不讪,谏而不露。"[白虎通谏诤]

【释义】

孔子说:"谏诤有五种方式,我同意讽喻之谏。侍奉君王时,走进朝廷一心考虑尽忠报国,退出朝廷一意考虑为君王弥补过失。离开君王不能诋毁,面谏君王不露愤怨。"

【原文】

孔子师老聃。[白虎通辟雍]

【释义】

孔子学于老子。

【原文】

孔子曰:“升泰山观易姓之王,可得而数者七十有余。”[白虎通封禅]

【释义】

孔子说:“登上泰山可以看到改朝换代的帝王所遗留下来的碑刻史迹,能够数出来的也只有七十多家。”

【原文】

夫子过郑,与弟子相失,独立郭门外。或谓子贡曰:“东门有一人,其头似尧,其颈似皋陶,其肩似子产,然自腰以下,不及禹三寸。儡儡如丧家之狗。”子贡以告孔子。孔子喟然而笑曰:“形状,未也;如丧家之狗,然哉乎!然哉乎!”[白虎通寿命]

【释义】

孔子到郑国去,和弟子们走散了,(孔子)独自站在郑国城外的东门口。郑国有个人对子贡说:“东门那里有个人,他的额头长得像唐尧,他的后颈长得像皋陶,肩膀像子产,但是腰部以下的长度跟禹比起来差了三寸,疲惫不堪的样子像一只丧家犬。”子贡找到孔子后把这话告诉了孔子。孔子高兴地笑道:“那人形容我的相貌,描述的不一定像。但他说我像一只丧家犬,真是这样!真是这样啊!”

【原文】

孔子首类鲁国尼丘山，故名为丘。［白虎通姓名］

【释义】

孔子出生时头顶中间凹，四周高，很像鲁国的尼丘山，因此得名叫丘。

【原文】

孔子居周之末世，王道凌迟，礼义废坏。强陵弱，众暴寡，天子不敢诛，方伯不敢伐。闵道德之不行，故周流应聘，冀行其圣德。自卫反鲁，自知不用，故追定《五经》，以行其道。［白虎通五经］

【释义】

孔子生活在周朝末代，王道衰微，礼义败坏。诸侯之间，强者侵凌弱者，势众欺压势小，天子不敢责问，地方官吏不敢惩办。孔子悲悯德政不能施行，因此周游天下，应聘诸侯，希望推行自己的德政主张。他从卫国返归鲁国之后，自知将不被诸侯任用，于是修订《五经》，以显示他的政治主张。

【原文】

《曾子问》曰："昏礼既纳币，有吉日，女之父母死，何如？孔子曰：'婿使人吊之，如婿之父母死，女亦使人吊之。父丧称父，母丧称母。父母不在，则称伯父、世尊[①]。婿已葬，婿之伯父、叔父使人致命女氏曰：某子有父母之丧，不得嗣为兄弟，使母[②]致命。女氏许诺不敢嫁，礼也。婿免丧，女父使人请，婿不娶而后嫁之，礼也。女之父母死，婿亦如之。'"［白虎通嫁娶］

【注释】

①尊:母之误。

②母:某之误。

【释义】

《礼记曾子问》里说:"婚礼,纳币(送订婚礼)以后,选好了吉日,女方父母亲死了,该怎么办呢?孔子说:'女婿派人吊丧。假如女婿的父母死了,女儿也派人吊丧。父亲死了称父,母亲死了称母。父母亲不在,就称伯父或者世母。女婿埋葬父亲或母亲之后,女婿的伯父、叔父派人给女方送信儿说:'某人有父母亲的丧事,不能继承父母结为兄弟之好,派某人来送信儿。女方许诺,不敢出嫁,这是合乎礼制的。女婿脱去丧服,女方的父亲派人请成礼,女婿不娶,然后改嫁,这是合乎礼制的。女方的父母死了,女婿也是这样。'"

【原文】

子夏问:"三年之丧,既卒哭,金革之事无避者,礼与?"孔子曰:"吾闻诸老聃曰:'周公伯禽,则有为之也。'今以三年之丧从其利者,吾不知也。"[白虎通丧服]

【释义】

子夏问:"三年大丧期间,已经举行卒哭礼,不回避打仗的事情,这是合乎礼节的吗?"孔子说:"我从老子那里听说;'周公和伯禽是针对特殊情况这么做的。'现在在三年丧期之中追求利益,我没有听说过。"

【原文】

《曾子问》曰:"'君薨既殡,而臣有父母之丧,则如之何?'孔子曰:'归居于家。有殷事，则之君所，朝夕否。'曰：'君既启，而臣有父母之丧，则如之何？'孔子曰：'归殡，哭而反于君。有殷事则归，朝夕否。大夫家老行事，士则子孙行事。夫内子有殷事，则亦如[1]之君所，朝夕否。'"［白虎通丧服］

【注释】

①疏证本无如字。

【释义】

《礼记曾子问》里说："'君主死后已经举行殡礼，而臣下有父母亲的丧事，怎么办呢？'孔子说：'回家居住，有殷祭（每月初一和十五日举行的祭祀）就到国君那里，早晨和晚上就不去了。'问道：'君主已经起葬，而有父母亲的丧事，怎么办呢？'孔子说：'回到家里哭，又返回去为国君送葬。'问道：'国家还没举行殡礼，而臣下有父母亲的丧事，怎么办呢？'孔子说：'回家举行殡礼，哭丧以后就返回国君那里，有殷祭就回家，早晨和晚上就不回去了。大夫就由家臣行事，士就由子孙行事。大夫的妻子，有殷祭也到国君那里，早晨和晚上就不去了。'"

【原文】

鬼车，昔孔子、子夏所见，故歌之，其图九首。［白泽图北户录上引］

【释义】

鬼车鸟，过去孔子和子夏都见过，因此有歌曲唱过它，那图上画着九个头。

【原文】

孔子称："可寄百里之命，托六尺之孤，临大节而不可夺。"［风俗通过誉］论语泰伯篇以此为公子言。

【释义】

孔子称赞说："可以把国家的命运托付给他，可以托付孤儿给他，在生死存亡的紧要关头，他能保持大节不变。"

【原文】

孔子曰："虽明天子，荧惑必谋。"祸福之征，慎察用之。［风俗通十反］

【释义】

孔子说："即使是圣明的天子，一定要观察火星的位置。"祸福的征兆，小心地加以考虑。

【原文】

孔子曰："火上不可握，荧惑班变不可息志，帝应其修无极。"［风俗通十反］

【释义】

孔子说："火星难以掌握，火星位置的变化不可停止记述，帝王一定要无止境地研究。"

【原文】

孔子困于陈、蔡之间，七日不尝粒，藜羹不糁，而犹絃琴于室。颜回释[①]菜于户外，子路、子贡相与言曰："夫子逐于鲁，削迹于卫，拔树于宋，今复见厄于此。杀夫子者无罪，籍夫子者不禁，夫子絃歌鼓舞，未尝绝音。盖君子之无耻也若此乎？"颜渊无以对，以告孔子。孔子恬然推琴，喟然而叹曰："由与赐，小人也！召，吾语之。"子路与子贡入，子路曰："如此可谓穷矣。"夫子曰："由，是何言也！君子通于道之谓通，穷于道之谓穷。今丘抱仁义之道,以遭乱性[2]之患,其何穷之为?故内省不疚于道,临难而不失其德。大寒既至,霜雪既降,吾是以知松柏之茂也。昔者桓公得之莒,晋文公得之曹,越得之会稽,陈、蔡之厄,于丘其幸乎!"[风俗通穷通]

【注释】

①释:择之误。

②性:当作世。

【释义】

孔子被围困在陈、蔡两国之间,七天没有吃饭,藜菜羹汤里连个米粒都没有。颜回到外面采摘野菜。子路和子贡互相谈论,说:"先生在鲁国被驱逐出境,在卫国禁止居留,在宋国遭受伐树的屈辱,在陈国、蔡国遭受围困。要杀掉先生的人没有罪过,糟践先生的人不受禁止。可是他还在唱歌弹琴,从没间断过,君子竟是这样不感到羞耻吗?"颜回没话回答,进去告诉了孔子。孔子不高兴地推开琴,唉声感叹说:"子由和子贡,是浅见的小人哪!叫他们进来,我告诉他们!"子路和子贡进来了。子贡对孔子说:"咱们这样子可以说是穷困的了!"孔子说:"这是什么话!君子在道义上通达的叫作通达;在道义上穷迫的叫作穷困。现在我怀抱仁义的原则而遭逢乱世的患难,怎么算是穷困呢!所以内心自省,在原则上不感到内疚,面临危难而不丧失自己的品德。大寒到来,霜雪降落以后,松柏不凋落,我才知道松柏的生命力旺盛。从前齐桓公因出奔莒国而萌生复国称霸之心,晋文公因出亡曹国而萌生称王称霸之心,越王勾践因受会稽之耻而萌生复国雪耻之心。在陈国、蔡过遇到的困厄,对于我或许是幸运吧!"

【原文】

子路感雷精而生,尚刚好勇。死卫,人醢之。孔子覆醢,每闻雷,心恻怛耳。[风

俗通御览八百六十五引]

【释义】

子路是感应雷声的精气而降生的，所以崇尚刚烈爱好勇武。在卫国被杀害以后，有人把它做成肉酱送给孔子。孔子倒掉肉酱，后来每当听到雷声，就很忧伤。

【原文】

鲁侯欲以孔子为司徒。将召三桓而议之，乃谓左丘明曰："寡人欲以孔丘为司徒而授以鲁政焉，寡人将欲询诸三子。"左丘明曰："孔丘，圣人与！夫圣人在政，过者离位焉。君虽欲谋，其遂弗合乎！"鲁侯曰："吾子奚以知之？"丘明曰："周人有爱裘而好珍羞，欲为千金之裘而与狐谋其皮，欲具少牢之珍而与羊谋其羞。言未卒，狐相率逃于重丘之下，羊相呼藏于深林之中。故周人十年不制一裘，五年不具一牢。何者？周人之谋失之矣。今君欲以孔丘为司徒，召三桓而议之，亦以狐谋裘，与羊谋羞哉！"于是鲁侯遂不与三桓谋，而召孔丘为司徒。[符子御览二百八引]

【释义】

鲁侯想让孔子当司徒。准备招来三桓商量，就对左丘明说："寡人想让孔丘当司徒，把国政交给他。我准备找三桓商量一下，怎么样？"左丘明说："孔丘，大概是圣人吧。圣人掌管政事，有过错的人就要罢官离位。即使您和他们商量，他们也不会同意吧。"鲁侯说："您怎么知道的？"左丘明说："有一个周人，喜欢皮衣，爱吃美味。他想做一件贵重的皮衣，就与狐狸商量要它的皮毛；他想备办宴席，就与羊商量要它的肉。话还没有说完，狐狸就一个跟着一个逃到高丘下面去了，羊就互相呼叫着藏到深林里去了。所以那个周人十年没有做成一件皮衣，没有办成一桌宴席。为什么呢？因为他找错了商量的对象。现在您想让孔丘当司徒，而召三桓商量，也是与狐狸商量要皮，与羊商量要肉啊！”于是鲁侯便不和三桓商量，就召孔子当了司徒。

【原文】

道家云：尧、舜、周、孔七十二弟子，皆不死而仙。［牟子］

【释义】

道家说：尧帝、舜帝、周文王、孔子和他的七十二个弟子，都没有死而羽化成仙。

【原文】

齐景公问晏子曰：“孔子为人何如?”晏子不对。公又复问，不对。景公曰：“以孔丘[①]语寡人者众矣，俱以贤人也。今寡人问之，而子不对，何也?”晏子对曰：“婴不肖，不足以知贤人。虽然，婴闻所谓贤人者，入人之国必务合其君臣之亲，而弭其上下之怨。孔丘之荆，知白公之谋，而奉之以石乞。君身几灭，而白公僇。婴闻贤人得上不虚，得下不危。言听于君必利人，教行[②]下必于[③]上。是以言明而易知也，行易（应为“明”）而[④]从也。行义可明乎民，谋虑可通乎君臣。今孔丘深虑同[⑤]谋以奉贼，劳思尽知以行邪。劝下乱上，教臣杀君，非贤人之行也。入人之国，而与人之贼，非义之类也。知人不忠，趣之为乱，非[⑥]仁义之也。逃人而后谋，避人而后言，行义不可明于民，谋虑不可通于君臣。婴不知孔丘之有异于白公也，是以不对。”景公曰：“呜呼！贶寡人者众矣，非夫子，则吾终身不知孔丘之与白公同也。”［墨子非儒下］

【注释】

①丘字后讳作“某”字，下效此。

②行下当有“于”字。

③于：当作“利”。

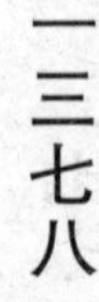

④而下常有“易”字。

⑤同:“周”之误。

⑥非仁义之也。五字常为“非仁之类也”。

【释义】

齐景公问晏子说:“孔子的为人怎么样呢?”晏子不回答。齐景公又问,晏子还是不回答。齐景公说:“跟我说孔子的人很多,都认为他是贤德的人。现在我问到他,然而你却不回答,为什么呢?”晏子回答说:“我晏婴无能,没有能力识别贤人。即使这样,我听说所谓的贤人,到别的国家去,必定要促进君臣间的亲密关系,消除上下之间的怨恨。孔丘到楚国去,知道了白公胜作乱的阴谋,却让石乞去参加他的叛乱,使楚国国君差点遇害,而白公胜遭到杀戮。我听说贤人得到君主信任就不会辜负,得到下人爱护就不会危险,言论令国君听信就必定对民众有利,教化施行于天下必定有利于君主。所以言语明白就易于理解,行为明确就易于依从。行仁义可以让民众知道,出谋划策可以让君臣知道。现在孔丘老谋深算地去帮助贼人,竭尽心智去做偏邪的事情,鼓动下面的人反抗上面的人,教唆臣子去杀君主,这不是贤人的行为。到别人的国家里去,却与别国的贼人结交,这不是讲义的人。知道有人不忠心,却还怂恿他去作乱,这不是讲仁的人。在人背后谋划,在人背后说话,行义举不让民众明白,出谋划策不让君臣知道,我不知道孔丘有什么不同于公孙胜,所以不回答。”齐景公说:“啊!赠予我言辞的人很多,若不是你,那我一辈子都不会知道孔丘竟是与白公胜一样的人。”

【原文】

孔丘之齐见景公,景公说,欲封之以尼谿,以告晏子。晏子曰:“不可。夫儒,浩[1]居而自顺者也,不可以教下;好乐而淫人,不可使亲治;立命而怠事,不可使守职;宗循哀，不可使慈民；机[②]服勉[③]容，不可使导众。孔丘盛容修饰以蛊世，弦歌鼓舞以聚徒，繁登降之礼以示仪，务趋翔之节以观众。儒[④]学不可使议世，劳思不可（以补民），絫寿不能尽其学，当年不能行其礼，积财不能赡其乐，繁饰邪术以营[⑤]世君，盛为声乐以淫遇[⑥]民，其道不可以期[⑦]世，其学不可以导众。今君封之，以利[⑧]齐俗，非所以导国先众。"公曰："善"。于是厚其礼，留其封，敬[⑨]见而不问其道。孔丘乃志怒于景公与晏子，乃树鸱夷子皮于田常之门，告南郭惠子以所欲为，归于鲁。有顷，间齐将伐鲁，告子贡曰："赐乎，举大事于今之时矣！"乃遣子贡之齐，因南郭惠子以见田常，劝之伐吴，以教高、国、鲍、晏，使毋得害田常之乱，劝越伐吴。三年之内，齐、吴破国之难，伏尸以言[⑩]术数，孔丘之诛也！［墨子非儒下］

【注释】

①浩居：当作"傲倨"。

②机：与危通，高也。

③勉：俛之假字。

④儒：当作"博"。

⑤营：同营，惑也。

⑥遇：当作"愚"。

⑦期：示之误。

⑧利：移之误。

⑨敬："苟"之误，亟也。

⑩言："亿"之误。术与"率"通。

【释义】

孔子到齐国去见齐景公，齐景公很高兴，想把尼谿封给孔子，并告诉了晏子。晏子说:“不行。儒家的人骄傲轻慢又自以为是.不能教化下民;爱好音乐使人贪图享乐,不能让他们亲自治理政事;坚持有天命的论调并懈怠于做事,不能给他们官职;主张厚葬并且悲哀不止,不能爱护民众;穿着奇异的服装而故作恭敬的表情,不能让他引导民众。孔丘盛容修饰来蛊惑世人,奏乐唱歌打鼓跳舞来聚集门徒,讲究繁琐的登降礼节来显示礼仪,努力做出快步趋走的恭敬礼节来让民众观看。虽然博学但不能让他们来议论世事,殚精竭虑却对人民没有补益,人们几辈子都不能穷尽他们的学问,中年人还是不会他们的礼仪,积累的财产也不足以供他们来作乐,美化自己的邪说来迷惑当世的君主,使他们的音乐非常盛大来使愚笨的民众贪图享乐,他们的理论不能引导世界,他们的学问不能指导民众。现在您想封赏他,想有利于齐国的风俗,这不是引导国家指导民众的方法。”齐景公说:“好!”于是用厚礼对待孔子,但却把封地留下了,恭敬地接见他,却不问他的学说。孔丘对齐景公与晏子都很生气,就把范蠡介绍到田常的门下,并告诉南郭惠子自己的报复计划,而后回到了鲁国。过了一些时候,听说齐国准备攻打鲁国,就告诉子贡说:“子贡啊,做大事就要趁现在这个时机啊!”于是派子贡到齐国去,通过南郭惠子见到田常,劝他去攻打吴国,又教高氏、国氏、鲍氏、晏氏不要妨碍田常作乱,又劝越国攻打吴国。在三年之内,齐国、吴国都遭到国家破灭的灾难,死了十多万人,这都是孔丘害的呀!

【原文】

孔丘为鲁司寇,舍公家而于[①]季孙,季孙相鲁君而走,季孙与邑人争斗(应为“门”)关,决植。[墨子非儒下]

【注释】

①于:“奉”之误。

【释义】

孔丘担任鲁国司寇的时候，舍弃公家而与季孙氏亲厚，季孙氏作为鲁国君主的国相却又逃走，与邑人争夺门闩，孔子举起门跑掉了。

【原文】

孔丘穷于陈、蔡之间，藜羹不煁[①]。十日，子路为享[②]豚，孔丘不问肉之所由来而食。号[③]人衣以酤酒，孔丘不问酒之所由来而饮。哀公迎孔丘，席不端弗坐，割不正弗食。子路进，请曰："何其与陈、蔡反也？"孔丘曰："来！吾语女。曩与女为苟生，今与女为苟义。"（墨子非儒下）

【注释】

①煁与"糁"同。

②享御览引作"烹"。

③号："褫"字之误。

【释义】

孔子被困在陈国和蔡国之间，用藜做的羹中没有米粒。过了十天，子路煮熟了一头小猪，孔子也不问肉是从哪里来的就吃了。剥夺别人的衣服来买酒，孔子也不问酒是从哪里来的就喝了。后来鲁哀公迎孔子回国，座席没放正他就不坐，肉切得不端正他就不吃。子路进来问他说："您为什么和在陈蔡之地时表现相反了呢？"孔子说："过来，我告诉你。过去我和你是为了求生存，现在我和你是为了求仁义。"

【原文】

孔丘与其门弟子闲坐，曰："夫舜见瞽叟，然[①]就，此时天下坡[②]乎！周公旦非其

人[3]也邪？何为舍亦[4]家室而托寓也？”[墨子非儒下]

【注释】

①然就：当作“就然”，就与“蹵”通。

②坡：“岋”之误。

③人与“仁”通。

④亦当作才，才：古“其”字也。

【释义】

孔子和门下的弟子闲坐，说：“舜见了他的父亲瞽叟，总是蹙然不安，当时天下真危险啊！周公旦还称不上是仁义之人吧？他为什么抛弃他的家室而寄居在外呢？”

【原文】

叶公子高问政于仲尼，曰：“善为政者，若之何？”仲尼对曰：“善为政者，远者近之，而旧者新之。”[墨子耕柱]

【释义】

叶公子高向孔子请教施政之道，说：“善于施政的人是怎么做的呢？”孔子回答说：“善于施政的人，要使疏远的人亲近，使老朋友像新朋友一样友好。”

【原文】

孔子[1]见景公，公曰：“先生素不见晏子乎？”对曰：“晏子事三君而得顺焉。是为三心，所以不见也。”公告晏子，晏子曰：“三君皆欲其国安，是以婴得顺也。闻君子独立不惭于影，今孔子伐树削迹，不自以为辱；身穷陈蔡，不自以为约始。吾望儒贵之，

今则疑之。"[墨子孔丛子诘墨引]

【注释】

①子字皆鲋所更,墨本用孔子讳,下效此。

【释义】

孔子拜见齐景公,景公问他说:"先生向来不见晏子吗?"孔子回答说:"晏子事奉三位君主而能够顺心如意。因为他事奉时有三心,所以不愿意相见。"景公告诉晏子孔子说的话,晏子说:"三位国君都想要他们的国家安定,因此晏婴能够顺心如意的治理政事。我曾听说过君子独自相处时不因自己的影子而惭愧,如今孔子遭受到伐树驱逐的侮辱,却不以这些为羞耻;被困厄在陈国、蔡国之间,不以为穷困。"

【原文】

赞皇县有孔子岭,上有石堂宽博,其石相拒若楹柱,有石人象轨卷之状。[舆地志御览五十四引]

【释义】

赞皇县上有个孔子岭,上面有个石堂宽阔高大,石头相距好像楹柱一样,有个石人好像轨卷的样子。

【原文】

宣尼临没,手不释卷。[刘子崇学]

【释义】

孔子一直到死,手里都没丢下书。

【原文】

鲍龙跪石而吟，仲尼为之下车。［刘子知人］

【释义】

鲍龙跪在山石上高歌，孔子下车向他致意。

【原文】

昔子贡问于孔子曰："谁为大贤？"子曰："齐有鲍叔，郑有子皮。"子贡曰："齐无管仲，郑无子产乎？"子曰："吾闻进贤为贤，排贤为不肖。鲍叔荐管仲，子皮荐子产，未闻二子有所举也！"［刘子荐贤］

【释义】

从前，又一次子贡问孔子说："谁是最大的贤人？"孔子说："齐国有个鲍叔，郑国有个子皮。"子贡反驳道："齐国不是有个管仲，郑国不是有个子产吗？"孔子说："我听人说过进荐贤才的人是贤人，毁谤贤才的人是德才不好的人。鲍叔推荐了管仲，子皮推荐了子产，没有听说管仲和子产都举荐过谁！"

子产

【原文】

臧文仲不显展禽，仲尼谓之窃位。（袁注曰）展禽名柳下，尝三为士师，无喜色；三已之，无愠色。孔子知其清洁，乃以兄女妻之，时人始知其贤也。［刘子荐贤］

【释义】

鲁国正卿臧文仲不使展禽显达,孔子称他是窃居高位。(袁注说)展禽叫作柳下季,曾经三次成为士师,没有高兴的神色;三次被罢免,也没有生气的神色。孔子知道他清廉高洁,于是让自己兄弟的女儿给他做妻子,当时人才开始知道展禽的品行高洁有才德。

【原文】

少正卯在鲁与孔子同时,孔子门人三盈三虚,唯颜渊不去,独知圣人之德也。夫门人去仲尼而归少正卯,非不知仲尼之圣,亦不知少正卯之佞。子贡曰:“少正卯鲁之闻人也,夫子为政,何以先之?”子曰:“赐也,还,非尔所及也!夫少正卯心逆而憸,行僻而坚,言伪而辩,词鄙而博,顺非而泽。”有此五伪而乱圣人,以子贡之明而不能见,知人之难也。[刘子心隐]

【释义】

少正卯原先在鲁国与孔子同时设教授徒,孔子的学生多次盈门而又多次走空了,只有颜渊不肯离去,也只有他明白圣人修养。学生们离开孔子而去皈依少正卯,不但说明他们不了解孔子圣贤之处,也不了解少正卯的奸诈巧言。子贡曾对孔子说:“少正卯是鲁国著名人士,先生刚开始治政,为什么先对他下手?”孔子说:“端木赐,回去吧,这不是你能理解的!少正卯心存叛逆又为人奸诈,行为邪僻又顽固不化,言谈虚伪又巧言善辩,词语鄙陋又贪求无厌,无耻错误又扶植歪理。”他有这五种奸诈虚伪的罪恶而扰乱了圣人的礼治思想,如同子贡那样聪明的人却也看不清楚,由此可见了解一个人有多难。

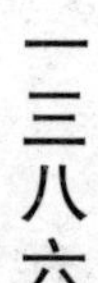

【原文】

子贡始事孔子一年,自谓胜之;二年,以为同德;三年,方知不及。[刘子心隐]

【释义】

子贡刚开始侍奉孔子一年时,自认为才德胜过孔子;二年以后,子贡认为与孔子相同;三年以后,子贡才知道赶不上孔子。

【原文】

仲尼见人一善,而忘其百非。[刘子妄瑕]

【释义】

孔子见到一个人一个好的方面,就会忘记他的百般过错。

【原文】

仲尼先饭黍,侍者掩口笑。(袁注曰)人送黍饭米饷孔子,孔子不吃诸盒,先饭黍,侍者掩口笑。孔子曰:"黍是五谷之长,故先饭黍。"[刘子正赏]

【释义】

孔子先吃黍饭,侍奉的人掩着嘴笑。(袁注说)有人送来黍饭米饭请孔子受用,孔子不吃那几个精致的饭盒,先吃黍饭,侍奉的人掩着口笑孔子。孔子说:"黍是五谷中存在时间最长的,因此先吃黍。"

【原文】

仲尼栖栖,突不暇黔。[刘子惜时]

【释义】

仲尼总是栖栖惶惶不能久住一个地方，烟囱还没有熏黑就又搬走了。

【原文】

孔子为鲁司寇，语鲁定公曰：“勇而有谋，此乱天下也。君可杀之。”定公诛少正卯也。［刘子心隐袁注］

【释义】

孔子担任鲁国司寇时，告诉鲁定公说：“勇武而有谋略，这是祸乱天下啊。您可以杀掉他。”鲁定公于是杀掉了少正卯。

【原文】

公冶长贫而闲居，无以给食。其雀飞鸣其舍，呼之曰：“公冶长，公冶长，南山有个虎驮羊。尔食肉，我食肠，常亟取之勿彷徨。”子长如其言往取食之。及亡羊者迹之，得其角，乃以为偷，讼之鲁君。鲁君不信鸟语，逮系之狱。孔子素知之，为之白于鲁君，亦不解也。于是叹曰：“虽在缧绁之中，非其罪也。”未几，子长在狱，舍雀复飞鸣其上，呼之曰：“公冶长，公冶长，齐人出师侵我疆，沂水上，峄山旁，当亟御之勿彷徨。”子长介狱吏白之鲁君，鲁君亦弗信也，姑如其言往迹之，则齐师果将及矣。急发兵应敌，遂获大胜，因释公冶长而厚赐之。欲爵为大夫，辞不受，盖耻因禽语以得禄也。后世遂废其学。［留青日札绎史九十五引］

【释义】

公冶长家贫而没有职业，无法供给饮食。他认识的小鸟飞到他家鸣叫，呼唤他说：“公冶长，公冶长，南山上有一只老虎驮来的羊。你吃肉，我吃肠，赶快去取莫彷徨。”公冶长照它说的去取来吃了。等丢羊的人顺着踪迹找来,发现了羊角,就以为是公冶长偷了羊,告到鲁君那里。鲁君不相信鸟会说话,就把公冶长逮捕来关进了监狱。孔子一向知道公冶长通鸟语,就替他向鲁君申述,鲁君也不理解。于是孔子叹息道:“虽然关在牢狱之中,但并非他的罪过。”不久,公冶长在狱中,先前飞到家里来的那只小鸟又飞到他头顶上鸣叫,呼唤他说:“公冶长,公冶长,齐国出兵侵我边疆。已经到了沂水边,峄山旁,应该赶快抵御不要彷徨。”公冶长求狱吏报告鲁君。鲁君也不相信,只是姑且叫人按他说的地方去侦探,果然发现齐国军队快要到了。急忙发兵应敌,终于获得了大胜。于是便释放了公冶长,而且重赏了他。想封他为大夫,公冶长推辞不接受,大概是羞耻于凭借鸟语而获得俸禄吧。后世公冶长通鸟语的学问便废绝失传了。

【原文】

荆人有遗弓者,而不肯索,曰:“荆人遗之,荆人得之,又何索焉?”孔子闻之,曰:“去其‘荆’而可矣。”[吕氏春秋孟春纪贵公]

【释义】

楚国有个人丢失了一张弓,却不愿意找回来,说:“楚人丢的,被楚人捡得,又何必找回呢?”孔子听到后说:“去掉‘楚’字就行了。”

【原文】

晋平公问于祁黄羊曰:“南阳无令,其谁可而为之?”祁黄羊对曰:“解狐可。”平公曰:“解狐非子之仇邪?”对曰:“君问可,非问臣之仇也。”平公曰:“善。”遂用之。国人称善焉。居有闲,平公又问祁黄羊曰:“国无尉,其谁可而为之?”对曰:“午可。”平公曰:“午非子之子邪?”对曰:“君问可,非问臣之子也。”平公曰:“善。”又遂用之。国人

称善焉。孔子闻之曰:"善哉!祁黄羊之论也。外举不避仇,内举不避子。"祁黄羊可谓公矣。[吕氏春秋孟春纪去私]

【释义】

晋平公问祁黄羊说:"南阳缺个县令,谁可以担任这个职务?"祁黄羊回答:"解狐可以。"平公说:"解狐不是你的仇人吗?"祁黄羊回答:"您问谁可以胜任这个职务,不是问谁是我的仇人。"平公称赞说:"好!"于是就任用了解狐。国人对此交口称赞。过了一段时间,平公又问祁黄羊说:"国家缺个军尉,谁可以担任这个职务?"祁黄羊说:"祁午可以。"平公说:"祁午不是你的儿子吗?"祁黄羊回答说:"您问谁可以担任这个职务,不是问谁是我的儿子。"平公称赞说:"好!"就又任用了祁午。国人对此称赞不已。孔子听说了这件事说:"祁黄羊的这些话太好了!推举外人不回避仇敌,推举家人不回避儿子。"祁黄羊可以称得上是公正无私了。

【原文】

孔子学于老聃、孟苏、夔靖叔。[吕氏春秋仲春纪当染]

【释义】

孔子向老聃、孟苏、夔靖叔问学。

【原文】

《诗》曰:"执辔如组。"孔子曰:"审此言也可以为天下。"子贡曰:"何其躁也?"孔子曰:"非谓其躁也,谓其为之于此,而成文于彼也,圣人组修其身,而成文于天下矣。"[吕氏春秋季春纪先己]

【释义】

《诗经》中说："手执缰绳驾驭马就如同编织花纹一样。"孔子说："明悉这句话的含义，就可以治理好天下了。"子贡说："照《诗经》中所说的去做，举止太急躁了吧?"孔子说："这句诗不是说驭者动作急躁，而是说丝线在手中编织，而花纹却在手外成形。圣人修养自身，而大业成就于天下"。

【原文】

孔子见鲁哀公，哀公曰："有语寡人曰：'为国家者，为之堂上而已矣'。寡人以为迂言也。"孔子曰："此非迂言也。丘闻之'得之于身者得之人，失之于身者失之人'。不出于门户而天下治者，其惟知反于己身者乎！"［吕氏春秋季春纪先己］

【释义】

孔子谒见鲁哀公，哀公说："有人告诉我：'治理国家，安坐在朝堂之上就可以了。'我认为这是不切事理的迂阔之言。"孔子说："这不是迂阔之言。我曾听说，在自身有所得的人，在别人那里也会有所得；在自身有所失的人，在别人那里也会有所失。不出门却把天下治理得很好，这恐怕只有懂得自身修养的国君才能做到吧！"

【原文】

子贡问孔子曰："后世将何以称夫子?"孔子曰："吾何足必称哉? 勿已者，则好学而不厌，好教而不倦，其惟此耶！"［吕氏春秋孟夏纪尊师］

【释义】

子贡问孔子说："后代将怎样称道您呢?"孔子说："我哪里值得称道呢? 如果一定要说的话，那就是好学习而不知道满足，勤于教诲而不知道疲倦，大概仅此而已！"

【原文】

鲁季孙有丧，孔子往吊之。入门而左，从客也。主人以玙璠收，孔子径庭而趋，历级而上，曰："以宝玉收，譬之犹暴骸中原也。"[吕氏春秋孟冬纪安死]

【释义】

鲁国的季孙氏举办丧事，孔子前去吊丧。进门之后，站在左边台阶上，立于宾客的位置。主丧的季桓子用鲁国的宝玉装殓死者，孔子急忙从西阶下穿过中庭快步向东，登上东边台阶，说："用宝玉装殓死者，就像是把尸体暴露在原野上一样。"

【原文】

孔子之弟子从远方来者，孔子荷杖而问之曰："子之公[①]不有恙乎？"搏[②]杖而揖之，问曰："子之父[③]母不有恙乎？"置杖而问曰："子之兄弟不有恙乎？"杙步而倍之[④]，问曰："子之妻子不有恙乎？"[吕氏春秋孟冬纪异用]

【注释】

①御览七百十"公"作"父"。

②同上，搏作"持"。

③同上，无父字。

④同上，杙步而倍之作"杖步而倚之"。○《广韻》杖字下引云：孔子见弟子，抱杖而问其父母，柱杖而问其兄弟，曳杖而问其妻子。盖约此文。

【释义】

孔子的弟子凡是从远方来的，孔子就扛着手杖问候他说："你的祖父没灾没病吧?”然后持杖拱手行礼问候说:“你的父母都平安无事吧?”然后拄着手杖问候说:“你的兄弟们都平安无事吧?”最后拖着手杖转过身去问候说:“你的妻子儿女都好吧?”

【原文】

楚有直躬者,其父窃羊而谒之上。上执而将诛之。直躬者请代之。将诛矣,告吏曰:“父窃羊而谒之,不亦信乎?父诛而代之,不亦孝乎?信且孝而诛之,国将有不诛者乎?”荆王闻之,乃不诛也。孔子闻之曰:“异哉!直躬之为信也。一父而载取名焉。”[吕氏春秋仲冬纪当务]

【释义】

楚国有个以直道立身的人,他的父亲偷了羊,他向官府告发了这件事。官府抓住了他的父亲,将要处死。此人请求代父受刑。将要行刑的时候,他告诉官吏说:“父亲偷羊而告发这件事,这样的人不是很诚实吗?父亲受罚而代他受刑,这样的人不是很孝顺吗?又诚实又孝顺的人都要杀掉,那么国家将还有不遭受刑罚的人吗?”楚王听说了这些话,就不杀他了。孔子听说这件事后,说:“这个人所谓的诚实太怪了!利用一回父亲却为自己博取诚实和孝顺的两个美名。”

【原文】

乐正子春下堂而伤足,瘳而数月不出,犹有忧色。门人问之曰:“夫子下堂而伤足,瘳而数月不出,犹有忧色,敢问其故?”乐正子春曰:“善乎而问之!吾闻之曾子,曾子闻之仲尼:父母全而生之,子全而归之,不亏其身,不损其形,可谓孝矣。君子无行咫步而忘之。余忘孝道,是以忧。”[吕氏春秋孝行览孝行]

【释义】

乐正子春下堂时伤了脚，脚好了后几个月都不出门，脸上仍然有忧愁的颜色。学生们问他说："先生下堂时伤了脚，脚好了几个月都不出门，脸上仍然有忧愁的颜色，请问这是什么缘故？"乐正子春说："你们问这个问得好啊！我从曾子那里听说过，曾子又从孔子那里听说过这样的话：父母完好地生下孩子，孩子要完好地把身体归还父母，不亏损自己的身子，不毁坏自己的形体，这可以称作是孝顺了。君子一举一动都不忘记孝道。我忘记了孝道，因此忧虑不安。"

【原文】

昔晋文公将与楚人战于城濮，召咎犯而问曰："楚众我寡，奈何而可？"咎犯对曰："臣闻繁礼之君，不足于文；繁战之君，不足于诈。君亦诈之而已。"文公以咎犯言告雍季，雍季曰："竭泽而渔，岂不获得？而明年无鱼；焚薮而田，岂不获得？而明年无兽。诈伪之道，虽今偷可，后将无复，非长术也。"文公用咎犯之言，而败楚人于城濮。反而为赏，雍季在上。左右谏曰："城濮之功，咎犯之谋也。君用其言而赏后其身，或者不可乎！"文公曰："雍季之言，百世之利也；咎犯之言，一时之务也。焉有以一时之务先百世之利者乎？"孔子闻之，曰："临难用诈，足以却敌；反而尊贤，足以报德。文公虽不终，始足以霸矣。"[吕氏春秋孝行览义赏]

【释义】

从前晋文公要跟楚国人在城濮作战，找来咎犯问他说："楚国兵多，我国兵少，怎样做才可以取胜？"咎犯回答说："我听说礼仪繁杂的君主，对于礼仪的盛大从不感到满足；作战频繁的君主，对于诡诈之术从不感到嫌恶。您只要对楚国实行诈术就行了。"文公把咎犯的话告诉了雍季，雍季说："把池塘弄干了来捕鱼，怎么会捕不到鱼？

可是第二年就没有鱼了;把沼泽地烧光了来打猎,怎么能捉不到野兽?可是第二年就没有野兽了。诈骗的方法,虽说现在可以苟且得利,以后就不能再得到了,这不是长久之计。”文公采纳了咎犯的意见,因而在城濮打败了楚国人。回国以后行赏,雍季居首位。文公身边的人劝谏说:“城濮之战的胜利,是由于采用了咎犯的谋略。您采纳了他的意见,可是行赏却把他放在后边,这或许不可以吧!”文公说:“雍季的话,对百世有利;咎犯的话,只是顾及一时。哪有把只顾及一时的放在对百世有利的前面的道理呢?”孔子听到这件事后,说:“遇到危难用诈术,足以打败敌人;回国后尊崇贤人,足以报答恩德。文公虽然不能坚持到底,却足以成就霸业了。”

【原文】

赵襄子出围,赏有功者五人,高赦为首。张孟谈曰:“晋阳之中,赦无大功,赏而为首,何也?”襄子曰:“寡人之国危,社稷殆,身在忧约之中,与寡人交而不失君臣之礼者,惟赦。吾是以先之。”仲尼闻之,曰:“襄子可谓善赏矣!赏一人而天下之为人臣莫敢失礼。”[吕氏春秋孝行览义赏]

【释义】

赵襄子从晋阳的围困中解脱出以后,奖赏五个有功劳的人,高赦居首位。张孟谈说:“晋阳之难,高赦没有大功,赏赐时却以他为首位,这是为什么呢?”襄子说;“我的国家社稷遇到危险,我自身陷于忧困之中,跟我交往而不失君臣之礼的,只有高赦。我因此把他放在最前边。”孔子听到这件事后说:“襄子可以说是善于赏赐了。赏赐了一个人,天下那些当臣子的就没人敢于失礼的了。”

【原文】

孔子穷于陈、蔡之间,七日不尝食,藜羹不糁。宰予备[①]矣,孔子弦歌于室,颜回择菜于外。子路与子贡相与而言曰:“夫子逐于鲁,削迹于卫,伐树于宋,穷于陈、蔡。杀夫子者无罪,藉夫子者不禁,夫子弦歌鼓舞,未尝绝音。盖君子之无所丑也若此乎?”颜回无以对,入以告孔子。孔子愀然推琴,喟然而叹曰:“由与赐小人也!召,吾语之。”子路与子贡入,子贡曰:“如此者,可谓穷矣。”孔子曰:“是何言也?君子达于道之谓达,穷于道之谓穷。今丘也拘仁义之道,以遭乱世之患,其所也,何穷之谓?故内省而不疚于道,临难而不失其德,大寒既至,霜雪既降,吾是以知松柏之茂也。昔桓公得之莒,文公得之曹,越王得之会稽。陈、蔡之厄,于丘其幸乎!”孔子烈然返瑟而弦,子路抗然执干而舞。子贡曰:“吾不知天之高也,不知地之下也。”古之得道者,穷亦乐,达亦乐,所乐非穷达也。道得于此,则穷达一也,为寒暑风雨之序矣。故许由虞乎颍阳,而共伯得乎共首。[吕氏春秋孝行览慎人]

【注释】

①备当作惫。

【释义】

孔子被围困在陈、蔡两国之间,七天没有吃粮食,藜菜羹汤里连个米粒都没有。宰予又饿又乏,孔子在屋里弹琴唱歌。颜回到外面采择野菜。子路和子贡互相谈论,说:“先生在鲁国被驱逐出境,在卫国禁止居留,在宋国遭受伐树的屈辱,在陈国、蔡国遭受围困。要杀掉先生的人没有罪过,糟践先生的人不受禁止。可是他还在唱歌弹琴,从没间断过,君子竟是这样没有感到羞耻的事吗?”颜回没话回答,进去告诉了孔子。孔子不高兴地推开琴,唉声感叹说:“子由和子贡,是浅见的小人哪!叫他们进来,我告诉他们!”子路和子贡进来了。子贡对孔子说:“咱们这样子可以说是穷困的了!”孔子说:“这是什么话!君子通达于道的叫作通达;不了解道的叫作穷困。现在我怀抱仁义的原则而遭逢乱世的患难,这正是我应该得到的处境,怎么算是穷困呢!

所以内心自省而不穷困于道，面临危难而不丧失品德，大寒到来，霜雪降落，松柏不凋落，我才知道松柏的生命力旺盛。从前齐桓公因出奔莒国而萌生复国称霸之心，晋文公因出亡曹国而萌生复国称霸之心，越王勾践因受会稽之耻而萌生复国称霸之心。在陈国、蔡国遇到的困厄，对于我或许是幸运吧！”孔子威严地重新拿起琴弹起来，子路激昂地拿起盾牌而起舞。子贡说：“我不知道天的高远，地的浑厚呀！”古时得道的人，困窘时是快乐的，通达时也是快乐的。所快乐的不是困窘和通达，只要是身处道德之中，那么困窘通达就像寒暑风雨的时序变化罢了。所以许由能在颍阳水边自得其乐，而共伯能在共首山上怡然自得。

【原文】

孔子周流海内，再干世主，如齐至卫，所见八十余君。委质为弟子者三千人，达徒七十人。七十人者，万乘之主得一人用可为师，不为无人。以此游，仅至于鲁司寇。［吕氏春秋孝行览遇合］

【释义】

孔子周游天下，多次向当世君主谋求官职，曾到过齐国卫国，谒见过八十多个君主。献上见面礼给他当学生的有三千人，其中成绩卓著的学生有七十人。这七十个人，拥有万辆兵车的大国君主得到任何一个人都可以把他当成老师，就不能说没有人才。然而孔子带领这些人周游列国，官却仅仅做到鲁国的司寇。

【原文】

文王嗜昌蒲菹，孔子闻而服之，缩頞而食之。三年，然后胜之。［吕氏春秋孝行览遇合］

【释义】

周文王喜爱吃菖蒲做的腌菜，孔子听说后，皱着眉头吃下去。过了三年，才渐渐吃习惯。

【原文】

孔子行道而息，马逸，食人之稼，野人取其马。子贡请往说之，毕辞，野人不听。有鄙人始事孔子者，曰："请往说之。"因谓野人曰："子不耕于东海，吾不耕于西海也。吾马何得不食子之禾？"其野人大说，相谓曰："说亦皆如此其辩也！独如乡（应为"向"）之人？"解马而与之。［吕氏春秋孝行览必己］

【释义】

孔子在路上行走，休息时，马跑了，吃了人家的庄稼，农夫牵走了他的马。子贡请求去劝说那个人，讲尽了道理，可是农夫就是不听从。有个刚侍奉孔子的边远地区的人说："请让我去劝说他。"于是他对那个农夫说："您耕种的土地从东海一直到西海，我们的马怎么能不吃您的庄稼？"那个农人非常高兴，对他说："你的话竟是这样雄辩，哪里像刚才那个人呢？"于是解下马交给了他。

【原文】

赵襄子攻翟，胜老人、中人，使使者来谒之，襄子方食抟饭，有忧色。左右曰："一朝而两城下，此人之所以喜也，今君有忧色，何？"襄子曰："江河之大也，不过三日。瓢（应为"飘"）风暴雨，日中不须臾。今赵氏之德行，无所于积，一朝而两城下，亡其及我乎！"孔子闻之曰："赵氏其昌乎？"［吕氏春秋慎大览慎大］

【释义】

赵襄子派新稚穆子攻打翟国，攻下了老人、中人两城，新稚穆子派使者回来报告襄子，襄子正在吃抟成团的饭，听了以后，脸上现出忧虑的神色。身边的人说："一下子攻下了两座城，这是人们感到高兴的事，现在您却忧愁，这是为什么呢?"襄子说："长江黄河涨水不超过三天就会退落，疾风暴雨不久就会停息。如今赵氏的德行没有丰厚的蓄积，一下子就攻下了两座城，灭亡之运恐怕要让我赶上了!"孔子听到这件事后说："赵氏大概要昌盛了吧!"

【原文】

孔[①]子之劲，举国门之关，而不肯以力闻。［吕氏春秋慎大览慎大］

【注释】

①薛据《孔子集语》引作"孔子之劲，能拓国门之关，勇复孟诸，足蹀狄兔，不以力闻。"

【释义】

孔子力气那样大，能举起国都城门的门闩，却不肯以力气大闻名天下。

【原文】

孔子道弥子瑕见釐夫人。［吕氏春秋慎大览贵因］

【释义】

孔子通过弥子瑕见釐夫人，为的是借此推行自己的主张。

【原文】

孔子始用于鲁，鲁人鹥诵之曰："麛裘而韩，投之无戾。韠而麛裘，投之无邮。"用三年，男子行乎涂右，女子行乎涂左，财物之遗者，民莫之举。[吕氏春秋先识览乐成]

【释义】

孔子刚被鲁国任用时，鲁国人怨恨地唱道："穿着鹿皮衣又穿蔽膝，抛弃他没关系；穿着蔽膝又穿鹿皮裘，抛弃他没罪过。"孔子治理鲁国三年后，鲁国男子在道路右边行走，女子在道路左边行走；遗失在地的财物，也没有人拾取。

【原文】

鲁国之法，鲁人为人臣妾于诸侯，有能赎之者，取其金于府。子贡赎鲁人于诸侯，来而让，不取其金。孔子曰："赐失之矣。自今以往，鲁人不赎人矣。"取其金，则无损于行；不取其金，则不复赎人矣。[吕氏春秋先识览察微]

【释义】

鲁国的法令规定，在诸侯国沦为奴仆的鲁国人，有能赎出他们的，可以从国库中支取金钱。子贡从其他诸侯国赎出了做奴仆的鲁国人，回来却推辞不领取赏金。孔子说："赐这事做错了。从今以后，鲁国人不会再赎人了。"支取金钱，对品行并没有损害；不支取金钱，就不会有人再赎人了。

【原文】

子路拯溺者，其人拜之以牛，子路受之。孔子曰："鲁人必拯溺者矣。"[吕氏春秋先识览察微]

【释义】

子路救了一个溺水的人，那个人用牛来酬谢他，子路收下了牛。孔子说："鲁国人一定会救溺水的人了。"

【原文】

孔子穷乎陈、蔡之间，藜羹不斟，七日不尝粒。昼寝。颜回索米，得而焚之，几熟。孔子望见颜回攫其甑中而食之。选闲，食熟，谒孔子而进食。孔子佯为不见之。孔子起曰："今者梦见先君，食洁而后馈。"颜回对曰："不可。向者煤室[①]入甑中，弃食不祥，回攫而饭之。"孔子叹曰："所信者目也，而目犹不可信；所恃者心也，而心犹不足恃。弟子记之，知人固不易矣。"[吕氏春秋审分览任数]

【注释】

①室，"炱"之讹。

【释义】

孔子被困在陈国、蔡国之间，只能吃些没有米粒的野菜，七天没有吃到粮食。孔子白天躺着休息。颜回去讨米，讨来米后烧火做饭.饭快熟了，孔子望见颜回抓取锅里的饭吃。过了一会儿，饭做熟了，颜回谒见孔子并且献上饭食。孔子假装没有看见颜回抓饭吃，起身说："今天我梦见了先君，把饭食弄干净了然后去祭祀先君吧。"颜回回答说："不行。刚才烟尘掉到锅里，扔掉沾着烟尘的食物不吉利，我把它抓起来吃了。"孔子叹息着说："人们所相信的是眼睛，可是眼睛看到的还是不可以轻信；所依靠的是心智，可是心智揣度的还是不足以依靠。学生们记住，了解人本来就不容易呀。"

【原文】

孔子贵仁。[吕氏春秋审分览不二]

【释义】

孔子崇尚仁义。

【原文】

孔子见温伯雪子,不言而出。子贡曰:“夫子之欲见温伯雪子好矣,今也见之而不言,其故何也?”孔子曰:“若夫人者,目击而道存矣,不可以容声矣。”[吕氏春秋审应览精谕]

【释义】

孔子去见温伯雪子,没有说话就出来了。子贡说:“先生您希望见到温伯雪子已经很久了,现在见到了却不说话,这是为什么呢?”孔子说:“像他那样的人,用眼一看就知道他是有道之人了,用不着再讲话了。”

【原文】

白公问于孔子曰:“人可与微言乎?”孔子不应。白公曰:“若以石投水,奚若?”孔子曰:“没人能取之。”白公曰:“若以水投水,奚若?”孔子曰:“淄、渑之合者,易牙尝而知之。”白公曰:“然则人不可与微言乎?”孔子曰:“胡为不可?唯知言之谓者为可耳。”白公弗得也。[吕氏春秋审应览精谕]

【释义】

白公胜问孔子:“可以与别人一起密谋吗?”孔子不回答。白公胜说:“密谋就如同把石块投入水中一样不为人所知，怎样呢?”孔子回答：“擅长潜水的人能够从水底取出来。”白公胜又问：就如同把水倒进水中一样不为人所知，怎样呢?”孔子回答：“淄水和渑水混合在一起，易牙用舌头尝了就能分辨出来。”白公胜说：“那么，就不能同别人密谋了吗?”孔子回答：“为什么不可以？只要心领神会就可以呀!”白公胜不懂得(孔子)说的话的意思。

【原文】

宓子贱治亶父，恐鲁君之听谗人，而令己不得行其术也。将辞而行，请近吏二人于鲁君与之俱。至于亶父，邑吏皆朝。宓子贱令吏二人书。吏方将书，宓子贱从旁时掣摇其肘，吏书之不善，则宓子贱为之怒。吏甚患之，辞而请归。宓子贱曰：“子之书甚不善，子勉归矣!”二吏归报于君，曰：“宓子不可为书。”君曰：“何故?”吏对曰：“宓子使臣书，而时掣摇臣之肘，书恶而有甚怒，吏皆笑宓子。此臣所以辞而去也。”鲁君太息而叹曰：“宓子以此谏寡人之不肖也。寡人之乱子，而令宓子不得行其术，必数有之矣。微二人，寡人几过。”遂发所爱而令之亶父，告宓子曰：“自今以来，亶父非寡人之有也，子之有也。有便于亶父者，子决为之矣。五岁而言其要。”宓子敬诺，乃得行其术于起亶父。三年，巫马旗短褐衣敝裘而往观化于亶父，见夜渔者，得则舍之。巫马旗问焉，曰：“渔为得也，今子得而舍之，何也?”对曰：“宓子不欲人之取小鱼也。所舍者小鱼也。”巫马旗归，告孔子曰：“宓子之德至矣，使民暗行若有严刑于旁。敢问宓子何以至于此?”孔子曰：“丘尝与之言曰：‘诚乎此者刑乎彼。’宓子必行此术于宣父也。”[吕氏春秋审应览具备]

【释义】

宓子贱去治理亶父，担心鲁国国君听信小人的谗言，从而使自己不能推行自己的主张，将要告辞走的时候，向鲁国君主请求君主身边的两个官吏跟自己一起去。到了亶父，亶父的官员都来朝见，宓子贱让那两个官吏书写。官吏刚要书写，宓子贱从旁边不时地摇动他们的胳膊肘，官吏写得很不好，宓子贱就为此大为生气。官吏对此厌恨，就告辞请求回去。宓子贱说："你们书写得很不好，赶快回去吧。"两个官吏回去以后向鲁国君主禀报说："不能为宓子贱书写。"鲁君说："为什么？"官吏回答说："宓子贱让我们书写，却不时地摇动我们的胳膊肘，写得不好又大发脾气，亶父的官吏都为此而发笑。这就是我们告辞离开的原因。"鲁君慨然叹息说："宓子是用这种方式对我的过错进行劝谏啊。我干扰宓子治理政事，使他不能推行自己的主张，一定有多次了吧。要是没有你俩，我几乎要出错了。"于是派他所喜爱的人去亶父，告诉宓子说："从今以后，亶父不归我所有，归你所有。只要对亶父有利的事情，你自己决定吧。五年以后报告施政的要点。"宓子恭敬地答应了，这才得以在亶父施行自己的主张。过了三年，巫马旗穿着粗劣的衣服和破旧的皮衣，到亶父去观察施行教化的情况，看到夜里捕鱼的人，得到鱼以后又把它放了。巫马旗问他说："捕鱼是为了得到鱼，现在你得到鱼却把它扔回水里，这是为什么呢？"那人回答说："宓子不让人们捕捉小鱼。我扔回水里的都是小鱼。"巫马旗回去以后，告诉孔子说："宓子的德政做到极致了。他能让人们黑夜中独自做事，就像有重罚在身旁一样不敢为非作歹。请问宓子用什么办法达到这种境地呢？"孔子说："我曾经跟他说过：'内心真诚，就会外在地体现出来。'宓子一定是用这种办法治理亶父的了。"

【原文】

孔子见齐景公，景公致廪丘以为养。孔子辞不受，入谓弟子曰："吾闻君子当功以受禄。今说景公，景公未之行而赐之廪丘，其不知丘亦甚矣！"令弟子趣驾，辞而行。[吕氏春秋离俗览高义]

【释义】

孔子谒见齐景公，景公送给他廪丘作为食邑。孔子谢绝了，不肯接受，出来以后对学生们说:“我听说君子有功而接受俸禄,现在我劝说景公听从我的主张,景公还没有采纳实行,却要赏赐给我廪丘,他太不了解我了!”让学生们赶快套好车,告辞以后就走了。

【原文】

三苗不服,禹请攻之,舜曰:“以德可也。”行德三年,而三苗服。孔子闻之,曰:“通乎德之情,则孟门、太行不为险矣。故曰德之速,疾乎以邮传命。”[吕氏春秋离俗览上德]

【释义】

三苗不归服,禹请求攻打它,舜说:“用德政就可以了。”实行德政三年,三苗就归服了。孔子听到了这件事,说:“通晓了德教的实质,那么孟门、太行山就算不上险峻了。所以说德教的迅速,比用驿车传递命令还快。”

【原文】

季孙氏劫公家,孔子欲谕术则见外,于是受养而便说。鲁国以訾。孔子曰:“龙食乎清而游乎清,螭食乎清而游乎浊,鱼食乎浊而游乎浊。今丘上不及龙,下不若鱼,丘其螭邪!”[吕氏春秋离俗览举难]

【释义】

季孙氏把持公室政权,孔子想晓之以理却怕被疏远,于是就去接受他的衣食,以便向他进言。鲁国人因此责备孔子。孔子说:“龙在清澈的水里吃东西,在清澈的水里游动;螭在清澈的水里吃东西,在浑浊的水里游动;鱼在浑浊的水里吃东西,在浑浊的水里游动。现在我向上赶不上龙.向下比不上鱼。我大概像螭一样吧!”

【原文】

荆有次非者，得宝剑于干遂。还反涉江，至于中流，有雨蛟夹绕其船。次非谓舟人曰："子尝见两蛟绕船能两活者乎？"船人曰："未之见也。"次非攘臂袪衣，拔宝剑曰："此江中之腐肉朽骨也！弃剑以全己，余奚爱焉！"于是赴江刺蛟，杀之而复上船。舟中之人皆得活。荆王闻之，仕之执圭。孔子闻之曰："夫善哉！不以腐肉朽骨而弃剑者，其次非之谓乎！"[吕氏春秋恃君览知分]

【释义】

楚国有个叫次非的人，在干遂得到了一把宝剑。回来的时候渡长江，船到了江心，有两条蛟龙从两边缠绕住他乘坐的船。次非对船夫说："你曾见到过两条蛟龙缠绕住船，龙和船上的人都能活命的吗？"船夫说："没有见到过。"次非捋起袖子，伸出胳膊，撩起衣服，拔出宝剑，说："我至多不过成为江中的腐肉朽骨罢了！如果丢掉剑能保全自己，我怎么会舍不得宝剑呢！"于是跳进江里去刺蛟龙，杀死蛟龙后又上了船。船里的人全都得以活命了。楚王听到这事以后，封他为邑大夫。孔子听到这件事以后说："好啊！不因为将成为腐肉朽骨而丢掉宝剑的，大概只有次非能做到吧！"

【原文】

士尹池为荆使于宋，司城子罕觞之。南家之墙仇于前而不直，西家之潦径其宫而不止。士尹池问其故，司城子罕曰："南家工人也，为鞔百[①]也。吾将徙之，其父曰：'吾恃为鞔以食三世矣，今徙之，是宋国之求鞔者不知吾处也，吾将不食。愿相国之忧吾不食也。'为是故，吾弗徙也。西家高，吾宫庳，潦之经吾宫也利，故弗禁也。"士尹池归荆，荆王适兴兵而攻宋，士尹池谏于荆王曰："宋不可攻也。其主贤，其相仁。贤者能得民，仁者能用人。荆国攻之，其无功而为天下笑乎！"故释宋而攻郑。孔子闻之

曰:“夫修之于庙堂之上,而折冲乎千里之外者,其司城子罕之谓乎!”[吕氏春秋恃君览召类]

【注释】

①百,者之讹。

【释义】

士尹池为楚国出使到宋国去,司城子罕宴请他。子罕南边邻居的墙向前突出却不拆了它重新垒直,西边邻居家的积水流经子罕家的院子他却不加制止。士尹池询问这是为什么。司城子罕说:“南边邻居家是做鞋的工匠,我要让他搬家,他的父亲说:‘我家靠做鞋谋生已经三代了,现在如果搬家,那么宋国人想要买鞋的,就不知道我的住处了,我将不能谋生。希望相国您怜悯我们将无法谋生的难处。’因为这个缘故,我没有让他搬家。西边邻居家院子地势高,我家院子地势低,积水流过我家院子很便利,所以没有加以制止。”士尹池回到楚国,楚王正要发兵攻打宋国,士尹池劝阻楚王说:“不可以攻打宋国。它的国君贤明,相国仁慈。贤明的人能得到人民的拥护,仁慈的人别人能为他效力。楚国去攻打它,大概不会有功,而且还要为天下所耻笑吧!”所以楚国放弃了宋国而去攻打郑国。孔子听到这件事后说:“在朝廷上修明政治,从而挫败了千里之外的敌人,大概说的是宋城子罕吧!”

【原文】

赵简子将袭卫,使史默往睹之,期以一月。六月而后反,赵简子曰:“何其久也?”史默曰:“谋利而得害,犹弗察也。今蘧伯玉为相,史鳍佐焉,孔子为客,子贡使令于君前,甚听。《易》曰:‘涣其群,元吉。’涣者贤也,群者众也,元者吉之始也。‘涣其群元吉’者,其佐多贤也。”赵简子按兵而不动。[吕氏春秋恃君览召类]

【释义】

赵简子要攻打卫国,派史默去卫国观察动静,约定一个月为期限,可是他过了六个月才回来。赵简子说:"怎么去了这么长时间呢?"史默说:"您要攻打卫国是为了谋取利益,结果反要遭受祸害,这个情况您还是不了解啊。如今卫国蘧伯玉担任卫相,史鳝辅佐卫君,孔子当宾客,子贡在卫君面前供差遣,他们都很受卫君信任。《周易》中说:'涣其群,元吉。''涣',是贤德的意思;'群',众多的意思;'元'是吉利的开始的意思。'涣其群元吉',是说他的辅佐之臣中有很多贤德之人。"于是赵简子才按兵不动。

【原文】

郈成子为鲁聘于晋,过卫,右宰谷臣止而觞之。陈乐而不乐,酒酣而送之以璧。顾反,过而弗辞。其仆曰:"曏者右宰谷臣之觞吾子也甚欢,今候渫过而弗辞?"郈成子曰:"夫止而觞我,与我欢也。陈乐而不乐,告我忧也。酒酣而送我以璧,寄之我也。若由是观之,卫其有乱乎!"倍卫三十里,闻宁喜之难作,右宰谷臣死之,还车而临,三举而归。至,使人迎其妻子,隔宅而异之,分禄而食之。其子长而反其璧。孔子闻之,曰:"夫智可以微谋、仁可以托财者,其郈成子之谓乎!"[吕氏春秋恃君览观表]

涡纹鼎

【释义】

郈成子为鲁国聘问晋国,路过卫国,卫国的右宰谷臣挽留并宴请他。右宰谷臣陈列上乐器奏乐,乐曲却不欢快;喝酒喝到正尽兴时送璧玉给郈成子。郈成子从晋国回来,经过卫国却不向谷臣告别。他的车夫说:"那天右宰谷臣盛情厚意款待您,为什么您再路过这里时不去向他辞别呢?"郈成子说:"他挽留并宴请我,这是要和我欢娱一番。可陈列上乐器奏乐,乐曲却不欢快,这是向我表示他的忧愁啊。喝酒喝得畅快时,他把璧玉送给了我,这是把璧玉托付给我啊。如此看来,卫国大概将发生祸乱吧!"郈成子离开卫国三十里,听到宁喜作乱杀死卫君,右宰谷臣为卫君殉难,就掉转车子回去哭悼谷臣,哭了三次然后才回国。到了鲁国,派人去接右宰谷臣的妻子儿女,把住宅隔开让他们与自己分开居住,拿出自己的俸禄来养活他们。待到右宰谷臣的孩子长大了,郈成子把璧玉还给了他。孔子听到这件事后说:"聪明到可以在隐微的时候谋事,仁德到可以托抚孤寡,廉洁到可以寄存财物,大概就是说郈成子的吧!"

【原文】

孔子卜,得贲。孔子曰:"不吉。"子贡曰:"夫贲亦好矣,何谓不吉乎?"孔子曰:"夫白而白,黑而黑,夫贲又何好乎?"[吕氏春秋慎行论壹行]

【释义】

孔子占卜,得到贲卦。孔子说:"不吉利。"子贡说:"贲卦也很好了,为什么说不吉利呢?"孔子说:"白就应该是白,黑就应该是黑,贲卦斑驳不纯,又好在哪里呢?"

【原文】

晋人欲攻郑,令叔向聘焉,视其有人与无人。子产为之诗曰:"子惠思我,蹇裳涉洧;子不我思,岂无他士!"叔向归曰:"郑有人,子产在焉,不可攻也。秦、荆近,其诗有异心,不可攻也。"晋人乃辍攻郑。孔子曰:"《诗》云:'无竞惟人。'子产一称而郑国免。"[吕氏春秋慎行论求人]

【释义】

晋国人想攻打郑国,派叔向到郑国聘问,借以察看郑国有没有贤人。子产对叔向诵诗说:"如果你心里思念我,就请提起衣裳涉过洧河;如果你不再把我思念,难道我没有别的伴侣可选?"叔向回到晋国,说:"郑国有贤人,有子产在那里,不能进攻。郑国跟秦国楚国临近,子产赋的诗又流露出二心,郑国不能攻打。"晋国于是停止攻打郑国。孔子说:"《诗经》上说:'国家强大完全在于有贤人',子产只是诵诗一首,郑国就免除了战祸。"

【原文】

鲁哀公问于孔子曰:"乐正夔一足,信乎?"孔子曰:"昔者舜欲以乐传教于天下,乃令重黎举夔于草莽之中而进之,舜以为乐正。夔于是正六律,和五声,以通八风,而天下大服。重黎又欲益求人,舜曰:'夫乐,天地之精也,得失之节也,故唯圣人为能和。乐之本也。夔能和之以平天下,若夔者一而足矣。'故曰'夔一足',非'一足'也。"[吕氏春秋慎行论察传]

【释义】

鲁哀公向孔子问道:"听说舜的乐正夔只有一只脚,是真的吗?"孔子说:"从前想利用音乐把教化传布到天下,于是让重黎把夔从民间选拔出来,进荐给君主。舜任用他为乐正。于是夔校定六律,和谐五声,以调和八风,因而天下完全归服。重黎还想多找些像夔这样的人,舜说:'音乐是天地之气的精华,政治得失的关键,所以只有圣人才能使音乐和谐,而和谐是音乐的根本。夔能事音乐和谐,以此安定天下。像夔这样的人,有一个就足够了。'所以说'夔一足',并不是说夔只有一只脚啊!"

【原文】

杀比干而视其心,(中略)孔子闻之曰:"其窍通则比干不死矣。"[吕氏春秋贵直论过理]

【释义】

杀死比干观看他的心脏,(中间省略)孔子听到商纣的暴行,说:"他的心窍如果通达,比干就不会被杀了。"

【原文】

武王至殷郊,系堕。五人御于前,莫肯之为,曰:"吾所以事君者,非系也。"武王左释白羽,右释黄钺,勉而自为係。孔子闻之曰:"此五人者之所以为王者佐也,不肖主之所弗安也。"故天子有不胜细民者,天下有不胜千乘者。[吕氏春秋不苟论不苟]

【释义】

周武王率领大军伐纣,到了殷都郊外,袜带掉了下来。当时有五个辅臣都在他身边陪侍,没有一个人肯替他把袜带系上,他们说:"我用来侍奉君主的,并不是替他系带子。"武王左手放下白羽,右手放下黄钺,自己费力地把袜带系上了。后来孔子听说这件事说:"这正是五个人成为王者辅臣的原因,也正是不贤的君主所不能容忍的。"所以天子有不能胜过小民的时候,天下有不能胜过千乘之国的时候。

【原文】

孔子曰:"燕爵争善处于一屋之下,母子相哺也,区区焉相乐也,自以为安矣。灶突决,上栋焚,燕爵颜色不变,是何也?不知祸之将及之也。不亦愚乎?为人臣而免于燕爵之智者寡矣。"[吕氏春秋士容论务大]

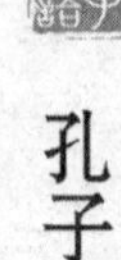

【释义】

孔子说："燕雀争相在屋檐下好地方筑巢，母鸡喂养着小鸟，怡然自得地一起嬉戏，自以为很安全了。即使烟囱破裂，头上的房梁燃烧起来，燕雀仍然面不改色，这是什么缘故呢？是因为它们不知道灾祸即将降落到自己身上。这不是很愚蠢吗？做臣子的，能够避免燕雀这种见识的人太少了。"

【原文】

孔子曰："禹不决江疏河，吾其鱼矣。［隶释四周憬铭］

【释义】

孔子说："大禹如果不排决长江疏通黄河，我们恐怕都变成鱼了。"

【原文】

昔太上以《灵宝》五篇真文以授帝喾。帝喾将仙，封之于钟山，至夏禹巡狩度弱水，登钟山，遂得是文。后复封之包山洞庭之室。吴王阖闾出游包山，见一人自言姓山名隐居，阖闾扣之，乃入洞庭取素书一卷，呈阖闾。其文不可识。令人齐之问孔子。孔子曰："丘闻童谣曰：吴王出游观震湖，龙威丈人山隐居。北上包山入云墟，乃入洞庭窃禹书。天地大文不可舒，此文长传百六初，若强取出丧国庐。"阖闾乃尊事之。［灵宝要略绎史孔子类记引四］

【释义】

过去，太上老君把五篇《灵宝真经》送给了帝喾，帝喾要成仙时把它封存在钟山。到夏代禹王视察天下，渡过弱水，登上钟山，于是得到了这本书。之后又把它封藏到石室中。吴王阖闾到包山游览，在山上看到一个人，自称姓山名叫隐居。阖闾追问他，他就取来一卷白绸子书，献给吴王。那上面的文字无法辨认。吴王派人斋戒后带着书去请教孔子。孔子说："我听童谣唱道：吴王出游观览震湖，龙威老人山居野处。北上包山跨入云端，进入洞室窃取禹书。天地鸿篇不可阅读，此书流传百六十年，强取必将丧国灭族。"阖闾听后更加尊崇敬奉它。

【原文】

孔子游于太山，见荣启期行乎郕之野，鹿裘带索，鼓琴而歌。孔子问曰："先生所以乐，何也？"对曰："吾乐甚多：天生万物，唯人为贵，而吾得为人，是一乐也。男女之别，男尊女卑，故以男为贵，吾既得为男矣，是二乐也。人生有不见日月、不免襁褓者，吾既已行年九十矣，是三乐也。贫者士之常也，死者人之终也，处常得终，当何忧哉？"孔子曰："善乎！能自宽者也。"[列子天瑞]

【释义】

孔子出游到泰山，看见荣启期在郕地野外行走，身穿鹿皮袄，腰系绳索带，一边弹琴，一边唱歌。孔子问他："先生为什么这么快乐呢？"荣启期回答："我快乐的原因有很多。自然生育万物，只有人最宝贵，而我得以为人，这是第一值得快乐的。男女的差别在于男尊女卑，所以男人最可贵，我既然得以为男人，这是第二值得快乐的。人的寿命有时短的死在娘肚里，死在襁褓中，而我已经活到九十岁了，这是第三值得快乐的。贫困是读书人的寻常事情，死亡是人生的最终归宿，我安于常情，等待终结，还有什么可忧虑的呢？"孔子说："好啊！真是能自我宽慰的人呀！"

【原文】

林类年且百岁，底[①]春被裘，拾遗穗于故畦，并歌并进。孔子适卫，望之于野，顾谓弟子曰："彼叟可与言者，试往讯之！"子贡请行。逆之垅端，面之而叹曰："先生曾不悔乎，而行歌拾穗?”林类行不留，歌不辍。子贡叩之不已，乃仰而应曰:“吾何悔邪?”子贡曰:“先生少不勤行，长不竞时，老无妻子，死期将至，亦有何乐而拾穗行歌乎?”林类笑曰:“吾之所以为乐，人皆有之，而反以为忧。少不勤行，长不竞时，故能寿若此。老无妻子，死期将至，故能乐若此。”子贡曰:“寿者人之情，死者人之恶。子以死为乐，何也?”林类曰:“死之与生，一往一反。故死于是者，安知不生于彼？故吾知其不相若矣，吾又安知营营而求生非惑乎？亦又安知吾今之死不愈昔之生乎?”子贡闻之，不喻其意，还以告夫子。夫子曰:“吾知其可与言，果然；然彼得之而不尽者也。”[列子天瑞]

【注释】

①底，当也。

【释义】

林类年近百岁，时逢春天，披着皮袄，在收割后的田垄上拣拾别人遗下的麦穗，一边唱歌，一边前进。孔子去卫国，在原野上望见他，就回头对弟子们说:“那个老头儿可以交谈交谈，谁试着去问问他?”子贡请求前往。子贡在田头迎住林类，对他叹口气说;“先生从不觉得懊恼吗？还这样边走边唱地拾麦穗?”林类脚不停步，歌不停口。子贡连连向他询问，他才仰头回答说:“我有什么可懊恼的?”子贡说:“先生年少时不肯努力行事，长大后又不争取时运，所以才能如此长寿。正因为我老来没有妻子儿女，眼看死期将至，所以才这样快乐。”子贡说:“长寿是人人都希望的，死亡是个个都厌恶的。您却以死亡为快乐，这是什么道理?”林类回答:“死亡相对于生存，一个来一个去，所以死在这里，又怎知不在别处生？因此我又怎么知道生和死不是一回事呢？我又怎么知道苦苦谋求生存不是一种迷惑的表现呢？我又怎么知道现在死亡不比活着更好呢?”子贡听了，不明白他的意思，回来告诉孔子。孔子说:“我知道这人是可以一谈的，果然如此；但是他所掌握的道理还没有达到尽善的程度。”

【原文】

子贡倦于学，告仲尼曰：“愿有所息。”仲尼曰：“生无所息。”子贡曰：“然则赐息无所乎？”仲尼曰：“有焉耳，望其圹，睾如也，宰如也，墳如也，鬲如也，则知所息矣。”子贡曰：“大哉死乎！君子息焉，小人伏焉。”仲尼曰：“赐！汝知之矣。人胥知生之乐，未知生之苦；知老之惫，未知老之佚；知死之恶，未知死之息也。”［列子天瑞］

【释义】

子贡对学习感到厌倦了，便告诉孔子说：“我希望找个地方休息一下。”孔子说：“人生没有什么休息的地方。”子贡说：“那么我就无处休息了吗？”孔子说：“有的呀！你看那个墓穴，那高高耸立的样子，那宽宽大大的样子，那岸然隆起的样子，那与外界隔绝而当中空空的样子，就知道休息的地方该在哪里了！”子贡说：“死亡真了不起呀！君子在此安息，小人在此匍匐。”孔子说：“赐，你算明白了。大家都知道人生的快乐，不知道人生的痛苦；都知道老年的疲惫，不知道老年的安逸；都知道死亡是恶事，不知道死亡是休息。”

【原文】

范氏有子曰子华，善养私名，举国服之；有宠于晋君，不仕而居三卿之右。目所偏视，晋国爵之；口所偏肥，晋国黜之。游其庭者侔于朝。子华使其侠客以智鄙相攻，强弱相凌。虽伤破于前，不用介意。终日夜以此为戏乐，国殆成俗。禾生、子伯，范氏之上客。出行，经垧外，宿于田更①商丘开之舍。中夜，禾生、子伯二人相与言子华之名势，能使存者亡，亡者存；富者贫，贫者富。商丘开先窘于饥寒，潛于牖北听之。因假粮荷畚之子华之门。子华之门徒皆世族也，缟衣乘轩，缓步阔视。顾见商丘开年老力弱，面目黧黑，衣冠不检，莫不眲之。既而狎侮欺诒，挡挨扰，二[②]所不为。商丘开常无愠容，而诸客之技单，惫于戏笑。遂与商丘开俱乘高台，于众中漫言曰："有能自投下者赏百金。"众皆竞应。商丘开以为信然，遂先投下，形若飞鸟，扬于地，骪骨无毁。范氏之党以为偶然，未讵怪也。因复指河曲之淫隈曰："彼中有宝珠，泳可得也。"商丘开复从而泳之。既出，果得珠焉。众昉同疑。子华昉令豫肉食衣帛之次。俄而范氏之藏大火。子华曰："若能人火取锦者，从所得多少赏若。"商丘开往无难色，大[③]火往还，埃不漫，身不焦。范氏之党以为有道，乃共谢之曰："吾不知子之有道而诞子，吾不知子之神人而辱子。子其愚我也，子其聋我也，子其盲我也，敢问其道。"商丘开曰："吾亡道。虽吾之心，亦不知所以。虽然，有一于此，试与子言之。曩子二客之宿吾舍也，闻誉范氏之势，能使存者亡，亡者存；富者贫，贫者富。吾诚之无二心，故不远而来。及来以子党之言皆实也，唯恐诚之之不至，行之之不及，不知形体之所措，利害之所存也，心一而已。物无迕者，如斯而已。今昉知子党之诞我，我内藏猜虑，外矜观听，追幸昔日之不焦溺也，怛然内热，惕然震悸矣。水火岂复可近哉？"自此之后，范氏门徒遇乞儿马医，弗敢辱也，必下车而揖之。宰我闻之，以告仲尼。仲尼曰："汝弗知乎？夫至信之人，可以感物也。动天地，感鬼神，横六合，而无逆者，岂但履危险、入水火而已哉？商丘开信伪物犹不逆，况彼我皆诚哉？小子识之！"［列子黄帝］

【注释】

①更，当作"叟"。

②二，"亡"之误。

③大，"入"之误。

【释义】

范家有个儿子叫子华，喜欢收养游士侠客，全城的百姓都屈服于他的势力。他得到晋侯的宠爱，虽不做官，但地位比当时的三卿还要高贵。只要是他多看几眼的人，晋国立刻赐官赏爵；只要被他多说几句坏话的人，晋国马上罢官免爵。往来他厅堂里的人像在朝廷上的人一样多。子华让他的侠客们凭智力的高下来相互攻击，靠体力的强弱来互相欺凌，就是在他面前打得头破血流，他丝毫不在意。通宵达旦以此游戏取乐，使这种残杀几乎在全国形成一种风气。禾生和子伯是范家的上客。有一天外出，途经远郊，借宿在老农商丘开的茅舍里。半夜时候，禾生、子伯两人一齐谈论子华的名望和势力，说他能使生者灭亡，死者复活，富者变穷，穷者变富。商丘开正好困于饥寒，躲在朝北的窗口下听到了这番谈话。于是，他就借了粮食，挑着装行李的草筐，来到子华门下。子华的门徒都是达官显贵的子弟，穿着白色的绢衣，乘坐华丽的马车，走起路来从容不迫，两眼朝天。他们瞧见商丘开年老体弱，面目黧黑，衣冠不整，都看不起他。接着又围上来戏弄欺侮，推搡捶打，无所不为。但商丘开却没有一点怨恨的样子，倒是门客们智穷技尽，嬉笑也闹够了，才作罢。于是，他们又带着商丘开一同登上高台。众人中有人随意说："有谁自愿跳下去，赏给他一百金！"大家都假装争着往下跳。商丘开信以为真，就抢先跳下高台。只见他身体好像飞鸟，轻轻飘落着地，肌肉骨骼毫无损伤。范家的门客以为这是偶然的，并不感到特别奇怪，便又指着河湾边的深水潭说："那里面有宝珠，潜入水底就可得到。"商丘开又听从他们的怂恿，潜入水底。等他游出水面，果然找到了宝珠。这时候，大家才开始感到惊疑。子华这才让他加入吃肉穿绸衣的上客行列。没过多久，范家的贮藏库发生火灾。子华说："谁如果能入火抢救锦缎，根据救出的多少论功行赏。"商丘开面无难色，冲进大火，多次出入火海，尘埃不沾染，身体不烧焦。这一来，范家门客都认为他是有道术的人，一齐向他道歉说："我们不知道您有道术而欺骗了您，不知道您是神人而侮辱了您。您大概把我们看作是傻瓜，看作是聋子，看作是瞎子了吧。我们冒昧向您请教您的道术。"商丘开说："我哪有道术？即便我自己也不知道其中的奥妙。尽管这样，我还是有一点可以对你们讲讲。先前，你们的两位门客住在我家，我听见他们夸耀范家的势力，说他能使生者灭亡，死者复活；能事富者变穷，穷者变富。对此，我深信不疑，毫无二心，所以就不怕路远，来到这儿。来到以后，我又以为你们的话都是真的，唯恐相信它还相信得不彻底，实行它还实行得不及时，所以就不考虑身体应在哪里安放，不知道利害应从哪里抓起，只是心意专一罢了。这样，外物就没有来阻害我，如此而已。现在我才知道你们欺骗了我，我便内心满怀疑虑，外面还要小心地察言观色，庆幸往日没有被烧焦、溺死，想起来就痛苦得五内俱焚，恐惧得胆战心惊，今后难道还可以再接近水火吗？"从此以后，范家的门客在路上遇见乞丐马医之类的贫贱人，再也不敢侮辱了，还一定下车向他们拱手施礼。宰我听说这件事，就来告诉孔子。孔子说："你不知道吗？最诚实的人是可以感化外物的。他们惊动天地，感化鬼神，纵横宇内，而没有阻碍他们的东西，难道仅仅只是身临险境脚踩危崖、身入水火而已吗？商丘开相信那些虚假的事物尚且能无所阻碍，更何况我们都是坚守诚信的人呢？这点你们要牢牢记住！"

【原文】

颜回问乎仲尼曰："吾尝济乎觞深之渊矣，津人操舟若神。吾问焉，曰：'操舟可学邪？'曰：'可，能游者可教也，善游者数能。乃若夫没人，则未尝见舟而谡操之者也。'吾问焉，而不告。敢问何谓也？"仲尼曰："噫！吾与若玩其文也久矣，而未达其实，而固且道与？能游者可教也，轻水也；善游者之散[①]能也，忘水也；乃若夫没人之未尝见舟也而谡操之也，彼视渊者[②]陵，视舟之覆犹其车却也。覆却万物方陈乎前而不得入其舍，恶往而不暇？以瓦抠者巧，以钩抠者惮，以黄金抠者惛。巧一也，而有所矜，则重外也。凡重外者拙[③]内。"［列子黄帝］

【注释】

①散，"数"之误。

②者，“若”之误。

③撰，当作“拙”。

【释义】

颜回问孔子说：“我曾经渡过一个叫作觞深的深潭，摆渡的船夫驾驭小船的技术简直出神入化。我问他：‘驾船的技术可以学习吗？’他说：‘可以。能游水的人可以教，游得好的人很快就能学会。至于能潜水的人，即使从来没见过船也会立即就能驾驭它。’我再追问，他就不吭气了。冒昧请教先生，他说的是什么意思呢？”孔子回答说：“唉！我教你研习那些书本知识已经很久了，但从没有掌握实践经验，又何况掌握道的本身呢？能游水的人可以教，是因为他不怕水；善于游水的人很快就学会，是因为他熟悉水性；至于能潜水的人从没见过船只但能立即驾驭它，是因为他把深潭看作像土山，把渡船的倾覆看作车子倒退。万物倾覆倒退同时呈现在他面前，也丝毫不能动摇他的内心。像这样的人，不管遇到什么情况，怎么不从容有余呢？用瓦块做赌注，技术发挥得一定巧妙；用银铜做赌注，心里就害怕；用黄金做赌注，头脑就会昏昧糊涂。赌博的技巧本来一样，但有所顾惜时，就把外物看得很重，凡是看重外物的人内心就会笨拙。”

【原文】

孔子观于吕梁，悬水三十仞，流沫三十里，鼋鼍鱼鳖之所不能游也。见一丈夫游之，以为有苦而欲死者也，使弟子益[1]流而承之。数百步而出，被发行歌，而游于棠[2]行。孔子从而问之曰：“吕梁悬水三十仞，流沫三十里，鼋鼍鱼鳖所不能游，向吾见子道[3]之，以为有苦而欲死者，使弟子并流将承子。子出而被发行歌，吾以子为鬼也。察子，则人也。请问蹈水有道乎？”曰：“亡，吾无道。吾始乎故，长乎性，成乎命，与赍俱人，与汩偕出。从水之道而不为私焉，此吾所以道之也。”孔子曰：“何谓始乎故，长乎

性，成乎命也？”曰：“吾生于陵而安于陵，故也；长于水而安于水，性也；不知吾所以然而然，命也。”［列子黄帝］

【注释】

①益，“并”之误。

②棠行，当作“塘下”。

③道，当作“蹈”。以下同。

【释义】

孔子在吕梁观望，只见飞瀑直下二十多丈，流沫冲出三十里，即便是鼋鼍和鱼鳖也不能游渡。他看见一个汉子在水里漂游，以为是一个痛不欲生而想自杀的人，连忙派学生沿着河岸跑去救他。这汉子游了几百步远又从波涛中钻出来上岸，披头散发边走边唱，在河堤下游逛。孔子追上去问道：“吕梁飞瀑二十丈，流沫三十里，连鼋鼍鱼鳖也不能游渡。方才我看见你跳进水里，以为你心怀痛苦想要自杀，派学生沿河救你。你出来后又披头散发，边走边唱，我又以为你是鬼呢。再一细看，却是人。请问，踩水有道术吗？”那汉子回答说：“没有，我没有道术。我不过是‘始乎故’‘长乎性’‘成乎命’罢了，和漩涡一同卷进水底，又随涌流一齐冲出水面。我顺从河水的规律而不凭借个人的好恶，这就是我能出没水中的原因。”孔子问：“那么，什么叫作‘始乎故’‘长乎性’‘成乎命’呢？”汉子回答：“我出生在河边而习惯于河边，这就是天生的素质，所以叫作‘故’；我长在水边而习惯于水边，这是自身的本性，所以叫作‘性’；我不知道为什么会游水而自然而然地能游水，所以叫作‘命’。”

【原文】

仲尼适楚，出于林中，见痀偻者承蜩，犹掇之也。仲尼曰：“子巧乎！有道邪？”曰：

“我有道也。五六月，累垸二而不坠，则失者锱铢；累三而不坠，则失者十一；累五而不坠，犹掇之也。吾处也，若厥株驹；吾执臂若槁木之枝。虽天地之大，万物之多，而唯蜩翼之知。吾不反不侧，不以万物易蜩之翼，何为而不得？”孔子顾谓弟子曰：“川志不分，乃疑[1]于神。其痀偻丈人之谓乎！”丈人曰：“汝逢衣徒也，亦何知问是乎？修汝所以，而后载言其上。”［列子黄帝］

【注释】

①疑与凝同。

【释义】

孔子前往楚国，经过树林中，看见一位驼背的老汉正在粘蝉，竟像随手拾取一般容易。孔子叹道：“太巧妙了！您有道术吗？”老汉回答：“我有道术。经过五六个月，我练到在竹竿梢上叠放两颗小球而不坠落，那么逃走的蝉就很少了；叠放三颗小球而不坠落，那么十只里面只能逃走一只；叠放五颗小球而不坠落，捉蝉就像随手拾取一样了。我身体站着，如同直立的木桩；我举着竿子的手臂，就像枯树上的朽枝。虽然天地广大，万物繁多，但我只看见蝉的翅膀；我不回头不侧视，不容任何事物来分散我对蝉翼的注意力。为什么会捉不到禅呢？”孔子回头对弟子们说：“用心不分散，精神凝聚专一，这就是驼背老翁所说的道理啊！”老汉说：“你们穿着儒服的读书人，也懂得过问这些事吗？抛弃你们那套仁义礼乐说教，然后再谈论上面的这些道理吧！”

【原文】

赵襄子率徒十万狩于中山，藉芿燔林，扇[1]赫百里。有一人从石壁中出，随烟烬上下，众谓鬼物。火过，徐行而出，若无所经涉者。襄子怪而留之，徐而察之：形色七窍，人也；气息音声，人也。问奚道而处石？奚道而入火？其人曰：“奚物而谓石？奚物而

谓火?”襄子曰:“而响之所出者,石也;而向之所涉者,火也。”其人曰:“不知也。”魏文侯闻之,问子夏曰:“彼何人哉?”子夏曰:“以商所闻夫子之言,和者大同于物,物无得伤阂者,游金石,蹈水火,皆可也。”文侯曰:“吾子奚不为之?”子夏曰:“刳心去智,商未之能。虽然,试语之有暇矣。”文侯曰:“夫子奚不为之?”子夏曰:“夫子能之而能不为者也。”文侯大说。[列子黄帝]

【注释】

①扇,煽也。

【释义】

赵襄子率领十万人马在中山国狩猎,践踏乱草,焚烧树林,炽烈的火势百里。忽然有一人从悬崖的石壁中钻出来,随着烟火灰烬上下漂浮,大家见了都以为是鬼怪。大火烧过,那个人慢慢地走了出来,好像刚才没有经历过钻石入火的事一样。赵襄子十分奇怪,将他留住。细细察看,见他形貌面色和七窍是人,再听他气息声音也是人。问他凭什么道术能居住在石壁里面?又凭什么道术能出入烈火?那人却反问道:“什么东西叫作石壁?什么东西叫作火?”赵襄子说:“刚才你出来的地方就叫石壁,刚才你出入的东西就是火。”那人说:“不知道。”魏文侯听了这件事,问子夏:“他究竟是什么人?”子夏回答:“根据我听到的孔夫子的言论所知,保全纯和元气的人,身心同外物融合一体,没有什么东西能伤害和阻碍他,在金石里走动,在水火中跳跃都可以做到。”魏文侯问:“那么你为什么不这样做呢?”子夏回答:“剔净思欲,摈除智慧,我还不能办到。尽管如此,但试着谈谈这些道理还是可以的。”魏文侯又问:“那么孔夫子为什么不这样做呢?”子夏回答:“孔夫子能这样做,但是他更不能去这样做。”魏文侯听罢,非常高兴。

【原文】

宋阳里华子中年病忘，朝取而夕忘，夕与而朝忘；在塗则忘行，在室则忘坐；今不识先，后不识今。阖室毒之。谒史而卜之，弗占；谒巫而祷之，弗禁；谒医而攻之，弗已。鲁有儒生自媒能治之，华子之妻子以居产之半请其方。儒生曰："此固非卦兆之所占，非祈请之所祷，非药石之所攻。吾试化其心，变其虑，庶几其瘳乎！"于是试露之，而求衣；饥之，而求食；幽之，而求明。儒生欣然告其子曰："疾可已也。然吾之方密，传世不以告人。试屏左右，独与居室七日。"从之。莫知其所施为也，而积年之疾一朝都除。华子既悟，乃大怒，黜妻罚子，操戈逐儒生。宋人执而问其以。华子曰："曩吾忘也，荡荡然不觉天地之有无。今顿识既往，数十年来存亡、得失、哀乐、好恶，扰扰万绪起矣。吾恐将来之存亡、得失、哀乐、好恶之乱吾心如此也，须臾之忘，可复得乎？"子贡闻而怪之，以告孔子。孔子曰："此非汝所及乎！"顾谓颜回记之。［列子周穆王］

【释义】

宋国的阳里华子中年得了健忘症，早晨拿了东西晚上忘记，晚上给的东西早上忘记；在路上忘记行走，在屋里忘记坐下；现在记不起从前，以后又记不起现在。全家都为他的病而苦恼。请卜史为他占卜，不应验；请巫师为他祈祷，也不灵；请医生为他治疗，也不见效。鲁国有个儒生自荐能治他的病。华子的老婆儿女情愿拿出一半家产来求取他的方术。儒生说："这种病本来就不是卦兆所能占验的，也不是祈祷所能免除的，更不是医药所能治愈的。我试着感化他的心神，改变他的思虑，也许可以使他痊愈吧！"于是，把他放在露天，他冷了就要衣服；不给送饭，他饿了就要吃饭；关闭在暗处，他受不了就要光亮。儒生高兴地告诉那人的儿子说："你父亲的疾病可以治好啦！但我的方法是保密的，祖孙相传，不告诉外人。请屏退在旁侍候的人，我单独同他在内屋住七天。"家人听从了他。都不知道他在里面用了什么办法,竟使多年的疾病一下子都根除了。华子清醒了过来,就大发雷霆,斥责老婆,惩罚儿子,拿起戈来驱逐儒生。邻居们捉住他,问他这样做的缘故。华子说道:"从前我健忘,渺渺茫茫地不觉得天地是有是无。现在突然记起往事,几十年来的存亡、得失、哀乐、好恶,纷纷乱乱,千头万绪地涌上心头。我恐怕将来的存亡、得失、哀乐、好恶还会像这样扰乱我的心境,再想忘记哪怕短短一刻,难道还能办得到吗?"子贡听说后感到很奇怪,就把这件事告诉了孔子。孔子说:"这道理并非你所能明白的啊!"他回头吩咐颜回记住这件事情。

【原文】

仲尼闲居,子贡入侍,而有忧色。子贡不敢问,出告颜回。颜回援琴而歌。孔子闻之,果召回入,问曰:"若奚独乐?"回曰:"夫子奚独忧?"孔子曰:"先言尔志。"曰:"吾昔闻之夫子曰:'乐天知命故不忧',回所以乐也。"孔子愀然有闲曰:"有是言哉?汝之意失矣。此吾昔日之言尔,请以今言为正也。汝徒知乐天知命之无忧,未知乐天知命有忧之大也。今告若其实:修一身,任穷达,知去来之非我,止变乱于心虑,尔之所谓乐天知命之无忧也。曩吾修《诗》《书》,正礼乐,将以治天下,遗来世;非但修一身,治鲁国而已。而鲁之君臣曰失其序,仁义益衰,情性益薄。此道不行一国与当年,其如天下与来世矣?吾始知《诗》《书》礼乐无救于治乱,而未知所以革之之方。此乐天知命者之所忧。虽然,吾得之矣。夫乐而知者,非古人之谓所乐知也。无乐无知,是真乐真知;故无所不乐,无所不知,无所不忧,无所不为。《诗》《书》礼乐,何弃之有?革之何为?"颜回北面拜手曰:"回亦得之矣。"出告子贡。子贡茫然自失,归家淫思七日,不寝不食,以至骨立。颜回重往喻之,乃反丘门,弦歌诵书,终日不辍。[列子仲尼]

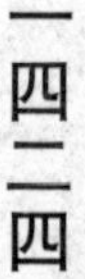

【释义】

孔子独自坐在屋里，子贡进去陪侍他，看见他面露忧愁的神色。子路不敢发问。出来告诉了颜回。颜回便取过琴，一边弹，一边唱起歌来。孔子听见了，果然把颜回叫进屋里，问道："你为什么独自快乐？"颜回说："先生为什么独自忧愁？"孔子说："先说说你的意思。"颜回答道；"我过去听先生说过：'乐天知命所以不忧愁'，这就是我快乐的原因啊。"孔子凄然变色，过了一会儿说："有这样的话吗？你的理解太狭隘啦！这不过是我从前的言论罢了，让我用现在的话来补正吧。你只知道乐天知命没有忧愁，不知道乐天知命还有着很大的忧愁呢。现在我告诉你其中的道理：修养个人的身心，不管是穷困还是显达，知道人生过去和未来的变迁不由自己决定，忘掉心中的一切纷扰，这就是你所谓的乐天知命就没有忧愁。从前我修订《诗》《书》，端正礼乐，准备用它来治理天下，遗留后世；不仅仅是为了修养个人，治理鲁国而已。但鲁国的国君臣民一天一天破坏他们应有的等级秩序，仁义日益衰落，人情愈发淡薄。这种政治主张在我活着的时候都无法在一个国家施行，更何况施于天下和后世呢？于是，我才明白《诗》《书》、礼乐无助于治理乱世，但又不知道改革它的办法。这就是乐天安命还会有忧虑的原因。尽管如此，我现在已经得到方法啦。如今的乐天安命，并非古人所说的乐与知。无乐无知，才是真乐真知；因此便能无所不乐，无所不知，无所不忧，无所不为。做到这一步，那么《诗》《书》礼乐还有什么必要抛弃呢？为什么还要改革它呢？"颜回面北拱手施礼道："我也懂得啦！"他出来告诉子贡。子贡茫然不解，回家深思七天，废寝忘食，以至于骨瘦如柴。颜回又去向他重新解释，他才返回孔子门下，从此弹琴唱歌，诵读诗书，终生不停歇。

【原文】

陈大夫聘鲁，私见叔孙氏。叔孙氏曰："吾国有圣人。"曰："非孔丘邪？"曰："是也。""何以知其圣乎?"叔孙氏曰:"吾常闻之颜回曰:'孔丘能废心而用形。'"陈大夫曰:"吾国亦有圣人,子弗知乎?"曰:"圣人孰谓?"曰:"老聃之弟子有亢仓子者,得聃之道,能以耳视而目听。"鲁侯闻之大惊,使上卿厚礼而致之。亢仓子应聘而至。鲁侯卑辞请问之。亢仓子曰:"传之者妄。我能视听不用耳目,不能易耳目之用。"鲁侯曰:"此增异矣。其道奈何?寡人终愿闻之。"亢仓子曰:"我体合于心,心合于气,气合于神,神合于无。其有介然之有,唯然之音,虽远在八荒之外,近在眉睫之内,来干我者,我必知之。乃不知是我七孔四支之所觉,心腹六脏之所知,其自知而已矣。"鲁侯大悦。他日以告仲尼,仲尼笑而不答。[列子仲尼]

【释义】

陈国的大夫出使访问鲁国,私下去拜见了叔孙氏。叔孙氏说:"我们国家有圣人。"陈国大夫说:"不就是孔丘吗?"叔孙氏说:"是呀!"陈国大夫说:"凭什么知道他是圣贤呢?"叔孙氏回答:"我经常听颜回说:'孔丘处世接物能够不用思虑而只用行迹。'"陈国大夫说:"我们国家也有圣人,您不知道吗?"叔孙氏问:"圣人是谁?"陈国大夫回答:"老聃有一个弟子叫亢仓子,他掌握了老聃的道术,能够用耳朵看,用眼睛听。"鲁侯听说这件事,大为惊奇,派了上卿带着厚礼去邀请亢仓子。亢仓子应邀来到鲁国。鲁侯谦恭地向他请教道术。亢仓子说:"那些传话的人都是传错了。我可以视听不用耳目,却不能互换耳目的功用。"鲁侯说:"这就更神奇啦!这种道术是怎么一回事?寡人还是想听听。"亢仓子回答:"我的形体合于心智,心智合于元气,元气合于精神,精神又合于虚静。如果有像蕃籽一样细小的东西,有轻轻地细微的应答声音,即便远在八荒之外,或是迫在眉睫之间,只要是冲我来的,我必定能够察觉。竟不知是我七窍四肢所感觉到的,还是心腹六脏知觉到的,不过是它自然而然地知道罢了。"鲁侯十分高兴。过些日子,他把这件事告诉了孔子,孔子听了,微笑而不作答。

【原文】

商太宰见孔子曰："丘圣者欤？"孔子曰："圣则丘何敢，然则丘博学多识者也。"商太宰曰："三王圣者欤？"孔子曰："三王善任智勇者，圣则丘弗知。"曰："五帝圣者欤？"孔子曰："五帝善任仁义者，圣则丘弗知。"曰："三皇圣者欤？"孔子曰："三皇善任因时者，圣则丘弗知。"商太宰大骇，曰："然则孰者为圣？"孔子动容有间，曰："西方之人有圣者焉，不治而不乱，不言而自信，不化而自行，荡荡乎民无能名焉。丘疑其为圣。弗知真为圣欤？真不圣欤？"商太宰嘿然心计曰："孔丘欺我哉！"［列子仲尼］

【释义】

宋国太宰看见孔子说："你是圣人吗？"孔子回答："圣人我怎么敢当？然而我是博学多识的人。"太宰问："三王是圣人吗？"孔子回答："三王是善于运用智勇的人，是不是圣人我不知道。"太宰问："五帝是圣人吗？"孔子回答："五帝是善于推行仁义的人，是不是圣人我不知道。"太宰又问："三皇是圣人吗？"孔子回答："三皇是善于顺应时势的人，是不是圣人我也不知道。"太宰听了大惊，说："那么谁是圣人呢？"孔子听了这话，脸色陡变，过了一阵，才回答道："西方有个圣人，不实行治理而国家就自然安定，不发表言论而自然得到百姓的信任，不施行教化而政教自然地流行，多么伟大啊！百姓无法用言语称颂他。我怀疑他就是圣人。但不知道他真是圣人呢？真不是圣人呢？"宋国太宰听了，心中默默地思忖道："孔丘在欺骗我啊！"

【原文】

子夏问孔子曰："颜回之为人奚若？"子曰："回之仁贤于丘也。"曰："子贡之为人奚若？"子曰："赐之辩贤于丘也。"曰："子路之为人奚若？"子曰："由之勇贤于丘也。"曰："子张之为人奚若？"子曰："师之庄贤于丘也。"子夏避席而问曰："然则四子者何为事夫子?”曰:“居!吾语汝。夫回能仁而不能反,赐能辩而不能讷,由能勇而不能怯,师能庄而不能同。兼四子之有以易吾,吾弗许也。此其所以事吾而不贰也。”[列子仲尼]

【释义】

子夏问孔子说:“颜回的为人怎样?”孔子回答:“颜回的仁爱胜过我。”子夏说:“子贡的为人怎样?”孔子回答:“子贡的论辩能力超过我。”子夏说:“子路的为人怎样?”孔子回答:“子路的勇敢胜过我。”子夏又问:“子张的为人怎样?”孔子回答:“子张的严肃庄重胜过我。”子夏站起来问道:“既然如此,那么这四个人为什么要拜您为师呢?”孔子说:“坐下!我告诉你。颜回能以仁爱待人但不会因时变通;子贡能言善辩但讲话不够谨慎;子路为人勇敢但不知适时退让;子张为人严肃庄重但不能谦同随和。即使谁兼有这四个人的特长来交换我的长处,我也不会答应,因为我有着他们四人都不具备的东西。这就是他们拜我为师而从不三心二意的原因。”

【原文】

孔子东游,见两小儿辩斗。问其故,一儿曰:“我以日始出时去人近,而日中时远也。”一儿以日初出远,而日中时近也。一儿曰:“日初出大如车盖,及日中,则如盘盂,此不为远者小而近者大乎?”一儿曰:“日初出沧沧凉凉,及其日中如探汤,此不为近者热而远者凉乎?”孔子不能决也。两小儿笑曰:“孰为汝多知乎?”[列子汤问]

【释义】

孔子到东方游历,看见路旁有两个小孩在争辩。孔子问他们争论的原因,一个小孩说:“我认为太阳刚出来的时候离人最近,到了中午离人最远。”另一个小孩认为太阳早上离人最远,中午离人最近。前一个小孩说:“太阳刚出升的时候有车盖那样大,到了中午，却只有盘子那样大，这不是远的看起来小近的看起来大吗？”后一个小孩说：“太阳刚升起的时候，天气还凉丝丝的，中午就热得像手伸到热水里，这不是近热远凉的道理吗？”孔子无法判断谁是谁非。两个小孩笑着说：“谁说你知识渊博呢？”

【原文】

孔子自卫反鲁，息驾乎河梁而观焉。有悬水三十仞，圜流九十里，鱼鳖弗能游，鼋鼍弗能居，有一丈夫方将厉之。孔子使人并涯止之，曰：“此悬水三十仞，圜流九十里，鱼鳖弗能游，鼋鼍弗能居也。意者难可以济乎？”丈夫不以错意，遂度而出。孔子问之曰：“巧乎？有道术乎？所以能入而出者，何也？”丈夫对曰：“始吾之人也，先以忠信；及吾之出也，又从以忠信。忠信错吾躯于波流，而吾不敢用私，所以能入而复出者，以此也。”孔子谓弟子曰：“二三子识之！水且犹可以忠信诚身亲之，而况人乎？”（列子说符）

【释义】

孔子从卫国返回鲁国，在河堤上停下马车观望。只见瀑布飞泻而下二十丈，激流环绕九十里，鱼鳖不能游渡，鼋鼍无法停留，有一个汉子正要涉水。孔子连忙派人顺岸边跑去阻止他，说：“这瀑布二十丈，旋流九十里，鱼鳖不能游渡，鼋鼍无法停留。只怕你是很难渡过的吧？”那汉子听了毫不在意，就渡过河水上了岸。孔子问他：“是凭借技巧呢？还是道术呢？你能够入水又能出水的道理是什么呢？”汉子回答：“我刚下水的时候，依靠尽心竭力和坚定不移；待我出水的时候，又依靠尽心竭力和坚定不移。这忠和信使我的躯体安处波涛激流之中，而我不敢任从个人的心智和技巧。我能入水又能出水的道理，就是这样的。”孔子对弟子说：“你们记住！水，尚且可以凭忠和信来亲近，何况对于人呢？”

【原文】

白公问孔子曰："人可与微言乎？"孔子不应。白公问曰："若以石投水，何如？"孔子曰："吴之善没者能取之。"曰："若以水投水何如？"孔子曰："淄渑之合，易牙尝而知之。"白公曰："人故不可与微言乎？"孔子曰："何为不可？唯知言之谓者乎！夫知言之谓者，不以言言也。争鱼者濡，逐兽者趋，非乐之也。故至言去言，至为无为。夫浅知之所争者末矣。"白公不得已，遂死于浴室。[列子说符]

【释义】

白公胜问孔子："可以与别人一起密谋吗？"孔子不回答。白公胜再问："如果石块投入水里，怎样呢？"孔子回答："吴国擅长潜水的人能够从水底取出来。"白公胜又问："如果水倒进水里，怎样呢？"孔子回答："淄水和渑水混合在一起，易牙用舌头尝了就能分辨出来。"白公胜说："那么，就不能同别人密谋了吗？"孔子回答："为什么不可以？只要心领神会就可以呀！所谓心领神会，就是不依靠语言来表达。捕鱼的人会把衣服弄湿，追赶野兽的人要奔跑，这是势必如此，并非喜欢这样做。因此最高明的言论不用言辞表达，最崇高的行为无所动作。那些浅薄的人所争执的只是事物的细枝末节。"白公胜没有领会到孔子说话的意思，仍然密谋叛乱，最后政变失败，他被迫上吊死在浴室里。

乳丁纹铜方鼎

【原文】

赵襄子使新稚穆子攻翟，胜之，取左人、中人；使遽人来谒之。襄子方食而有忧色。左右曰："一朝而两城下，此人之所喜也；今君有忧色，何也？"襄子曰："夫江河之大也，不过三日；飘风暴雨不终朝，日中不须臾。今赵氏之德行无所施于积，一朝而两城下，亡其及我哉！"孔子闻之曰："赵氏其昌乎！"［列子说符］

【释义】

赵襄子派家臣新稚穆子攻打翟这个部族，大获全胜，夺取了左人、中人两座城池。新稚穆子派传令兵向赵襄子告捷。赵襄子正在吃饭，脸上现出忧虑的神色。身边侍候他的人说："一天就攻克两座城池，这是应该高兴的事情；而现在您却面有忧色，为什么呢？"赵襄子说："江河涨潮不过三天，狂风暴雨不能超过一个早晨，正午的太阳停留不了片刻。如今我们赵家没有积下多少德行，一天就攻下了两座城池，恐怕灭亡的命运要降临到我头上啦！"孔子听了这件事，说："赵家要昌盛起来了！"

【原文】

孔子之劲能拓国门之关，而不肯以力闻。［列子说符］

【释义】

孔子的力气可以举起城门上的闩闸，但他不愿以力气来夸耀于世。

【原文】

宋人有好行仁义者，三世不懈。家无故黑牛生白犊，以问孔子。孔子曰："此吉祥也，以荐上帝。"居一年，其父无故而盲，其牛又复生白犊。其父又复令其子问孔子。其子曰："前问之而失明，又何问乎？"父曰："圣人之言先迕后合。其事未究，姑复问

之。"其子又复问孔子。孔子曰:"吉祥也。"复教以祭。其子归致命。其父曰:"行孔子之言也。"居一年,其子又无故而盲。其后楚攻宋,[1]国其城。民易子而食之,析骸而炊之;丁壮者皆乘城而战,死者大半。此人以父子有疾皆免。及围解而疾俱复。[列子说符]

【注释】

①国:当作"围"。

【释义】

宋国有个喜爱施行仁义的人,连续三代毫不懈怠。他家的黑牛无缘无故地生下一头白色的牛犊,他就去请教孔子。孔子说:"这是吉祥的事呀,用它来祭献天帝吧。"过了一年,他家父亲无缘无故瞎了双眼。那黑牛又生了一头白色的牛犊,父亲又要儿子去请教孔子。他儿子说:"前次问了孔子,你就瞎了眼睛,还要问什么?"父亲说:"圣人的预言同事实先是相背然后才吻合。这件事还没有完结,还是再去请教一下吧。"他儿子便又去问孔子。孔子说:"吉祥啊!"又教他们用小牛来祭献天帝。儿子回家转达孔子的意思。父亲说:"按孔子的话去办。"过了一年,儿子的眼睛也无缘无故地瞎了。后来楚国攻打宋国,包围了京城。宋国百姓饿得换子来充饥,劈开骨头生火做饭。成年男子都登上城墙作战,死亡的人超过一半。这家人因为父子有眼疾而得以幸免。待到京城解围,他俩的眼疾就复愈了。

【原文】

孔子南游,过阿谷之隧,见处子佩瑱而浣。孔子谓子贡曰:"彼浣者。其可与言乎?"抽觞以授子贡,曰:"为之辞,以观其志。"子贡曰:"我北鄙之人也,自北徂南,将欲之楚。逢天之暑,我思谭谭,愿乞一饮以伏我心。"处子曰:"阿谷之隧,隐曲之地,其水一清一浊，流入于海。欲饮则饮，何问乎婢子？”授[1]子贡觞，迎流而挹之，投而弃之，从流而挹之，满而溢之，跪置沙上，曰：“礼不亲授。”子贡还报其辞。孔子曰：“丘已知之矣。”抽琴，去其轸，以授子贡，曰：“为之辞。”子贡往，曰：“向者闻子之言，穆如清风，不拂不寤，私复我心。有琴无轸，愿借子调其音。”处子曰：“我鄙野之人也，陋固无心，五音不知，安能调琴？”子贡以报孔子。孔子曰：“丘已知之矣。过贤则宾。”抽絺绤五两以授子贡，曰：“为之辞。”子贡往，曰：“我北鄙之人也，自北徂南，将欲之楚，有絺绤五两，非敢以当子之身也，愿注之水旁。”处子曰：“行客之人，嗟然永久。分其资财，弃于野鄙。妾年甚少，何敢受子？子不早命，切[2]有狂夫名之者矣。”子贡以告孔子。孔子曰：“丘已知之矣。斯妇人达于人情而知礼。”［列女传辨通］

【注释】

①授，受之误。

②切，一作“窃”。

【释义】

孔子到南方游说，经过阿谷的山路，看到佩带璜玉的青年女子在洗衣服。孔子对子贡说：“那些洗衣服的人，可以和他们谈谈话吗？”说着拿出酒杯递给子贡，说：“你以酒杯说几句话，观察她的志向。”子贡就对她说：“我是北方乡野之人，从北方往南方去，将要到楚国。正赶上暑天，我感到很炎热，希望（你）能给一杯水喝，让我凉爽一下。”那女子说：“阿谷山路是个曲折幽静的地方，这里的流水有一条清，一条浊，都流入海里。你想喝就喝吧，何必问我呢？”接过子贡的杯子，顶着水流灌满，又把水倒掉，顺着水流装水，装得满满的都溢出来了，跪着放在沙滩上，说：“按着礼节，我不能亲自给你。”子贡回来把她说的话告诉了孔子。孔子说：“我已经知道了。”又拿出了一把琴，去掉了琴轸，给了子贡，说：“你就此说几句话。”子贡走到女子面前说：“刚才听你说的话，真如和煦的清风，和我所想的没有什么不同，很合我的心意。这里有琴一把，没有琴轸，想借助你的手调节一下音调。"女子答道："我是一个乡野间粗俗女子，见识鄙陋，无所用心，不知道五音，怎么会调琴？"子贡回来把她说的话告诉了孔子。孔子说："我已经知道了。她见到贤人就能以礼相待。"又拿出了葛布五两交给了子贡，说："就此说几句话。"子贡来到女子面前，说："我是北方粗俗的人，从北方来到南方，将要到楚国，有葛布五两，不敢说你穿着合适，想把它放在水边。"女子说："过路的客人，常叹息很久，您把财物拿出来，丢在乡野之处。我年龄很小，怎敢接受您的礼物？你没有早点结婚，我已经知道拙夫的名字是谁了。"子贡回来把女子说的话告诉了孔子。孔子说："我已经知道了。这个女子是一位通达人情明白礼仪的人。"

【原文】

生而頨顶，故名丘，而字仲尼。四十有九表，隄眉谷窍，参臂骈胁，要大十围，长九尺有六寸，时谓长人。[路史后记十]

【释义】

孔子生下来就头顶不平，所以起名叫丘而字仲尼。身上有四十九颗黑痣，高眉骨深眼窝，胳膊很长，肋骨连在一起，腰粗十把，身高九尺六寸，当时人叫大高个儿。

【原文】

孔子以庚戌年二月二十三日，庚子甲申时生。[路史余论五行书论]

【释义】

孔子是在庚戌年二月二十三日，庚子日甲申时出生的。

【原文】

鲁城门久朽欲顿,孔子过之,趋而疾行。左右曰:“久矣。”孔子曰:“恶其久也。”孔子戒慎已甚,如遭坏,可谓不幸也。故孔子曰:“君子有不幸而无有幸,小人有幸而无不幸。”[论衡幸偶篇]

【释义】

鲁国的城门很久以来就朽坏了要倒塌,孔子通过这城门时,快步迅速地过去。左右身边的人说:“城门这个样子时间很长了。”孔子回答说:“我正是害怕它朽坏的时间久了就有马上倒塌的可能。”孔子谨慎极了,如果通过这城门正遇上城门倒塌,就可以说是不幸的了。所以孔子说:“君子可以遇到不幸却无所谓幸的问题,因为君子行为合乎正道,得福理所当然;小人可能遇到幸运,却无所谓不幸的问题,因为小人行为不合乎正道,遭遇灾祸也理所当然。”

【原文】

孔子反羽[①]。[论衡骨相篇]

【注释】

①《论衡讲瑞篇》云:孔子反宇。又剑子命相篇云:孔子返宇。

【释义】

孔子头顶中间凹,四周高,像翻过来的屋顶。

【原文】

孔子适郑,与弟子相失,孔子独立郑东门。郑人或问子贡曰:“东门有人,其头似尧,其项若皋陶,肩类子产,然自腰以下,不及禹三寸,儽儽若丧家之狗。"子贡以告孔子。孔子欣然笑曰:"形状,未也;如丧家狗,然哉!然哉"![论衡骨相篇]

【释义】

孔子到郑国去,和弟子们走散了,孔子独自站在郑国城外的东门口。郑国有个人对子贡说:"东门那里有个人,他的额头长得像唐尧,他的后颈长得像皋陶,肩膀像子产,但是腰部以下的长度跟禹短比起来差了三寸,疲惫不堪的样子像一只丧家犬。"子贡找到孔子后把这话告诉了孔子。孔子高兴地笑道:"那人形容我的相貌,描述的不一定像。但他说我像一只丧家犬,真是这样!真是这样啊!"

【原文】

传书或言:颜渊与孔子俱上鲁太山。孔子东南望,吴阊门外有系白马,引颜渊指以示之,曰:"若见吴阊门乎?"颜渊曰:"见之。"孔子曰:"门外何有?"曰:"有如系练之状。"孔子抚其目而正之,因与俱下。下而须渊发白齿落,遂以病死。盖以精神不能若孔子,强力自极,精华竭尽,故早夭死。[论衡书虚篇]

【释义】

传书上有人说:颜渊和孔子一起上鲁国的泰山。孔子向东南方远望,看见吴都阊门外拴着一匹白马,于是就指给颜渊看,说:"你看见吴都的阊门了吗?"颜渊回答:"看见了。"孔子又问:"门外有什么?"颜渊接着回答:"好像拴着一条白绸子样的东西。"孔子揉了揉他的眼睛,纠正了他的说法。于是就与他一同下山。下山之后颜渊头发白了,牙齿落了,终于因病死去。大概精神不如孔子,勉强使眼力到了自己的极限,精华用尽,所以早早地死去。

【原文】

孔子曰："龙食于清，游于清；龟食于清，游于浊；鱼食于浊，游于浊。丘上不及龙，下不为鱼，中止其龟与！"[论衡龙虚篇]

【释义】

孔子说："龙在清水中吃食物，在清水中游动；龟在清水中吃食物，在浊水中游动；鱼在浊水中吃食物，在浊水中游动。孔丘我上比不了龙，下比不上鱼，处在中间，可能算是龟吧！"

【原文】

子曰："天之与人犹父子，有父为之变，子安能忽？故天变，己亦宜变。顺天时，示己不违也。"[论衡雷虚篇]

【释义】

孔子说："上天和人的关系就像父子一样，父亲因为某件事改变了神色，儿子怎么能不在乎呢？所以天变，人也应该变。遵循天时，显示自己不违背天意。"

【原文】

孔子[①]曰："纣之不善，不若是之甚也，是以君子恶居下流，天下之恶皆归焉。"[论衡语增篇又齐世篇]

【注释】

①《论语子张篇》以此为子贡言。

【释义】

孔子说："商纣的邪恶，不像是传说中的那样严重，这是因为君子厌恶处于下流地位的人，把天下的坏事都归到了纣的身上。"

【原文】

传语曰："文王饮酒千钟，孔子百觚。"[论衡语增篇]

【释义】

世上流传的话说："文王喝酒可以喝一千盅，孔子可以喝一百觚。"

【原文】

书说孔子不能容于世，周流游说七十余国，未尝得安。[论衡儒增篇]

【释义】

书中说孔子不能被世人所任用，曾周游到过七十多个诸侯国进行游说，不曾得到赏识任用安定下来。

【原文】

孔子曰："言不文，或时不言。"[论衡儒增篇]

【释义】

孔子说："话语未经琢磨，有时可以不说。"

【原文】

孔子，周世多力之人也，作《春秋》，删《五经》，秘书微文，无所不定。[论衡动力

篇]

【释义】

孔子，是周朝有气力的人，作《春秋》，删改五经，还有秘书之类的，没有不加以删订的。

【原文】

孔子病，商瞿卜期日中。孔子曰："取书来，比至日中何事乎？"[论衡别通篇]

【释义】

孔子有了疾病，他的门徒商瞿占卜后得到的结果是孔子中午就要死了。孔子说："拿书给我看，否则到中午这段时间，又有什么事好做呢？"

【原文】

孔子得史以作《春秋》，及其立义创意，褒贬赏诛，不复因史记者，眇思自出于胸中也。[论衡超奇篇]

【释义】

孔子得到鲁国编年史删改成《春秋》，等到他确立了写作原则，褒扬、贬低、赞赏和责备，不依照原来鲁国的编年史写作，精彩的思想自然从他胸中闪现出来。

【原文】

孔子作《春秋》，以示王意。然则孔子之《春秋》素王之业也。[论衡超奇篇]

【释义】

孔子删改了《春秋》来表明做君主的道理。然而孔子的《春秋》表达了对于君王辅佐的人的要求和看法。

【原文】

孔子出,使子路赍雨具。有顷,天果大雨,子路问其故,孔子曰:“昨暮月离于毕。”后日,月复离毕。孔子出,子路请赍雨具,孔子不听。出果无雨。子路问其故,孔子曰:“昔日,月离其阴,故雨。昨暮,月离其阳,故不雨。”[论衡明雩篇]

【释义】

孔子有次出行,让子路带上雨具,过了一会儿,果然下起了大雨。子路问其中的缘故,孔子说:“昨天晚上月亮靠近了毕宿。”后来又有一天,月亮又靠近了毕宿,孔子出行,子路请求带上雨具,孔子不听。出行时果然没有雨。子路问这是什么缘故,孔子说:“前一次,月亮靠近毕宿的北面,所以会下雨,昨夜月亮正附在毕宿的南面,所以不会下雨。”

【原文】

孔子行鲁林中,妇人哭,甚哀,使子贡问之:“何以哭之哀也?”曰:“去年虎食吾夫,今年食吾子,是以哭哀也。”子贡曰:“若此,何不去也?”对曰:“吾善其政之不苛,吏之不暴也。”子贡还报孔子。孔子曰:“弟子识诸!苛政暴吏,甚于虎也。”[论衡遭虎篇]

【释义】

孔子在鲁国山林中赶路,听见有妇人哭得非常悲哀,便让子贡前去问她:“为什么哭得这样哀痛?”妇人说:“去年老虎吃了我的丈夫,今年吃了我的儿子,所以伤心哀哭。”子贡说:“既然是这样,为什么不离开呢?”妇人回答说:“我们喜欢这里的政治不苛严,官吏不残暴。”子贡回来告诉孔子,孔子说:“弟子们记住这件事情!苛政暴吏,比猛虎还要厉害呀。”

【原文】

子贡事孔子一年,自谓过孔子;二年,自谓与孔子同;三年,自知不及孔子。当一年、二年之时,未知孔子圣也,三年之后,然乃知之。以子贡知孔子,三年乃定,世儒无子贡之才,其见圣人,不从之学,任仓卒之视,无三年之接,自谓知圣,误矣!少正卯在鲁,与孔子并。孔子之门,三盈三虚,唯颜渊不去,颜渊独知孔子圣也。大门人去孔子归少正卯,不徒不能知孔子之圣,又不能知少正卯,门人皆惑。子贡曰:“夫少正卯,鲁之闻人也。子为政,何以先诛之?”孔子曰:“赐退,非尔所及。”[论衡讲瑞篇]

【释义】

子贡侍奉孔子一年,自认为超过了孔子;侍奉二年,自认为与孔子相同;侍奉三年,才知道自己不如孔子。在第一、第二年期间,还不知道孔子是圣人,三年之后,才知道他是圣人。像子贡这样的人,认识孔子还需要三年时间,一般儒者没有子贡的才能,他们见到圣人,不跟他学习,凭借仓促之间的观察,没有三年时间的接触,就自认为能辨识圣人,这是很荒谬的。少正卯在鲁国,与孔子齐名。孔子的门徒,几次挤得满满的又都走光了,只有颜渊没有离开,因为只有他知道孔子是圣人。孔门弟子离开孔子归附少正卯,说明他们不仅不能识别孔子是圣人,也不能识别少正卯,弟子们都糊涂了。子贡问:“少正卯是鲁国有名望的人,先生掌管政事以后,为什么要首先杀他呢?”孔子回答说:“端木赐,你走开吧!这不是你所能懂的。”

【原文】

宋人或刻木为楮叶者，三年乃成。孔子曰："使地三年乃成一叶，则万物之有叶者寡矣。"[论衡自然篇]

【释义】

宋国有人用木头刻楮树叶，三年才刻成一个。孔子说："如果天地三年才能造成一片树叶，那么万物中能够有叶子的就很少了。"

【原文】

孔子问于老聃曰："今日晏闲，敢问至道。"老聃曰："汝齐戒，疏沦而心，澡雪而精神，掊击而知。夫道，窅然难言哉！将为汝言其崖略。夫昭昭生于冥冥，有伦生于无形，精神生于道，形本生于精，而万物以形相生。故九窍者胎生，八窍者卵生。其来无迹，其往无崖。无门无房，四达之皇皇也。邀于此者，四肢强，思虑恂达，耳目聪明，其用心不劳，其应物无方。天不得不高，地不得不广，日月不得不行，万物不得不昌，此其道与！且夫博之不必知，辩之不必慧，圣人以断之矣。若夫益之而不加益，损之而不加损者，圣人之所保也。渊渊乎其若海，巍巍乎其终则复始也，运量万物而不匮。则君子之道，彼其外与！万物皆往资焉而不匮，此其道与！中国有人焉，非险非阳，处于天地之间，直且为人，将反于宗。自本观之，生者，暗醷物也。虽有寿夭，相去几何？须臾之说也。奚足以为尧、桀之是非？果蓏有理，人伦虽难，所以相齿。圣人遭之而不违，过之而不守。调而应之，德也；偶而应之，道也。帝之所兴，王之所起也。人生天地之间，若白驹之过郤，忽然而已。注然勃然，莫不出焉；油然漻然，莫不入焉。已化而生，又化而死。生物哀之，人类悲之解其天韬，堕其天袠纷乎宛乎，魂魄将往，乃身从之，乃大归乎！不形之形，形之不形，是人之所同知也。非将至之所务也，此众人

之所同论也。彼至则不论，论则不至。明见无值，辩不若默。道不可闻，闻不若塞。此之谓大得。”[庄子外篇知北游]

【释义】

孔子问老子说：“今天安闲，请先生讲讲至道。”老子说：“你要斋戒沐浴，洗刷心灵，清洁你的精神，抛弃你的心智。大道深奥不好说啊！我给你讲个大概轮廓。明显的东西都是从昏暗中生出来的，有形的东西都是从无形中生出来的，精与神是从大道中生出来的，有形有象的东西都是从精中生出来的，而万物是用有形生出有形。所以长九窍的动物是胎生，长八窍的动物是卵生。来的时候无形无迹，去了之后无边无沿。既没有来的门，也没有去的家，四通八达广大无边。得遇此天道的，四肢强健，思路通达，耳目聪明，不用劳心，处事灵活。天没有它不高，地没有它不广，日月没有它不能运行，万物没有它不昌盛，这就是大道吧！再说，知识广博未必就知道真理，巧言善辩未必就慧知大道，所以圣人要抛弃辨。至于说，增益也增益不了，减损也减损不了的大道，那才是圣人要保爱的。渊渊深沉像大海，巍巍高大，终而复始，运化出万物而不匮乏。那么君子讲究的道，只不过是它的外表皮毛吧！万物都从中资取而本身从不减少的，这就是大道吧！

中国有个真人，既不属阴，也不属阳，处在天地之间，只不过是暂时借了个身，最终要返回到本宗的大道里去。要是从本宗上去看，生命都是天地吐出的一缕气凝聚而成。虽然有长寿、短命的不同，能相差多少？不过是瞬息间的事。还值得去争论什么尧与桀的是非吗？草木瓜果自有它自然的道理，人的伦序道理虽然比起瓜果的自然之理难以说清楚，但还是可以比照自然之理的。圣人遇上了自己生命的过程不会逆着它；过去了，更不会固守它。协调地顺应它，这就是天德；对应地做出反应，这就是天道。这就是帝王能够兴起的道德。

人活在天地之间，快得如同白驹过隙般短暂，一闪而过罢了。气流进来就生机勃勃地生出来了气冒出去就死去了。刚刚生出来没几天，又变得死去了。有生之物感到哀伤，人类觉得悲痛。解开天加在身上的外套，脱下天加在身上的躯壳，随着乱纷纷的运化宛转，魂魄要离去，身体也跟着走了，这是一种大的回归吧！从没有形体到有了形体，从有了形体又到没有形体，这是大家都知道的。这不是要达道的人追求的，而是众人议论不休的。能达道的人不议论道，议论道反而不能达道。你要把它看清楚了，反而不会与大道相遇，争论它就不如沉默不言；大道是听不到的，听就不如塞住耳朵不听。这就是大收获了。”

【原文】

冉求问于仲尼曰："未有天地可知邪？"仲尼曰："可。古犹今也。"冉求失问而退。明日复见，曰："昔者吾问'未有天地可知乎'夫子曰：'可。古犹今也。'昔日吾昭然，今日吾昧然。敢问何谓也？"仲尼曰："昔之昭然也，神者先受之；今之昧然也，且又为不神者求邪。无古无今，无始无终。未有子孙而有子孙可乎？"冉求未对。仲尼曰："已矣，未应矣。不以生生死，不以死死生，死生有待邪？皆有所一体。有先天地生者物邪？物物者非物，物出不得先物也。犹其有物也，犹其有物也无已。圣人之爱人也终无已者，亦乃取于是者也。"[庄子外篇知北游]

【释义】

冉求问孔子说："没有天地以前的情况知道吗？"孔子说："可以，古代也如同现在一样。"冉求没有往下问就出来了。第二天冉求又来见孔子，说："昨天我问没有天地以前的情况知道吗，先生说可以，古代也如同现在一样。昨天我挺明白的，今天又糊涂了。请问先生说的是什么意思？"孔子说："昨天你挺明白，那是心神先领会明白了。今天又糊涂了，那是因为你想给不是心神的外物寻找答案。没有古就没有今，没有始就没有终。你想，没有子孙以前能生下子孙吗？"冉求没有回答。孔子说："算了，不用回答了。不用生去生死，不用死去死生，死生还能存在吗？它们都是相互依赖的统一体。世界上有在天地产生以前的东西吗？产生万物的就不是物，物产生出来就不能先物存在了。那么物之前就应当还有物存在，物之前还应当有物可以推到没有止境。圣人所以要无止境地爱人，也是取法于大道的这一点啊！”

【原文】

颜渊问于仲尼曰：“回尝闻诸夫子曰：‘无有所将，无有所迎。’回敢问其游？”仲尼曰：“古之人，外化而内不化；今之人，内化而外不化。与物化者，一不化者也。安化安不化，安与之相靡，必与之莫多。”［庄子外篇知北游］

【释义】

颜渊问孔子说：“我曾听先生说过，要像个镜子一样，不去送走什么，也不要去迎接什么，请问人的内心又该怎样活动呢？”孔子说：“古代的人外在行为随物变化而内心不变化，现在的人是内心随外物变化而外在行为不能随着变化。能随外物变化，是因为有一个自我的本真不变化。对变化与不变化都能泰然处之，平静地与外界往来，一定不要在客观上加添主观的东西。”

【原文】

仲尼之楚，楚王觞之，孙叔敖执爵而立，市南宜僚受酒而祭曰：“古之人乎！于此言已。”

曰：“丘也闻‘不言之言’矣，未之尝言，于此乎言之。市南宜僚弄丸而两家之难解，孙叔敖甘寝秉羽而郢人投兵。丘愿有喙三尺。”［庄子杂篇徐无鬼］

【释义】

孔子到了楚国，楚王设酒宴欢迎他，孙叔敖端起酒爵来站立着，市南宜僚接过酒来祝祭说："古时候的人，在这种情景下是要请客人讲一讲话的。"

孔子说："我听说过'不言之言'的道，没有对别人说过，在这里讲一下吧。我听说你市南宜僚玩弄着弹丸，就解除了两家的仇恨；孙叔敖安寝酣睡，手执羽扇就让楚人停止了兵伐。我倒愿意有三尺长的嘴（可道又怎么说得清楚呢？）。"

【原文】

孔子之楚，舍于蚁丘之浆。其邻有夫妻臣妾登极者。子路曰："是稯稯何为者邪？"

仲尼曰："是圣人仆也。是自埋于民，自藏于畔。其声销，其志无穷；其口虽言，其心未尝言；方且与世远（应是"违"，此误），而心不屑与之俱，是陆沈者也。是其市南宜僚邪？"

子路请往召之。

孔子曰："已矣！彼知丘之著于己也，知丘之适楚也，以丘为必使楚王之召己也，彼且以丘为佞人也。夫若然者，其于佞人也，羞闻其言，而况亲见其身乎？而何以为存？"

子路往视之，其室虚矣。［庄子杂篇则阳］

【释义】

孔子到楚国去，途中住宿在蚁丘的一个卖浆人的家里。这家邻居有一家夫妻仆妇一同爬上屋顶围观。子路问："这一群人是做什么的呢？"

孔子说："这些都是圣人的仆役。圣人隐居在民间，藏身在山野田园。他声名沉寂，但是志向无穷；他虽有言论，但是内心却寂静无言；他正和世俗相违反，而且内心也不屑与世人追名逐利，是位埋没于世隐居民间的人啊。这大概是市南宜僚吧？"

子路请求把他请过来。

孔子说："算了吧。他知道我了解他，知道我要到楚国去，以为我一定要请楚王来召请他，而且他把我看作投机取巧的人。像这样，他羞于听到投机取巧的人的言论，何况是亲自见到他们呢？你以为他还会在家里吗？"

子路去看他，他的屋子已经空荡荡的了。

【原文】

仲尼问于太史大弢、伯常骞、狶韦曰："夫卫灵公饮酒湛乐，不听国家之政；田猎毕弋，不应诸侯之际。其所以为灵公者何邪？"

大弢曰："是因是也。"

伯常骞曰："夫灵公有妻三人，同滥而浴；史鳝奉御而进所，搏币而扶翼。其慢若彼之甚也，见贤人若此其肃也，是其所以为灵公也。"

狶韦曰："夫灵公也死，卜葬于故墓，不吉；卜葬于沙丘而吉。掘之数仞，得石椁焉；洗而视之，有铭焉，曰：'不冯其子，灵公夺而里之。'夫灵公之为灵也久矣，之二人何足以识之？"[庄子杂篇则阳]

【释义】

孔子问太史大弢、伯常骞、狶韦说："卫灵公好饮酒，淫乐无度，不过问国家政事；打猎捕兽，不参加诸侯之间的盟会。他被谥为灵公的原因是什么呢？"

大弢说："这个谥号就是因为他能这样的缘故。"

伯常骞说："灵公有三个妻子，他和她们在同一个浴盆里洗澡。史鳝奉灵公的命令而进入公所，灵公忙叫人接取币帛而搀扶着他。灵公平常傲慢放荡到如此地步，见到贤人还能这样的尊敬。这就是他所以被谥为灵公的原因。"

狶韦说："灵公死的时候，占卜埋葬在祖先埋葬的墓地不吉利，占卜安葬在沙丘吉利。在沙丘掘地几丈，发现了一具石椁；刷洗干净来看，上面刻着一段铭文，说：'靠不住的子孙，灵公多占这里埋葬。'灵公的谥号为'灵'是早成定局的事，他们两个人怎么能够知道呢？"

【原文】

老莱子之弟子出薪，遇仲尼。反以告，曰："有人于彼，修上而趍（应为"趋"）下，末偻而后耳，视若营四海。不知其谁氏之子。"

老莱子曰："是丘也。召而来。"

仲尼至。曰：'丘！去汝躬矜与汝容知，斯为君子矣。"

仲尼揖而退，蹙然改容，而问曰："业可得进乎？"

老莱子曰："夫不忍一世之伤，而骜万世之患，抑固窭邪？亡其略弗及邪？惠以欢为骜，终身之丑，中民之行进焉耳。相引以名，相结以隐。与其誉尧而非桀，不如两忘而闭其所誉。反无非伤也，动无非邪也。圣人踌躇以兴事，以每成功，奈何哉其载焉终于（应为"矜"）尔！"［庄子杂篇外物］

【释义】

老莱子的弟子出去打柴，遇见孔子。回来告诉老莱子说："那里有个人，上身长而下身短，肩背佝偻而耳朵后贴，目光高远，好像是在经营天下。不知道他是什么人？"

老莱子说："那是孔丘。召唤他到这来。"

孔子来了。说："孔丘啊！除去你身上的傲气和面容的机智，这才可以成为个真正的君子。"

孔子作揖而后退，愧然变色局促不安地问道："我的德业能够修进吗？"

老莱子说："不忍心一代人的悲伤而忽视了万事的祸患，你是本来就浅陋呢？还是智略不及呢？图当时欢心的好处，而忽视了终身的耻辱，平常人也会高于这种做法。用虚名来互相援引，用隐世的高尚固结人心。与其称赞尧而指责桀，还不如两者都遗忘而扬弃所指责与称赞的。违反本性，无非是损伤形体；扰动本性，无非是邪念产生。圣人从容地兴起事业，而能经常成功。为什么你总骄矜于自己的行为呢？”

【原文】

宋元君夜半而梦人被发窥阿门，曰：“予自宰路之渊，予为清江使河伯之所，渔者余且得予。”

元君觉，使人占之，曰：“此神龟也。”

君曰：“渔者有余且乎？”

左右曰：“有。”

君曰：“令余且会朝。”

明日，余且朝。君曰：“渔何得？”

对曰：“且之网得白龟焉，箕圆五尺。”

君曰：“献若之龟。”

龟至，君再欲杀之，再欲活之。心疑，卜之。曰：“杀龟以卜，吉。”乃刳龟。七十二钻而无遗筴。

仲尼曰：“神龟能见梦于元君，而不能避余且之网；知能七十二钻而无遗筴，不能避刳肠之患。如是，则知有所困，神有所不及也。虽有至知，万人谋之。鱼不畏网而畏鹈鹕。去小知而大知明，去善而自善矣。婴儿生无石师而能言，与能言者处之。［庄子杂篇外物］

【释义】

宋元君半夜里梦见有人披头散发在侧门窥视，说：“我来自宰路深渊，我作为清江的使者要到河伯那里，渔夫余且捉住了我。”

宋元君醒来，让人占卜，回说：“这是神龟。”

宋元君说:"有个叫余且的渔夫吗?"

左右的人回说:"有。"

宋元君说:"命令余且来朝见我。"

第二天,余且来朝见。宋元君说:"你捕捉到了什么?"

回答说:"我网到了一只白龟,圆盖有五尺长。"

宋元君说:"把你的龟献出来。"

白龟送到后,元君两次想杀掉它,又两次想养活它,心里犹豫不定,叫人来占卜,占卜的结果是"杀掉这只龟来占卜,吉利。"于是解剖了龟,用火燔它来占卜,占了七十二次而没有不应验的。

孔子(听说这件事)说:"神龟能够托梦给元君,却不能躲避余且的渔网;机智能占七十二次卦而没有不应验的,却不能逃避解剖肚肠的祸患。这样看来,可见机智也有困穷的时候,神灵也有算计不及的地方。即使有最高的机智,也经不住万人谋算他。鱼不怕网而害怕鹈鹕。人能弃除小的智慧而大智慧才能够显著;去掉自己以为的善良而善良自会显现。婴儿生来就没有大师教就会说话,这是由于他和会说话的人共处的缘故。"

【原文】

庄子谓惠子曰:"孔子行年六十而六十化,始时所是,卒而非之,未知今之所谓是之非五十九非也。"

惠子曰:"孔子勤志服知也。"

庄子曰:"孔子谢之矣,而其未之尝言。孔子云:'夫受才乎大本,复灵以生。鸣而当律,言而当法。利义陈乎前,而好恶是非直服人之口而已矣。使人乃以心服,而不敢蘁立,定天下之定。'已乎!已乎!吾且不得及彼乎!"[庄子杂篇寓言]

【释义】

庄子对惠子说："孔子生年有六十，而六十年中与时俱化，起初认为对的东西，最终又都否定了，不知道现在所认为对的，是不是就是五十九岁时所认为不对的。"

惠子说："孔子励志勤学运用智慧吗？"

庄子说："孔子已经弃绝用智了，只是还没来得及再说出来。孔子说：'人从自然中禀受才质，含藏着灵气而生活在世上，发出声音要合乎韵律，发出言论要合乎法度。一旦利义都摆在当前，而好恶是非的评判就变了味，讲出来不过是制服人口罢了。如果真的使人从内心服从，而不敢违逆，那才可以使天下安定。'算了吧！算了吧！我还没有到达那种程度！"

【原文】

曾子再仕而心再化，曰："吾及亲仕，三釜而心乐；后仕三千钟不洎，吾心悲。"

弟子问于仲尼曰："若参者，可谓无所县其罪乎？"

曰："既已县矣。夫无所县者，可以有哀乎？彼视三釜三千钟，如观雀蚊虻相过乎前也。"［庄子杂篇寓言］

【释义】

曾子两次做官心境各不相同，他说："我父母在时做官，俸禄只有三釜米而心里觉得快乐；我后来做官，俸禄有三千钟米，而来不及奉养双亲，心里感到悲伤。"

孔子的弟子问孔子说："像曾参这样的人，可以说是不被世网所牵挂的了吧？"

孔子说："他已经是有所牵挂了。要是心无牵挂，会有悲伤的感觉吗？那些心无牵挂的人，看着三釜米、三千钟米的俸禄，就如同看见鸟雀蚊虻飞过面前一样。"

【原文】

孔子谓颜回曰:"回,来!家贫居卑,胡不仕乎?"

颜回对曰:"不愿仕。回有郭外之田五十亩,足以给飦粥;郭内之田十亩,足以为丝麻;鼓琴足以自娱,所学夫子之道者,足以自乐也。回不愿仕。"

孔子愀然变容曰:"善哉,回之意!丘闻之:'知足者不以利自累也,审自得者失之而不惧,行修于内者无位而不作(应为"怍")。'丘诵之久矣,今于回而后见之,是丘之得也。"[庄子杂篇让王]

【释义】

孔子对颜回说:"颜回,来!你家境贫寒,地位卑贱,为什么不去做官呢?"

颜回回答说:"我不愿意做官。我在城郭之外有五十亩田,足够用来供给薄粥;城郭之内有十亩田,足够用来生产丝麻;弹琴足以自己消遣,所学习先生的道理足以自得其乐。我不愿意做官。"

孔子改变了面容说:"你的心意很好啊!我听说:'知足的人不因为利禄累害自己,心意自得的人遇到损失也不忧惧,修养内心的人没有官位也不感到羞愧。'我念叨这些话已经很久了,现在在你身上我才真正见到,这是我的收获啊。"

【原文】

孔子穷于陈蔡之间,七日不火食,藜羹不糁,颜色甚惫,而弦歌于室。颜回择菜,子路子贡相与言曰:"夫子再逐于鲁,削迹于卫,伐树于宋,穷于商周,围于陈蔡,杀夫子者无罪,藉夫子者无禁。弦歌鼓琴,未尝绝音,君子之无耻也若此乎?"

颜回无以应,入告孔子。孔子推琴,喟然而叹曰:"由与赐,细人也。召而来,吾语之!"

子路子贡入。子路曰："如此者可谓穷矣！"

孔子曰："是何言也！君子通于道之谓通，穷于道之谓穷。今丘抱仁义之道以遭乱世之患，其何穷之为？故内省而不穷于道，临难而不失其德，天寒既至，霜雪既降，吾是以知松柏之茂也。陈蔡之隘，于丘其幸乎！"

孔子削然反琴而弦歌，子路扢然执干而舞。子贡曰："吾不知天之高也，地之下也。"

古之得道者，穷亦乐，通亦乐。所乐非穷通也，道德于此，则穷通为寒暑风雨之序矣。故许由娱于颍阳，而共伯得乎共首。[庄子杂篇让王]

【释义】

孔子被围困在陈、蔡两国之间，七天没有吃到熟的食物，藜菜羹汤里连个米粒都没有，饿得面黄肌瘦，然而还在屋里弹琴唱歌。颜回到外面采择野菜。子路和子贡互相谈论，说："先生两次被鲁国驱逐出境，在卫国禁止居留，在宋国遭受伐树的屈辱，不得志于商、周，围困在陈、蔡；杀掉先生的没有罪过，糟践先生的不受禁止。可是他还在唱歌弹琴，从没间断过，君子能如此不知耻辱吗？"

颜回没话回答，进去告诉孔子。孔子推开琴唉声感叹说："子由和子贡，是浅见的小人哪！叫他们进来，我告诉他们！"

子路和子贡进来。子路对孔子说："咱们这样子可以说是穷困的了！"

孔子说："这是什么话！君子通达于道的叫作通达；不了解道的叫作穷困。现在我怀抱仁义之道而遭逢乱世的患难，怎么算是穷困呢！所以内心自省而不穷困于道，面临危难而不丧失于德，大寒到来，霜雪降落，我才知道松柏的生命力旺盛。陈蔡的困厄，对于我来说不是幸运的事吗？"

孔子安详地再拿起琴唱着歌，子路激奋地拿起盾牌而起舞。子贡说："我不知道天有多高，地有多厚呀！"

古时得道的人，穷困也是快乐的，通达也是快乐的。所快乐的不是穷困和通达，只要是身处道德之中，那么穷困通达就像寒暑风雨的时序变化罢了。所以许由能在颍阳水边活得愉快，而共伯能在共首山上怡然自得。

莲鹤方壶

【原文】

孔子与柳下季为友。柳下季之弟，名曰盗跖。盗跖从卒九千人，横行天下，侵暴诸侯，穴室枢户，驱人牛马，取人妇女，贪得忘亲，不顾父母兄弟，不祭先祖。所过之邑，大国守城，小国入保，万民苦之。

孔子谓柳下季曰："夫为人父者，必能诏其子；为人兄者，必能教其弟。若父不能诏其子，兄不能教其弟，则无贵父子兄弟之亲矣。今先生，世之才士也；弟为盗跖，为天下害，而弗能教也，丘穷（应为"窃"）先生羞之。丘请为先生往说之。"

柳下季曰："先生言为人父者必能诏其子，为人兄者必能教其弟，若子不听父之诏，弟不受兄之教，虽今先生之辩，将奈之何哉？且跖之为人也，心如涌泉，意如飘风，强足以拒敌，辩足以饰非，顺其心则喜，逆其心则怒，易辱人以言，先生必无往。"

孔子不听，颜回为驭，子贡为右，往见盗跖。盗跖乃方休卒徒大山之阳，脍人肝而铺之。孔子下车而前，见谒者曰："鲁人孔丘，闻将军高义，敬再拜谒者。"

谒者人通，盗跖闻之大怒，目如明星，发上指冠，曰："此夫鲁国之巧伪人孔丘非邪？为我告之：'尔作言造语，妄称文武，冠枝木之冠，带死牛之胁，多辞缪说，不耕而食，不织而衣，摇唇鼓舌，擅生是非，以迷天下之主，使天下学士不反其本，妄作孝弟而侥幸于封侯富贵者也。子之罪大极重，疾走归！不然，我将以子肝益画（应为"昼"）脯（应为"铺"）之膳！"

孔子复通曰:“丘得幸于季,愿望履幕下。”

谒者复通,盗跖曰:“使来前!”

孔子趋而进,避席反走,再拜盗跖。盗跖大怒,两展其足,案剑嗔目,声如乳虎。曰:“丘来前!若所言顺吾意则生,逆吾心则死。”

孔子曰:“丘闻之,凡天下有三德:生而长大,美好无双,少长贵贱见而皆说之,此上德也;知维天地,能辩诸物,此中德也;勇悍果敢,聚众率兵,此下德也。凡人有此一德者,足以南面称孤矣。今将军兼此三者,身长八尺二寸,面目有光,唇如激丹,齿如齐贝,音中黄钟,而名曰盗跖。丘窃为将军耻不取焉。将军有意听臣,臣请南使吴越,北使齐鲁,东使宋卫,西使晋楚,使为将军造大城数百里,立数十万户之邑,尊将军为诸侯,与天下更始,罢兵休卒,收养昆弟,共祭先祖。此圣人才士之行,而天下之愿也。”

盗跖大怒曰:“丘来前!夫可规以利而可谏以言者,皆愚陋恒民之谓耳。今长大美好,人见而说之者,此吾父母之遗德也。丘虽不吾誉,吾独不自知邪?且吾闻之,好面誉人者,亦好背而毁之。今丘告我以大城众民,是欲规我以利而恒民畜我也,安可长久也!城之大者,莫大乎天下矣。尧舜有天下,子孙无置锥之地;汤武立为天子,而后世绝灭;非以其利大故邪?

“且吾闻之,古者禽兽多而人民少,于是民皆巢居以避之,昼拾橡栗,暮栖木上,故命之曰有巢氏之民。古者民不知衣服,夏多积薪,冬则炀之,故命之曰知生之民。神农之世,卧则居居,起则于于,民知其母,不知其父,与麋鹿共处,耕而食,织而衣,无有相害之心,此至德之隆也。然而黄帝不能致德,与蚩尤战于涿鹿之野,流血百里。尧舜作,立群臣,汤放其主,武王杀纣。自是之后,以强陵弱,以众暴寡。汤武以来,皆乱人之徒也。

“今子修文武之道,掌天下之辩,以教后世,缝衣浅带,娇言伪行,以迷惑天下之主,而欲求富贵焉,盗莫大于子。天下何故不谓子为盗丘,而乃谓我为盗跖?子以甘

（应为“甘”）辞说子路而使从之，使子路去其危冠，解其长剑，而受教于子，天下皆曰孔丘能止暴禁非。其卒之也，子路欲杀卫君而事不成，身菹于卫东门之上，是子教之不至也。子自谓才士圣人邪？则再逐于鲁，削迹于卫，穷于齐，围于陈蔡，不容身于天下。子教子路菹此患，上无以为身，下无以为人，子之道岂足贵邪？

“世之所高，莫若黄帝，黄帝尚不能全德，而战涿鹿之野，流血百里。尧不慈，舜不孝，禹偏枯，汤放其主，武王伐纣，文王拘羑里，此六子者，世之所高也，孰论之，皆以利惑其真而强反其情性，其行乃甚可羞也。

“世之所谓贤士，伯夷叔齐。辞孤竹之君，而饿死于首阳之山，骨肉不葬。鲍焦饰行非世，抱木而死。申徒狄谏而不听，负石自投于河，为鱼鳖所食。介子推至忠也，自割其股以食文公，文公后背之，子推怒而去，抱木而燔死。尾生与女子期于梁下，女子不来，水至不去，抱梁柱而死。此四者，无异于磔犬流豕操瓢而乞者，皆离名轻死，不念本养寿命者也。

“世之所谓忠臣者，莫若王子比干伍子胥。子胥沉江，比干剖心。此二子者，世谓忠臣也，然卒为天下笑。

“自上观之，至于子胥比干，皆不足贵也。丘之所以说我者，若告我以鬼事，则我不能知也；若告我以人事者，不过此矣，皆吾所闻知也。

“今吾告子以人之情，目欲视色，耳欲听声，口欲察味，志气欲盈。人上寿百岁，中寿八十，下寿六十，除病瘦死丧忧患，其中开口而笑者，一月之中不过四五日而已矣。天与地无穷，人死者有时。操有时之具而讬（应为“托”）于无穷之闲，忽然无异骐骥之驰过隙也。不能说其志意，养其寿命者，皆非通道者也。

“丘之所言，皆吾之所弃也，亟去走归，无复言之！子之道，狂狂汲汲，诈巧虚伪事也，非可以全真也，奚足论哉！”

孔子再拜，趋走出门，上车执辔三失，目芒然无见，色若死灰，据轼低头，不能出气。归到鲁东门外，适遇柳下季。柳下季曰：“今者阙然数日不见，车马有行色得微往

见跖邪?”

孔子仰天而叹曰:“然。”

柳下季曰:“跖得无逆汝意若前乎?”

孔子曰:“然。丘所谓无病而自灸也,疾走料虎头,编虎须,几不免虎口哉!”[庄子杂篇盗跖]

【释义】

孔子和柳下惠是朋友。柳下惠的弟弟名叫盗跖。盗跖的部下有九千人,横行天下,侵犯诸侯,穿室探户,抢走牛马,掳走妇女,贪图财物,不要亲友,不眷顾父母兄弟,不祭祀祖先。所经过的地方,大国紧守城池,小国避入城堡,万民受苦。

孔子对柳下惠说:“做父亲的,必定能够训诲他的儿子;做兄长的,必定能够教导他的弟弟。如果父亲不能训诲他的儿子,兄长不能教导他的弟弟,那父子兄弟的亲情也就不可贵了。现在先生是当世的有才之士,弟弟盗跖,成为天下的祸害,却不能教导他,我私下里替先生感到羞耻。我愿意替你去劝说他。”

柳下惠说:“先生说做父亲的必定能够训诲他的儿子,做兄长的必定能够教导他的弟弟。如果儿子不听从父亲的训诲,弟弟不受兄长的教导,即使是先生这样能言善辩,又能拿他怎么样呢?而且盗跖的为人,心胸如同涌泉一般源源不绝,意念如同飘风一般捉摸不定,强悍足以抗拒敌人,辩才足以粉饰过错,顺着他的心意,他就高兴,违背他的心意,他就愤怒,容易用言语来侮辱人。先生千万不要去。”

孔子不听劝告,让颜回驾车,子贡做下手,前去会见盗跖。盗跖正在泰山南面修养士卒,炒人肝就饭吃。孔子下车走向前去,见了传禀的人说:“鲁国人孔丘,久仰将军的高义,恭敬地来拜见。”

传禀的人进去通报,盗跖听说后大发雷霆,眼睛瞪得像明星,头发竖起来顶起帽子。说:“这个人不就是路过的那个奸诈虚伪的人孔丘吗?替我告诉他:‘你造作虚言谎话，假托文王、武王的事迹，戴着树枝般的帽子，围着死牛皮做的腰带，过多的言辞，胡说八道，不种地而吃饭，不织布而穿衣，鼓动唇舌，搬弄是非，来迷惑天下的君主，使天下的读书人不返还本业，假托孝悌的名义来希图求得封侯，获得富贵。你的罪孽重大，赶快回去！不然的话，我要拿你的肝添作今天的午饭！"

孔子再请传禀的人通报说："我荣幸认识柳下惠，希望能到将军的帐幕下来拜见。"

传禀的人再次进去通报，盗跖说："叫他到前面来！"

孔子快步走进去，避席退步，向盗跖拜了两拜。盗跖怒火冲天，叉开两脚，握剑瞪眼，声音如小虎，说："孔丘！上前来！你所说的话，顺从我的心意，你还可以活；违背我的心意就要你死。"

孔子说："我听说过：天下的人有三种美德：生下长大，美好无双，无论老少贵贱见到了都喜欢他，这是上等的才德；智慧足以维系天地，能力足以分辨事物，这是中等的才德；勇猛果决，能够聚集群众，统率大军，这是下等的才德。凡是具有这样一种美德的人，就足以南面称王了。现在将军兼备了这三种美德，身高八尺二寸，面目炯炯有光，嘴唇如同鲜明的朱砂，牙齿像整齐的贝壳，声音合乎黄钟的声音，却名叫盗跖，我私下里替将军感到羞耻，不取这个名字。将军有意听我的意见，我愿意为将军向南出使吴国、越国，向北出使齐国、鲁国，向东出使宋国、卫国，向西出使晋国、楚国，替将军修造一座方圆几百里的大池，建立一个几十万户的都城，尊奉将军为诸侯，和天下人有一个新的开始，停战休兵，收养兄弟，供奉祭祀祖先。这就是圣人才人的行为，也是天下人的愿望。"

盗跖勃然大怒说："孔丘！上前来！可以用利禄规劝，可以用言语规谏，都是愚陋平民罢了。我现在高大美好，人见了都喜欢，这是我父母遗留下来的德性。你纵然不这样夸赞我，我难道自己不知道吗？我听说过，喜欢当面称赞人的人，也喜欢背后毁谤人。现在你告诉我要建设大城，收抚众民，这是想用利禄来规劝我，把我当作平民来蓄养了，这怎么可以长久呢！最大的城市，没有比天下更大的了。唐尧、虞舜虽然拥有天下，子孙却没有立足的地方；汤王、武王虽然做过天子，后代也都灭绝了。这不正是因为他们利禄太大的缘故吗？

“而且我听说过，上古时代禽兽多，人民少，于是人民都在树上筑巢来躲避禽兽，白天捡拾橡子、栗子，夜晚睡在树上，所以叫作有巢氏时代的人民。上古时代，人民不知道穿衣服，夏天积存了很多木柴，冬天用来燃烧取暖，所以叫作知道生存的人民。神农氏的时代，睡卧时安然恬静，起身时宽舒自适，人民只知道母亲，不知道父亲，和麋鹿一类的走兽共处，他们耕田来吃饭，织布来穿衣，并没有互相残害的意念。这是道德极盛的时代。然而黄帝不能达到这种道德，和蚩尤在涿鹿的郊野交战，血流百里。唐尧、虞舜兴起后，设置百官，汤王放逐了他的君主夏桀，武王讨伐了他的君主殷纣。从此以后，以强盛欺凌弱小，以势众侵暴寡少。汤王、武王之后，都是祸害人民之徒。

“现在你修习文王、武王之道，掌握天下的言论，来教化后世，穿着长袍大袖的衣服，扎着宽宽的腰带，言辞矫辩，行为虚伪，来迷惑天下的君主，而企图求取荣华富贵。最大的盗贼就是你了。天下人为什么不叫你盗丘，而叫我盗跖呢？你用动听的言辞劝说子路而让子路跟随你，让子路摘掉高冠，解下长剑，来接受你的教诲，天下的人都说孔丘能够阻止强暴，禁除过恶。弄到最后，子路想要杀掉卫国的昏君而没有成功，自己却在卫国东门被剁成肉酱，这是你教导的不成功。你自称是才士圣人吗？可是你两次被鲁国驱逐出境，在卫国不许居留，在齐国遭受穷困，在陈、蔡两国之间被围困，到处都不能容身。你使子路遭受剁成肉酱的祸患，上不得保身，下不能做人。你的道理，哪里有什么可贵的呢？

“世上所推崇的，没有比得上黄帝的，黄帝还不能够德行完备，而战于涿鹿的郊野，血流百里之远。帝尧不慈爱，大舜不孝顺，大禹喜欢喝酒，汤王流放他的君主，武王讨伐了商纣：这六个人，都是世人所推崇的，仔细看来，都是被利禄迷失了自己的本真，强力违反了自己的性情，他们的行为都是非常可耻的。

“世上所谓的贤士，都称说伯夷、叔齐。伯夷、叔齐辞让孤竹的君位，而饿死在首阳山上，尸体都没人埋葬。鲍焦整饬行为，看不惯世俗。抱着大树死去。申徒狄谏诤不被接纳，自己背着石头投江，被鱼鳖吃掉。介子推最忠心，割下自己腿上的肉给晋文公吃，文公后来忘掉了他，他便愤怒离去，抱着大树被大火烧死。尾生和一个女子在桥下相会，女子没有来，洪水来了，他还不肯走，抱着桥柱被大水淹死。这六个人，和被屠杀的狗、沉河的猪、端破瓢的乞丐没什么不同，都是贪图虚名，轻视死亡，不珍惜生命本根的人。

“世上所谓的忠臣，都比不上王子比干和伍子胥。子胥尸沉江中，比干剖心而死，这两个人，世上所称的忠臣，然而结果还是被天下人讥笑。

“从以上这些人看来，一直到伍子胥、比干，都没什么可贵的地方。你所以劝说我的，如果告诉我关于鬼神的事情，我不知道；如果告诉我关于人的事情，也不外乎这些罢了，都是我已经听说过的事情。”

“现在我告诉你人的性情，眼睛喜欢看好看的颜色，耳朵喜欢听好听的声音，嘴巴喜欢品评五味，心志要求得到满足。人生的上寿是一百岁，中寿是八十岁，下寿是六十岁，除去疾病、死丧、忧患以外，其中开口欢笑的。一个月中也不过四五天罢了。天地的存在是无穷尽的，人的死生却是有时限的，以有时限的生命寄托在无穷尽的天地之间，就和骏马迅速闪过门隙一般。不能够畅适自己的意志，保养自己寿命的人，都不是通达道理的人。

“你所说的，都是我所要抛弃的。赶快回去，不要再说了！你这套道理.钻营求取，都是奸诈虚伪的勾当，不足以保全真性。哪里还值得讨论呢？”

孔子拜了两拜快步急走，出门上车，手执缰绳不觉中掉落了三次，眼睛茫然无所见，面色如同死灰，扶着车轼低垂着头，不能喘气。回到鲁国东门外，正好遇见了柳下惠。柳下惠说：“近来好几天没有见面，您的车马有外出过的样子，是不是去见盗跖了呢?”

孔子仰天叹息说:“是的。”

柳下惠说:“盗跖是不是像我以前说的那样违逆了您的心意呢?”

孔子说:“是的。我是所谓没有病而自己灸病的人。就如同莽撞地去摸老虎的头、捋老虎的胡须,几乎不能免于虎口啊!”

【原文】

孔子游乎缁帷之林,休坐乎杏坛之上。弟子读书,孔子弦歌鼓琴。

奏曲未半,有渔父者,下船而来,须眉交白,被发揄袂,行原以上,距陆而止,左手据膝,右手持颐以听。曲终而招子贡子路,二人俱对。

客指孔子曰:“彼何为者也?”

子路封曰:“鲁之君子也。”

客问其族。子路对曰:“族孔氏。”

客曰:“孔氏者何治也?”

子路未应,子贡对曰:“孔氏者,性服忠信,身行仁义,饰礼乐,选人伦,上以忠于世主,下以化于齐民,将以利天下。此孔氏之所治也。”

又问曰:“有土之君与?”

子贡曰:“非也。”

“侯王之佐与?”

子贡曰:“非也。”客乃笑而远(应为“还”)行,言曰:“仁则仁矣,恐不免其身,苦心劳形以危其真。呜呼,远哉其分于道也!”

子贡远(应为“还”)报孔子。孔子推琴而起曰:“其圣人与!”乃下求之,至于泽畔,方将杖拏而引其船,顾见孔子,还乡而立。孔子反走,再拜而进。

客曰:“子将何求?”

孔子曰:“曩者先生有绪言而去,丘不肖,未知所谓。窃待于下风,幸闻咳唾之音,以卒相丘也。”

客曰:“嘻!甚矣子之好学也!”

孔子再拜而起曰:“丘少而修学,以至于今,六十九岁矣,无所得闻至教,敢不虚心?”

客曰:“同类相从,同声相应,固天之理也。吾请释吾之所有,而经子之所以。子之所以者,人事也。天子诸侯大夫庶人,此四者自正,治之美也,四者离位,乱莫大焉。官治其职,人忧其事,乃无所陵。故田荒室露,衣食不足,征赋不属,妻妾不和,长少无序,庶人之忧也;能不胜任,官事不治,行不清白,群下荒怠,功美不有,爵禄不持,大夫之忧也;廷无忠臣,国家昏乱,国技不巧,贡职不美,春秋后伦,不顺天子,诸侯之忧也;阴阳不和,寒暑不时,以伤庶物,诸侯暴乱,擅相攘伐,以贱民人,礼乐不节,财用穷匮,人伦不饬,百姓淫乱,天子有司之忧也。今子既上无君侯有司之势,而下无大臣职事之官,而擅饰礼乐,选人伦,以化齐民,不泰多事乎?

“且人有八疵,事有四患,不可不察也。非其事而事之,谓之揔;莫之顾而进之,谓之佞;希意道言,谓之谄;不择是非而言,谓之谀;好言人之恶,谓之谗;析交离亲,谓之贼;称誉诈伪以败恶人,谓之慝;不择善否,两容颊适,偷拔其所欲,谓之险。此八疵者,外以乱人,内以伤身,君子不友,明君不臣。所谓四患者:好经大事,变更易常,以桂功名,谓之叨;专知擅事,侵人自用,谓之贪;见过不更,闻谏愈甚,谓之很;人同于己则可,不同于己虽善不善,谓之矜。此四患也。能去八疵,无行四患而始可教已。”

孔子愀然而叹,再拜而起曰:“丘再逐于鲁,削迹于卫,伐树于宋,围于陈蔡。丘不知所失,而离此四谤者何也?”客悽然变容曰:“甚矣子之歎(应为“難”)悟也!人有畏影恶迹而去之走者,举足愈数而迹愈多,走愈疾而影不离身,自以为尚迟,疾走不休,绝力而死。不知处阴以休影,处静以息迹,愚亦甚矣!子审仁义之间,察同异之际,观动静之变,适受与之度,理好恶之情,和喜怒之节,而几于不免矣。谨修而身,慎守其真，还以物与人，则无所累矣。今不修之身而求之人，不亦外乎！”

孔子愀然曰：“请问何谓真？”

客曰：“真者，精诚之至也。不精不诚，不能动人。故强哭者虽悲不哀，强怒者虽严不威，强亲者虽笑不和。真悲无声而哀，真怒未发而威，真亲未笑而和。真在内者，神动于外，是所以贵真也。其用于人理也，事亲则慈孝，事君则忠贞，饮酒则欢乐，处丧则悲哀。忠贞以功为主，饮酒以乐为主，处丧以哀为主，事亲以适为主。功成之美，无一其迹矣。事亲以适，不论所以矣；饮酒以乐，不选其具矣；处丧以哀，无问其礼矣。礼者，世俗之所为也；真者，所以受于天也，自然不可易也。故圣人法天贵真，不拘于俗。愚者反此，不能法天而恤于人，不知贵真，禄禄而受变于俗，故不足。惜哉，子之蚤湛于伪而晚闻大道也！”

孔子又再拜而起曰：“今者丘得遇也，若天幸然。先生不羞而比之服役，而身教之。敢问舍所在，请因受业而卒学大道。”

客曰：“吾闻之，可与往者与之，至于妙道；不可与往者，不知其道，慎勿与之，身乃无咎。子勉之！吾去子矣！吾去子矣！”乃刺船而去，延缘苇间。

颜渊还车，子路授绥，孔子不顾，待水波定，不闻挐音而后敢乘。

子路旁车而问曰：“由得为役久矣，未尝见夫子遇人如此其威也。万乘之主，千乘之君，见夫子未尝不分庭伉礼，夫子犹有倨傲之容。今渔父杖挐逆立，而夫子曲要磬折，言拜而应，得无太甚乎？门人皆怪夫子矣，渔父何以得此乎？”

孔子伏轼而叹曰：“甚矣由之难化也！湛于礼义有间矣，而朴鄙之心至今未去。进，吾语汝！夫遇长不敬，失礼也；见贤不尊，不仁也。彼非至仁，不能下人，下人不精，不得其真，故长伤身。惜哉！不仁之于人也，祸莫大焉，而由独擅之！且道者，万物之所由也，庶物失之者死，得之者生，为事逆之则败，顺之则成。故道之所在，圣人尊之。今渔父之于道，可谓有矣吾敢不敬乎！”［庄子杂篇渔父］

【释义】

孔子到缁帷树林去游玩，坐在杏坛上休息。弟子们读书，孔子唱歌弹琴。

曲子还没有奏到一半，有个渔父下船走来，胡须眉毛洁白，披散着头发，挥动着衣袖，走上原野，到高地上停了下来，左手按着膝盖，右手托着下巴来听乐曲。曲子终了，他就招呼子贡、子路二人过来问话。

渔父指着孔子说："那个人是做什么的？"

子路回答说："是鲁国的君子。"

渔父问孔子的姓氏。子路回答说："姓孔。"

渔父说："孔氏是研习什么的？"

子路没有回答，子贡说："孔氏讲忠信，身行仁义，修饰礼乐，整治人伦，对上忠于君主，对下教化贫民，为天下谋福利，这就是孔氏所研习的。"

渔父又问道："他是有土地的君主吗？"

子贡说："不是。"

渔父接着问道："他是侯王的辅臣吗？"

子贡说："不是。"

渔父笑了笑，就往回走，说道："仁爱倒是仁爱，恐怕不能免予自身的祸患。劳苦心形以危害生命的本真。唉，他离道实在太远了！"

子贡回来告诉了孔子。孔子推开琴站起来说："他大概是个圣人啊！"于是就走下来找他，到了河岸，见渔父正要撑桨推船，回头看见孔子，转身对面站着。孔子退行，拜了两拜走上前来。

渔父说："你有什么事？"

孔子说："刚才先生只说了开头就走了，我不才，不能了解它的意思。我恭敬地在这里等候，希望有幸听到先生的教诲，藉以最终对我有所帮助。"

渔父说:“唉,你真是太好学了!”

孔子拜了两拜起身说:“我自小就学习,知道现在,已经六十九岁了,没听到过大道理,怎敢不虚心!”

渔父说:“种类相同就互相聚集,声律相同就互相应和,这是自然的道理。我来说说我知道的道理,帮助你分析一下你所做的事。你所从事的,都是人事。天子、诸侯、大夫、庶人,这四种人如果能各尽本分,天下会得到很好的治理。这四种人离开本位,天下就会大乱。官吏都尽其职守,百姓各处其事,就不会有以下陵上的事。所以田园荒芜,房屋破漏,衣食不够用,征赋没有缴纳,妻妾不和睦,长幼没有秩序,这是庶人的忧虑;能力不能胜任,公事处理不当,行为弃不清白,部下疏懒没有政绩,爵禄不保,这是大夫的忧虑;朝廷里没有忠臣,国家混乱,工艺不精巧,贡品不精美,春秋朝觐不及时,不顺从天子,这是诸侯的忧虑;阴阳不调和,寒暑不顺时,伤害众物,诸侯暴乱,擅自互相攻伐,残害人民,礼乐不合制度,才用困穷匮乏,人伦不整饬,百姓淫乱,这是天子的忧虑。现在你既然在上没有君侯执政的权势,在下又没有大臣主事的官职,而擅自修饰礼乐,整治人伦,以教化人民,不是太多事了吗!

“而且人有八种毛病,事有四种祸患,不可以不明察。不是他该做的事去做,叫作‘总’;人不理会而窃窃进言,叫作‘佞’;迎合别人的心意而进言,叫作‘谄’;不辨是非来说话,叫作‘谀’;喜欢说人的坏话,叫作‘谗’;离间亲友关系,叫作‘贼’;诡诈称誉而诋毁人,叫作‘慝’;不辨善恶,两者兼容而适意,暗中盗取他所要的,叫作‘险’。这八种毛病,对外扰乱别人,对内伤害自身,君子不和他做朋友,明君不用他做臣子。所谓四种祸患是:喜欢办理大事,改变常理常情,邀取功名,叫作‘叨’;自恃聪明,独断专行,侵犯他人而师心自用,叫作‘贪’;见过不改,听到劝说反而变本加厉,叫作‘很’;别人的意见和自己的相同就可以,如果和自己不相同,意见虽然很好也以为不好,叫作‘矜’。这是四种忧虑。能够去除八种毛病,不犯四种祸患的错误,这样的人才可以教导。”

孔子面有愧色而叹息，拜了两拜，站起来说："我两次被逐出鲁国，在卫国被禁止居留，在宋国受到伐树的侮辱，在陈蔡遭受围攻。我不知犯有什么样的过失，为什么会遭受到这四次侮辱？"渔父悲伤变容说："你真是太难觉悟了！有人害怕自己的影子，厌恶自己的足迹，想要抛弃它们而走，跑得越多而足迹越多，跑得越快却影不离身，自认为跑得还慢，于是不停地加快脚步，最后气力用尽而死去。不知道到阴暗处影子自然消失，静止下来足迹自然没有，真愚蠢呀！你在仁义之间审度，在同异之间辨析，观察动静的变化，均衡取舍的适度，疏导好恶的情感，调和喜怒的节度，你几乎不免于祸了。你要谨慎修身，保持你的本真，使人与物各还归自然，那就没有累害了。现在你不反省修身，却在身外的人身上找答案，不是很疏漏吗？"

孔子悲伤地说："请问什么是本真？"

渔父说："本真，是精诚的极致。不精不诚，不能感动人。所以勉强哭泣的人虽然悲痛却不哀伤，勉强发怒的人虽然严厉却没有威势，勉强亲近的人虽然笑容满面却不和悦。真正的悲痛没有声音而哀伤，真正的愤怒没有发作而威严，真正的亲爱没有笑容而和悦。内心真诚，神色就会表现在外，这就是本真的可贵。真诚用在人伦事理上，侍奉双亲则慈孝，侍奉君主则忠贞，饮酒便欢乐，处丧便悲哀。忠贞要以功绩为主，饮酒要以欢乐为主，处哀要以悲伤为主，事亲要以安适为主，功绩和成就在于效果圆满，而不必拘泥于具体事迹。事亲求安适，不用问什么方法；饮酒求欢乐，不挑选酒菜杯具；处丧为尽哀，不讲究礼仪。礼节是世俗所为的，真性是禀受于自然的，自然的东西是不可改变的。所以圣人效法自然珍贵本真，不拘于世俗。愚昧的人正与此相反。不能够效法自然而忧虑人事，就不知道珍贵本真，庸庸碌碌随世俗变化，所以不能知足。可惜呀！你沉溺于人世的伪诈太早而听闻大道太晚了。"

孔子又拜了两拜起身说："我现在遇到先生，真是天幸。先生如果不觉得委屈把我当做徒弟，愿意亲自教我。请问先生住在哪里，我好登门受业来学完大道。"

渔父说："我听说，可以共适大道的就结交他，最终体会妙道；不可以共适大道的，是不知道其中的道理，那就不必与他交往，自身才没有过失。你自己勉励吧！我走了，我离开你了！”于是撑船离开，沿着芦苇的河岸远去了。

颜渊掉转车子，子路递过车绳，孔子不看，直等到水面上波纹平息了，听不见摇船的声音才敢登上车子。

子路在车旁问说：“我侍奉先生已经很久了，从来没有见过先生对人这样尊敬。就是万乘国家的国王，千乘国家的君主，先生见到了也会与他们平起平坐，先生还有高傲的神色。现在渔父拿着船篙在对面站着，而先生弯腰鞠躬，说起话来，先拜了又拜才唯唯应声，这不是太过分了吗？弟子们都怪先生于礼不当，渔人怎么值得先生如此尊敬呢？”

孔子扶着车轼感叹说：“子由真是难以教化呀！你受礼义的熏陶时间也不短了，而粗鄙的心理到现在还没有去掉。过来，我告诉你！遇到长辈不恭敬就是失礼，见到贤人不尊重就是不仁。他要不是圣人，就不能使人谦下，对人谦下不精诚，就不能保有本真，所以才会常常伤害自己。可惜啊！对人来说，不仁带来的祸患是最大的，而你却偏偏是这样。再说，大道是万物遵循的依据，万物失去它就会死亡，获得它就会充满生气。做事违逆它就会失败，顺应它就会成功。所以，道存在的地方，圣人也要尊敬。现在这个渔父，对于道，可以说是体悟了，我怎敢不尊敬！”

【原文】

鲁哀公问于颜阖曰：“吾以仲尼为贞干，国其有瘳乎？”

曰：“殆哉汲乎！仲尼方且饰羽而画，从事华辞，以支为旨，忍性以视民而不知不信，受乎心，宰乎神，夫何足以上民？彼宜女与？予颐与？误而可矣。今使民离实学伪，非所以视民也。为后世虑，不若休之。难治也。”

施于人而不忘，非天布也，商贾不齿。虽以士齿之，神者弗齿。

为外刑者，金与木也；为内刑者，动与过也。宵人之离外刑者，金木讯之；离内刑

者，阴阳食之。夫免乎外内之刑者，唯真人能之。［庄子杂篇列御寇］

【释义】

鲁哀公问颜阖说："我任命孔子为国家重臣，国家会有救吗？"

颜阖回答说："危险啊！孔子追求表面上的修饰，讲究华丽文辞，把次要当成主要，压抑天性而显示给百姓，既不明智，也不真实，都是按个人的心思想出来，用自己的心神去主宰，怎么可以领导人民呢？他果真适宜你的需要吗？能让他养育天下吗？如果误用也就没话可说了。现在使百姓脱离真实而学习虚伪，这不足以教示人民。为后世考虑，不如算了吧，否则，将会更难治理。"

惠施给人却不忘回报，这不是自然的布施，商人也会瞧不起。虽然偶尔因事谈论到，但内心里还是瞧不起。

施加在体外的刑具，是铁锁木枷之类；施加在内心的刑具，则是内心的不安和自责。小人遭受外刑，用铁锁木枷来拷问他；遭受内刑的人，阴阳交错来剥蚀他。能够避免内外刑的，只有真人才可以做到。

【原文】

孔子曰："凡人心险于山川，难于知天。天犹有春秋冬夏旦暮之期，人者厚貌深情。故有貌愿而益，有长若不肖，有顺怀而达，有坚而缦，有缓而釬。故其就义若渴者，其去义若热。故君子远使之而观其忠，近使之而观其敬，烦使之而观其能，卒然问焉而观其知，急与之期而观其信，委之以财而观其仁，告之以危而观其节，醉之以酒而观其则，杂之以处而观其色。九微（应为"徵"）至，不肖人得矣。"［庄子杂篇列御寇］

【释义】

孔子说："人心比高山大川还要险恶，比天还难了解。天还有春夏秋冬、早晨晚上的规律可循，人却在淳厚的容貌里藏着难测的心机。所以有的人外貌谨慎骄横跋扈；有的人貌似长者而品行不端；有的人表面圆顺而内心刚直；有的人看似坚强而内心软弱；有的人看似和缓而内心强悍。所以，如饥似渴赴大义的，往往又会避火似的抛弃大义。因此君子要派他到远离自己的地方办事，观察他的忠诚；派他到自己的身边办事，观察他的敬慎；派他去做繁杂的事情，观察他的才能；向他突然提出问题，观察他的心智；在危急情况下相约，观察他的信用；委任他处理财物，观察他的廉洁；告诉他危险的事情，观察他的节操；在他喝醉酒时，观察他的仪态；让他男女杂处，观察他的色态。经过这九种检验，就可以检查出不肖的人了。"

【原文】

正考父一命而伛，再命而偻，三命而俯，循墙而走，孰敢不轨？[庄子杂篇列御寇]

【释义】

正考父第一次提升，曲身而受；第二次提升，弯腰弓背而受；第三次提升，俯身深曲腰背而受，走路时顺着墙走。如此谦恭的人，谁敢在他面前不守法度呢？

【原文】

老子见孔子，从弟子五人，问曰："前为谁？"对曰："子略[①]勇且多力，其次子贡为智，曾子为孝，颜回为仁，子张为武。"老子叹曰："吾闻南方有鸟，名为凤，所居积石千里，河水出下。凤鸟居止，无为生食，其树名琼枝，高百仞，以璆琳琅玕为宝[②]。天又为生离珠，一人三头，递起以伺琅玕。凤鸟之义，戴圣婴仁，右智左贤。"[庄子御览九百十五引]

【注释】

①略：路之误。

②宝:实之误。

【释义】

老子会见孔子,孔子身边跟着五位弟子。老子问:“第一位是谁?”孔子回答说:“是子路。他勇敢而且有力气。后面的是子贡,他聪明有才智;曾子是孝子;颜回很仁德;子张很勇武。”老子慨叹说:“我听说南方有一种鸟叫凤凰,它居住的地方,方圆千里都是石头,黄河从下面发源。凤凰住在上面,老天为它生出食物。生长食物的树叫作琼枝,高几十丈,果实是缪、琳、琅、玕之类的宝玉美石。老天又为它生下离朱,他一个人长着三颗头,三颗头交替抬起不间歇地看守着果实。凤凰的花纹,头顶是象征圣的红色,脖子是象征仁的青色,右侧是象征智的白色,左侧是象征贤的黄色。”

【原文】

仲[①]尼读书,老聃倚竈觚而听之,曰:“是何书也?”曰:“《春秋》也。”[庄子艺文类取八十引][①]御览一百八十六引庄子曰:仲尼读《春秋》,老聃踞竈觚而听。

【注释】

①觚竈额也。

【释义】

孔子读书,老子靠在灶台角上听。问孔子说:“这是什么书?”孔子说:“是《春秋》。”

【原文】

孔子病,子贡出卜。孔子曰:“汝[①]待也,吾坐席不敢先,居处若斋,食饮若祭,吾

卜之久矣。”[庄子御览八百四十九引]

【注释】

①绎史孔子类记四引汝作子。

【释义】

孔子得了重病,子贡出去占卜吉凶。孔子说:“你不要去了,我平时座席的时候把别人让在前面,自己不敢抢先;平时像斋戒一样,讲究卫生;吃饭像祭祀一样,认真仔细。我肯定能够长寿的。”

【原文】

孔子舍于沙丘,见主人,曰:“辩士也。”子路曰:“夫子何以识之?”曰:“其口穷踦,其鼻空大,其服博,其睫流,其举足也高,其践地也深,鹿合而牛舍。”[庄子绎史孔子类记四引]

【释义】

孔子在沙丘一个人家里住宿,看见家里的主人,说:“是一位辩士啊。”子路说:“先生是根据什么知道的?”孔子说:“他的嘴像吃人的恶兽,鼻孔很大,衣服也很宽大,并且不停地眨着眼睛。他抬脚很高,踩地极轻,脚着地时像鹿一样,脚离地像牛一样。”

【原文】

孔子作《春秋》,制《孝经》。既成,使七十二弟子向北辰星磬折而立,使曾子抱河洛,事北向。孔子斋戒,向北辰而拜,告备于天曰:“《孝经》四卷,《春秋》《河》《洛》凡八十一卷,谨已备天。”洪郁起白雾,摩地,赤虹自上下,化为黄玉,长三尺,上有刻文。

孔子跪受而读之,曰:"宝文出,刘季握。卯金刀,在轸北。字禾子,天下服。"[宋书符瑞志]

【释义】

孔子撰写《春秋》,编制《孝经》。已经完成了,孔子让七十个弟子面向北极星恭敬地行礼,让曾子抱着河图、洛书在北面侍奉。孔子进行斋戒,面向北极星下拜,祷告上天说:"《孝经》共有四卷,《春秋》《河》《洛》一共八十一卷,我已经详尽完备的完成并敬献给上天。"此时天空飘起了浓浓的白雾,连接地面。一道红色的霓虹从天上落下来,变成黄色的玉版,三尺长,上面刻着字。孔子跪着接受了这块玉,又诵读那上面的文字,念道:"宝玉上的文字出世,天下要被刘季掌握。卯金刀之刘氏,出生在楚国之北。他的字是禾子之季,天下的人都归服。"

【原文】

鲁哀公十四年,孔子夜梦三槐之间,丰、沛之邦,有赤氤气起,乃呼颜渊、子夏同往观之。驱车到楚西北范氏街,见刍儿打麟,伤其左前足,束薪而覆之。孔子曰:"儿来,汝姓为谁?"儿曰:"吾姓为赤松,名时乔,字受纪。"孔子曰:"汝岂有所见乎?"儿曰:"吾所见一禽,如麕,羊头,头上有角,其末有肉。方以是西走。"孔子曰:"天下已有主也。为赤刘。陈、项为辅。五星入井,从岁星。"儿发薪下麟,示孔子。孔子趋而往。麟向孔子,蒙其耳,吐三卷图,广三寸,长八寸,每卷二十四字。其言:"赤刘当起日周亡。赤气起,火曜兴,玄丘制命,帝卯金。"[搜神记八]

【释义】

鲁哀公十四年,孔子在一个晚上梦见三棵槐树之间,在沛县的丰邑疆域内,有红色的烟云弥漫,慢慢地升起,于是就叫了颜回、子夏一起去观看。他们赶着车来到楚国西北面的范氏街，看见有个割草的小孩在打麒麟，把那麒麟左侧的前脚都打伤了，还拿了一捆柴草把它盖了起来。孔子说："小孩子过来！你的姓是什么?"这小孩说："我姓赤松，名时乔，字受纪。"孔子说："你是否看见了什么东西?"小孩说："我看见的东西是一只禽兽，像獐子，长着羊头，头上有角，角的末端有肉。刚从这儿向西跑去。"孔子说："天下已经有了主人了，这主人是炎汉刘邦，陈涉、项羽只是辅佐。金、木、水、火、土五星进入井宿，跟着岁星。"小孩子打开柴草下的麒麟，给孔子看。孔子有礼地小步快跑过去。麒麟面对孔子，遮蔽着它的耳朵，吐出三卷图，图宽三寸，长八寸，每卷有二十四个字。那文字是："炎汉刘氏要兴起，周朝要灭亡。红色的天地之气上升，火德荣耀兴盛。孔子拟定了天命，那皇帝是刘姓。"

【原文】

孔子修《春秋》，制《孝经》，既成，斋戒，向北辰而拜，告备于天。天乃洪郁起白雾，摩地，赤虹自上而下，化为黄玉，长三尺，上有刻文。孔子跪受而读之，曰："宝文出，刘季握。卯金刀，在轸北。字禾子，天下服。"［搜神记八］

【释义】

孔子修订《春秋》，制作《孝经》，已经完成后，便洁净身心，对着北极星下拜，向上天报告他的成功。于是天空便弥漫降下白色的大雾，一直碰到地面，红色的虹霓从上面挂下来，变成了黄色的玉，长三尺，上面雕刻着文字。孔子跪着接受了这块玉，又诵读那上面的文字，念道："宝玉上的文字出世，天下要被刘季掌握。卯金刀之刘氏，出生在楚国之北。他的字是禾子之季，天下的人都归服。"

【原文】

曾子从仲尼在楚而心动，辞归问母。母曰："思尔啮指。"孔子曰："曾[①]参之孝。

精感万里。”［搜神记十一］

【注释】

①《曾子外篇齐家》引作“曾参之孝，参之至诚”。

【释义】

曾参跟随孔子出游，在楚国时感到心跳加速，就辞别了孔子回家探问母亲。母亲说：“我思念你，所以咬了自己的手指。”孔子说：“曾参的孝心，使他的精神感觉到了万里之外。”

【原文】

季桓子穿井，获如土击，其中有羊焉。使问之仲尼曰：“吾穿井而获狗，何耶？”仲尼曰：“以丘所闻，羊也。丘闻之，木石之怪，夔、蝄蜽；水中之怪，龙、罔象；土中之怪，曰贲羊。”［搜神记十二］

【释义】

季桓子挖井，得到一个像瓦器那样的东西，那里面有只羊。他就派人去问孔子，说：“我挖井得到了一只狗，这是为什么呢？”孔子说：“依我的见识，那应该是羊。我听说，树木、石头中的精怪，是夔、蝄蜽；水中的精怪，是龙、罔象；泥土中的精怪，叫作贲羊。”

【原文】

孔子厄于陈，絃歌于馆中。夜有一人，长九尺余，著皂衣高冠，大吒，声动左右。子贡进，问：“何人耶？”便提子贡而挟之。子路引出，与战于庭。有顷，未胜。孔子察之，见其甲车闲时时开始掌。孔子曰：“何不探其甲车，引而奋登？”子路引之，没手仆于地，乃是大鳀鱼也，长九尺余。孔子曰："此物也，何为来哉？吾闻：物老则群精依之，因衰而至。此其来也，岂以吾遇厄绝粮，从者病乎？夫六畜之物，及龟、蛇、鱼、鳖、草、木之属，久者神皆凭依，能为妖怪，故谓之'五酉'。五酉者，五行之方，皆有其物。酉者老也，物老则为怪，杀之则已，夫何患焉。或者天之未丧斯文，以是系予之命乎？不然，何为至于斯也？"絃歌不辍。子路烹之，其味滋，病者兴。明日，遂行。［搜神记十九］

【释义】

孔子在陈国遭到灾难的时候，到旅馆中却弹琴唱歌。夜里忽然有一个人，身长九尺多，穿着黑衣服，戴着高帽子，大声怒叱，声音惊动了孔子身边的人。子贡走上前去，问："你是什么人呀？"这人便提起子贡把他挟在腋下。子路就把他拉了出来，和他在院子里打起来了。过了一会儿，子路没有取胜。孔子仔细察看，看见他的铠甲和牙床之间不时地裂开来，那口子就像手掌那么大。孔子对子路说："你为什么不把手伸到那铠甲和牙床之间，拉着它用力爬上去？"子路便伸手去拉它，手全部伸了进去，那人便倒在地上，竟是一条大鳀，长九尺多。孔子说："这种东西，它为什么来呢？我听说过，东西老了，那么各种精怪就来依附它，因为它衰微了才来的。这缇鱼精的来临，难道是因为我遭遇了灾难、断绝了粮食、跟随我的人都生了病的缘故吗？啊，那牛、马、羊、鸡、狗、猪六种家畜，以及龟、蛇、鱼、鳖、野草、树木之类，生长时间长的，神灵都依附它们，因而能成为妖怪，所以人们把它们叫作'五酉'。五酉，是指五行的各个方面都有那相应的东西。酉，就是老，东西老了就会变成妖怪，把它杀掉了，那么妖怪也就没有了，对这种东西又有什么担心的呢？或者是老天为了不丧失那些古代的文化典制，因而用这种东西来维持我的生命吗？否则，为什么它会到这里来呢？"孔子继续弹唱个不停，子路烹调这条鳀鱼，它的味道很美，病人吃了都起了床。第二天，大家便又行路了。

【原文】

子曰："乾之动直静专，坤之动辟静翕，其根也。灭根每日两度，蹴入尾闾巨壑，则海沸出潮。"［续博物志六］

【释义】

孔子说："天变动时正直而不曲折，静止时专一没有其他，地变动时是开放的，承受一切而不拒绝，静止时包容地上的一切，是根本。每日两次消除杂念，踢入海水归入的地方和巨大的深壑，那么大海沸腾出潮。"

【原文】

颜渊与孔子俱上泰山，东南望吴昌门外。孔子见白马，引颜渊指之："若见吴昌门乎？"颜渊曰："见之，有系练之状。"孔子抚其目而止之。颜渊发白齿落，遂以病死。盖精力不及圣人，而强役之也。［续博物志七］

【释义】

颜渊和孔子一起上鲁国的泰山，望向东南吴都昌门外的地方。孔子看见了一批白马，于是就指给颜渊看，说："你看见吴都的昌门了吗？"颜渊回答："看见了，好像拴着一条白绸子样的东西。"孔子揉了揉他的眼睛，纠正了他的说法。颜渊头发变白，牙齿脱落，最终因病死去。大概精神不如孔子，勉强使眼力到了自己的极限，精华用尽，所以早早地死去。

【原文】

孔子曰："违山十里，蟪蛄之声犹在于耳。政事恶哗而善肃。"［续博物志十］

【释义】

孔子说:“离山十里远,知了的叫声还在耳边。搞政事要避开喧哗,越静越好。”

【原文】

路室女之方桑兮,孔子过之以自侍。[楚辞七谏]

【释义】

客栈上的姑娘正采桑叶啊,孔子经过她而更加克制自己。

【原文】

孔子出游,过于客舍,其女方采桑,一心不视,善其贞信,故以自侍。[楚辞七谏王逸注]

吴王光剑

【释义】

孔子出游经过客栈,客栈上的姑娘正采摘桑叶,专心致志,目不斜视,孔子认为她做事认真,所以用它来克制自己。

【原文】

仲尼见沧海横流,故务为舟航。[孙绰子北堂书抄卷一百三十八又御览七百七十引]

【释义】

孔子看到海水四处奔流，政治昏暗，社会动荡，因此要成为济世的良才。

【原文】

子贡曰："陈灵公君臣宣淫于朝，泄冶谏而杀之，是与比干同也，可谓仁乎？"子曰："比干于纣，亲则叔父，官则少师，忠款之心，在于存宗庙而已，故以必死争之，冀身死之后而纣悔寤。其本情在乎仁也。泄冶位为下大夫，无骨肉之亲，怀宠不去，以区区之一身，欲正一国之淫昏，死而无益，可谓怀矣！诗云：'民之多僻，无自立辟。'其泄冶之谓乎？"［长短经臣术］

【释义】

子贡向孔子问道："陈灵公君臣居然在朝中淫乱.泄冶毅然进谏反而被杀害。泄冶的事迹同比干（殷纣王大臣，因力谏纣王被杀）相同，他的行为可称得上仁吗？"孔子回答说："比干同纣王的关系，从血亲方面说，他是纣王的叔父；从官职上说，他是少师，款款忠心，唯在保存社稷宗庙而已，所以，他以必死的决心向纣王进谏，希望能以自己的死唤起纣王的悔悟，这样的情愫就处于仁。泄冶身为下大夫这样的小官，同君王并无血肉之亲，却希望得到陈灵公的宠爱，因而不肯离去，以区区之身，想要匡正整个国家淫乱昏庸的风气，虽然是为国君捐躯，但是结果对国家无益处，像泄冶这样的人可以算是怀恋官禄的人。《诗经》上说：'民自多僻，无自立辟'，说的不正是泄冶进谏陈灵公这样的事情吗？"

【原文】

孔子曰："上失其道而杀其下，非礼也。故三军大败不可斩，狱犴不知[1]不可刑。

何也？上教之不行，罪不在人故也。夫慢令谨诛，贼也；征敛无时，暴也；不诫责成，虐也。政无此三者，然后刑即可也。陈道德以先服之，犹不可则尚贤以劝之，又不可则废不能以惮之，而犹有邪？人不从化者，然后待之以刑矣。"［长短经政体］

【注释】

①知当作治。

【释义】

孔子说："上边做错了事却惩罚下边的人，这是不合礼义的行为。因此军队打了大败仗也不能斩杀士兵，牢狱没有管理好不能处刑。为什么呢？因为上边没有推行教育，罪过不在下边的百姓。法令松弛却处罚严厉，这是残害；征收赋税没有时限，这是暴政；不预先告诫就严求成功，这是虐待。在治理政事的过程中取缔这三种行为，以后就可以用刑法了。实行道德教育首先使官吏听服法令，如果不行就推崇贤才来鼓励人们，如果还是不行就罢免无能官吏以威慑官风，若是还有违犯法律的人，人本来就有不服从善政的，在此之后只能用刑法对待他了。"

【原文】

鲁大夫叔梁纥冢，在鲁国东阳聚安泉东北八十四步，名曰防冢。民传曰：防墳于墳，地微高。［冢墓记御览五百六十引］

【释义】

鲁国大夫叔梁纥的坟冢，在鲁国东阳距安泉东北一百七十步处，名叫防冢。民间传说：防坟在坟地，地势稍高。

【原文】

孔子冢，鲁城北便门外南去城十里。冢茔方百畝，冢南北广十步，东西十[①]步，高丈二尺。冢[②]为祠坛，方六尺，与[③]地方平，无祠堂。冢茔中树以百数，皆异种。鲁人世世无能名其树者。民[④]云：孔子弟子异国人，各持其国树来种之[⑤]。孔子茔中不生荆棘及刺人草。伯鱼墓在孔子冢东，与孔子并，大小相望。子思冢在孔子冢南，大小相望。[冢墓记御览五百六十引]

【注释】

①绎史引作十三步。

②绎史引作冢前以瓴甓为祠坛。

③绎史引作与地平本无祠堂。

④绎史引民下有傳字。

⑤绎史引此下有其树柞枌雒离女贞五味毚檀之树。○《水经二十五泗水》注引皇览曰："弟子各以四方奇木来植，故多诸异树，不生棘木刺草。"

【释义】

孔子的坟冢，在鲁国都城北便门外离城十里的地方。墓地面积约一百亩。坟冢南北宽二十步，东西宽二十步，高一丈二尺。冢前有祠坛，方六尺，与地面一样平，没有祠堂。墓地中有几百株树，都是不同的种类，鲁国人世世代代没有能叫全树名的。民间传说：孔子的弟子是不同国家的人，各自拿着自己国家的树种来种。孔子坟地里不长荆棘和刺人的野草。伯鱼的墓在孔子的墓的东面，与孔子墓并列，大小两个墓相对。子思的墓在孔子的墓的南面，大小两个墓相对。

【原文】

孔子称天子之德感天地，洞八方。是以化[1]合神者，称皇；德合天地者，称帝；仁义合者，称王。［帝王世纪艺文类聚十一引］

【注释】

①御览七十六引化以下作：功合神者称皇，德合天地称帝，义合者称王。

【释义】

孔子曾说过：天子的道德能感动天地，深入八方。因此教化合乎神意的，称作皇；道德合乎天意地意的，称作帝；品德合于仁义的，称作王。

【原文】

孔子过宋，与弟子习礼于树[1]下。宋司马桓魋使人拔其树，去适于野[2]。［典略艺文类聚三十引］

【注释】

①御览五百二十三引树下作于大树下。

②同上于野作郑。

【释义】

孔子经过宋国，和弟子们在大树下演习礼仪。宋国的司马桓魋（想要杀孔子），就派人把大树砍了，孔子只好离开到郑国去。

【原文】

孔子返卫,卫夫人南子使人谓之曰:“四方君子之来者,必见寡小君。”孔子不得已见之。夫人在锦帷中。孔子北面稽首,夫人自帷中再拜,环佩之声璆然。[典略艺文类聚六十七又御览七百引]

【释义】

孔子回到卫国,卫灵公的夫人南子派人对孔子说:“四方各国的君子来到我们卫国的,必定要来见我们夫人。”孔子婉言推辞,最后不得已只好去见她。南子在细葛布帷帐中等待。孔子进门,向北跪拜行礼。南子在帷帐中回拜答礼,身上的环佩玉饰撞击出清脆的响声。

【原文】

孔子显三累之行。[论衡须颂篇]

【释义】

孔子颂扬吃苦耐劳、深思多虑、诲人不倦的品行。

【原文】

孝武皇帝封弟为鲁恭王。恭王坏孔子宅以为宫,得佚《尚书》百篇、《礼》三百、《春秋》三十篇、《论语》二十一篇。[论衡佚文篇]

【释义】

汉武帝封他的弟弟为鲁恭王。恭王拆毁了孔子的旧宅建筑宫室,在墙壁中得到失传的《尚书》一百篇、《礼》三百篇、《春秋》三十篇、《论语》二十一篇。

【原文】

孔子当泗水而葬,泗水却流。[论衡纪妖篇]

【释义】

孔子面对泗水而埋葬,泗水倒流,世上的人说孔子神灵能使泗水倒流。

【原文】

孔子见阳虎却行,白汗交流。[论衡言毒篇]

【释义】

孔子看到阳虎,吓得向后退着走,面色苍白、冷汗交流。

【原文】

子路问孔子曰:“猪肩羊膊,可以得兆,雚苇藁笔,可以得数,何必以蓍龟?”孔子曰:“不然!盖取其名也。夫蓍之为言耆也,龟之为言旧也,明狐疑之事,常问耆旧也。”[论衡卜筮篇]

【释义】

子路曾经问孔子说:“猪羊的肩胛骨也可以得到裂纹,芦苇、茅草、谷秆也可以得到卦象的数目,为什么一定要用龟和蓍草?”孔子回答说:“不是这样的!那大概的取蓍草和龟这两个名字的含义啊。蓍读出来就同年老的‘耆’,龟读出来就同年代久远的‘旧’,辨明疑惑不定的事,应当请教年岁大,有经验的人。”

【原文】

鲁将伐越,筮之,得“鼎折足”。子贡占之以为凶。何则?鼎而折足,行用足,故谓

之凶。孔子占之以为吉,曰:“越人水居,行用舟不用足,故谓之吉。”鲁伐越,果克之。[论衡卜筮篇]

【释义】

鲁国准备讨伐越国,就用蓍草算卦,得到了鼎足折断的征兆,子贡解释为凶险,为什么?鼎折断了足,而行走要用足,所以解释为凶兆。孔子解释为吉兆,说:“越人居住在江边,海滨,行走靠的是船,不用脚,所以称为吉利。”鲁国讨伐越国,果然战胜了越国。

【原文】

孔子将死,遗谶书曰:“不知何一男子,自谓秦始皇,上我之堂,踞我之床,颠倒我衣裳,至沙丘而亡。”又曰:“董仲舒乱我书。”又书曰:“亡秦者,胡也。”[论衡实知篇]

【释义】

孔子临死时,留下了谶书,说:“不知哪儿来的一个男子,自己说叫作秦始皇,上了我的堂,坐了我的床,弄乱了我的衣裳,到了沙丘就死亡。”又说:“董仲舒整理我的书。”又写道:“灭亡秦国的是胡亥。”

【原文】

孔子生不知其父,若母匿之,吹①律自知殷宋大夫子氏之世也。[论衡实知篇]

【注释】

①御览十六引论衡曰:“孔子吹律,自知殷之苗裔。”

【释义】

孔子生下来不知道他的父亲是谁，他母亲不告诉他，他一吹律管就知道了自己是宋国娃子的大夫的后代。

【原文】

鲁以偶人葬而孔子叹。[论衡实知篇]

【释义】

鲁国用陶俑殉葬，孔子就为此哀叹不止。

【原文】

孔子未尝见狌狌，至辄能名之；（中略）然而孔子名狌狌，闻昭人之歌。[论衡实知篇]

【释义】

孔子从来没见过猩猩，一碰到就能说出它的名称；（中间省略）可是，孔子能说出猩猩的名称，是因为他听了"昭人之歌"。

【原文】

颜渊炊饭，尘落甑中，欲置之则不清，投地则弃饭，掇而食之。孔了望见，以为窃食。[论衡知实篇]

【释义】

颜渊烧火做饭，尘土落在了做饭的甑中，想放开它不管，那饭就不干净了，如果把

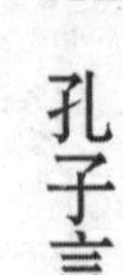

饭抛在地上，那么连饭也扔了，于是便拣出来吃了。孔子远远地看见了，认为他在偷饭吃。

【原文】

孔[①]子曰："游者可为纶，走者可为矰。至于龙，吾不知，其乘云风上升。今日见老子，其犹龙邪！"[论衡知实篇]

【注释】

①《论衡龙虚篇》云：孔子曰："游者可为纲，飞者可为矰。至于龙也，吾不知其乘风云上升。今日见老子，其犹龙乎？"

【释义】

孔子说："鱼类可以钓到，兽类可以射获。至于说龙，我不知道该怎么办，因为它乘着云气和风上天：今天见到老子，他大概就像龙一样吧！"

【原文】

或问于孔子曰："颜渊何人也？"曰："仁人也，丘不如也。""子贡何人也？"曰："辩人也，丘弗如也。""子路何人也？"曰："勇人也，丘弗如也。"客曰："三子者皆贤于夫子，而为夫子服役，何也？"孔子曰："丘能仁且忍，辩且诎，勇且怯。以三子之能，易丘之道，弗为也。"[论衡定贤篇]

【释义】

有人问孔子说："颜渊是个什么人呢？"孔子回答说："颜渊是个仁人啊，我孔丘不如他。""子贡是个什么样的人呢？"孔子说："有口才的人，我孔丘赶不上他。""子路是个什么样的人呢?"孔子说:"勇敢的人,我孔丘比不上他。"宾客就说:"三位都比您贤明,但他们却为您奔走效劳,这是为什么?"孔子说:"我孔丘既能做到仁爱,又能做到残酷无情,善于辩论却又言语钝拙,勇敢但又懦弱。用他们三人的能耐和我的才能相交换,我是不干的。"

【原文】

孔子曰:"诗人疾之不能默,丘疾之不能伏。"是以论也。[论衡对作篇]

【释义】

孔子说:"诗人痛恨它不能沉默,我孔丘痛恨它藏在心里不说。"因此我要发议论。

【原文】

儒书称孔子与颜渊俱登鲁东山,望吴阊门。谓曰:"尔何见?"曰:"见一匹练,前生蓝。"孔子曰:"噫!此白马,卢刍。"使人视之,果然。[论衡衡御览八百九十七引]

【释义】

儒书上说孔子和颜渊一起登上鲁国的泰山,眺望吴国的阊门。颜渊说:"我看见了一匹漂煮过的白绸子,前边长着蓼蓝。"孔子说:"唉!那是白马和青草啊。"让人去看,果然是这样。

【原文】

孔子能行,以俎豆而弄。[论衡意林三引]

【释义】

孔子能够走路的时候,就常常摆设俎豆等祭器做游戏。

【原文】

佛遣三弟子振[①]旦教化，儒童菩萨彼称孔丘，光[②]净菩萨彼称颜渊[③]，摩诃迦叶彼称老子。[清净法行经广弘明集卷八所收道安二教论引]

【注释】

①法琳破邪论卷上引振作震。

②刘谧三教平心论卷上引破邪论光净作净光。

③法琳破邪论卷上引称颜渊作云颜回。

【释义】

佛祖派遣佛前三大弟子来到中国进行教育感化，儒童菩萨应生为孔丘，光净童子菩萨应生为颜渊，摩诃迦叶菩萨应生为老子。

【原文】

震旦国人难化，先以三圣而往教焉。[清净法行经师子比丘述注折疑论卷五引牟子云〇注云文出破邪论]

【释义】

中国的人难以进行教育感化，于是先派遣佛前三大弟子前往中土进行教化。

【原文】

佛遣三圣化彼东土。[天地经破邪论卷上引]

【释义】

佛祖派遣摩诃迦叶、儒童菩萨、光净童子等三大弟子教育感化东土(中国)之地的人们。

【原文】

吾令迦叶在彼为老子号无上道,儒童在彼号曰孔丘,渐渐教化令其孝顺。[佛说空寂所问经又天地经辩正论卷六引]

【释义】

我派遣摩诃迦叶在东土应生为老子,号是无上道,儒童菩萨在东土号是孔丘,渐渐地教育感化当地的人们让他们尽心奉养父母,顺从父母的意志。

【原文】

吾迦叶在彼为老子,号无上道;净光在彼号仲尼,为夫子,渐教化;儒童在彼号颜回。[佛说空寂所问经又天地经师子比丘述注折疑论注引]

【释义】

我佛的摩诃迦叶在东土(中国)应生为老子,号是无上道;光净菩萨在东土号是仲尼,是一位父子,渐渐地教育感化当地人们;儒童菩萨在东土号是颜回。

【原文】

大迦叶菩萨称为老子,净光童子菩萨称为仲尼,儒童菩萨称为颜回。[折疑论卷第五]

【释义】

摩诃迦叶菩萨称作老子，净光童子菩萨称为仲尼，儒童菩萨称为颜回。

【原文】

昔有函孔子之履与王莽之首骨者，累世传之。至晋泰熙之五载，因武库火遂燔之。［镡津文集卷第十六］

【释义】

过去有拥有孔子的鞋子和王莽的头骨的人，世世代代相传鞋子和头骨。直到西晋太熙时的第五年，因为武库失火于是都焚烧掉了。

【原文】

光净菩萨彼称孔子，别本称儒童菩萨。［佛祖统纪三十五］

【释义】

光净菩萨在那称作孔子，在有的本子上称孔子为儒童菩萨。

【原文】

宣尼入梦，十翼之理克[①]彰。［辩正论陈子良序］

【注释】

①祥迈辩伪录卷第一克彰作始宣。

【释义】

孔子在睡梦中，将《十翼》的道理都能够参透并彰显出来。

【原文】

（子）圩顶，反首张面。［世木路史后纪十注引］

【释义】

（孔子）头顶凹陷，头发蓬乱，大脸。

【原文】

甘罗曰："夫项橐，生七岁，而为孔子师。"［战国策七］

【释义】

甘罗说："项橐，七岁的时候，成了孔子的老师。"

【原文】

或谓黄齐曰："人皆以谓公不善于富挚。公不闻老莱子之教孔子事君乎？示之其齿之坚也，六十而尽相靡也。［战国策楚策四］

【释义】

有人对黄齐说："大家都觉得你和富挚的关系不好。不知道你是否听说过老莱子是怎样教导孔子的。他说人的牙齿虽然很坚硬。但到了六十岁牙齿还会损坏，这是因为牙齿互相磨损的缘故。"

【原文】

颜回见仲尼，请行。曰："奚之？"曰："将之卫。"曰："奚为焉？"曰："回闻卫君，其年壮，其行独；轻用其国，而不见其过；轻用民死，死者以国，量乎泽若蕉。民其无如矣。回尝闻之夫子曰：'治国去之，乱国就之，医门多疾。'愿以所闻思其则，庶几坐其国有瘳乎！"

仲尼曰："嘻！若殆往而刑耳。夫道不欲杂，杂则多，多则扰，扰则忧，忧而不救。古之至人，先存诸已而后存诸人，所存于已者未定，何暇至于暴人之所行？

"且若亦知夫德之所荡而知之所为出乎哉？德荡乎名，知出乎争。名也者，相轧也；知也者，争之器也。二者凶器，非所以尽行也！

"且德厚信矼未达人气；名闻不争，未达人心。菑人者，人必反菑之。若殆为人菑夫！且苟为悦贤而恶不肖，恶用而求有以异？若唯无诏，王公必将乘人而斗其捷。而目将荧之，而色将平之，口将营之，容将形之，心且成之是以火救火，以水救水，名之曰益多。顺始无穷，若殆以不信厚言，必死于暴人之前矣！

"且昔者桀杀关龙逢，纣杀王子比干，是皆修其身以下伛拊人之民，以下拂其上者也，故其君因其修以挤之。是好名者也。昔者尧攻丛枝、胥敖，禹攻有扈，国为虚厉，身为刑戮，其用兵不止，其求实然已。是皆求名实者也，而独不闻之乎？名实者，圣人之所不能胜也，而况若乎？虽然，若必有以也，尝以语我来！"

颜回曰："端而虚，勉而一，则可乎？"曰："恶，恶可！夫以阳为充孔扬，采色不定，常人之所不违，因案人之所感，以求容与其心，名之日日渐之德不成，而况大德乎？将执而不化，外合而内不訾，其庸讵可乎？"

"然则我内直而外曲，成而上比。内直者，与天为徒。与天为徒者，知天子之与己，皆天之所子，而独以己言蕲乎而人善之，蕲乎而人不善之邪？若然者，人谓之童子，是之谓与天为徒。外曲者，与人之为徒也。擎跽曲拳，人臣之礼也，人皆为之，吾敢不为邪？为人之所为者，人亦无疵焉，是之谓与人为徒。成而上比者，与古为徒。其言虽教，谪之实也，古之有也，非吾有也。若然者，虽直不为病，是之谓与古为徒。若是则可乎？"仲尼曰："恶，恶可！大多政法而不谍，虽固，亦无罪。虽然，止是耳矣，夫胡可以及化？犹师心者也。"

颜回曰："吾无以进矣，敢问其方？"仲尼曰："斋，吾将语若！有而为之，其易邪？易之者，皞天不宜。"

颜回曰："回之家贫，唯不饮酒不茹荤者数月矣。如此，则可以为斋乎？"曰："是祭祀之斋，非心斋也！"回曰："敢问心斋？"仲尼曰："若一志，无听之以耳而听之以心，无听之以心而听之以气。听止于耳，心止于符。气也者，虚而待物者也。唯道集虚。虚者，心斋也。"

颜回曰："回之未始得使，实自回也。得使之也，未始有回也，可谓虚乎？"夫子曰："尽矣！吾语若，若能人游其樊而无感其名，入则鸣，不入则止。无门无毒，一宅而寓于不得已，则几矣。绝迹易，无行地难。为人使易以伪，为天使难以伪。闻以有翼飞者矣，未闻以无翼飞者也。闻以有知知者矣，未闻以无知知者也。瞻彼阕者，虚室生白，吉祥止止。夫且不止，是之谓坐驰。夫徇耳目内通而外于心知，鬼神将来舍，而况人乎？是万物之化也，禹、舜之所纽也，伏戏、几蘧之所行终，而况散焉者乎？"[庄子内篇人间世]

【释义】

颜回去谒见孔子，向孔子辞行。孔子问："你要到哪儿去呀？"颜回说："我要到卫国去。"孔子问："为什么要去卫国？"颜回说："我听人们说，卫国国王正在青壮年时期，办事独断专行；随便动用国力，认识不到自己的错误；轻易地送掉百姓的生命，因为卫王乱用民力而送了命的百姓多极了，就如同从大泽中量取草芥似的。老百姓无可奈何了。我曾经听先生说过：'治理好了的国家就该离开，危乱的国家就该前去，正如医生的家里病人多。’我想按先生的教导，给卫国想个办法，或许会把他们国家的病治好。”

孔子说：“嘻！你去了恐怕只能受到刑处。道是不能杂的，一杂了就多起来，多了就乱套，乱套了就会产生忧患，忧患降临再自救也来不及了。古代的至人都是先把自己修炼好了，然后才推行到别人身上，自己修炼得还不到家，哪里还有闲空推及到一个暴君的行为上呢？

“而且，你知道道德如何会败坏和智诈是怎么产生的吗？道德是因为争名败坏的，智诈是从争斗中产生的。名声这种东西，其实就是相互倾轧；智慧这种东西，其实就是争斗的工具。两者都是凶器，不是可以拿来完善自己行为的！

“况且，道德淳厚、信誉实在，就难以与外人的情感沟通；不争名声，别人心里也难以理解。（在这种情况下）硬要把仁义约束的话当成治国的法术摆在一个暴君的面前，这是用别人的丑恶来换取自己的美名，人们把这种人称作灾人。给别人带来灾害的人，别人必然会反过来祸害他。你恐怕只能去受到他人的祸害吧！再说，卫君如果是个喜欢贤才而讨厌无能的人，哪里用得着物色到你头上才能改正错误？除非你不去谏诤，否则他的王公大臣们就会抓住你话里的漏洞与你辩论，争着表现自己反应有多么快。你就会眼花缭乱，气色上想求得缓和，嘴上只顾得上忙着辩解，态度上就会表现出退让，心里会想着妥协迁就。你这等于是用火去救火，用水去救水，可以称作是火上浇油。如果你按照自己的初衷没完没了地谏诤下去，你恐怕会因为没人相信的哆里哆嗦，定然死在暴君的面前！

“再说，当年夏桀王杀关龙逢，商纣王杀王子比干，都是因为他们修身自好，谦恭地爱抚暴君的百姓，以在下的职位违逆了上面暴君的猜忌之性，所以君王就嫉恨贤臣的修为自好而排挤他们。这就是爱好名声的结果。当年尧攻打丛枝和胥敖，禹攻打有扈，国都人口灭绝成了废墟，国王受到了刑杀，他们用兵不止，没完没了贪求人口土地。这是贪名求实的结果，你没有听说过吗？虚名实利就是尧禹那样的圣人也不能超越，更何况是你呢？虽然如此，你肯定设想了应对的方案，不妨讲给我听听！”

颜回说：“我行为端正，内心谦虚，积极努力，专一不移，这样可以吗？”孔子说：“什么呀，这怎么可以！那种表面上显得理直气壮很了不起的人，喜怒无常，平常人都不愿惹他，所以才能压抑别人的感受，求得自己随心所欲，（你去感化这种人，）这叫作，每天逐渐地用一点一点地小德向他渗透都做不到，更何况是大德呢？他会固执己见半点也不开化，即使表面上投合你，内心里也不以为然，这怎么可以呢？”

颜回说：“这样的话，那么我就内心正直，外表屈从，用现成的结论与前人相比。内心正直，指的是与天同类。与天同类，就是懂得天子和我自己，都是天所生养的孩子，那么又何必计较自己的主张得到别人的支持呢，还是反对呢？这样做，人们就会把我当成是童言无忌的孩子，这就叫作与天同类。外表屈从，指的是与人为类。捧着朝笏躬身跪拜，这是人臣应尽的礼节，大家都这么做，我敢不这么做吗？做大家都做的事，人们也就不会指责我，这就叫作与人为类。用现成的结论与前人一样，指的是与古为类。说出的话虽然对人有实在的校正指责，因为是古人就有的说法，不会理解为我影射现实说出来的。这样做，虽然话讲得直率，人家也不会挑毛病，这就叫作与古为类。像这样去做，总可以了吧？”孔子说：“什么呀，这怎么可以！你用来匡正卫君的方式这么多，很杂乱，虽然浅陋些，也不会受到惩罚。即使这样，也不过仅能如此而已，又怎么能去感化他呢？这还是一种自以为是的做法。”

颜回说：“我没有更好的方法了，请问先生有什么好方法？”孔子说：“你先斋戒，我再告诉你方法。带着成见去做，会那么容易成功吗？如果容易的话，老天爷也不答应。”

颜回说：“我们家一向就穷，我不喝酒、不吃荤腥已经好几个月了。像这样算不算斋戒了呢？”孔子说：“这是祭祀要求的斋戒，不是我说的心灵上的斋戒！”颜回说：“请问心灵上的斋戒是什么？”孔子说：“你要排除杂念心志于一，不要用耳朵去听，而是用心灵去听，只会留在内心得到客观印证的限度里。气就不一样了，它是空明能容纳客观的。客观的大道只能落在空明里。空明就是心斋。"

颜回说:"我在没有得到心斋的使用方法之前,我自己实实在在地是个颜回。得到这种使用方法之后,感到没有颜回了,这可以算作虚名吗?"孔子说:"这才是心斋到家了!我来告诉你,你可以进入卫国那个名利场中纵横畅游而不受名利的诱惑。他听得进去你就说,听不进去你就不说。你这里没有什么医生的家门,也没有治病的药物,空荡荡一处院子,把自己寄寓在不得已的境地,这就差不多了。一个人不走路很容易,走起来想不落在地上又不留下痕迹这就难了。被人的想法驱动很容易造伪,被自然的运动驱使就难以作假了。我们只听说过长了翅膀的能飞.没听说过没有翅膀的会飞。听说过有认识能力的才能认知,没听说过没有认知能力的会认知。(修养到连自己都没有了,一切行为不是个人的主动而是自然的驱动,那就不会有半点虚假,别人也不会认为是你的主观行为而听其自然了。)你看那空缺的地方,空虚的房子里自然就产生白亮,吉祥会停留在静止的心室里。如果心室不能静止,这就叫作坐驰(坐着跑了)。假如真的能够收视返听排除心智,鬼神也会来进住依附,更何况是人呢?这才是感化万物的方法,也是禹和舜把握的要领,伏羲和几蘧终生奉行的法术,更何况是那些芸芸帝王呢?"

【原文】

叶公子高将使于齐,问于仲尼曰:"王使诸梁也甚重,齐之待使者,盖将甚敬而不急。匹夫犹未可动,而况诸侯乎?吾甚慄之。子尝语诸梁也曰:'凡事若小若大,寡不道以欢成。事若不成,则必有人道之患;事若成,则必有阴阳之患。若成若不成而后无患者,唯有德者能之。'吾食也执粗而不臧,爨无欲清之人。今吾朝受命而夕饮冰,我其内热与!吾未至乎事之情,而既有阴阳之患矣!事若不成,必有人道之患,是两也。为人臣者不足以任之,子其有以语我来!"

仲尼曰:"天下有大戒二:其一命也其一义也。子之爱亲,命也,不可解于心。臣之事君，义也，无适而非君也。无所逃于天地之闲，是之谓大戒。是以夫事其亲者，不择地而安之，孝之至也；夫事其君者，不择事而安之，忠之盛也；自事其心者，哀乐不易施乎前，知其不可奈何而安之若命，德之至也。为人臣子者，固有所不得已，行事之情而忘其身，何暇至于悦生而恶死？夫子其行可矣！

"丘请复以所闻，凡交近则必相靡以信，远则必忠之以言。言必或传之。夫传两喜雨怒之言，天下之难者也。夫两喜必多溢美之言，两怒必多溢恶之言。凡溢之类妄，妄则其信之也莫，莫则传言者殃。故法言曰：'传其常情无传其溢言，则几乎全。'

"且以巧斗力者，始乎阳，常卒乎阴，泰至则多奇巧；以礼饮酒者，始乎治，常卒乎乱，泰至则多奇乐。凡事亦然，始乎谅，常卒乎鄙；其作始也简，其将毕也必巨。夫言者，风波也；行者，实丧也。风波易以动，实丧易以危。故忿设无由，巧言偏辞。默死不择音，气息茀然，于是并生心厉。剋核大至，则必有不肖之心应之，而不知其然也。苟为不知其然也，孰知其所终？故法言曰：'无迁令，无劝成，过度益也。'迁令劝成殆事。美成在久，恶成不及改，可不慎与？

"且夫乘物以游心，托不得已以养中，至矣。何作为报也？莫若为致命，此其难者？"［庄子内篇人间世］

【释义】

叶公子高将要出使齐国，问孔子说："楚王派我到齐国去，抱得希望很大，齐国对待使者的态度，可能会表面上很恭敬但又不急着去办。一个普通老百姓你都不能轻易地说动他，更何况是一国诸侯呢？我非常担心这个任务。先生经常对我说：'凡是办事情，无论大小，很少不是从双方乐意的渠道上达成的。事情办不成定会有人事上的后患；如果办成了，又会有阴阳失调的后患。无论办成办不成都不会产生后患，只有有道的人才能做得到。'我是个平常吃粗食不求精美，笼火取食无须清凉的人。现在我早晨接受了任务，晚上就得喝冰水，这大概是内热了吧！我还没接触到这个任务的实际情况，就有了阴阳失调的后患了！任务如果完不成，又定会受到楚王的惩罚，这是两患一齐来了。做人臣的我没能力承担这样的任务，先生有什么好方法给我讲讲！”

孔子说：“天下有两条不能违背的大戒，一条是命，一条是义。子女爱自己的父母，这属于命，孝顺父母不能有丝毫的懈怠。臣子侍奉自己的国君，这属于义，无论何时何地都不能不为国君着想。人活在天地间这是不能逃避的，这就叫作大戒。因此，侍奉自己的双亲，不论在什么情况下都要让他们安适，这是尽孝的最高原则；臣子侍奉自己的国君，不论是遇到什么样的事情，都要让自己的国君安心，这是尽忠的根本原则；自己修养心性，不能让哀乐改变原来心境，知道某些事情的发展无法预料而仍然安心去做，这是道德修养的最高境界。做人臣子、儿子的，本来就有许多不得已的事情，要忘掉自己，事情该怎么做就怎么做，哪有闲空考虑什么贪生怕死的事呢？你去做就行了！”

“我再把自己知道的道理给你讲一讲，大凡外交上的事情，邻近国家的交往要靠实际的信用，相隔较远的国家要靠诚实的言语。言语必定得有人传达。传达双方都高兴的话或双方都发怒的话，这是最为困难的。双方都高兴就要添加许多好听的话，双方都发怒就要添加许多难听的话。添加的话都是失真的，失真的话就无法兑现了，无法兑现，传达的人就会遭殃。所以古人的外交格言说：‘要传达真实的情况，不要传达添加的话，这就差不多能保全自己了。’

“再说，用智巧斗力争胜的双方，刚开始都是抱着正大光明的态度，斗到最后就要使用阴谋，过分的时候，诡计就多了；在礼仪约束下饮酒的人，开始都体体面面规规矩矩，到最后就胡说八道，没有规矩了，过分的时候，各种怪相的取乐就多了。大凡做事情，也会这样，一开始都能相互谅解，到最后就变得下作了；开始的时候都很单纯不使坏，到后来就互相提防闹大了。话语这种东西，实际上就是挑起事端的风波；行为这种东西，实际上就是丧失真实。风波很容易兴起来，丧失真实很容易造成危险。所以

说愤恨的来由没有别的来由，都是花言巧语偏颇不实之词惹的祸。人杀野兽的时候，野兽不会挑选什么样的叫声合适，气息勃勃狂怒地嚎叫，于是凶恶的心也就跟着来了。苛刻太过分了，人家必然会有恶意应之而生，都来不及知道为什么会这样。假如不知道为什么会这样，谁能预料会有什么结果？所以古人的外交格言说：'不要改变所受的命令，不要强人所难地达成，说话办事过了头，就是添油加醋多余的'改变所受的命令，强人所难地达成，这是最坏事的。好事的成功需要长时间的努力，坏事的造成想改都来不及，这能不慎重对待吗？

"再说(个人的修养)，那也要心神任随外物的变化而遨游，把自己依托在不得已里培养心性，这也就到家了。何必担心怎么交代呢？不如如实地传达国君的命令，这不能算什么难办的事吧？"

【原文】

孔子适楚，楚狂接舆游其门曰："凤兮凤兮，何如德之衰也？来世不可待，往世不可追也。天下有道，圣人成焉；天下无道，圣人生焉。方今之时，仅免刑焉。福轻乎羽，莫之知载；祸重乎地，莫之知避。已乎已乎，临人以德；殆乎殆乎，画地而趋。迷阳迷阳，无伤吾行；吾行却曲，无伤吾足。"山木，自寇也；膏火，自煎也。桂可食，故伐之；漆可用，故割之。人皆知有用之用，而莫知无用之用也。［庄子内篇人间世］

【释义】

孔子到楚国去，楚国狂人接舆走过孔子住的门前唱道："凤凰啊，凤凰，道德怎么会如此衰败？未来的世界赶不上，过去的世界追不回。天下大道行得通，圣人就出来治理；天下大道行不通，圣人就去保全性命。如今的时代，圣人只能免遭刑罚。福比鸿毛还轻，却没人懂得拉在自己车上；祸比大地还重，却没人懂得避开。罢了罢了，在人面前显摆才德；危险啊危险，画定个圈子自己跑。蒺藜啊蒺藜，不要妨碍我走路；我躲着你走，绕开你走，不要刺伤我的脚。”山上的树木，都是因为有材可用才自讨砍伐；油灯，都是因为能发光才自招煎烧。桂树可以吃，所以遭到砍削；油漆可以使用，所以漆树才遭到割伤。人们都知道有用的用处，却没人知道无用的用处。

【原文】

鲁有兀者王骀，从之游者与仲尼相若。常季问于仲尼曰：“王骀，兀者也，从之游者与夫子中分鲁。立不教，坐不议。虚而往，实而归。固有不言之教，无形而心成者邪？是何人也？”仲尼曰：“夫子，圣人也，丘也直后而未往耳。丘将以为师，而况不若丘者乎？奚假鲁国，丘将引天下而与从之。”

常季曰：“彼兀者也，而王先生，其与庸亦远矣。若然者，其用心也，独若之何？”仲尼曰：“死生亦大矣，而不得与之变。虽天地覆坠，亦将不与之遗，审乎无假而不与物迁，命物之化而守其宗也。”常季曰：“何谓也？”仲尼曰：“自其异者视之，肝胆楚越也；自其同者视之，万物皆一也。夫若然者，且不知耳目之所宜，而游心乎德之和。物视其所一而不见其所丧，视丧其足犹遗土也。”

常季曰：“彼为已，以其知得其心，以其心得其常心，物何为最之哉？”仲尼曰：“人莫鑑于流水而鑑于止水，唯止能止众止。受命于地，唯松柏独也正，在冬夏青青；受命于天，唯舜独也正，在万物之首。幸能正生，以正众生。夫保始之征，不惧之实，勇士一人，雄入于九军。将求名而能自要者，而犹若是，而况官天地，府万物，直寓六骸，象耳目，一知之所知，而心未尝死者乎？彼且择日而登假，人则从是也。彼且何肯以物为事乎？”［庄子内篇德充符］

【释义】

鲁国有个受了兀刑被砍断了一只脚的人，名叫王骀，拜他为师的弟子和拜孔子为师的弟子一样多。孔子的弟子常季问他说：“王骀是个受过刑，断了脚的人，拜他为师的弟子和拜先生为师的弟子差不多可以平分鲁国。从来也没见过他站着给人上课，坐着评论对错。而他的门徒却能空手而来，满载而归。世界上当真有无须语言的教育，无须形体而用心灵教成学生的老师吗？这是个什么样的人呢？”孔子说：“王骀先生是个圣人，我只不过是晚了一步没去请教罢了。我也要拜他为师，更何况比不上我的人？何止是鲁国，我还要带领天下所有的弟子都去跟他学。”

韩将庶铜虎节常季说：“他是个受过刑、断了足的人还能胜过先生，那超过平常人也太远了。像这样的人，他的心神活动有什么特别之处呢？”孔子说：“生与死对人来说算是最大的事了，在他的心里不会随着生死有所变化。即使是天塌地陷，在他的心里也不会有什么损失，确实做到了无所依赖而不随着外物迁变，主宰万物的变化而守定大道的宗主。”常季说：“这指的是什么呢？”孔子说：“要是从不同的角度去看，肝和胆那也会像楚国与越国一样差得远；如果从相同的角度去看，万物都相同混一。像这种（视天下为一的）人，他甚至不理会耳目各有什么特殊的功能，心神遨游在道德和谐的境地。对万物只重视它们的混一，看不出会有什么损失。看待自己丧失了一只脚如同是丢了一块泥土一样。”

楚铜戟

常季说：“王骀的自身修养，是用他的智能觉察出自己的心神，再用自己的心神觉察出万物共同的心神。那么万物为什么会聚集在他周围呢？”孔子说：“人们不会到流动的水面上照自己的身影，却会到静止的水面照自己的身影，所以只有自己静止了，才能把外界众多的状态留止固定下来。得到地气而生成的东西，只有松柏最纯正，所以能居万物之首。有幸而能端正自己的性命，才能使众人的心性纯正。能保持起初的信念，具有无所畏惧品格的人，哪怕是一个勇士也敢无所畏惧地冲入千军万马之中。一个为了追求好名声，又自己要求自己的人还能做到这样，更何况是主宰天地，容纳万物，把真我寄寓在形体里，不曾死的圣人呢？他将要选个日子升到大道中去，人们乐意追随他的深层道理是这一点。他哪里肯把外物当一回事呢？”

【原文】

鲁有兀者叔山无趾，踵见仲尼。仲尼曰：“子不谨，前既犯患若是矣。虽今来，何及矣？”无趾曰：“吾唯不知务而轻用吾身，吾是以亡足。今吾来也，犹有尊足者存，吾是以务全之也。夫天无不覆，地无不载，吾以夫子为天地，安知夫子之犹若是也？”孔子曰：“丘则陋矣！夫子胡不入乎！请讲以所闻。”无趾出，孔子曰：“弟子勉之！夫无趾，兀者也，犹务学以复补前行之恶，而况全德之人乎？”

无趾语老聃曰：“孔丘之于至人，其未邪？彼何宾宾以学子为？彼且蕲以諔诡幻怪之名闻，不知至人之以是为己桎梏邪？”老聃曰：“胡不直使彼以死生为一条以可不可为一贯者，解其桎梏，其可乎？”无趾曰：“天刑之，安可解！”[庄子内篇德充符]

【释义】

鲁国有一个受了刑、被砍去脚趾头的人，外号叫叔山无趾，捣着两个脚后跟来见孔子。孔子说：“你自己不谨慎，以前触犯了刑患，搞成这个样子。现在虽然来请教，又怎么来得及挽救呢？”叔山无趾说：“正因为我不懂事务，轻率地支配了自己的身体，所以才丢了脚趾头。现在我来，是因为还有比脚趾头更宝贵的东西在啊，因此我才来谋求个保全他的办法。天，万物无不覆盖；地，万物无不负载，我把先生当成是能覆能载的天地，哪里想得到先生是这样的人呢？”孔子说：“孔丘我实在太浅陋了！先生何不进来谈谈？请讲给我听听先生的见解。”叔山无趾走了，孔子说：“弟子们努力啊！那个叔山无趾是个砍了脚趾的人，还孜孜不倦地求学，来弥补以前所犯的错误，更何况是形体道德健全的人呢？”叔山无趾告诉老子说：“孔子大概还没有达到至人的水平吧？他为什么彬彬有礼地不断向先生请教呢？他老是追求虚大不群的名声，不懂得至人正是把这些当成束缚自己的枷锁吗?”老子说:“你为什么不使他了解把死和生看成是相连的一条,可与不可看成相通的一串,解脱下他身上的枷锁,这样可以吗?”叔山无趾说:“这是天加给他的刑罚,怎么能解脱得了!”

【原文】

鲁哀公问于仲尼曰:“卫有恶人焉,曰哀骀它。丈夫与之处者,思而不能去也;妇人见之,请于父母曰‘与人为妻,宁为夫子妾’者,数十而未止也。未尝有闻其唱者也,常和人而已矣。无君人之位以济乎人之死,无聚禄以望人之腹,又以恶骇天下。和而不唱,知不出乎四域,且而雌雄合乎前,是必有异乎人者也。寡人召而观之,果以恶骇天下。与寡人处,不至以月数,而寡人有意乎其为人也;不至乎期,年而寡人信之。国无宰,而寡人传国焉。闷然而后应,泛而若辞。寡人丑乎,卒授之国。无几何也,去寡人而行。寡人卹焉若有亡也,若无与乐是国也。是何人者也?”

仲尼曰:“丘也尝使于楚矣,适见豚子食于其死母者,少焉眴若,皆弃之而走。不见己焉尔,不得类焉尔。所爱其母者,非爱其形也,爱使其形者也。战而死者,其人之葬也不以翣资;刖者之履,无为爱之,皆无其本矣。为天子之诸御,不爪翦,不穿耳。取妻者止于外,不得复使。形全犹足以为尔,而况全德之人乎?今哀骀它未言而信,无功而亲,使人授己国,唯恐其不受也,是必才全而德不形者也。”

哀公曰:“何谓才全?”仲尼曰:“死生存亡,穷达贫富,贤与不肖,毁誉.饥渴寒暑,是事之变,命之行也。日夜相代乎前,而知不能规乎其始者也,故不足以滑和,不可入于灵府。使之和豫,通而不失于兑,使日夜无郤,而与物为春,是接而生时于心者也。是之谓才全。”

“何谓德不形?”曰:“平者,水停之盛也。其可以为法也,内保之而外不荡也。德者,成和之修也。德不形者,物不能离也。”

哀公异日以告闵子曰:“始也吾以南面而君天下,执民之纪而忧其死,吾自以为至

通矣。今吾闻至人之言，恐吾无其实，轻用吾身而亡其国。吾与孔丘非君臣也，德友而已矣！”［庄子内篇德充符］

【释义】

鲁哀公问孔子说：“卫国有个面目丑陋的人，叫哀骀它。男人跟他相处，留恋着他舍不得离开；女人见到他，请求自己的父母说：‘与其做别人的妻子，宁可做哀骀它先生的妾。’这样的女孩子有十多个了，而且还在不断增加。但从来也没听说哀骀它提倡过什么，经常附和而已。他没有高居君主的地位，不能够拯救别人的死难，也没有积累的财禄，让别人盼望能满足口腹之欲，又长了一副使天下谁见了都惊骇的丑相。只能附和别人，又提倡不出是什么，知识也超不出四方的范围，却能让无论是男是女都愿意与他接近，这肯定会有些异乎常人的东西。我把他招来观察了一番，果真是丑得吓人。可是，与我相处了还不到一个月，我就对他的为人有了倾慕之心；还不到一年，我就完全信赖他了。国家缺了宰相，我就把国家交给他。他还不大高兴，沉闷了半晌才回答我，心不在焉地好像还有点不愿意。我自己觉得很不好意思，最后把国家交给他。没过多少日子，离开我走了。我自己惋惜地如同丢了什么，好像是没有人能陪我一起享受这个国家的乐趣了。你说这究竟是个什么样的人呢？”

孔子说：“我曾经出使到楚国去，路上正好遇到一窝小猪崽在一头死母猪身上吃奶。不大一会，一个个小猪都两眼惊慌地看了看，丢下母猪跑了。因为母猪不像平常那样看着它们了，不再像活着时那样了，小猪感觉出来逃走了。这样看来，小猪爱它的母亲，爱的不是它母亲的形体.而是能支配它母亲形体的东西。战死沙场的士兵不用棺椁就埋了，所以也就用不着棺材的装饰品来陪葬；受刖刑砍掉脚的人，没有理由去珍惜原来穿的鞋子，都是因为本体的东西不存在了。天子筛选宫女侍从，淘汰那些剪了指甲的，穿了耳朵眼的。娶了妻子发往宫外，不能再进宫服侍。就是因为形体完整才算足够合格，更何况是道德健全的人呢？现在哀骀它能够不说话就可取信人，没有什么成就赢得了人们的亲近，愿意把国家交给他，还唯恐他不肯接受，这一定是个才全而德不外露的人。”

哀公说：“什么叫作才全？”孔子说：“死生存亡，通塞贫富，有本事与无本事，被人夸和被人骂，乃至饥渴寒暑，这都是事物的变化，天命的运行。这些东西每天都会在你的面前换来换去，而人的智能又无法推知它们来临的根源，所以也就不值得让这些东西来扰乱你平和的本性，也不能让他们进入你的心里。要让自己的心神平和安逸，通畅而不从缺口中流失，日日夜夜不留空隙，像阳春一般和煦地与万物相处，顺天应人，能随着接触到的外物而产生相应的四时变化。这就叫作才全。”

哀公问：“什么又叫作德不外露呢？”孔子说：“水平面，（那是有足够多的水流满了不平的地面停蓄下来才可能的，）是盛大的水的静止状态。它能成为人们取平的标准，就是因为它能够保持内部的旺盛而外表上不动荡。德就是形成平和的修养。德不外露的人，万物就会来归附而不愿离去。”

另些日子。鲁哀公告诉孔子的学生闵子骞说：“原来我认为南面为王君临天下，掌握着国家的纲纪，为百姓的生死而忧虑，自以为这就是治国的最高水平了。现在我听了至人的一番话，恐怕自己达不到高水平的实际，会轻率地支配自己的行为把国家搞亡了。我与孔丘不能当成是君臣关系.而是道德上的朋友啊！”

【原文】

子桑户、孟子反、子琴张三人相与友[1]，曰：“孰能相与于无相与，相为于无相为？孰能登天游雾，挠挑无极，相忘以生，无所终穷？”三人相视而笑，莫逆于心，遂相与友。

莫然有闲，而子桑户死，未葬。孔子闻之，使子贡往待事焉。或编曲，或鼓琴，相和而歌曰：“嗟来桑户乎！嗟来桑户乎！而已反其真，而我犹为人猗！”子贡趋而进曰：“敢问临尸而歌，礼乎？”二人相视而笑曰：“是恶知礼意？”

子贡反，以告孔子曰：“彼何人者邪？修行无有，而外其形骸，临尸而歌，颜色不变。无以命之,彼何人者邪?”孔子曰:“彼游方之外者也;而丘,游方之内者也。外内不相及,而丘使女往吊之,丘则陋矣。彼方且与造物者为人,而游乎天地之一气。彼以生为附赘县疣,以死为决溃痈。夫若然者,又恶知死生先后之所在?假于异物,托于同体;忘其肝胆,遗其耳目;反覆终始,不知端倪;茫然彷徨乎尘垢之外,逍遥乎无为之业。彼又恶能愦愦然为世俗之礼,以观众人之耳目哉?”

子贡曰:“然则夫子何方之依?”曰:“丘,天之戮民也。虽然,吾与汝共之。”子贡曰:“敢问其方?”孔子曰:“鱼相造乎水,人相造乎道。相造乎水者,穿池而养给;相造乎道者,无事而生定。故曰:鱼相忘乎江湖,人相忘乎道术。”子贡曰:“敢问畸人。”曰:“畸人者,畸于人而侔于天。故曰:天之小人,人之君子;人之君子,天之小人也。”[庄子内篇大宗师]

【注释】

①友一作语。

【释义】

子桑户、孟子反、子琴张三人相交成为好朋友,议论说:“谁能相交于无心交往之中,相为于无心作为之中?谁能升天畅游于云雾之中,宛转在无穷之际,生死相忘,无所穷尽?”三人相视而笑,心心相印,于是一起交为朋友。

过了不久,子桑户死了,还没埋葬。孔子听说了,派子贡去帮助料理丧事。孟子反与子琴张等人,有的在编曲,有的在弹琴,合着节拍唱着:“哎呀,子桑户啊!哎呀,子桑户啊!你已返璞归真了,我们还在人间不得升化啊!”子贡快步上去进言说:“请问,对着尸体唱歌,这合乎礼仪吗?”两人相视一笑说:“这个人怎么会懂得礼仪的真正含义呢?”

子贡回到孔子那里,把见到的情况告诉孔子,说:“他们都是些什么人呢?把无有当成修行的目标，把形骸置之度外，对着尸体唱歌，面色不变。无法形容，他们都是些什么人呢?”孔子说:“他们都是交游于现实世界之外的人，而我是郊游于现实世界之内的人。方内方外是无法来往的，我却派你去吊丧，这正是我的孤陋了。他们正要与造物主相伴，郊游在天地合一的一气之中。他们把活着看得如同长在身上的赘瘤一样多余，把死看得如去掉瘤子流出了脓水。像这样的人，又哪里理会死生先后的分别呢？借一个不同的外形，寄托同一个真我的本体，遗忘躯壳的肝胆耳目，生命随自然变化，始终循环，不知有什么首尾，茫茫然巡游在尘世之外，逍遥自在于无为的事业里。他们又怎么会昏聩糊涂地据守世俗的礼仪，摆出样子留给世俗的人去看呢?”

子贡说:“这样说来，那么先生寄身方内还是方外呢?”孔子说:“我是个苍天惩罚的罪人，(只能寄身方内。)虽然如此，我还是愿意与你一起寄身方外。”子贡说:“请问寄身方外有什么方法?”孔子说:“鱼总希望到水里游，人总希望到大道里游。到水里去的，就开凿个池塘养起来；到大道里去的，就得心灵虚静产生定念，不为尘世所动。所以说，鱼儿游于江湖就会忘掉一切而悠然自乐，人们游于大道之中就会忘掉一切而逍遥自在。”子贡说:“请问什么是畸人?”孔子说:“畸人就是异于世俗而合于天然的人。所以说：天道视为的小人，正是俗人眼中的君子；俗人眼中的君子，正是天道的小人。”

【原文】

颜回问仲尼曰:“孟孙才，其母死，哭泣无涕，中心不戚，居丧不哀。无是三者，以善丧盖鲁国，固有无其实而得其名者乎？回一怪之。”

仲尼曰:“夫孟孙氏尽之矣，进于知矣，唯简之而不得，夫已有所简矣。孟孙氏不知所以生，不知所以死；不知就先，不知就后，若化为物，以待其所不知之化已乎！且方将化，恶知不化哉？方将不化，恶知已化哉？吾特与汝，其梦未始觉者邪！且彼有骇形而无损心，有旦宅而无情死。孟孙氏特觉，人哭亦哭，是自其所以乃。且也相与

‘吾之’耳矣,庸讵知吾所谓‘吾之’乎？且汝梦为鸟而厉乎天,梦为鱼而没于渊。不识今之言者,其觉者乎？其梦者乎？造适不及笑,献笑不及排,安排而去化,乃入于寥天一。”［庄子内篇大宗师］

【释义】

颜回问孔子说:“孟孙才他母亲死了,他哭泣时眼里没有泪,心里也不觉忧伤,居丧期间也不悲哀。这三样一样都没有,却以善于处理丧事的名声传遍鲁国,难道世上真有无其实而能浪得虚名的事吗？这件事我实在觉得奇怪。”

孔子说:“孟孙才做得挺好了,远远超出了常人对治丧的理解,只不过是因为不能太简化才不得不如此,但他已经有所从简了。孟孙才不知道人从哪里来,不知道死后又到哪里去;也不知道活着好,还是死了好,没有办法取舍,只好采取这样一种态度:如果变化成了一种物,那就等着他不可知的变化吧！再说,眼见他正在变化,又怎么会知道他的真我并没有变化？眼见他没有变化,又怎么会知道他实际上已经变化了呢？我和你只不过是还在人生的大梦里没有醒来吧！再说,他看待人的死亡,确有形体上的骇异,但并不损伤人的心神;(人的躯体如同是)人们有个白天住的房子,离去了真我并没有真正的死亡。只有孟孙才才是个醒过来的人,人们哭,他也就随着哭一哭,这才是他所以会如此治丧的原因。再说,人们在一起互相说什么‘我如何’、‘我如何’,那又怎么知道我所说的‘我如何’就真的是我呢？再说,你梦中变了一只鸟就振翅飞上蓝天,梦中变成了一条鱼就潜入深渊,(鸟和兽能算是真的你吗?)不知道现在谈话的你我,是醒了的人呢,还是梦中的人呢？进入适意的境界用不着笑,笑起来也用不着安排,随和着人们的安排,去掉对生死变化的忧虑,才是进入了与寥廓的天道同一的境界。(孟孙才的哭正与此同理。)”

【原文】

颜回曰:“回益矣。”仲尼曰:“何谓也?”曰:“回忘仁义矣。”曰:“可矣,犹未也。”

它日，复见，曰："回益矣。"曰："何谓也？"曰："回忘礼乐矣。"曰："可矣，犹未也。"它日复见，曰："回益矣。"曰："何谓也？"曰："回坐忘矣。"仲尼蹩然曰："何谓坐忘？"颜回曰："堕肢体，黜聪明，离形去知，同于大通，此谓坐忘。"仲尼曰："同则无好也，化则无常也。而果其贤乎，丘也请从而后也。"[庄子内篇大宗师]

【释义】

颜回对仲尼说："我进步了！"仲尼说："怎么进步了呢？"颜回说："我忘记礼乐了。"仲尼说："好啊，但还不够。"他日颜回又来拜见说："我进步了。"仲尼说："怎么进步了呢？"颜回说："我忘记仁义了。"仲尼说："好啊，但还不够。"他日颜回又来拜见说："我坐忘了。"仲尼猝然变了脸色，说："什么叫坐忘？"颜回说："遗忘肢体，废弃聪明，离开形体，抛却智慧，明澈变化，这就叫坐忘。"仲尼说："明澈则没有什么偏爱，变化则没有什么拘泥。你真是先贤啊，我愿意跟随在你的后面。"

【原文】

夫子问于老聃日；"有人治道若相放，可不可，然不然。辩者有言曰：'离坚白，若县寓。'若是则可谓圣人乎？"老聃曰："是胥易技系劳形怵心者也。执留之狗成思，猨狙之便自山林来。丘，予告若，而所不能闻与而所不能言。凡有首有趾、无心无耳者众，有形者奥无形无状而皆存者尽无。其动止也，其死生也，其废起也，此又非其所以也，有治在人。忘乎物，忘乎天，其名为忘已。忘已之人，是之谓入于天。"[庄子外篇天地]

【释义】

孔子问老子说："有人治理国家的道如同模仿古代圣人似的，不分古今的具体情况，强以不可为可，强以不然为然。明辨的人又有说法：'我能离析坚白让它如同悬空的日月一样明显。'像这样的人可以叫作圣人吗?"老子说:"这属于那种有一技之长、能者多劳的人。能捕捉狐狸的狗被猎人拴住脖子使唤,猿猴动作灵巧被人从山林里捉来。孔丘,我告诉你一些你耳朵听不到、你嘴里说不出的道理。凡是长着脑袋长着脚的人,没有心智没有耳闻的很多,而能够有形体与无形无状的道都同时具有的一个也见不到。人的动与止、死与生、兴与废,根本就不是他自己能够掌握的,而有心去治理,那就正好是人在强为了。忘掉外物,也忘掉天,这就是修道中所说的忘己。忘掉自己的人,这才叫作融入天道。"

【原文】

子贡南游于楚,反于晋,过汉阴,见一丈人方将为圃畦,凿隧而入井,抱瓮而出灌,搰搰然用力甚多而见功寡。子贡曰:"有械于此,一日浸百畦,用力甚寡而见功多,夫子不欲乎?"为圃者卬而视之曰:"奈何?"曰:"凿木为机,后重前轻,挈水若抽,数如泆汤,其名为槔。"为圃者忿然作色而笑曰:"吾闻之吾师,有机械者必有机事,有机事者必有机心。机心存于胸中,则纯白不备;纯白不备,则神生不定;神生不定者,道之所不载也。吾非不知,羞而不为也。"子贡瞒然惭,俯而不对。有闲,为圃者曰:"子奚为者邪?"曰:"孔丘之徒也。"为圃者曰:"子非夫博学以拟圣,於于以盖众,独弦哀歌以卖名声于天下者乎?汝方将忘汝神气,堕汝形骸,而庶几乎!而身之不能治,而何暇治天下乎?子往矣,无乏吾事!"

子贡卑陬失换,顼顼然不自得,行三十里而后愈。其弟子曰:"向之人何为者邪?夫子何故见之变容失色,终日不自反邪!"曰:"始吾以为天下一人耳,不知复有夫人也。吾闻之夫子,事求可,功求成,用力少,见功多者,圣人之道。今徒不然,执道者德全,德全者形全,形全者神全,神全者,圣人之道也。托生与民并行而不知其所之,汇乎淳备哉!功利机巧必忘夫人之心。若夫人者,非其志不之,非其心不为。虽以天下誉之,得其所谓,警然不顾;以天下非之,失其所谓,傥然不受。天下之非誉无益损焉,是谓全德之人哉！我之谓风波之民。”

反于鲁，以告孔子。孔子曰：“彼假修浑沌氏之术者也，识其一，不知其二，治其内而不治其外。夫明白入素，无为复朴，体性抱神，以游世俗之间者，汝将固惊邪？且浑沌氏之术，予与汝何足以识之哉！”[庄子外篇天地]

【释义】

子贡到南方的楚国去游历，要返回晋国，路过汉水南岸，看见一位长者正在收拾菜园子，挖了个隧道下到井里，抱着水罐出来浇园子，挺卖力气而收效甚微。子贡说：“有一种机械，一天就能浇一百畦，用力很小，收效却很大，先生不想试一试吗？”浇园子的老人抬起头来看着子贡说：“什么样的机械？”子贡说：“用木料凿成个杠杆，后臂重前臂轻，提水如同抽水，快得如同翻滚的开水往出溢，这种机械的名字叫桔槔。”浇园子的老人愤然变色，笑着说：“我听我的师傅说过，有机械的人一定会有投机取巧的事，有投机取巧的事一定会有投机取巧的心。投机取巧的心存在脑中，纯净的素质就不全了；纯净的素质不全就会心神不定；心神不定的人就不能装大道了。我不是不知道你说的桔槔，而是觉得羞耻不去做它。”子贡很不好意思，感到羞惭，低着头无言回答。过了一会儿，浇园子的老人说：“你是干什么的？”子贡说：“我是孔丘的弟子。”浇园子的老人说：“你不就是博学多才、自比圣人、哇里哇啦凌驾于众人之上、自弹自唱在天下收买名声的人吗？你正该忘掉你的神气，扔下形骸，或许还有救吧！你连自身都不能调治，哪里还有闲暇去治理天下呢？你走吧，不要耽误了我的事！”

子贡感到卑微，惭愧不安，闷闷不乐，走出三十多里才缓过来。他的弟子说：“刚才那个人是干什么的？先生为什么见了他变容失色，整天垂头丧气的呢？”子贡说：“原来我以为天下只有孔夫子一个圣人，没想到还会有这样的人。我听先生说过，办事要求个可行，功业要求个成就，用力少而见效多就是圣人之道。现在才知道，不仅不如此，而且是掌握了大道的人才德性完美，德性完美的人才形体健全，形体健全的人才精神完全，精神完全才是圣人之道。托生为人与百姓共同活动，而不知一定要到哪里去，茫茫然纯朴的本性完整啊！一产生功利机巧的意念就会失去人的本心。像这种（纯朴本性完整的）人，不合他的意志他不去，不合他的心思他不干。即使天下都称赞，只要是合乎自己的选择。他也会傲然不顾；即使天下的人都非议，只要是不合自己的选择，他也会若无其事地不听。天下人的毁誉对他毫无影响，这才是德性完美的人！而我自己只是个风吹波动的人。"

子贡回到鲁国，把见到的情况告诉孔子。孔子说："那是个假修浑沌氏道术的人，只知其一，不知其二，只对内修炼自己的心性，而不修炼对外的随时应变。（如果是真修浑沌氏的道术，）心地明净进入纯素，自然无为返归质朴，体悟真性抱守元神，随顺世俗而来往的人，你还会感到惊异吗？再说，浑沌氏的道术，我和你又怎么能够得出来呢？"

【原文】

孔子西藏书于周室，子路谋曰："由闻周之征藏史有老聃者，免而归居，夫子欲藏书，则试往因焉。"孔子曰："善！"往见老聃，而老聃不许。于是繙十二经以说，老聃中其说，曰："大谩，愿闻其要。"孔子曰："要在仁义。"老聃曰："请问，仁义，人之性邪？"孔子曰："然。君子不仁则不成，不义则不生。仁义，真人之性也，又将奚为矣？"老聃曰："请问，何谓仁义？"孔子曰："中心物愷，兼爱无私，此仁义之情也。"老聃曰："意，几乎后言！夫兼爱，不亦迂乎？无私焉，乃私也！夫子若欲使天下无失其牧乎？则天地固有常矣，日月固有明矣，星辰固有列矣，禽兽固有群矣，树木固有立矣。夫子亦放德而行，循道而趋，已至矣！又何偈偈乎揭仁义，若击鼓而求亡子焉！意，夫子乱人之性也！"[庄子外篇天道]

【释义】

孔子想要把自己的经典收藏在西边周王室的档案馆里，子路出主意说："我听说周王室负责征集收藏文献的史官老聃，退隐在家，先生要藏书，不妨试着找他帮帮忙。"孔子说："好啊！"于是就去拜见老聃，而老聃却不答应。孔子就解释十二经的内容来说服他，老聃打断他的话说："你说的太不着边际，请说说要点吧！"孔子说："要点就是要讲仁义。"老聃说："请问，仁义是人的天性吗？"孔子说："当然。君子不仁就不能有成就，不义就不能生存。仁义确实是人的天性，（除了仁义）人还会怎么样呢？"老聃说："请问，什么是仁义？"孔子说："心地公正，与人为善，兼爱无私，这就是仁义的情理。"老聃说："噫，有点近似，但不是根本啊！兼爱，不绕远了吗？（只要有爱就会针对具体的人和事，不可能全爱，）你说的无私实际就是私啊！先生想要让天下不失去管理吗？那么天地本来就有变化的常规，日月本来就有光明，星辰本来就有序列，禽兽本来就有自己的群类，树木本来就有适宜自己生长的地方。先生只要听任各自天然的德性而行，遵循天道去走，这就足够了，又何必卖力气地标榜什么仁义，就好像孩子就在身边，却敲锣打鼓地去找丢了的孩子！噫，先生是在扰乱人的天性啊！"

【原文】

孔子西游于卫，颜渊问师金曰："以夫子之行为奚如？"师金曰："惜乎，而夫子其穷哉！"颜渊曰："何也？"师金曰："夫刍狗之未陈也，盛以箧衍，巾以文绣，尸祝齐戒以将之。及其已陈也，行者践其首脊，苏者取而爨之而已。将复取而盛以箧衍，巾以文绣，游居寝队其下，彼不得梦，必且数眯焉。今而夫子亦取先王已陈刍狗，取[①]弟子游居寝卧其下。故伐树于宋，削迹于卫，穷于商周，是非其梦邪？围于陈蔡之闲，七日不火食，死生相与邻，是非其眯邪？夫水行莫如用舟，而陆行莫如用车。以舟之可行于水也，而求推之于陆，则没世不行寻常。古今非水陆与？周鲁非舟车与？今蕲行周于鲁，是犹推舟于陆也，劳而无功，身必有殃。彼未知夫无方之传，应物而不穷者也。且子独不见夫桔槔者乎？引之则俯，舍之则仰。彼，人之所引，非引人也，故俯仰而不得罪于人。故夫三皇五帝之礼义法度，不矜于同而矜于治。故譬三皇五帝之礼义法度，其犹柤梨橘柚邪，其味相反而皆可于口。故礼义法度者，应时而变者也。今取猿狙而衣以周公之服，彼必龄啮挽裂，尽去而后慊。观古今之异，犹猿狙之异乎周公也。故西施病心而矉其里，其里之丑人见而美之，归亦捧心而矉其里。其里之富人见之，坚闭门而不出；贫人见之，挈妻子而去之走。彼知矉美而不知矉之所以美。惜乎，而夫子其穷哉！"［庄子外篇天运］

【注释】

①取一本作聚。

【释义】

孔子周游到西边的卫国，颜渊问师金说："你认为我们先生的做法如何？"师金说："可惜啊，你的先生陷入困境了！"颜渊问道："这是为什么？"师金说："祭祀用的草编狗，在没有献祭之前，盛在筐子里，盖上绣巾主持祭祀的尸祝斋戒沐浴之后才把他进献上去。等到上供一过就被扔掉，走路人踩它的头和脊，打柴人捡回去用它笼火罢了。要是再拿来盛在筐子里，盖上绣巾，在它的下边来来往往，居坐卧寝，如果不做噩梦，也恐怕会屡屡梦魇。现在你的先生也是捡回了先王已经上过供的草编狗，聚集弟子在它的下边来来往往，居坐卧寝。所以在宋国受到伐树之辱，在卫国受到削迹之困，在殷地、东周狼狈不堪，这不如同是做噩梦吗？在陈蔡之间受到围困，七天吃不到熟食，几乎丢了性命，这不如同遭到梦魇了吗？在水里运行最好是用船，在陆地上运行最好是用车。这是因为船能在水里走，你要把它推广到陆地上走，那一辈子也走不出多远。古与今还不如同水里和陆地吗？周王朝和当今的鲁国还不如同舟和车吗？你现在要求把周王朝的一套做法推行到鲁国，就如同是把船推广到陆地上行走一样，劳而无功，自身肯定会遭殃。他不知道没有固定方向的驿车，才能应对万事万物而不穷。再说，你没见过桔槔吗？用手一拉它就低下来，松开手它就抬起来。它是人拉的工具，不是来拉人的，所以或高或低都不会得罪人。所以说，三皇五帝的礼仪法度，可贵的并不在于彼此相同，而是可贵在都能治理好国家。所以可以这样做个比喻，三皇五帝的礼仪法度，如同是山楂、梨子、柚子，味道不同，但吃起来都能可口。所以说礼仪法度是应时而变的。现在你把一只猴子捉来给它穿上周公制定的礼服，它肯定会撕咬扯拽，直到把衣服从身上全拉下去才满意。观察古今的不同，就如猴子不同于周公一样。西施心口痛，皱起眉头看村里人，村里的丑女看见了，觉得皱眉的姿态很美，回来后也捂着心口皱起眉头看村里人。村里的有钱人看见了，赶紧关紧大门不出去了；穷人见了，赶快拉着老婆孩子远远躲开了她。她光知道皱眉头好看，而不懂得皱眉头为什么好看。可惜啊，你的先生陷入困境了！”

【原文】

孔子行年五十有一而不闻道，乃南之沛见老聃。老聃曰：“子来乎？吾闻子，北方之贤者也，子亦得道乎？”孔子曰：“未得也。”老子曰：“子恶乎求之哉？”曰：“吾求之于度数，五年而未得也。”老子曰：“子又恶乎求之哉？”曰：“吾求之于阴阳，十有二年而未得也。”老子曰：“然。使道而可献，则人莫不献之于其君；使道而可进，则人莫不进之于其亲；使道而可以告人，则人莫不告其兄弟；使道而可以与人，则人莫不与其子孙。然而不可者，无他也。中无主而不止，外无正而不行。由中出者，不受于外，圣人不出；由外入者，无主于中，圣人不隐。名，公器也，不可多取；仁义，先王之蘧廬也，止可以一宿而不可久处，觏而多责。古之至人，假道于仁，托宿于义，以游逍遥之虚，食于苟简之田，立于不贷之圃。逍遥，无为也；苟简，易养也；不贷，无出也。古者谓是采真之游。以富为是者，不能让禄；以显为是者，不能让名；亲权者，不能与人柄。操之则慄，舍之则悲，而一无所鉴，以窥其所不休者，是天之戮民也。怨、恩、取、与、谏、教、生、杀八者，正之器也，唯循大变无所湮者为能用之。故曰：正者，正也。其心以为不然者，天门弗开矣。”［庄子外篇天运］

【释义】

孔子五十一岁了还没有领悟道，于是南往沛地拜见老子。老子说："你来了吗？我听说你是北方的贤人，你得道了吗？"孔子说："还没有。"老子说："你是怎么去求道的呢？"孔子说："我是从分寸度数上想找到道，结果五年多了也没得到。"老子说："后来你又怎么去求道的呢？"孔子说："后来我又想从阴阳上去找到道，找了十二年了，还是没找到道。"老子说："是这样。假如道可以献给别人的话，那么人都想献给自己的君主了；假如道可以进奉给别人的话，那么人都想进奉给自己的双亲了；假如道可以告诉别人的话，那么人都想告诉给自己的兄弟了；假如道可以给人的话，那么人都想给自己的儿孙了。然而道不能如此，没有别的原因。自己心里没有一个主宰，它不会留下来；外在行为不合，它不会流行。由自己内心主宰生出的，外界不接受。圣人不让它流出身外；由外界影响而入内心的，心中没有主宰，圣人也不让它存留。名声，那是天下共同的东西，不能多取；仁义，那是先王寄身旅店，可以住一宿但不能当成家久住，再重复就会受到指责。古代的圣人，借道于仁，借宿于义，以便遨游于自由自在的境地，取食于粗简的土地，立身于现成的园地。自由自在，因而自然无为；粗简，是为容易养活；现成，是为不必付出。古代把这种做法称作采真之游。认为人生追求财富才是对的人，不会让出利禄；认为追求荣显才是对的人，不会让出名誉；认为热衷于权力才是对的人，就不会授人权柄。自己拿着担惊受怕，舍弃丧失了又悲伤不已，对这种情况一无觉察，还老是盯着追求不止，这正是所谓受上天刑戮的人，怨恨、恩惠、索取、给予、谏诤、教诲、赦命、处死这八项，是纠正人的工具，只有能随天道变化而无滞塞不通的人才能使用。所以说，自己正的人才能纠正他人，而心里以为不是这样的，那就是天门还没打开。"

【原文】

孔子见老聃而语仁义，老聃曰："夫播糠眯目，则天地四方易位矣；蚊虻噆肤，则通昔不寐矣。夫仁义憯然，乃愤吾心，乱莫大焉。吾子使天下无失其朴，吾子亦放风而动，揔德而立矣。又奚傑然若负建鼓而求亡子者邪？夫鹄不日浴而白，乌不日黔而黑，黑白之朴，不足以为辩；名誉之观，不足以为广。泉涸，鱼相与处于陆，相呴以湿，相濡以沫，不若相忘于江湖。”［庄子外篇天运］

【释义】

孔子见到老子，讲自己提倡仁义的主张，老子说：“簸糠眯到眼里，天地四方都会易位；蚊子叮咬皮肤，通宵都睡不安稳。仁义要是叮咬。人心就会激愤起来，没有比这更大的祸乱了。你要让天下人不失去自然纯朴，你就该依随纯朴之风的自由而动，完善的天德就树立起来了。又何必争嚷着像敲着大鼓寻找亡失的孩子呢？鹤并不每天洗澡自然会白，乌鸦并不每天染黑自然会黑。黑与白的真朴与否，用不着辩什么谁是谁非；名誉的荣耀，不值得推广。泉水干涸了，鱼儿一起困在陆地上，吹湿气互相帮助，吐唾沫互相滋润，（无论有多么仁爱，）也不如彼此相忘地生活在江湖里。”

【原文】

孔子见老聃归三日不谈。弟子问曰：“夫子见老聃，亦将何规哉？”孔子曰：“吾乃今于是乎见龙！龙，合而成体，散而成章，乘乎云气而养乎阴阳。予口张而不能嗋，予又何规老聃哉？”子贡曰：“然则人固有尸居而龙见，雷声而渊默，发动如天地者乎？赐亦可得而观乎？”遂以孔子声见老聃。

老聃方将倨堂而应，微曰：“予年运而往矣，子将何以戒我乎？”子贡曰：“夫三王五帝之治天下不同，其系声名一也。而先生独以为非圣人，如何哉？”老聃曰：“小子少进，子何以谓不同？”对曰：“尧授舜，舜授禹。禹用力而汤用兵，文王顺纣而不敢逆，武王逆纣而不肯顺，故曰不同。”老聃曰：“小子少进！余语女三王五帝之治天下。黄帝之治天下，使民心一，民有其亲死不哭而民不非也。尧之治天下，使民心亲，民有为其亲杀其杀而民不非也。舜之治天下，使民心竞，民孕妇十月生子，子生五月而能言，不至乎孩而始谁，则人始有夭矣。禹之治天下，使民心变，人有心而兵有顺，杀盗非杀人。自为种而天下耳，是以天下大骇，儒墨皆起。其作始有伦，而今乎妇女，何言哉？余语女，三皇五帝之治天下，名曰治之，而乱莫甚焉。三皇之知，上悖日月之明，下睽山川之精，中堕四时之施。其知憯于蛎虿之尾，鲜规之兽，莫得安其性命之情者，而犹自以为圣人，不可耻乎，其无耻也？"子贡蹴蹴然立不安。［庄子外篇天运］

【释义】

孔子见过老子后回到家里，三天不说话。弟子们问他："先生见到老子，教给了他什么呢？"孔子说："我现在才算真见到了所谓的龙！龙，合起来成为一个整体，散开了就成为灿烂的云锦，腾云驾雾，靠阴阳二气养着自己。我像傻子一样张着嘴都不知道合上，我又有什么能教给老子的呢？"子贡说："这样说来，那么真有像尸体一样枯寂不动而能如龙一般活现，像深渊一样静默而能如雷一般震撼，发动起来像天地一样起作用的人吗？我也能去见见吗？"于是子贡借着孔子的声望去见老子。

当时老子正要坐在堂上休息，就答应了。轻轻地对子贡说："我活过了不少年头，你对我有什么指教吗？"子贡说："三皇五帝治理天下，方法虽然不同，但他们都得到后人的好评是一样的。唯独先生您认为他们不是圣人，这是为什么呢？"老子说："年轻人稍微往前点，你为什么说他们不同呢？"子贡回答说："尧把天下传给舜，舜又传给禹。禹用的是体力而商汤用的是兵，周文王顺从商纣王不敢反抗，周武王却反抗商纣王不肯顺从，所以说不同。"老子说："年轻人再往前点，我告诉你三皇五帝治理天下的事。黄帝治理天下，使民心简单纯一，百姓中有死了父母也不哭的，而人们并不认为他错。尧治理天下，使民心孝顺，百姓中有为父母报仇，杀了杀害父母的人，而人们并不责难他。舜治理天下，使民心有了竞争，百姓中有孕妇怀胎十个月生下孩子，孩子刚生下五个月就会说话，还不懂得笑就能认人，于是人开始有了短命的。禹治理天下,使民心变复杂了,人有了是非之心,用兵有了正义与非正义的区别,杀了强盗不算杀人。把天下传给自己的子孙,因此才天下惊乱,儒家、墨家都出来了。民心开始变坏的过程有条理可寻,而现在发展到把人家的女儿当成是可供自己役使的仆妇,随意争夺也是合理的了,这还有什么可说的呢?我告诉你,三皇五帝治理天下,名义上是治理,实质上没有比这更能造成祸乱的了。三皇的心智,上逆日月的光明,下背山川的精气,中坏四季的运行。他们的心智毒如蛇蝎,猛如吃活物的野兽,没有哪个人能够安分于自己性命真情的,还要自认为是圣人,不可耻吗,还是本来就无耻呢?"子贡局促不安地站着发呆。

【原文】

孔子谓老聃曰:"丘治《诗》《书》《礼》《乐》《易》《春秋》六经,自以为久矣,孰知其故矣,以奸者七十二君,论先王之道而明周、召之迹,一君无所钩用。甚矣,夫人之难说也?道之难明邪?"

老子曰:"幸矣,子之不遇治世之君也!夫六经,先王之陈迹也,岂其所以迹哉!今子之所言,犹迹也。夫迹,履之所出,而迹岂履哉!夫白鶂之相视,眸子不运而风化;虫雄鸣于上风,雌应于下风而风化。类自为雌雄,故风化。性不可易,命不可变,时不可止,道不可壅。苟得于道,无自而不可;失焉者,无自而可。"

孔子不出三月,复见曰:"丘得之矣。乌鹊孺,鱼傅沫,细要者化,有弟而兄啼。久矣,夫丘不与化为人!不与化为人,安能化人!"老子曰:"可。丘得之矣!"[庄子外篇天运]

【释义】

孔子对老子说:"我研究《诗》《书》《礼》《乐》《易》《春秋》等六经,自认为很久了,熟悉其中的典章制度,以此去求见游说七十二国君,论述先王治国的策略,阐明周公、召公的政绩情况，却没有一个国君采纳我的主张。太难了，是人君难以劝说呢？还是道理难以讲明呢？”

老子说：“太幸运了，你赶巧没有遇见懂得治世的明君！那六经，只是先王留下来的过时的足迹，哪里是踩出足迹的鞋子呢！如今你所说的话，犹如足迹。足迹，是鞋子踩出来的，足迹岂能等同于鞋子呢！雌的白鶂与雄的白鸽相互对视，瞳子不必活动就能诱化受孕；有一种虫子，雄虫在上风处鸣叫，雌虫在下风处应和，他们就能诱化受孕。有一种叫类的野兽，自身兼有雌雄两性，所以能够自我交感而受孕。本性是不可变更的，天命是不可改变的，时间推移是不会停止的，大道的运行是不可阻塞的。如果一旦领悟了大道，任何事情没有行不通的；一旦失去了大道，任何事情都会行不通。”

孔子三个月闭门不出，而后再去求教于老子，说道：“我已经领悟了大道。乌鸦和喜鹊是孵化而生，鱼是以口沫相濡而受孕，细腰蜂不交不生而抚养桑虫幼虫为己子。有了弟弟，哥哥怕失去宠爱而啼哭。我不能与自然造化为友，如此很久了！不能与自然造化为友，又如何感化人呢！”老子说：“可以了。孔丘已经领悟大道了！”

【原文】

计四海之在天地之闲也，不似礨空之在大泽乎？计中国之在海内，不似稊米之在大仓乎？号物之数谓之万，人处一焉；人卒九州，谷食之所生，舟车之所通，人处一焉。此其比万物也，不似毫末之在于马体乎？五帝之所连，三王之所争，仁人之所忧，任士之所劳，尽此矣！伯夷辞之以为名，仲尼语之以为博。[庄子外篇秋水]

【释义】

算下来四海在天地之间，不正像蚁穴在大泽中一样吗？中国九州在四海之中，不正如米粒在大粮仓中一样吗？说物的数量要以万计，人不过是万物之一；人众所在的九州，粮食生长的地方，舟车所通的地方，在宇宙中又是万分之一。与宇宙万物比起来，人不正像一根毫毛在马身上吗？五帝继承的天下，三王争夺的帝位，仁人忧思的治道，仁士操劳的事物，都在其中了。伯夷辞去它成了名，孔子谈论它成为渊博。

【原文】

孔子游于匡，宋人围之数匝，而弦歌不惙。子路入见，曰："何夫子之娱也？"孔子曰："来，吾语女。我讳穷久矣，而不免，命也；求通久矣，而不得，时也。当尧、舜而天下无穷人，非知得也；当桀、纣而天下无通人，非知失也。时势适然。夫水行不避蛟龙者，渔父之勇也。陆行不避兕虎者，猎夫之勇也。白刃交于前，视死若生者，烈士之勇也。知穷之有命，知通之有时，临大难而不惧者，圣人之勇也。由，处矣！吾命有所制矣！"无几何，将甲者进，辞曰："以为阳虎也，故围之。今非也，请辞而退。"［庄子外篇秋水］

【释义】

孔子周游到匡地，被卫国人团团围住，但他依然弹琴唱歌不停。子路来见孔子，说："先生高兴什么呢？"孔子说："过来，我告诉你。我躲避困塞不通很久了，然而还是免不掉，这是命啊！我追求通达也很久了，然而还是遇不上，这是时运啊！在尧舜的时代，天下没有困塞不通的人，这不是用智慧取得的；在桀纣的时代，天下没有通达的人，这不是因智慧失去的，而是时势造成的。在水里行走不避蛟龙，是渔夫的勇敢。在陆地上行走不避兕虎，是猎夫的勇敢。能在刀刃丛里视死如生的，是烈士的勇敢。而懂得困塞是因为天命，通达是因为时运，面对大难而不惧的，是圣人的勇敢。子路啊，你放心吧，我的命是由天支配的！"没多久，带兵的将官走了进来，道歉说："我们把您当成阳虎了，所以围了起来。现在知道误会了，请原谅，我们向您辞别撤退了。"

【原文】

颜渊东之齐，孔子有忧色：子贡下席而问曰："小子敢问：回东之齐，夫子有忧色，何邪？"孔子曰："善哉女问！昔者管子有言，丘甚善之，曰：'褚小者不可以怀大，绠短者不可以汲深。'夫若是者，以为命有所成而形有所适也，夫不可损益。吾恐回与齐侯言尧、舜、黄帝之道，而重以燧人、神农之言，彼将内求于己而不得，不得则惑，人惑则死。且女独不闻邪？昔者海鸟止于鲁郊，鲁侯御而觞之于庙，奏《九韶》以为乐，具太牢以为膳，鸟乃眩视忧悲，不敢食一脔，不敢饮一杯，三日而死。此以己养养鸟也，非以鸟养养鸟也。夫以鸟养养鸟者，宜栖之深林，游之壇陆，浮之江湖，食之鰌鰷，随行列而止，委蛇而处。彼唯人言之恶闻，奚以夫譊譊为乎！《咸池》《九韶》之乐，张之洞庭之野，鸟闻之而飞，兽闻之而走，鱼闻之而下入，人卒闻之，相与还而观之。鱼处水而生，人处水而死，彼必相与异，其好恶故异也。故先圣不一其能，不同其事。名止于实，义设于适，是之谓条达而福持。"[庄子外篇至乐]

【释义】

颜渊往东到齐国去，孔子面露忧愁。子贡离开席位上前问道："小子大胆地问一下，颜渊往东到齐国去，先生面露忧愁之色，这是为什么？"孔子说："你问得好啊！以前管仲有句名言，我认为说得好。他说：'小衣服包不住大身躯，短绳子不能从深井里提水。'所以会这样，是因为，性命各有定型，形体各有适宜，不能增减变更。我担心颜渊向齐侯谈论尧、舜、黄帝的治国之道，再加上神农氏、燧人氏的圣言，齐侯听了会从内心里要求自己而办不到，办不到就会迷惑，人迷惑了颜回就可能被处死。再说，你没听说过吗？当年有只海鸟落在鲁国的郊外，鲁侯把他迎来送进太庙，用酒给它祝福，演奏《九韶》的大乐给它听，摆上太牢给它吃，海鸟却两眼慌乱忧愁悲惧，不敢吃一片肉，不敢饮一杯酒，三天就死了。这是用养自己的方法去养鸟，不是用养鸟的方法养鸟。用养鸟的方法养鸟，就该让它栖息在深林里，活动在高台大陆上，浮游在江湖里，吃小鱼小虾，随着鸟群起落，顺着天性生活。鸟就讨厌听到人的声音，还为什么要对它吵吵闹闹呢？《咸池》《九韶》的乐曲，张设在洞庭的野外，鸟听到就惊飞了，兽听到就惊跑了，鱼听到就惊到水底下去了，而众人听到了就会一起来围观。鱼在水里活着，人生活在水里就死，两者肯定会彼此不同，所以他们的好恶就不同。所以过去的圣人，不要求人们的才能都一样，不要求人们干一样的事。名称要限于与实际相符，义理要设定得适宜，这就叫作条理通达、安福常在。”

【原文】

仲尼适楚，出于林中见痀偻者承蜩，犹掇之也。仲尼曰：“子巧乎，有道邪？”曰：“我有道也。五六月累丸二而不坠，则失者锱铢；累三而不坠，则失者十一；累五而不坠，犹掇之也。吾处身也，若厥株拘；吾执臂也，若槁木之枝。虽天地之大，万物之多，而唯蜩翼之知，吾不反不侧，不以万物易蜩之翼，何为而不得？”孔子顾谓弟子曰：“用志不分，乃凝于神，其痀偻丈人之谓乎！”［庄子外篇达生］

【释义】

孔子到楚国去，走出树林，见一个弯着身子的人在捕蝉，就像是从地上往起拣那样容易。孔子说：“你是有特殊技巧呢，还是有了道呢？”那人说：“我有道。我用五、六个月的时间练习，在竿子头上摞上两个弹丸，如果能够不掉下来，那粘起蝉来失手的情况就比较少了。如果摞上三个弹丸能不掉下来，失手的情况就只有十分之一。如果能摞上五个弹丸而不掉下来，那就如同从地上往起拣那么容易了。我粘蝉的时候，身体像木橛子似的弯着，拿竿子的手臂像枯树枝一样稳定，虽然面对广大的天地，形形色色的万物，而我的心思只在蝉翼上，我站着不动，不因为其他东西转移对蝉翼的专注，怎么会粘不到呢？”孔子回过头来对弟子说：“用心专一不分散，就会聚精会神,说的就是这弯背老人的情况吧!"

【原文】

颜渊问仲尼曰:"吾尝济乎觞深之渊,津人操舟若神。吾问焉,曰:'操舟可学邪?'曰:'可。善游者数能。若乃夫没人,则未尝见舟而便操之也。'吾问焉而不吾告,敢问何谓也?"仲尼曰:"善游者数能,忘水也。若乃夫没人之未尝见舟而便操之也,彼视渊若陵,视舟之覆犹其车却也。覆却万方陈乎前而不得入其舍,恶往而不暇?以瓦注者巧,以钩注者惮,以黄金注者殙。其巧一也,而有所矜,则重外也。凡外重者内拙。"[庄子外篇达生]

【释义】

颜渊问孔子说:"我曾经渡过觞深之渊,摆渡的水手驾船神极了。我问他说:'驾船能学吗?'他说:'能。会游泳的人很快就能学会。如果是会潜水的人,即使没见过船,也能驾起来就走'我再往下问,他没告诉我。请问他说的是什么意思?"孔子说:"会游泳的人很快就能学会,是因为他没有怕水的负担。至于会潜水的人没见过船也能驾起来就走,是因为他见到深渊如同见到山坡一样,见到船翻了就如同见到车退了几步。各式各样翻船的事摆在面前都不当回事,根本不往心里去,驾驶起来怎么能不从容自在呢?用瓦片下赌注的人,赌技精巧;如果是用带钩下赌注的人,就有点担心;如果是用黄金下赌注的人,那就昏头昏脑了。他赌博的技巧是一样的,但心里一有了珍惜的念头,就特别注重内心以外的输赢了。凡是注重心外之物的人内心就笨拙了。"

【原文】

仲尼曰:"无人而藏,无出而阳,柴立其中央。三者若得,其名必极。"[庄子外篇

达生]

【释义】

孔子说:“不要隐居藏起来,不要到处出面显示自己,要像无心的枯木立于显隐之间。这三条都能做到,一定会成为至人。”

【原文】

孔子观于吕梁,县水三十仞,流沫四十里,鼋鼍鱼鳖之所不能游也。见一丈夫游之,以为有苦而欲死也。使弟子并流而拯之。数百步而出,被发行歌而游于塘下。孔子从而问焉,曰:“吾以子为鬼,察于则人也。请问,蹈水有道乎?”曰:“亡,吾无道。吾始乎故,长乎性,成乎命。与齐俱入,与汩偕出从水之道而不为私焉。此吾所以蹈之也。”孔子曰:“何谓始乎故,长乎性,成乎命?”曰:“吾生于陵而安于陵,故也;长于水而安于水,性也;不知吾所以然而然,命也。”[庄子外篇达生]

【释义】

孔子观赏吕梁的山水,见到一道三十多仞高的瀑布,溅起的飞沫流出四十多里远,就连水里的鱼鳖也游不过去。这时却看见一个男子跳进了水里,孔子以为他遇到痛苦的事情要自杀,忙叫他的弟子们沿着河岸救人。追出去有几百步,见那个男子从水里游了出来,披散着头发,哼着小调,走出了河塘。孔子追过去问他,说:“我还以为你是个鬼呢,仔细一看,确实是个活人。请问,踩水有道术吗?”那人回答说:“没有,我没什么道术。我从习惯开始,养成水性,自然而然地长成会水的命。随着漩涡没入水里,跟着涌流一同浮出,顺着水势不加私意去游动,这就是我能踩水的方法。”孔子说:“什么叫作从习惯开始,养成水性,自然而然地长成会水的命?”那个人说:“我生长在山里就习惯了山,这就是习惯;生长在水边就习惯了水,这就养成了水性;我不知道为

吕梁山水

什么会这样它就这样了,这就是自然而然地长成会水的命。”

【原文】

孔子围于陈蔡之间,七日不火食。大公任往吊之,曰:“子几死乎?”曰:“然。”子恶死乎?曰:“然。”任曰:“予尝言不死之道。东海有鸟焉,其名曰意怠。其为鸟也,翂翂翐翐,而似无能,引援而飞,迫胁而栖。进不敢为前,退不敢为后;食不敢先尝,必取其绪。是故其行列不斥,而外人卒不得害,是以免于患。直木先伐,甘井先竭。子其意者饰知以惊愚,修身以明污,昭昭乎如揭日月而行,故不免也。昔吾闻之大成之人曰:‘自伐者无功,功成者堕,名成者亏。’孰能去功与名而还与众人?道流而不明居,得行而不名处。纯纯常常乃比于狂;削迹损势,不为功名,是故无责于人,人亦然责焉。至人不闻,子何喜哉?”孔子曰:“善哉!”辞其交游,去其弟子,逃于大泽,衣裘褐,食杼栗。入兽不乱群,入鸟不乱行。鸟兽不恶,而况人乎?[庄子外篇山木]

【释义】

孔子被围困在陈国与蔡国交界的地方,七天不能生火做饭。太公任去安慰他,说:“你差点死了吧?”孔子说:“是的。”太公任说:“你怕死吧?”孔子说:“是的。”太公任说："我试着说一说不死的方法。东海有一只鸟，名叫意怠。这只鸟，动作呆笨迟缓，好像很无能似的，得让同伴领着飞，让同伴伴着栖息。进不敢飞在前头，退不敢落在后边；吃东西不敢先下嘴，总是吃剩下的食物。因此它的同伴就不排斥它，外人也始终伤害不着它，故能免除了自身的祸患。长得直的树就会被先砍掉，水甘甜的井就会先枯竭。你想来是打扮成智慧的样子，惊动了愚昧的世人，洁身自好比出了他人的污浊，如同举着日月亮晃晃地行走，所以免不了遭受灾祸。过去我听修炼成大道的人说过：'自我夸耀功劳的人就没有功劳了，成功的人就要垮了，成名的人就要伤了。'谁能够抛弃功名把它归还给众人呢？大道是流动的，不会停留在显耀上：好处是流行的，不会停止在成名上。纯纯朴朴，平平凡凡，要像一个没心眼的人一样；不留形迹，抛弃权势，不求功名，所以才能无求于人，人也无求于我。至人不求闻名于世，你为什么要热衷于功名呢？"孔子说："好啊！"于是辞去交往的人，离开弟子，逃进大泽里，穿兽皮粗布的衣服，吃橡栗野果。走进野兽群里，野兽不乱群；走进飞鸟群里，飞鸟不乱行列。连鸟兽都不嫌弃他，更何况是人呢？

【原文】

孔子问子桑雽曰："吾再逐于鲁，伐树于宋，削迹于卫，穷于商周，围于陈蔡之间。吾犯此数患，亲交益疏，徒友益散，何与？"子桑雽曰："子独不闻假人之亡与？林回弃千金之璧，负赤子而趋。或曰：'为其布与？赤子之布寡矣。为其累与？赤子之累多矣。弃千金之璧，负赤子而趋，何也？'林回曰：'彼以利合，此以天属也。'夫以利合者，迫穷祸患害相弃也；以天属者，迫穷祸患害相收也。夫相收之与相弃亦远矣。且君子之交淡若水，小人之交甘若醴。君子淡以亲，小人甘以绝。彼无故以合者，则无故以离。"孔子曰："敬闻命矣！"徐行翔佯而归，绝学捐书，弟子无挹于前，其爱益加进。［庄子外篇山木］

【释义】

孔子问子桑雽说:“我两次被鲁国驱逐,在宋国遭到了伐树的屈辱,在卫国受到了削迹的羞耻,在商周又陷入困境,在陈国蔡国之间受到了围困。我蒙受了多次灾难,亲戚相识越来越疏远我,朋友弟子离开了我,这是为什么?”子桑雽说:“你没有听说过假国人逃跑的故事吗?林回舍弃了价值千金的玉璧,背着小孩跑出来。有人问他:‘你是为了钱吗?小孩的钱没多少。你是为了减轻拖累吗?小孩的拖累太多了。你舍弃了价值千金的玉璧,背着孩子逃出来,这是为什么?’林回说:‘人们都是为了利益连在一起的,我这是出于天性连在一起的。’为了利益连在一起的,遇到穷困祸患的逼近,就会互相抛弃;出于天性连在一起的,遇到穷困祸患的逼近,就会互相收留。相互逼迫和相互收留差得就太远了。君子相交,清淡如水;小人相交,甘如甜酒。君子清淡却是真亲,小人甘甜却是绝情。那些无情无故想结交的人,也会无情无故地分手。”孔子说:“我领教了。”慢腾腾地溜达回去了。从此丢下学问,扔掉书本,弟子们在他面前不行礼,却更加爱戴他了。

【原文】

孔子穷于陈蔡之间,七日不火食,左据槁木,右击槁枝,而歌猋氏之风。有其具而无其数,有其声而无宫角,木声与人声,犁然有当于人之心。颜回端拱还目而窥之。仲尼恐其广己而造大也,爱己而造哀也,曰:“回,无受天损易,无受人益难。无始而非卒也,人与天一也。夫今之歌者其谁乎!”回曰:“敢问无受天损易。”仲尼曰:“饥渴寒暑,穷桎不行,天地之行也,运物之泄也,言与偕之逝之谓也。为人臣者不敢去之。执臣之道犹若是,而况乎所以待天乎?”“何谓无受人益难?”仲尼曰:“始用四达,爵禄并至而不穷。物之所利,乃非己也,吾命有在外者也。君子不为盗,贤人不为窃,吾若取之何哉?故曰,鸟莫知于鷾鸸,目之所不宜处不给视,虽落其实,弃之而走。其畏人也而袭诸人闲，社稷存焉尔。”“何谓无始而非卒？”仲尼曰：“化其万物而不知其禅之者，焉知其所终？焉知其所始？正而待之而已耳。”“何谓人与天一邪？”仲尼曰：“有人，天也；有天，亦天也。人之不能有天，性也。圣人晏然体逝而终矣！”［庄子外篇山木］

【释义】

孔子被围困在陈国、蔡国之间，七天没有生火做饭，他左手拿着枯木，右手敲着枯枝，唱着炎帝时的歌曲。手里虽然有枯枝，但却打不出节拍，有声音却分不出五音，然而击木声和人声，却深深地打动人的心弦。颜回恭敬地拱手站立在一边，回头看着他。孔子担心他会夸大了对自己（指对孔子）的看法，因为爱惜自己而人为地造成哀痛，说：“颜回啊，人要做到不受天的损减比较容易，但要做到不受人的增益就难了。没有任何一个开始不同时就是终结的，人与天是一体的。现在唱歌的人究竟是谁呢？”颜回说：“请问什么是不受天的损减容易？”孔子说：“饥渴寒暑，穷困潦倒，这是天地的运行，运化在万物身上的表现，指的是只要随着它一起运化就可以了。做人臣的不敢逃避君命。奉行为臣之道还要如此，更何况是对待天呢？”颜回又问：“什么是不受人的增益难呢？”孔子说：“人一被国家任用，四通八达，爵位利禄就一起来了，源源不断。但这些外物的利益，并不是自己本分所有，是个人命分以外的东西。是君子就不该去盗取，是贤人就不该去窃夺，我如果去取它又是为什么呢？所以说，鸟里边没有比燕子更明智的了，看到不合适的地方就不再多看了，即使是把嘴里的食物掉下去了，也会扔下就走。燕子害怕人但却住在人间，在土地庙、谷神坛里就有它的巢穴！”颜回问：“什么叫作没有任何一个开始不同时就是终结？”孔子说：“万事变化不知道是什么来接替自己，又怎么知道哪儿是终，哪儿是始呢？安静地等待他变化就是了。”颜回问：“什么叫做人与天是一样的？”孔子说：“有人的存在是天然的表现，有天的存在也是天然的表现。人不能支配天然，这是本质属性决定的，所以圣人安然体现天道的变化发展而终结。’

【原文】

温伯雪子适齐，舍于鲁。鲁人有请见之者，温伯雪子曰："不可。吾闻中国之君子，明乎礼义而陋于知人心。吾不欲见也。"至于齐，反舍于鲁，是人也又请见。温伯雪子曰："往也蕲见我，今也又蕲见我，是必有以振我也。"出而见客，入而叹，明日见客，又人而叹。其仆曰："每见之客也，必入而叹，何邪？"曰："吾固告子矣，中国之民，明乎礼义而陋乎知人心。昔之见我者，进退一成规、一成矩，从容一若龙、一若虎；其谏我也似子，其道我也似父。是以叹也。"仲尼见之而不言。子路曰："吾子欲见温伯雪子久矣。见之而不言，何邪？"仲尼曰："若夫人者，目击而道存矣，亦不可以容声矣。"[庄子外篇田子方]

【释义】

温伯雪子到齐国去，途中住在鲁国。鲁国有人请求要见他。温伯雪子说："不行。我听说中原国家的君子，都懂得礼仪，但对了解人的真心却非常浅陋。我不想见这些人。"到齐国办完事后，温伯雪子返回途中又住在鲁国，那个人又来请求见他。温伯雪子说："我去的时候就请求见我，现在我返回来又请求见我，这个人一定会对我有所启发吧！"于是出来接见客人，见过客人回到屋里长叹连声，第二天见完客人回来，又长叹连声。他的仆人说："您每次见过这个客人，回来总是长叹连声，这是为什么？"温伯雪子说："我已经告诉过你了，中原国家的人，懂得礼仪，但对了解人的真心却非常浅陋。刚才与我见面的那个人，往前走有规矩，往后退有规矩，动作往来都有格式，蟠曲如龙，蹲踞如虎。劝谏我的时候像亲儿子，开导我的时候像亲父母。因此令人叹息啊！"后来孔子去见温伯雪子，见了他却一句话没有说。子路问孔子说："先生早就想见温伯雪子了，见了他却一句话没说，这是为什么呀？"孔子说："他这个人，你一看就知道他身上有大道，容不得你再说什么。"

【原文】

颜渊问于仲尼曰:“夫子步亦步,夫子趋亦趋,夫子驰亦驰,夫子奔逸绝尘,而回瞠若乎后矣!”夫子曰:“回,何谓邪”曰:“夫子步亦步也,夫子言亦言也;夫子趋亦趋也,夫子辩亦辩也;夫子驰亦驰也,夫子言道回亦言道也。及奔逸绝尘而回瞠若乎后者,夫子不言而信,不比而周,无器而民滔乎前,而不知所以然而已矣。”仲尼曰:“恶!可不察与!夫哀莫大于心死,而人死亦次之。日出东方而入于西极,万物莫不比方,有目有趾者,待是而后成功。是出则存,是入则亡。万物亦然,有待也而死,有待也而生。吾一受其成形,而不化以待尽,效物而动,日夜无隙,而不知其所终。薰然其成形,知命不能规乎其前。丘以是日徂。吾终身与女交一臂而失之,可不哀与?女殆著乎吾所以著也。彼已尽矣,而女求之以为有,是求马于唐肆也。吾服,女也甚忘;女服,吾也亦甚忘。虽然,女奚患焉!虽忘乎故吾,吾有不忘者存。”[庄子外篇田子方]

【释义】

颜渊问孔子说:“先生慢慢走我也跟着慢慢走,先生快步走我也跟着快步走,先生跑我也跟着跑,先生快得飞奔起来,我只好干瞪着眼睛落在后面。”孔子说:“颜渊,你这是说什么呢?”颜渊说:“先生慢慢走我也跟着慢慢走,就好比先生说什么我也跟着说什么;先生快步走我也跟着快步走,就好比先生怎么辩论我也跟着怎么辩论;先生跑我也跟着跑,就好比先生怎么讲大道我也跟着怎么讲大道。先生快得飞奔起来,我只好干瞪着眼睛落在后面,就好比先生不用说话就能取信于人,不必和人结交而人们都愿做你的朋友,没有任何权势地位人们都投奔到你的身边来,我不知道怎么会这样的。”孔子说:“哎,怎么能不细心体察呢?最大的悲哀莫过于心死,人真死了还在其次。太阳从东边出来落在西方,万物都以它为榜样,长着眼睛长着腿的都得依赖它发育成长,它要是出来就存在,它要是落下就没有了。万物也是这样,有所依赖才活着,有所依赖才死亡。我一禀受了天地赋予的形体，在没有化为它物之前，就随着现在的样子直到生命完结，像万物那样去运动，日日夜夜不会间断，不知道终点在哪里。阴阳二气合成了一个形体，知命理的人也不能先测度出来。我就是按照这个样子一天天地过。我一辈子与你有这么一臂之交后就过去了，能不令人悲哀吗？你大概是把我生命过程中的形迹看成我了。那形迹已经过去了你还要找它以为真有，这如同是到散了的集市里去，找早已没有踪影的马一般。我身上有过的，早就没有了；你身上有过的，也早就没有了。虽然如此，你又何必担忧呢？虽然原来的我不存在了，但是还有存在的真我呵！"

【原文】

孔子见老聃，老聃新沐，方将被发而乾，热然似非人。孔子便而待之。少焉见，曰："丘也眩与？其信然与？向者先生形体掘若槁木，似遗物离人而立于独也。"老聃曰："吾游于物之初。"孔子曰："何谓邪？"曰："心困焉而不能知，口辟焉而不能言。尝为女议乎其将！至阴肃肃，至阳赫赫。肃肃出乎天，赫赫发乎地，两者交通成和而物生焉，或为之纪而莫见其形。消息满虚，一晦一明，日改月化，日有所为而莫见其功。生有所乎萌，死有所乎归，始终相反乎无端，而莫知乎其所穷。非是也，且孰为之宗？"孔子曰："请问游是。"老聃曰："夫得是至美至乐也。得至美而游乎至乐，谓之至人。"孔子曰："愿闻其方。"曰："草食之兽，不疾易薮；水生之虫，不疾易水，行小变而不失其大常也，喜怒哀乐不入于胸次。夫天下也者，万物之所一也。得其所一而同焉，则四支百体将为尘垢，而死生终始将为昼夜，而莫之能滑，而况得丧祸福之所介乎？弃隶者若弃泥涂，知身贵于隶也。贵在于我而不失于变，且万化而未始有极也，夫孰足以患心？已为道者解乎此。"孔子曰："夫子德配天地，而犹假至言以修心。古之君子，孰能脱焉？"老聃曰："不然。未水之于汋也，无为而才自然矣。至人之于德也，不修而物不能离焉。若天之自高，地之自厚，日月之自明，夫何修焉？"孔子出，以告颜回曰：

"丘之于道也,其犹醯鸡与!微夫子之发吾覆也,吾不知天地之大全也。"[庄子外篇田子方]

【释义】

孔子去见老子,老子刚洗过头,正在披散着头发等待晾干,死不棱登地不像个活人。孔子就便地找了个地方等着。过了一会儿,老子接见了他:孔子说:"我是眼花了呢,还是真的呢?刚才先生的躯体直撅撅的像一棵枯树,好像是忘掉了一切,离开了人生一样独自站在那里。"老子说:"刚才我的心在万物的本源处遨游。"孔子问:"这是什么意思呢?"老子说:"我不能主观有意地去想,张开嘴也说不出。试着给你描述个大概吧!至阴之气森森肃肃,至阳之气赫赫炎炎。森森肃肃的阴气从天上下来,赫赫炎炎的阳气从地下发出,两气交感流通,万物化生出来,有那么一个组织者而又看不见它的形象。消长盈虚,一明一暗,日变月化,每天都在起作用,又看不见它在做事。出生的东西都有萌生的源头,死去的东西都有归宿,始终循环没有个起端,也不知道它的尽头。要不是它,谁又是万物的主宰呢?"孔子说:"请问到它那里遨游如何呢?"老子说:"能够到它那里去遨游是最美最乐的。能获得这种最美,遨游于这种最乐,这就叫至人。"孔子说:"我想知道到那里的方法。"老子说:"吃草的野兽,换了草泽不担心;水里的生物,换了水也不担心,因为只是发生了小的变化,而没有失去大的常规,喜怒哀乐就不往心里去。天下是万物共同生存的整体,得到了这个共同生存的整体又能同于万物,那么四肢百体就如同尘垢一样,人的死生终始如同昼夜变化一样,就没有什么能扰乱自己了,更何况是得失祸福之间呢?抛弃一个仆人如同抛弃一块泥土,这是因为知道自身比仆人可贵。知道自身可贵又在变化中不丧失自我,将会在千变万化中没有终极,还有什么可担心的呢?已经得到大道的人明白这个道理。"孔子说:"先生道德配得上天地,还要借助至理名言修炼心性,可见古代的君子,谁能离得了呢?"老子说:"不是这样。水往出涌流,并不是有意去做,而是自然而然;至人的道德，不是靠修行，而是自然如此，万物离不了它。就如同是天自然而然地高，地自然而然地厚，日月自然而然地明，又何须修炼呢？”孔子出来，告诉颜回说：“我对于大道的见识，简直就如同是小蠓虫一样渺小啊！要是没有先生来开导启发，我真不知道天地的广大和全面。”

【原文】

文王观于臧，见一丈夫钓。而其钓莫钓，非持其钓有钓者也，常钓也。文王欲举而授之政，而恐大臣父兄之弗安也；欲终而释之，而不忍百姓之无天也。于是旦而属之大夫曰：“昔者寡人梦见良人，黑色而髯，乘驳马而偏朱蹄，号曰：‘寓而政于臧丈人，庶几乎民有瘳乎！’”诸大夫蹵然曰：“先君王也。”文王曰：“然则卜之。”诸大夫曰：“先君之命，王其无它，又何卜焉？”遂迎臧丈人而授之政。典法无更，偏令无出。三年，文王观于国，则列士坏植散群，长官者不成德，斔斛不敢入一四竟。列士坏植散群，则尚同也；长官者不成德，则同务也；斔斛不敢入于四竟，则诸侯无二心也。文王于是焉以为大师，北面而问曰：“政可以及天下乎？”臧丈人昧然而不应，泛然而辞，朝令而夜遁，终身无闻。

颜渊问于仲尼曰：“文王其犹未邪？又何以梦为乎？”仲尼曰：“默，女无言！夫文王尽之也，而又何论刺焉！彼直以循斯须也。”［庄子外篇田子方］

【释义】

周文王在臧地视察，见到一个老者在钓鱼。钓但也不是在钓，不是那种手持钓竿诚心要钓的样子，只是随便钓钓罢了。周文王想提拔他并把国政交给他管理，但又担心大臣和宗族的父兄们不安；想放弃重用他的念头，又不忍心看到百姓们失去仰望的天日，于是早朝时召集诸大夫说：“昨天我梦见一位圣贤，长着黑色的胡须夹髯，骑着一匹杂色马，马的蹄子一边是红色的，命令我说：‘把国政交给臧地的老者，或许百姓的疾苦就可解除了。'"诸大夫吃惊地说:"大王梦见的是您的父亲啊!"周文王说:"那么我们来占卜一下。"诸大夫说:"既然是先君的命令,大王就不要怀疑了吧,又何必再占卜呢?"于是就迎来臧地的老者把国政交给他管理。臧地的老者执行后,没见他改动原来的典章制度,也没见他发布什么特别的法令。三年过去了,周文王到全国去视察,见到士人们都解散了宗派,当官的不再去追求个人的成绩,国内买卖公平成风,诸侯国的量器也不敢进入国境了。士人们解散了宗派,大家没有分歧崇尚一致了;当官的不再追求个人的成绩,都同心办事了;诸侯国的量器不敢进入国境,诸侯没有二心了。周文王于是把臧老者奉为太师,向他北面行臣子之礼,问道:"我们的政令可以推行到全天下吗?"臧地老者懵懵懂懂地不应声,含含糊糊地推辞了。早晨听了周文王的命令,晚上就偷跑了,终身再无消息。

颜渊问孔子说:"周文王那样的德行威望还不行吗,又何必编出个梦来哄大家呢?"孔子说:"别作声,你可不要乱说。周文王可是做到家了,你又有什么可评论的!他只不过是用这种方法顺应当时大家的心理罢了。"

【原文】

肩吾问于孙叔敖曰:"子三为令尹而不荣华,三去之而无忧色,吾始也疑子,今视子之鼻间栩栩然,子之用心独奈何?"孙叔敖曰:"吾何以过人哉?吾以其来不可却也,其去不可止也。吾以为得失之非我也,而无忧色而已矣。我何以过人哉?且不知其在彼乎?其在我乎?其在彼邪亡乎我,在我邪亡乎彼。方将踌躇,方将四顾,何暇至乎人贵人贱哉?"仲尼闻之曰:"古之真人,知者不得说,美人不得滥,盗人不得劫,伏羲、黄帝不得友。死生亦大矣,而无变乎已,况爵禄乎?若然者,其神经乎大山而无介,入乎渊泉而不濡,处卑细而不惫,充满天地,既以与人,己愈有。"[庄子外篇田子方]

【释义】

肩吾问孙叔敖说："您三次做令尹而不觉得荣耀，三次罢去职务也不忧愁，我开始还怀疑您是故作姿态，现在看您眉宇之间的表情，还真是满不在乎，您心里到底是怎么想的呢？"孙叔敖说："我又有什么过人之处呢？我不过是因为官职来到我身上，我不能推卸；官职离开我，我也留不住。我觉得得官失官都不是我能决定的，所以就没有忧愁。我又有什么过人之处呢？再说，得与失究竟是在令尹的职位上呢，还是在我身上？如果是在令尹的职位上，那就与我无关；如果是在我身上，那就与令尹的职位无关。我要考虑的是做到心满意足，从容自得，哪有闲心思想什么人的贵贱呢？"孔子听到后说："古代的真人，智辩的人不能说服他，美人引诱不了他，强盗劫持不了他，伏羲、黄帝亲近不了他。生死也算是人生的大事了，在他面前也毫无影响，更何况是高官厚禄呢？像这样的人，他的精神穿越泰山挡不住，进入深渊湿不了，处在卑贱的地位不受困顿，充满天地之间，越是施舍给别人，自己越是富有。"

【原文】

古有采诗之官，王者所以观风俗，知得失，自考正也。孔子纯取周诗，上采殷，下取鲁，凡三百五篇。[汉书艺文志]

【释义】

古代有专门的采写诗的官员，君王用来观民间风俗，知天下得失，自我评价。孔子摘取周诗，上从殷，下至鲁，一共三百五十篇。

【原文】

礼经三百，威仪三千。及周之衰，诸侯将逾法度，恶其害己，皆灭去其籍，自孔子

时而不具。[汉书艺文志]

【释义】

礼经之官有三百，礼仪有三千。到周王室衰微，诸侯都越过法规制度，厌恶它有害于己，都除去了礼籍，孔子时不完备。

【原文】

春秋古经十一篇，经十一卷，左氏传三十卷。[汉书艺文志]

【释义】

古写本春秋十一篇，今写本十一卷，左氏做的传有三十卷。

【原文】

古之王者，世有史官……周室既微，载籍残缺，仲尼思存前圣之业，……以鲁周公之国，礼文备物，史官有法，故与左丘明观其史记，据行事，仍人道，因兴以立功，就败以成罚，假日月以定历数，藉朝聘以正礼乐。有所褒讳贬损，不可书见，口授弟子。[汉书艺文志]

【释义】

古时候每个朝代都有史官……周王室衰微，记载礼的书籍不全，孔子怀念先贤的功业，……鲁国，礼仪文书俱备，史官有法度，所以和左丘明一起看记载历史的书，依据它行事，兴以立功，败以成罚，借日月制定历法，借朝聘纯正礼乐。有一些褒奖、贬损、忌讳之词，不能写在书上，口头传授给弟子。

【原文】

《论语》古二十一篇。出孔子壁中,两子张。如淳曰:“分尧曰篇后子张”问:“何如可以从政。”已下为篇,名曰:“从政。齐二十二篇。问王、知道。”如淳曰:“问王、知道皆篇名也。鲁二十篇。[汉书艺文志]

【释义】

古《论语》有二十一篇。出于孔子家的墙夹壁中,两子张。如淳说:“分尧曰篇后子张”问:“怎样做可以从事为政。”以下是篇目,名字是从政。齐论有二十二篇。问王、知道。”如淳说:“问王、知道都是篇名。鲁论有二十篇。”

【原文】

孔子家语二十七卷。师古曰:“非今所有家语。”[汉书艺文志]

【释义】

孔子家语二十七卷。颜师古说:“不是现在所有的家语。”

【原文】

孔子三朝记七篇。师古曰:“今大戴礼有其一篇,盖孔子对鲁哀公语也。三朝见公。故曰三朝。”[汉书艺文志]

【释义】

孔子三次朝见写了七篇。颜师古说:“现在大戴礼有其中一篇,是孔子对鲁哀公说的话。三次朝见哀公。因此说三朝。”

【原文】

孔子徒人图法二卷。[汉书艺文志]

【释义】

孔子弟子旧有图法两卷。

【原文】

论语者,孔子应答弟子时人及弟子相与言而接闻于夫子之语也。当时弟子各有所记,夫子即卒,门人相与辑而论篹,故谓之论语。[汉书艺文志]

【释义】

论语,是孔子与弟子以及与时人谈话的言语,当时弟子们都有记载,孔子死后,加以整理、编纂而成故称为论语。

【原文】

孝经古孔氏一篇。二十二章。师古曰:刘向云古文字也。庶人章分为二也,曾子敢问章为三,又多一章,凡二十二章。孝经一篇。十八章。长孙氏、江氏、后氏、翼氏四家。[汉书艺文志]

【释义】

孔壁古文孝经一篇。二十二章。颜师古说:“刘向云古文字,庶人章分为二部,曾子敢问章为三部,又多一章,共二十二章。”今文孝经一篇。十八章。分长孙氏、江氏、后氏、翼氏四家。

【原文】

孝经者，孔子为曾子陈孝道也。[汉书艺文志]

【释义】

孝经，是孔子给曾子陈述孝道的言论。

【原文】

仲尼有言："礼失而求诸野。"[汉书艺文志]

【释义】

孔子说过："礼失传了，可以到民间去寻找它。"

【原文】

孔子论《诗》，至于"殷士肤敏，灌将于京"，喟然叹曰："大哉！天命。善不可不传于子孙。是以当贵无常。不如是，则王公其何以戒慎，民萌何以劝勉？"[汉书刘向传]

【释义】

孔子谈论《诗经》，谈到《大雅文王》篇"殷士肤敏，灌将于京"二句时，感叹道："伟大啊！天命。好品德不能不传给子孙。这是因为富贵没有永恒不变的。不这样，那王公大人用什么慎戒自己，老百姓又用什么劝励自己呢？"

【原文】

恭王初好治宫室，坏孔子旧宅以广其宫，闻钟磬琴瑟之音，遂不敢复坏。于其壁

中得古文经传。[汉书鲁恭王传]

【释义】

鲁恭王开始喜欢修筑宫室。拆毁孔子家的旧宅,来扩建他的宫殿,听到旧宅中有演奏琴瑟的声音,便不敢再拆,并在旧宅墙壁中得到了用古文书写的经传。

【原文】

钟离意相鲁,见仲尼庙颓毁,会褚生于庙中,慨然叹曰:“蔽芾甘棠,勿翦勿伐,况见圣人庙乎!”遂躬雷治之,周观与服之在焉。自仲尼必来,莫之开也,意发视之,得古文策书,曰:“乱吾书,董仲舒;治吾堂,钟离意。璧有七,张伯怀其一。”意寻案未了而卒。张伯者治中庭,治地得六璧,上之,意曰:“此有七,何以不遂?”伯惧,探璧怀中。鲁咸以为神。[漠晋春秋续汉郡国志注补引]

【释义】

钟离意任鲁地执政官,他看到孔子的庙宇遭到损毁,就在庙里聚会众儒生,感慨叹息道:“先人茂盛的棠梨树,还不能去砍伐,更何况是看到圣人的庙遭到损毁呢!”于是就亲自留下修庙。又四处察看了孔子留下的车驾服饰等物。自孔子死后,没有谁打开庙门,钟离意首次打开,得到一块用古文字写的竹简,上写道:“搞乱我书的人,是董仲舒,修整我房的人是钟离意。有七块璧玉,张伯怀藏其一。”还没完工,钟离意不久就去世了。此前,张伯在庭院中打扫,扫地时得到六块璧玉,上交了。钟离意说:“这玉璧有七块,为什么不全交来?”张伯害怕了,这才从怀中掏出璧。鲁人都认为这事神异。

【原文】

子圉见孔子于商太宰。孔子出,子圉人,请问客。太宰曰:“吾已见孔子,则视子犹蚤虱之细者也。吾今见之于君。”子圉恐孔子贵于君也,因谓大宰曰:“君已见孔子,亦将视子犹蚤虱也。”太宰因弗复见也。[韩非子说林上]

【释义】

子圉将孔子引见给宋国的太宰。孔子出来之后,子圉进去,问宋太宰对孔子的看法。太宰说:“我已见过孔子,再看您就像跳蚤虱子一样的微小了。我现在就要引他去见君主。”子圉恐怕孔子被君主看重,就对太宰说:“君主见到孔子后,也将把您看作像跳蚤虱子一样了。”太宰因此不再引孔子见君主了。

【原文】

孔子谓弟子曰:“孰能导[①]子西之钓名也?”子贡曰:“赐也能。”乃导之,不复疑也。孔[②]子曰:“宽哉,不被于利!絜[③]哉,民性有恒!曲为曲,直为直。”孔子曰:“子西不免。”白公之难,子西死焉。[韩非子说林下]

【注释】

①导道也言也。

②孔子曰三字衍。

③絜与洁通。

【释义】

孔子对弟子说:“谁能劝谏子西的沽名钓誉呢?”子贡说:“我能。”于是子贡便去开导子西,使他不再疑惑。子西说:“我胸怀宽广,不会被利益所诱惑!我品德纯洁,性情中有持久不变的原则。曲的就是曲的,直的就是直的。”(拒绝子贡的开导)孔子说:“子西免不了要受祸。”白公叛乱,子西死于此事。

【原文】

鲁哀公问于孔子曰："鄙谚曰：'莫众而迷。'今寡人举事，与群臣虑之，而国愈乱，其故[①]也？"孔子对曰："明主之问臣，一人知之，一人不知也；如是者，明主在上，群臣直议于下。今群臣无不一辞同轨乎季孙者，举鲁国尽化为一，君虽问境内之人，犹[②]之人，不免于乱也。"［韩非子内储说上七卫］

【注释】

①故下宋本脱何字。

②之人二字衍。

【释义】

鲁哀公问孔子道："俗话说：'做事不和众人合计就会迷惑。'现在寡人做事，都和群臣商量，可是国家更加混乱，这是什么缘故呢？"孔子回答说："英明的君主问臣下，一部分人见解很明智，一部分人见解不明智；像这样的话，英明君主在上，群臣可以直率的讨论，通过争论比较，才能取得一致的意见。现在群臣的言论没有不统一于季孙的，全国的人都变成了一个人，君主虽然问遍境内的人民，国家依然不能免于混乱。"

【原文】

鲁哀公问于仲尼曰："《春秋》之记曰：'冬十二月，霣霜，不杀菽。'何为记此？"仲尼对曰："此言可以杀而不杀也。夫宜杀而不杀，桃李冬实。天失道，草木犹犯干之，而况于人君乎！"［韩非子内储说上七术］

【释义】

鲁哀公问孔子说："《春秋》的记载说：'冬天十二月，下霜，菽没有冻死。'为什么记载这件事呢?"孔子回答说:"这是说应该冻死而没有冻死。应该冻死而没有冻死,桃李又在冬天结成果实,这是天道运行失常。天道运行失常,草木都要侵犯它,何况是人君呢?"

【原文】

殷之法,刑弃灰于街者。子贡以为重,问之仲尼。仲尼曰:"知治之道也。夫弃灰于街必掩人,掩人人必怒,怒则鬭,鬭必三族相残也,此残三族之道也,虽刑之可也。且夫重罚者,人之所恶也;而无弃灰,人之所易也。使人行之所易,而无离所恶此治之道。"一曰:殷之法,弃灰于公道者断其手。子贡曰:"弃灰之罪轻,断手之罚重,古人何太毅也?"曰:"无弃灰,所易也;断手,所恶也。行所易,不关所恶,古人以为易,故行之。"[韩非子内储说上七术]

【释义】

依殷朝的法律,把灰烬倒在街道上的要受刑。子贡认为太重,去问孔子。孔子说:"这说明他们懂得治民之道。把灰烬倒在街上,一定会飞扬而迷到人眼,灰迷人,人必然会发怒,发怒就要争斗,争斗的结果一定会使家族间相互残杀。倒灰于街乃是毁灭家族的起因,即使加以刑罚也是很适当的。况且重刑是人所畏惧的,不在街道上倒灰烬是容易做到的。使人们做容易做到的事而不遭受他们畏惧的刑罚,这就是治理民众的方法。"另一种说法是:商朝的法律规定,把灰烬倒在公用道路上的.斩手。子贡说:"弃灰的罪行轻,砍手的刑罚重。古人怎么这样滥用刑罚呢?"孔子说:"不弃灰是容易的,砍手是人所畏惧的。使人行容易做到之事而不遭受他们所畏惧的刑罚,古人认为是容易实行的,所以才推行这种法律。"

【原文】

鲁人烧积泽。天北风,火南倚,恐烧国。哀公惧,自将众辄[1]救火,左右无人,尽逐兽，而火不救，乃召问仲尼。仲尼曰：“夫逐兽者乐而无罚，救火者苦而无赏，此火之所似无救也。”哀公曰：“善。”仲尼曰：“事急，不及以赏；救火者尽赏之，则国不足以赏于人。请徒行赏[2]。哀公曰：“善。”于是仲尼乃下令曰：“不救火者，比降北之罪；逐兽者，比入禁之罪。”令下未遍而火已救矣。［韩非子内储说上七术］

【注释】

①辄一作趣。

②赏当作罚。

【释义】

鲁国人放火焚烧积泽。当时天刮北风，火势向南偏斜蔓延，恐怕要烧到国都了。哀公害怕了，亲自率领众人赶去救火。身边没有人了，人们都去追逐积泽中跑出来的野兽，因而大火不能扑灭，于是就招来孔子询问。孔子说：“追逐野兽的人快乐而不受处罚，救火的人辛苦而没有奖赏，这就是大火不能被扑灭的原因。”哀公说：“说得好。”孔子说：“现在事情很急，来不及用论功行赏的办法了；而且，救火的人都给他们奖赏，那么国家的财富也不够用来赏给这些救火的人。请您单单用刑罚。”哀公说：“好。”于是孔子就下命令说：“不去救火的，与投降败逃的罪行相同；追逐野兽的，与闯入禁地的罪行相同。”命令下达后还没有传遍大火已经扑灭了。

【原文】

仲尼为政于鲁，道不拾遗，齐景公患之。梨且谓景公曰：“去仲尼犹吹毛耳。君何不迎之以重禄高位，遗哀公女乐以骄荣[1]其意？哀公新[2]乐之，必怠于政，仲尼必谏，谏[3]必轻绝于鲁。”景公曰：“善。”乃令犁且以女乐六[4]遗哀公，哀公乐之，果怠于政。仲尼谏，不听，去而之楚。［韩非子内储：说下六微］

【注释】

①荣当作荧。

②新一作必。

③后汉书冯衍。

④六二八之误。梨黎之讹。犁黎之讹传注引谏下有而不听三字。

【释义】

传注引谏下有而不听三字。孔子在鲁国执政的时候,国家治理得很好,遗失在大路上的东西都没有人去拾取,齐景公对此很忧虑。黎且对齐景公说:“要去掉孔子,就像吹掉一根毛那样容易。您为何不用厚重的俸禄和高贵的职位把他迎到齐国来,并送给鲁哀公歌舞女郎助长他的骄傲和虚荣心,鲁哀公对歌舞女郎感到新鲜喜欢,一定会对政事懈怠,孔子一定会劝谏,劝谏不听,孔子一定会轻易离开鲁国。”齐景公说:“好。”就派黎且把六队歌舞女子送给哀公,哀公很喜欢,果然懈怠了政事。孔子进谏,哀公不听,孔子就离开鲁国到楚地了。

【原文】

孔子曰:“为人君者,犹盂也;民,犹水也。盂方水方,盂圜水圜。”[韩非子外储说左上]

【释义】

孔子说:“做君主的,就像是盂;人民,就像是水。盂是方的。水就是方的;盂是圆的,水就是圆的。”

【原文】

晋文公攻原，裹十日粮，遂与大夫期十日。至原十日而原不下，击金而退，罢兵而去。士有从原中出者，曰："原三日即下矣。"群臣左右谏曰："夫原之食竭力尽矣，君姑待之。"公曰："吾与士期十日，不去，是亡吾信也。得原失信，吾不为也。"遂罢兵而去。原人闻曰："有君如彼其信也，可无归乎？"乃降公。卫人闻曰："有君如彼其信也，可无从乎？"乃降公。孔子闻而记之曰："攻原得卫者，信也。"［韩非子外储说左上］

晋文公

【释义】

晋文公攻打原邑，准备了十日的干粮，和大夫约好十天回来。到了原邑打了十天而原邑还没有被攻下，便敲锣撤退，收兵离开了。有从原邑逃出来的士兵说："原邑再过三天就能攻下了。"群臣左右劝谏说："原邑的粮食耗尽，精疲力竭了，您姑且等一下吧。"文公说："我与战士约好的日期是十天，不离开，是失去我的信用。得到原邑而失信用，我不做这样的事。"于是收兵离开了。原邑人听说后说："有这样守信用的国君能不归附他吗？"于是就投降了晋文公。卫国人听说之后说："有这样守信用的国君可以不顺从吗？"于是就投降了晋文公。孔子听说后记录此事说："攻打原邑而得到卫国，是由于守信用。"

【原文】

孔子相卫，弟子子皋为狱吏，刖人足，所跀者守门。人有恶孔子于卫君者，曰："尼欲作乱。"卫君欲执孔子。孔子走，弟子皆逃。子皋从出门，明危引之而逃之门下室中，吏追不得。夜半，子皋问跀危曰："吾不能亏主之法令而亲跀子之足，是子报仇之时也，而子何故乃肯逃我？我何以得此于子？"跀危曰："吾断足也，固吾罪当之，不可奈何。然方公之狱治臣也，公倾侧法令，先后臣以言，欲臣之免也甚，而臣知之。及狱决罪定，公僦然不悦，形于颜色，臣见，又知之。非私臣而然也，夫天性仁心固然也。此臣之所以悦而德公也。"［韩非子外储说左下］

【释义】

孔子做卫国的宰相，他的弟子子皋做狱吏，曾砍掉犯人的脚，被砍脚的人被派去看城门。有人在卫国的国君面前中伤孔子说："孔子想作乱。"卫君想捉拿孔子，孔子逃跑，弟子都逃走。子皋跟着逃出城门，被砍掉脚的人把子皋带到大门旁自己的屋子里，官吏没有追到他。半夜，子皋问他："我不能破坏君主的法令而亲自砍掉了你的脚，正是你报仇之时，你为什么反而带我逃走？我为什么得到你如此的报答呢？"被砍脚者说："我被砍脚，本是我罪有应得，是没有办法的事。然而当您审理我这案子时，你在法令规定范围内尽量争取从轻处理，先后多次为我说话，很想使我免受处罚，这我是知道的。等案子已有结论、我的罪已经判定，您皱眉不乐，心情表现在脸色上，我见了之后又知道您的心情，您并不是对我有私心才这样，而是您天性中的仁爱使您自然而然这样的，这就是我对您心悦诚服又感激您的原因。"

【原文】

孔子曰："善为利者树德，不能为利者树怨。概者，平量者也；吏者，平法者也。治国者，不可失平也。"［韩非子外储说左下］

【释义】

孔子说："善于做官的人树立恩德，不善于做官的人树立怨敌。概，是称粮时用来刮平斗斛的工具；官吏，是使法令公正实施的人。治理国家，是不能失去公平的。”

【原文】

鲁哀公问于孔子曰：“吾闻古者有夔一足，其果信有一足乎？”孔子对曰：“不也，夔非一足也。夔者忿戾恶心人多不说喜也。虽然，其所以得免于人害者，以其信也。人皆曰：‘独此一足矣。’夔非一足也，一而足也。”哀公曰：“审而是，固足矣。”一曰：哀公问于孔子曰：“吾闻夔一足，信乎？”曰：“夔，人也，何故一足？彼其无他异，而独通于声。尧曰：‘夔一而足矣。’使为乐正。故君子曰：‘夔有一，足。’非一足也。”［韩非子外储说左下］

【释义】

鲁哀公问孔子说：“我听说古时候有个夔只有一只脚，他果真只有一只脚吗？”孔子说：“不是的，夔并不是一只脚。夔这个人怪僻狠心，人们多半不喜欢他。虽然如此，他之所以能够避免被人伤害，是因为他守信用。人们都说：‘只是这一点，就足够了。’夔并不是只有一只脚，是说有这一优点就足够了。”哀公说：“如果确实是这样，当然足够了。”另一种说法是：哀公问孔子说：“我听说夔只有一只脚，真的吗？”孔子说：“夔，是人，为什么只有一只脚？他与别人没有什么差异，只是他精通音乐。尧说：‘夔有了这一特长就已经足够了。’就让他做了主管音乐的官。所以君子说：‘夔有这一特长，足够了。’不是说夔只有一只脚。”

【原文】

孔子御坐于鲁哀公，哀公赐之桃与黍。哀公曰：“请用。”仲尼先饭黍而后啗桃，左右皆掩口而笑。哀公曰：“黍者，非饭之也，以雪桃也。”仲尼对曰：“丘知之矣。夫黍者，五穀之长也，祭先王为上盛。果蓏有六，而桃为下，祭先王不得入庙。丘之闻也，君子以贱雪贵，不闻以贵雪贱。今以五穀之是雪菓蓏之下，是以上雪下也。丘以为妨义，故不敢以先于宗庙之盛也。”[韩非子外储说左下]

【释义】

孔子侍坐在鲁哀公身边，哀公赐给他桃子和黍子。哀公请孔子吃。孔子先吃黍子后吃桃子，左右都捂着嘴笑，哀公说：“黍子不是当饭吃的，是用来擦桃子的。”孔子回答说：“这我知道。但黍子是五谷中排第一的食物，是祭先王的上等祭品。瓜果有六种，而桃子是下品，祭祀先王时不允许入宗庙。我听说，君子用低贱的东西擦拭高贵的东西，没有听说过以高贵的东西擦拭低贱的。现在用五谷中排第一的东西来擦拭瓜果中的下品，是以上等之物擦拭下等之物。我认为这妨碍道义，所以不敢把桃子放在宗庙的祭祀上品前面吃。”

【原文】

仲尼曰：“与其使民谄下也，宁使民谄上。”[韩非子外储说左下]

【释义】

孔子说：“与其使民众讨好臣下，不如使民众讨好君主。”

【原文】

管仲相齐，曰：“臣贵矣，然而臣贫。”桓公曰：“使子有三归之家。”曰：“臣富矣，然而臣卑。”桓公使立于高、国之上。曰：“臣尊矣，然而臣疏。”乃立为仲父。孔子闻而非之曰：“泰侈偪上。”一曰：管仲父出，朱盖青衣，置鼓而归，庭有陈鼎，家有三归。孔子曰：“良大夫也，其侈偪上。”[韩非子外储说左下]

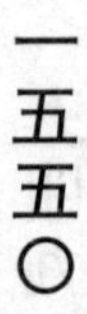

【释义】

管仲任齐国的宰相，说："职位高了，可是我还贫穷。"齐桓公说："我让你拥有市租的十分之三。"管仲说："我富了，可是我的社会地位还很低。"桓公就使他地位高于高氏、国氏。管仲说："我的地位高了，但是我和君主的关系还很疏远。"桓公就称他为"仲父"。孔子听说后非难说："管仲奢侈放纵威胁到君主了。"另一种说法：管仲外出、朱红的车盖、青色的车幔，归来时奏着鼓乐，庭院有成行的大鼎，家中有三成的市租收入。孔子说："管仲是个优秀大夫，但他的奢侈威胁到君主。"

【原文】

季孙相鲁，子路为郈令。鲁以五月起众为长沟，当此之为，子路以其私秩粟为浆饭，要作沟者于五父之衢而飡之。孔子闻之，使子贡往[①]覆其饭，擎毁其器，曰："鲁君有民，子奚为乃飡之？"子路怫然怒，攘肱而入，请曰："夫子疾由之为仁义乎？所学于夫子者，仁义也。仁义者，与天下共其所有而同其利者也。今以由之秩粟而飡民，不可何也？"孔子曰："由之野也！吾以女知之，女徒未及也。女故[②]如是之不知礼也！女之飡之，为爱之也。夫礼，天子爱天下，诸侯爱境内，大夫爱官职，士爱其家，过其所爱曰侵。今鲁君有民而子擅爱之，是子侵也，不亦诬[③]乎？"言未卒，而季孙使者至，让曰："肥也起民而使之，先生使弟子令徒役而飧之，将夺肥之民耶？"孔子驾而去鲁。［韩非子外储说右上］

【注释】

①一本往作后。

②故读为固。

③诬枉也。

【释义】

季孙氏做鲁国的宰相，子路当郈地的县令。鲁国在五月发动民众开河，正要动工，子路拿他私人的俸禄做成了稀饭，请开河的人到五父大道给他们吃。孔子听说了这件事，就让子贡去倒掉他的饭，打破盛饭的器具，说："这些都是鲁国君主的百姓，为什么要请他们吃饭？"子路勃然大怒，捋起袖子进去对孔子说："先生忌恨我施行仁义吗？我从夫子那所学的，就是仁义。所谓仁义，就是和天下人共有自己所拥有的东西，与天下分享自己所得到的利益。现在我用俸禄中的粮食给老百姓吃，为什么不可以呢？"孔子说："仲由，你怎么粗野啊！我以为你懂得了这个道理，你却不懂。你原来是这样不懂礼制啊！你给老百姓吃饭，是因为爱他们。但按照礼制，天子应该爱天下的民众，诸侯应该爱国内的民众，大夫爱他官职范围内的人，士应该爱自己家庭内的人，如果超出了自己应该爱的范围就叫作侵权。现在鲁国的君主拥有的民众你却擅自去爱他们，这是你侵犯君主权力，这不是胆大妄为吗？"孔子的话还没有说完，季孙氏的使者就到了，责备孔子说："我季孙肥发动民众驱使他们，先生却让弟子给劳工吃饭，是要夺取我的百姓吗？"孔子只得驾起车离开了鲁国。

【原文】

尧欲传天下于舜。鲧谏曰："不祥哉！孰以天下而传之于匹夫乎？"尧不听，举兵而诛杀鲧于羽山之郊。共工又谏曰："孰以天下而传之于匹夫乎？"尧不听，又举兵而诛共工于幽州之都。于是天下莫敢言无傳天下于舜。仲尼闻之曰："尧之知舜之贤，非其难者也。夫至乎诛谏者必傳之舜，乃其难也。"一曰："不以其所疑败其所察，则难也。"［韩非子外储说右上］

【释义】

尧想把天下传给舜，禹的父亲鲧说："这不吉利！有谁把天下传给一个平民呢？"

尧不听他的劝谏，起兵讨伐并把鲧杀死在羽山的郊外。共工又劝谏道："有谁把天下传给一个平民呢？"尧不听从，又起兵讨伐并把共工诛杀在幽州的都城。于是天下没有谁敢说不把帝位传给舜了。孔子听说这件事后说："尧了解舜的贤能，并不是困难的事。至于诛杀劝谏者而一定要把帝位传给舜才是最困难的事啊。"另一种说法是，孔子说："不因为使自己疑惑的话，败坏了自己所明察的事，才是困难的。"

【原文】

卫君入朝于周，周行人问其号，对曰："诸侯辟疆。"周行人却之曰："诸侯不得与天子同号。"卫君乃自更曰："诸侯燬。"而后内之。仲尼闻之曰："远哉，禁逼！虚名不以借人，况实事乎？"［韩非子外储说右下］

【释义】

卫国的国君进宫朝见天子，周朝掌管朝见聘问的行人问他的名号，回答道："诸侯辟疆。"周朝的行人说："诸侯不能和天子同一名号。"卫君便自己改名号道："诸侯燬。"然后才让他进了宫。孔子听说了此事，说："禁止冒犯君主的意义多么深远啊！虚名都不能够借给别人，何况是实际权力呢？"

【原文】

晋文公将与楚人战，召舅犯问之，曰："吾将与楚人战，彼众我寡，为之奈何？"舅犯曰："臣闻之：'繁礼君子，不压忠信；战阵之闲，不压诈伪。'君其诈之而已矣。"文公辞舅犯，因召雍季而问之，曰："我将与楚人战，彼众我寡，为之奈何？"雍季对曰："焚林而田，偷取多兽，后必无兽；以诈遇民，偷取一时，后必无复。"文公曰："善。"辞雍季，以舅犯之谋与楚人战以败之。归而行爵，先雍季而后舅犯。群臣曰："城濮之事，舅犯谋也。夫川其言而后其身，可乎？"文公曰：此非若所知也。夫舅犯言，一时之权也；雍

季言,万世之利也。”仲尼闻之,曰:“文公之霸也,宜哉!既知一时之权,又知万世之利。”[韩非子难一]

【释义】

晋文公将要和楚国军队作战,招来舅犯问道:“我将要和楚国作战,敌军人多,我军人少,你看怎么办?”舅犯说:“我听说:‘多礼的君子,不知满足地追求忠信;战场之上,不嫌诈伪之术。’君主您只需使用欺诈之术罢了。”文公让舅犯退下,随即招来雍季问道:“我将与楚国作战,敌军人多,我军人少,怎么办?”雍季回答道:“烧掉森林打猎,一时能够多打一些野兽,但以后一定没有野兽可打;以欺诈的办法对付人民,能够一时取得成功,以后肯定不能重复。”文公说:“说得好。”让雍季退下,然后按舅犯的计谋和楚军作战并战败了他们。回来后论功行赏,先奖赏雍季后奖赏舅犯。群臣说:“城濮之事,是舅犯的计谋。用他的意见而赏赐时却把他放在后面,这合适吗?”文公说:“这不是你们所能知道的了。舅犯的意见,是一时的权宜之计;雍季的意见,能获取万世的利益。”孔子听说了,说:“晋文公成为霸主是应该的。既懂得权宜之计,又懂得万世之利。”

【原文】

历山之农者侵畔,舜往耕焉,朞年,甽亩正。河滨之渔者争坻,舜往渔焉,朞年而让长。东夷之陶者器苦窳,舜往陶焉,朞年而器牢。仲尼叹曰:“耕、渔与陶,非舜官也,而舜往为之者,所以救败也。舜其信仁乎!乃躬藉处苦而民从之。故曰:圣人之德化乎!”[韩非子难一]

【释义】

历山的农民互相侵占田界,舜前去耕种,过了一年,田界都端正了。黄河边的渔民争夺水中高地，舜前去捕鱼，过了一年，大家都把高地让给年长者。东夷的陶工制造的陶器粗劣不坚固，舜就到那里去制陶，过了一年陶器制的坚固了。孔子叹息说："耕种、捕鱼和制陶，不是舜职责内的事，舜前去干这些事，是为了补救败坏的风气。舜确实是个仁厚之人啊，亲身在艰苦的地方劳作而人民跟随他。所以说：圣人的德行能感化民众啊。"

【原文】

襄子围于晋阳中，出围，赏有功者五人，高赫为赏首，张孟谈曰："晋阳之事，赫无大功，今为赏首，何也？"襄子曰："晋阳之事，寡人国家危，社稷殆矣。吾群臣无有不骄侮之意者，惟赫子不失君臣之礼，是以先之。"仲尼闻之曰："善赏哉！襄子赏一人而天下为人臣者莫敢失礼矣。"[韩非子难一]

【释义】

赵襄子被包围在晋阳城中，突围以后，奖赏了五个人，高赫成为他奖赏的第一个人。张孟谈说："晋阳的战事，高赫并没有大功，现在却第一个受赏，为什么？"赵襄子说："晋阳被围困时，我的国家危急。社稷危险了。我的群臣没有不在我面前显露出轻慢骄横的神色的，只有高赫没有失去君臣之间的礼节，所以首先奖赏他。"孔子听说后说："善于奖赏啊！赵襄子奖赏了一个人而天下当人臣的没人敢失礼了。"

【原文】

昔者文王侵盂、克莒、举酆，三举事而纣恶之。文王乃惧，请入洛西之地、赤壤之国方千里，以请解炮烙之刑。天下皆说。仲尼闻之，曰："仁哉，文王！轻千里之国而请解炮烙之刑。智哉，文王！出千里之地而得天下之心。"[韩非子难二]

【释义】

从前周文王侵占了盂、攻克了莒、夺取了酆，三次举事而纣憎恨他了。文王害怕，请求进献洛水以西的土地，方圆千里的赤襄之地，用来请求解除炮烙之刑。天下都很高兴。孔子听说了，说："仁义啊，文王！不在乎千里之国而请求解除炮烙之刑。智慧啊，文王！献出了一千里的封地得到了天下人的心。"

【原文】

叶公子高问政于仲尼，仲尼曰："政在悦近而来远。"哀公问政于仲尼，仲尼曰："政在选贤。"齐景公问政于仲尼，仲尼曰："政在节财。"三公出，子贡问曰："三公问夫子政一也，夫子对之不同，何也？"仲尼曰："叶都大而国小，民有背心，故曰'政在悦近而来远'。鲁哀公有大臣三人，外障距诸侯四邻之士，内比周而以愚其君，使宗庙不扫除、社稷不血食者，必是三臣也，故曰'政在选贤'。齐景公筑雍门，为路寝，一朝而以三百乘之家赐者三，故曰'政在节财'。"[韩非子难三]

【释义】

叶公子高向孔子询问治国的方法，孔子说："统治的关键在于使附近的人喜欢自己，远方的人前来归顺。"鲁哀公向孔子询问治国的方法.孔子说："关键在于选拔贤人。"齐景公向孔子询问治国的方法。孔子说："关键在于节约财物。"三人出去之后，子贡问道："他们三位问先生的是同一个问题，先生的回答却不同，这是为什么？"孔子说："叶地的国都大而国家小，民众有背叛之心，所以说：'让附近的人喜欢，让远方的人归附。'鲁哀公有三个大臣，对外阻碍和拒绝四方邻国的贤人来到鲁国，对内结党营私愚弄自己的君主，今后使宗庙得不到打扫，社稷之神得不到杀牲祭祀的，肯定是这三个人，所以我说：'治国的方法在于选拔贤人。'齐景公建筑雍门，建造路寝台，一个早上就赏赐了三个人，每个人都得到拥有三百辆兵车的封地。所以说：'治国的方法在于节约财物。'"

【原文】

仲尼，天下圣人也，修行明道必游海内，海内说其仁、美其义而为服役者七十人。［韩非子五蠹］

【释义】

孔子，是天下的圣人，他修养德行、宣扬儒家学说而周游天下，可是天下喜欢他的仁爱思想、赞美他的道义学说而给他效劳的门徒只有七十人。

【原文】

鲁人从君战，三战三北。仲尼问其故，对曰："吾有老父，身死莫之养也。"仲尼以为孝，举而上之。［韩非子五蠹］

【释义】

鲁国有个人跟随君主作战，三次交战他三次逃跑。孔子问他为什么，他回答说："我家里有年老的父亲，我死了就没有人赡养他了。"孔子认为他孝，推举他做了官。

【原文】

澹臺子羽，君子之容也，仲尼几而取之，与处久而行不称其貌。宰予之辞，雅而文也，仲尼几而取之，与处久而智不充其辩。故孔子曰："以容取人乎，失之子羽；以言取人乎，失之宰予。"［韩非子显学］

【释义】

澹台子羽有君子的容貌，孔子以为他像君子就收录为弟子，相处长久之后，发现其行为配不上其容貌。宰予的言辞，高雅而有文采，孔子以为他像君子就收录为弟子，相处长久之后，发现他的智慧赶不上他的辨才。所以孔子说："以容貌来取人，在子羽身上出了错；以言辞来取人，在宰予身上出了错。"

【原文】

季子治单父三年，巫马期往观化焉。见夜渔所得小鱼释之，巫马期以报孔子。子曰："季子之德至矣！使人暗行若有严刑在其侧。季子何以至此？"丘尝闻之，诚于此者形于彼。季子必行此术也。［韩非子薛据孔子集语引今本无此文］

【释义】

季子治理亶父三年了，巫马期前去观察他的教化。看见打鱼人捕到鱼后又放掉，巫马期回去报告孔子这个情况，并说："季子的道德达到最高境界了！能使人夜晚独自行动也好像有严酷的刑罚在旁边监督一样。季子怎么会达到这种境界呢？"我曾经听他说：'在这里教诫，便等于在那里执罚。'季子一定是施行这种方法了。"

【原文】

仲尼曰："过也，人皆见之；更也，人皆仰之。"［唐书元行冲著释疑论］

【释义】

孔子说："错了，人们都看见了；改了，人们都仰慕他。"

【原文】

箕子陈谟而洪范作，宣尼述史而春秋著，皆所以章明列辟，景测皇天者也。［魏书高允传］

【释义】

箕子陈述谋略《洪范》出，仲尼陈述历史《春秋》成，这两部书都用来阐明天人大法，观测上天的星象之变。

【原文】

夏禹不死，而仲尼知之，安知仲尼不密修其道。［玉烛宝典十二］

【释义】

夏禹没死，孔子知道，怎么知道孔子没有秘密修行大道。

【原文】

一足鸟，一名商羊，一名雨天将雨则飞鸣，孔子辨之于齐廷也。［禽经注］

【释义】

一只脚的鸟，一个名字叫商羊，在它飞鸣的时候天降下大雨，这是孔子在齐国朝廷上说的。

【原文】

孔子东游，见两小儿相鬬。一儿曰："我以日初出去人近。"一儿曰："日中近。"一儿曰："日初出如车盖，至中裁如盤盂，岂不近者大，远者小！"一儿曰："日初出沧沧凉凉，至日中有如探汤，此非远者凉，近者热耶！”孔子亦不知日中天而小，落扶桑而大。

［金楼子立言上］

【释义】

孔子东游时，看见两个小孩在争辩。一小孩说：“我认为太阳升起时离人近。”另一小孩说：“中午时离人近。”第一个小孩说：“太阳刚出来时，大得像车盖，到中午时就像碗那么大了，难道不是近了大，远了就小了吗！”另一个小孩说：“太阳刚出时很凉的，到中午时很热，这不就因为近的热远的凉吗！”孔子也不知道太阳在中天时小，落下时渐大。

第八章 《孔子世家》原典释义

【原文】

孔子生鲁昌平乡陬邑。其先宋人也,曰孔防叔。防叔生伯夏,伯夏生叔梁纥。纥与颜氏女野合而生孔子,祷于尼丘得孔子。鲁襄公二十二年而孔子生。生而首上圩顶,故因名曰“丘”云。字仲尼,姓孔氏。

【释义】

孔子出生在鲁国昌平乡的陬邑。他的祖先本来是宋国人,曾祖父名叫孔防叔。孔防叔生了伯夏,伯夏生了叔梁纥。叔梁纥跟一个姓颜的女子私通生下了孔子,据说他们是到尼丘山祷告神灵后生得孔子的。鲁襄公二十二年,孔子诞生。孔子出生时头顶中间凹下,所以他的母亲就给他取名叫“丘”,字仲尼,姓孔。

【原文】

丘生而叔梁纥死,葬于防山。防山在鲁东,由是孔子疑其父墓处,母讳之也。

【释义】

孔子刚出生不久叔梁纥就去世了,葬在防山。防山在鲁国东部,但孔子无法确知自己父亲的坟墓所在,因为他的母亲对他隐瞒了此事。

【原文】

孔子为儿嬉戏,常陈俎豆,设礼容。

【释义】

孔子小时候做游戏,常常摆设俎豆等各种祭器,模仿大人祭祀时的礼仪动作。

【原文】

孔子母死,乃殡五父之衢,盖其慎也。陬人輓父之母诲孔子父墓,然后往合葬于防焉。

【释义】

孔子的母亲去世了,孔子将其装殓后暂时安置在曲阜五父衢的道旁,大概是出于慎重而没有马上埋葬。后来陬邑人輓父的母亲告知孔子他父亲的墓地所在,孔子这才把母亲的灵柩运往防山同他的父亲合葬在一起。

【原文】

孔子要绖,季氏飨士,孔子与往。阳虎绌曰:“季氏飨士,非敢飨子也。”孔子由是退。

【释义】

孔子腰间系着孝麻还在守丧,正赶上季孙氏设宴款待名士,于是孔子也前去赴宴。到了季孙氏门口,季孙氏的管家阳虎拒斥孔子说:“季孙氏款待的是名士,没有请你。”孔子于是就退了回来。

【原文】

孔子年十七,鲁大夫孟釐子病且死,诫其嗣懿子曰:“孔丘,圣人之后,灭于宋。其祖弗父何始有宋而嗣让厉公。及正考父佐戴、武、宣公,三命兹益恭,故鼎铭云:‘一命而偻，再命而伛，三命而俯，循墙而走，亦莫敢余侮。饘于是，粥于是，以糊余口。'其恭如是。吾闻圣人之后，虽不当世，必有达者。今孔丘年少好礼，其达者欤？吾即没，若必师之。"及釐子卒，懿子与鲁人南宫敬叔往学礼焉。是岁，季武子卒，平子代立。

【释义】

孔子十七岁的时候，鲁国的大夫孟釐子病危，临终前告诫他的嫡长子懿子说："孔丘是圣人的后代，他的祖先在宋国受到迫害，所以后代才到鲁国来。孔子的先祖弗父何当初本来该继位做宋国国君，却把君位让给了他的弟弟厉公。弗父何的曾孙正考父先后辅佐过宋戴公、宋武公、宋宣公三代，三次受命一次比一次恭谨，所以正考父庙中鼎上的铭文说：'第一次受命时曲身而受，第二次受命时弯腰弓背而受，第三次受命时深曲腰背而受，走路时顺着墙根走，没有人敢来侮慢我。每天一碗稀饭一碗粥，以此糊口度日。'他就是这般恭谨俭约。我听说凡是圣人的后代，即使不一定当国继位，也必定会成为才德显达的人。现在孔丘年纪轻轻就博学好礼，他不就是要显达的人吗？我是不久于世的人了，你一定要去拜他为师。"孟釐子去世后，懿子和鲁人南宫敬叔就去向孔子学礼。这一年，季武子去世，季平子继承了卿位。

【原文】

孔子贫且贱，及长，尝为季氏史，料量平；尝为司职吏，而畜蕃息。由是为司空。已而去鲁，斥乎齐，逐乎宋、卫，困于陈、蔡之间，于是反鲁。孔子长九尺有六寸，人皆谓之"长人"而异之，鲁复善待，由是反鲁。

【释义】

孔子幼年家境贫寒而且地位低贱。等到成年后，曾在季孙氏门下做管理仓库的小吏，出纳钱粮计算得准确清楚；后来又做过管理牧场的小吏，在他的照料下牲畜繁殖得很好。于是被提升为管理营建的司空。不久他离开鲁国，在齐国受到排斥，在宋

国、卫国遭受驱逐，在陈国、蔡国之间遭受围困，最后又回到鲁国。孔子身高九尺六寸，人们都叫他“长人”，觉得他跟平常人不同。由于鲁国再度善待孔子，所以孔子才回到鲁国来。

【原文】

鲁南宫敬叔言鲁君曰：“请与孔子适周。”鲁君与之一乘车，两马，一竖子俱，适周问礼，盖见老子云。辞去，而老子送之曰：“吾闻富贵者送人以财，仁人者送人以言。吾不能富贵，窃仁人之号，送子以言，曰：‘聪明深察而近于死者，好议人者也。博辩广大危其身者，发人之恶者也。为人子者毋以有己，为人臣者毋以有己。’”

【释义】

鲁国人南宫敬叔对鲁君说：“请让我和孔子一起到周室去。”于是鲁君就给了他和孔子一辆车子、两匹马和一个仆人。他们一起出发到周室去学礼，据说还见到了老子。告别时，老子送他们说：“我听说富贵的人送别时赠送财物，仁德的人送别时赠送嘉言。我不够富贵，就冒用仁德之人的名号，用言辞为你送行吧。我要说的是：‘聪明而见识深刻的人常常会遇到死亡的威胁，那是因为他们喜欢非议他人。博学善辩、见识广大的人常常使自己遭到危险不测，那是由于他们好揭发他人的罪恶。做子女的应该心存父母，不该只想到自己；做臣子的应该心存君主，不能只顾及自己。’”

【原文】

孔子自周反于鲁，弟子稍益进焉。是时也，晋平公淫，六卿擅权，东伐诸侯；楚灵王兵强，陵轹中国；齐大而近于鲁。鲁小弱，附于楚则晋怒；附于晋则楚来伐；不备于齐，齐师侵鲁。

【释义】

孔子从周室返回鲁国之后，门下的弟子就渐渐多起来了。这个时候，晋平公荒淫无道，六家大臣把持国政，不断攻打东边的诸侯国；楚灵王的军队也十分强大，经常北上侵犯中原各国；在东方，齐国是个大国而且靠近鲁国。鲁国既小又弱，要是依附楚国，就会惹恼晋国；要是依附晋国，楚国就会前来兴师问罪；如果侍候齐国不周到，那么齐军也会来侵犯鲁国。

【原文】

鲁昭公之二十年，而孔子盖年三十矣。齐景公与晏婴来适鲁，景公问孔子曰："昔秦穆公国小处辟，其霸何也？"对曰："秦，国虽小，其志大；处虽辟，行中正。身举五羖，爵之大夫，起累绁之中，与语三日，授之以政。以此取之，虽王可也，其霸小矣。"景公说。

【释义】

鲁昭公二十年，孔子大约已经三十岁了。这一年，齐景公带着晏婴来到鲁国。齐景公问孔子说："过去秦穆公时期秦国弱小、地处偏僻，他为什么能够称霸呢？"孔子回答说："秦国国家虽小，但国君的志向却很远大；处地虽然偏僻，但国君的行为却公正无私。秦穆公亲自提拔用五张黑羊皮赎回来的贤士百里奚，封给他大夫的爵位，把他从拘禁中解救出来，跟他畅谈了三天，并让他执掌国政。就从这点来说，即使称王也是完全可以的，称霸根本不在话下。"景公听了很高兴。

【原文】

孔子年三十五，而季平子与郈昭伯以斗鸡故得罪鲁昭公，昭公率师击平子，平子与孟氏、叔孙氏三家共攻昭公，昭公师败，奔于齐，齐处昭公乾侯。其后顷之，鲁乱。孔子适齐，为高昭子家臣，欲以通乎景公。与齐太师语乐，闻《韶》音，学之，三月不知肉味，齐人称之。

【释义】

孔子三十五岁那年，季平子和郈昭伯因斗鸡而得罪了鲁昭公。鲁昭公率军攻打季平子，季平子联合了孟孙氏、叔孙氏，三家共同对抗鲁昭公。昭公的军队战败，他本人逃到齐国，齐国把昭公安置在乾侯。此后不久，鲁国发生变乱。于是，孔子就离开鲁国来到齐国，做了高昭子的家臣，想通过高昭子接近齐景公。孔子曾和齐国的乐官谈论音乐，当他在那里听到虞舜时期的《韶》乐时，就入迷地学起来，其痴迷的程度据说是一连三个月都尝不出肉的味道来，齐国人听了大为称道。

【原文】

景公问政孔子，孔子曰："君君，臣臣，父父，子子。"景公曰："善哉！信如君不君，臣不臣，父不父，子不子，虽有粟，吾岂得而食诸！"他日又复问政于孔子，孔子曰："政在节财。"景公说，将欲以尼溪田封孔子。晏婴进曰："夫儒者滑稽而不可轨法；倨傲自顺，不可以为下；崇丧遂哀，破产厚葬，不可以为俗；游说乞贷，不可以为国。自大贤之息，周室既衰，礼乐缺有间。今孔子盛容饰，繁登降之礼、趋详之节，累世不能殚其学，当年不能究其礼。君欲用之以移齐俗，非所以先细民也。"后景公敬见孔子，不问其礼。异日，景公止孔子曰："奉子以季氏，吾不能，以季孟之间待之。"齐大夫欲害孔子，孔子闻之。景公曰："吾老矣，弗能用也。"孔子遂行，反乎鲁。

【释义】

齐景公问孔子如何治理国家，孔子说："做国君的要像个国君，做臣子的要像个臣子，做父亲的要像个父亲，做儿子的要像个儿子。"齐景公听了说："对极了！要是国君不像国君，臣子不像臣子，父亲不像父亲，儿子不像儿子，那么即使有再多的粮食，我又怎么能吃得着呢？"过了几天，景公又请教孔子如何管理国家，孔子说："管理国家最重要的是控制开支，节省经费。"景公听了很高兴，打算把尼溪一带的田地封给孔子。

晏婴劝阻道："儒者这种人，都圆滑善辩，无法让人按照他们的说法行事；他们高傲任性、自以为是，很难把他们作为臣下来驾驭；他们推重丧事，竭尽哀伤之能事，不惜倾家荡产来追求厚葬，这样的礼俗不足以取法；他们到处游说、求取官禄，这样的人不能让他们来治理国家。自从文王、武王、周公这些大贤先后去世后，周室已经衰微，礼乐制度崩坏残缺也有很长时间了。现在孔子过分讲究仪容服饰，制定繁琐的上朝下朝的礼仪，刻意追求举止行为合乎规矩，这些繁文缛节几代人都学不完，一辈子也弄不清楚。国君想用这些东西来改变我们齐国的礼俗，这不是引导百姓的好办法。"自此以后，齐景公见到孔子就只是很客气地对待他，不再向他问起有关礼仪的事情了。有一天，齐景公把孔子留下说："给你像季孙氏那样高的待遇，我实在做不到。我给予你低于季孙氏而高于孟孙氏的待遇吧。"后来齐国的大夫们嫉恨孔子，孔子有所耳闻。而齐景公这时也对孔子说："我老了，不能再任用你了。"于是孔子离开了齐国，回到鲁国。

【原文】

孔子年四十二，鲁昭公卒于乾侯，定公立。定公立五年，夏，季平子卒，桓子嗣立。季桓子穿井得土缶，中若羊，问仲尼，云"得狗"。仲尼曰："以丘所闻，羊也。丘闻之，木石之怪夔、罔阆，水之怪龙、罔象，土之怪坟羊。"

【释义】

孔子四十二岁那年，鲁昭公在齐国的乾侯去世，鲁定公即位。定公继位第五年的夏天，季平子去世了，季桓子继承了他的职位。一天，季桓子挖井时得到一个瓦器，里面有个像羊的东西，就去问孔子，并且说挖得的瓦器里有只狗。孔子说："据我所知，那应该是只羊。因为我听说过，山林里的怪物一般是'夔'或会学人声的山精'罔阆'，水里面的怪物一般是龙或会吃人的水怪'罔象'，泥土里的怪物则是'坟羊'。"

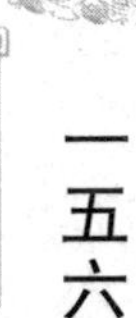

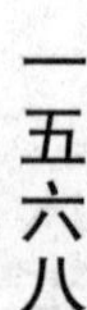

【原文】

吴伐越，堕会稽，得骨节专车。吴使使问仲尼："骨何者最大？"仲尼曰："禹致群神于会稽山，防风氏后至，禹杀而戮之，其节专车，此为大矣。"吴客曰："谁为神？"仲尼曰："山川之神足以纲纪天下，其守为神，社稷为公侯，皆属于王者。"客曰："防风何守？"仲尼曰："汪罔氏之君守封、禺之山，为釐姓。在虞、夏、商为汪罔，于周为长翟，今谓之大人。"客曰："人长几何？"仲尼曰："僬侥氏三尺，短之至也。长者不过十之，数之极也。"于是吴客曰："善哉，圣人！"

【释义】

吴国去攻打越国，摧毁了越国的都城会稽，得到一节骨头，有一辆车子那么长。吴王派使者问孔子说："谁的骨头最大？"孔子说："当初大禹王召集群神到会稽山，防风氏来晚了，大禹就杀了他，暴尸示众，他的一节骨头就有一辆车子那么长，这应该是最大的骨头了。"吴国使者问道："那谁能称得上是神呢？"孔子说："名山大川的神灵能够主宰天下，因此我们把负责祭祀山川神灵的诸侯叫作神，只是负责祭祀社稷叫作公侯，都隶属于天子。"吴国使者又问："防风氏负责祭祀什么地方？"孔子说："汪罔氏的君长（即防风氏）主管祭祀封山、禺山一带，姓釐。该国人在虞、夏、商三代叫作汪罔，到了周代初年叫作长翟，现在叫作大人。"吴国使者问道："人身高的极限是多少？"孔子说："僬侥氏身长三尺，是最矮的；最高的大人不会超过他们身高的十倍（即三丈），这已经是身高的极限了。"吴国使者听了之后说："好啊，真是了不起的圣人啊！"

【原文】

桓子嬖臣曰仲梁怀，与阳虎有隙。阳虎欲逐怀，公山不狃止之。其秋，怀益骄，阳虎执怀。桓子怒，阳虎因囚桓子，与盟而醳之。阳虎由此益轻季氏。季氏亦僭于公室，陪臣执国政，是以鲁自大夫以下皆僭离于正道。故孔子不仕，退而修《诗》《书》《礼》《乐》，弟子弥众，至自远方，莫不受业焉。

【释义】

季桓子有个宠臣叫仲梁怀，和阳虎结下了仇怨。阳虎想驱逐仲梁怀，公山不狃阻止了他。这年秋天，仲梁怀变得更加骄横放肆，阳虎就把他抓了起来。季桓子对此极为愤怒，阳虎于是就把季桓子也囚禁起来，跟他订立盟约后才释放他。阳虎从此更加轻视季桓子。季桓子也不守本分，凌驾于鲁国公室之上，作为一个陪臣却掌管着国家大权，因此鲁国从大夫以下都不守本分，背离了正道。所以孔子不愿意出任鲁国的官职，赋闲在家，专心研究整理《诗》《书》《礼》《乐》这些典籍。弟子越来越多，不论多远，都有人来向他求学。

【原文】

定公八年，公山不狃不得意于季氏，因阳虎为乱，欲废三桓之適，更立其庶孽阳虎素所善者，遂执季桓子。桓子诈之，得脱。定公九年，阳虎不胜，奔于齐。是时孔子年五十。公山不狃以费畔季氏，使人召孔子。孔子循道弥久，温温无所试，莫能己用，曰："盖周文、武起丰、镐而王，今费虽小，傥庶几乎！"欲往。子路不说，止孔子。孔子曰："夫召我者岂徒哉？如用我，其为东周乎！"然亦卒不行。

【释义】

鲁定公八年，公山不狃失宠于季桓子，于是就利用阳虎作乱，打算废掉季孙、叔孙、孟孙三桓的嫡系继承人，改立平日阳虎所喜欢的庶子，于是他抓住了季桓子。桓子用计骗他，得以逃脱。定公九年，阳虎作乱失败，逃到齐国去。这一年，孔子正好五十岁。此时，公山不狃还占据着费邑反叛季桓子，他派人来召孔子。孔子遵行先王之道已经很久了，却郁闷无处施展，没有人重用他，不禁说道："当初周文王、周武王就是

在丰、镐那么小的地方建立起王业的，现在费邑虽然很小，但情形或许与当初差不多吧！”于是想要应召前往。子路很不高兴，劝止孔子。孔子说：“他们召我去，难道能让我白跑一趟吗？如果真能任用我，我就可以重建一个东方的周国了！”然而他最终也没有去成。

【原文】

其后定公以孔子为中都宰，一年，四方皆则之。由中都宰为司空，由司空为大司寇。定公十年春，及齐平。夏，齐大夫黎钮言于景公曰：“鲁用孔丘，其势危齐。”乃使使告鲁为好会，会于夹谷。鲁定公且以乘车好往。孔子摄相事，曰：“臣闻有文事者必有武备，有武事者必有文备。古者诸侯出疆，必具官以从。请具左右司马。”定公曰：“诺。”具左右司马。会齐侯夹谷，为坛位，土阶三等，以会遇之礼相见，揖让而登。献酬之礼毕，齐有司趋而进曰：“请奏四方之乐。”景公曰：“诺。”于是旍旄羽袚矛戟剑拨鼓噪而至。孔子趋而进，历阶而登，不尽一等，举袂而言曰：“吾两君为好会，夷狄之乐何为于此！请命有司！”有司却之，不去，则左右视晏子与景公。景公心怍，麾而去之。有顷，齐有司趋而进曰：“请奏宫中之乐。”景公曰：“诺。”优倡侏儒为戏而前。孔子趋而进，历阶而登，不尽一等，曰：“匹夫而营惑诸侯者罪当诛！请命有司！”有司加法焉，手足异处。景公惧而动，知义不若，归而大恐，告其群臣曰：“鲁以君子之道辅其君，而子独以夷狄之道教寡人，使得罪于鲁君，为之奈何？”有司进对曰：“君子有过则谢以质，小人有过则谢以文。君若悼之，则谢以质。”于是齐侯乃归所侵鲁之郓、汶阳、龟阴之田以谢过。

【释义】

后来鲁定公任命孔子为中都的长官，才任职一年就很有成效，四方的官吏都效法孔子的治理方法。孔子很快由中都的长官升为鲁国朝廷的司空，又由司空升任为大司寇。鲁定公十年春天，鲁国与齐国议和。这年夏天，齐国的大夫黎钮就对齐景公说："鲁国重用孔子，势必危及齐国。"于是景公派使者约鲁国举行友好会盟，地点定在夹谷。鲁定公打算毫无戒备地乘车前往赴会。孔子正好兼理会盟的事务，他对定公说："我听说办理文事必须要有武备，办理武事必须要有文官随从。自古以来诸侯越出自己的疆界，一定要配齐文武官员随从。请您也带上左右司马一起前往。"定公说："好的。"就带了左右司马随行。鲁定公和齐景公在夹谷相会，那里已经修建了会盟的坛台，台上备好了席位，上台的土阶设了三级。两君就在台前行了相见之礼，然后拱手揖让一番登上台阶。双方馈赠应酬的仪式结束后，齐国的主管官员快步上前请示道："请允许演奏四方各族的舞乐。"景公说："好的。"于是齐国的乐队以旌旗为先导，头插羽毛，身披皮衣，手持矛、戟、剑、盾等兵器，大呼小叫地蜂拥而至。孔子见了快步行进，一步一台阶地往台上走，还没登上最后一级台阶，就举起衣袖对着下面一挥，说道："我们两国君主为了友好来会晤，为什么在这里演奏夷狄的野蛮舞乐！请主管官员下令让他们下去！"主管官员让他们退下，他们却不肯走，于是孔子就转过头来左右扫视晏婴和齐景公。齐景公心里有愧，挥手叫他们下去。过了一会儿，齐国的主管官员又快步上前请示说："请允许演奏宫中的舞乐。"齐景公说："好的。"于是齐国的戏谑艺人和矮小侏儒边唱边舞地走上台来。孔子又快步前行，一步一台阶地往台上走，还没跨上最后一级台阶，就说："小人迷惑戏弄诸侯，论罪当斩！请命令主管官员执行！"于是齐国的主管官员只好依法将他们处以腰斩之刑，这些人顿时身首异处。齐景公看孔子态度这样严正，不由得不敬畏动容，知道自己道义上不如鲁国，回国之后心里很不安，对群臣说："鲁国的大臣用君子的道义来辅佐他们的国君，而你们却拿夷狄的那一套东西来教我，使我得罪了鲁君，接下来该怎么办呢？"齐国的主管官员上前回答说："君子有过就用实际行动道歉认错，小人有过就用花言巧语道歉认错。国君如果真的悔过，就用实际行动向鲁君道歉。"于是齐景公就把以前侵占的郓、汶阳和龟阴等地归还给鲁国，以此向鲁国国君道歉。

【原文】

定公十三年夏，孔子言于定公曰："臣无藏甲，大夫毋百雉之城。"使仲由为季氏

宰，将堕三都。于是叔孙氏先堕郈。季氏将堕费，公山不狃、叔孙辄率费人袭鲁。公与三子入于季氏之宫，登武子之台。费人攻之，弗克，入及公侧。孔子命申句须、乐颀下伐之，费人北。国人追之，败诸姑蔑。二子奔齐，遂堕费。将堕成，公敛处父谓孟孙曰："堕成，齐人必至于北门。且成，孟氏之保障，无成是无孟氏也，我将弗堕。"十二月，公围成，弗克。

【释义】

鲁定公十三年夏，孔子对定公说："大臣不得私藏兵器，大夫的封邑不得营建周长三百丈的城墙。"鲁定公就派仲由去当季孙氏家里的总管，打算拆掉季孙、叔孙、孟孙三家封邑的城墙。于是叔孙氏先把郈邑的城墙拆毁了。接着季孙氏也准备拆毁费邑的城墙，结果公山不狃、叔孙辄不同意，他们率领费邑的人袭击鲁国的都城。鲁定公和季孙、叔孙、孟孙三人一同躲进了季孙氏的家里，登上季武子的高台。费邑人围攻他们，虽然没能打下来，但已经逼近定公的身边了。于是孔子命令申句须、乐颀下台反击费邑人，结果费邑人败下阵来。鲁国都城里的人们乘胜追击，在姑蔑把他们彻底打败。公山不狃和叔孙辄二人逃往齐国，于是鲁国人拆毁了费邑的城墙。将要拆毁成邑时，成邑的长官公敛处父对孟孙氏说："拆毁了成邑的城墙，齐国人必定会进逼到鲁国国都的北门。况且成邑是你们孟孙氏的屏障，没有成邑也就没有孟孙氏。我打算抗命不拆。"十二月，鲁定公围攻成邑，但没能攻下。

【原文】

定公十四年，孔子年五十六，由大司寇行摄相事，有喜色。门人曰："闻'君子祸至不惧，福至不喜'。"孔子曰："有是言也，不曰：'乐其以贵下人'乎？"于是诛鲁大夫乱政者少正卯。与闻国政三月，粥羔豚者弗饰贾，男女行者别于涂，涂不拾遗。四方之客至乎邑者不求有司，皆予之以归。齐人闻而惧，曰："孔子为政必霸，霸则吾地近焉，我之为先并矣，盍致地焉？"黎钼曰："请先尝沮之，沮之而不可则致地，庸迟乎！"于是选齐国中女子好者八十人，皆衣文衣而舞《康乐》，文马三十驷，遗鲁君。陈女乐文马于鲁城南高门外。季桓子微服往观再三，将受，乃语鲁君为周道游，往观终日，怠于政事。子路曰："夫子可以行矣。"孔子曰："鲁今且郊，如致膰乎大夫，则吾犹可以止。"桓子卒受齐女乐，三日不听政；郊，又不致膰俎于大夫，孔子遂行，宿乎屯。而师己送，曰："夫子则非罪。"孔子曰："吾歌可夫？"歌曰："彼妇之口，可以出走；彼妇之谒，可以死败。盖优哉游哉，维以卒岁！"师己反，桓子曰："孔子亦何言？"师己以实告。桓子喟然叹曰："夫子罪我以群婢故也夫！"

【释义】

鲁定公十四年，孔子五十六岁。这时他由大司寇代理宰相职务，他的脸上露出得意的神色。弟子见了，对他说："我听说'君子祸事临头不慌张恐惧，好事到来也不喜形于色'。"孔子说："是有这样的话。但是，人们不是还说'乐在身居高位而能礼贤下士'吗？"于是诛杀了扰乱鲁国政事的大夫少正卯。孔子参与国政才三个月，贩卖猪羊的商人就不敢哄抬价钱，男人女人在路上都分开行走，掉在路上的东西也没有人去捡。四方旅客来到鲁国，不用向主管官员求情行贿，都能得到各自所需，满载而归。齐景公听说后很害怕，说："孔子主持政事，一定能够使鲁国强大称霸。鲁国一旦称霸，我们离鲁国最近，必然会先被吞并。何不先送给鲁国一些土地，和他们搞好关系呢？"黎钼说："请让我先试着阻止鲁国强大，阻止不成，再送给他们土地也不算晚啊！"于是他就从齐国国内挑选了八十名美女，给她们穿上华丽的衣服，教她们学跳《康乐》舞，又备好身上有纹彩修饰的骏马一百二十匹，一起送到鲁国去。到鲁国后，齐人就把女乐和纹马安置在鲁国都城南面的高门外供人观赏。季桓子穿着便服再三前去观看，打算接受这些礼物。他劝鲁定公到都城周边巡游，而实际上他们整天去观赏齐国赠送的美女和纹马，政事也因此懈怠下来。子路知道后对孔子说："先生可以离开鲁国了。"孔子说："鲁国不久就要郊祭天地了，如果能按礼法把祭祀后的祭肉分送给大夫们，那么我们还可以留下来。"季桓子终于接受了齐国送来的美女，并且一连三天不问政事；郊祭后，他又没把祭肉分送给大夫们。于是孔子只好失望地离开鲁国，当天就在鲁城南面的屯邑留宿过夜。师己前来送行，说道："先生并没有过错啊。"孔子说："我想唱歌可以吗？"于是他就唱道："妇人搬弄是非，可以害你四处奔走；妇人煽风点火，可以让你国破身亡。悠闲啊悠闲啊，我只有这样了此一生了！"师己回去后，季桓子问他："孔子临走时说了些什么？"师己据实以告。季桓子长叹一声说："先生怪罪我是因为我接受了齐国那群女子的缘故啊！"

【原文】

孔子遂适卫，主于子路妻兄颜浊邹家。卫灵公问孔子："居鲁得禄几何？"对曰："奉粟六万。"卫人亦致粟六万。居顷之，或谮孔子于卫灵公。灵公使公孙余假一出一入。孔子恐获罪焉，居十月，去卫。

【释义】

孔子于是来到卫国，住在子路的妻兄颜浊邹家里。卫灵公派人来问孔子："在鲁国得到的俸禄是多少？"孔子回答说："俸禄是粟米六万小斗。"于是卫灵公也给他粟米六万小斗。过了不久，有人在卫灵公面前诋毁孔子。卫灵公就派公孙余假带着兵器频繁出入孔子的住所，监视孔子。孔子担心在这里获罪，住了十个月，就离开了卫国。

子路塑像

【原文】

将适陈，过匡，颜刻为仆，以其策指之曰："昔吾入此，由彼缺也。"匡人闻之，以为鲁之阳虎。阳虎尝暴匡人，匡人于是遂止孔子。孔子状类阳虎，拘焉五日。颜渊后，子曰："吾以汝为死矣。"颜渊曰："子在，回何敢死！"匡人拘孔子益急，弟子惧。孔子曰："文王既没，文不在兹乎？天之将丧斯文也，后死者不得与于斯文也；天之未丧斯文也，匡人其如予何！”孔子使从者为宁武子臣于卫，然后得去。

【释义】

孔子准备到陈国去，途经卫国的匡邑。弟子颜刻替他赶车，用马鞭指着一处城墙说：“以前我来这个地方，就是从那个缺口进去的。”匡人听到后，以为是鲁国的阳虎来了。阳虎曾经残害过匡人，匡人因此把孔子等人围困起来。孔子的模样像阳虎，所以被困了整整五天。颜渊走散了，后来才赶上孔子他们，孔子说：“我以为你死了。”颜渊说：“先生健在，我颜回怎么敢轻易死呢！”匡人围捕孔子越来越急迫，弟子们都很害怕。孔子说：“周文王死后，周朝的礼乐文化不是就在我这里吗？上天如果要毁掉这种文化，就不会让我们这些后死的人学习这种文化并且承担维护它的责任；上天既然不想毁掉这种文化，那么匡人又能把我怎么样呢？”孔子派随从到卫国宁武子那里做家臣，然后才得以脱险离开。

【原文】

去即过蒲。月余，反乎卫，主蘧伯玉家。灵公夫人有南子者，使人谓孔子曰：“四方之君子不辱欲与寡君为兄弟者，必见寡小君。寡小君愿见。”孔子辞谢，不得已而见之。夫人在絺帷中，孔子入门，北面稽首。夫人自帷中再拜，环佩玉声璆然。孔子曰：“吾乡为弗见，见之礼答焉。”子路不说。孔子矢之曰：“予所不者，天厌之！天厌之！”居卫月余，灵公与夫人同车，宦者雍渠参乘，出，使孔子为次乘，招摇市过之。孔子曰：“吾未见好德如好色者也。”于是丑之，去卫，过曹。是岁，鲁定公卒。

【释义】

孔子离开匡邑，到了蒲邑。过了一个多月，又回到卫国，住在蘧伯玉家里。卫灵公有个叫南子的夫人，派人对孔子说：“四方各国的君子想和我们国君攀交情并不以为辱的，必定要来见我们夫人。现在我们夫人愿意见你。"孔子婉言推辞，最后不得已只好去见她。南子坐在细葛布帷帐中等待。孔子进门后，向北跪拜行礼。南子在帷帐中回拜答礼，身上的环佩玉饰撞击出清脆的响声。事后孔子说："我本来不愿意见她，既然不得已见了，就要按礼仪行事。"子路很不高兴。孔子起誓说："假如我说的不是真心话，就让上天厌弃我！就让上天厌弃我！"孔子在卫国住了一个多月。有一天，卫灵公和夫人南子同坐一辆车，宦官雍渠陪侍在右侧，出了宫门，让孔子乘坐第二辆车跟随，大摇大摆从街市上经过。孔子说："我没见过喜好德行就像喜好美色一样的人。"于是他感到厌恶失望，离开卫国往曹国去了。也就在这一年，鲁定公去世了。

【原文】

孔子去曹适宋，与弟子习礼大树下。宋司马桓魋欲杀孔子，拔其树。孔子去。弟子曰："可以速矣。"孔子曰："天生德于予，桓魋其如予何！"

【释义】

后来孔子离开曹国来到宋国，和弟子们在大树下演习礼仪。宋国的司马桓魋想要杀孔子，就把大树砍了，孔子只好离去。弟子中有人说："我们应该快点走。"孔子说："上天赋予我德行，桓魋他又能把我怎么样呢！"

【原文】

孔子适郑，与弟子相失，孔子独立郭东门。郑人或谓子贡曰："东门有人，其颡似尧，其项类皋陶，其肩类子产，然自要以下不及禹三寸，累累若丧家之狗。"子贡以实告孔子。孔子欣然笑曰："形状，未也；而谓似'丧家之狗'，然哉！然哉！"

【释义】

孔子到郑国去，结果和弟子们走散了，独自一人站在郑国都城的东门口。郑国有个人对子贡说："东门那里有个人，他的额头长得像唐尧，他的后颈长得像皋陶，他的肩膀长得像子产，但是腰部以下的长度跟禹比起来差了三寸，他那疲惫不堪的样子像一只丧家犬。"子贡找到孔子后把这些话如实地告诉孔子。孔子开心地笑道："那人形容我的相貌，描述的不一定像；但他说我像一只丧家犬，真是这样！真是这样啊！"

【原文】

孔子遂至陈，主于司城贞子家。岁余，吴王夫差伐陈，取三邑而去。赵鞅伐朝歌。楚围蔡，蔡迁于吴。吴败越王勾践会稽。有隼集于陈廷而死，楛矢贯之，石砮，矢长尺有咫。陈湣公使使问仲尼。仲尼曰："隼来远矣，此肃慎之矢也。昔武王克商，通道九夷百蛮，使各以其方贿来贡，使无忘职业。于是肃慎贡楛矢石砮，长尺有咫。先王欲昭其令德，以肃慎矢分大姬，配虞胡公而封诸陈。分同姓以珍玉，展亲；分异姓以远方职，使无忘服。故分陈以肃慎矢。"试求之故府，果得之。

【释义】

孔子来到陈国，住在司城贞子家里。过了一年多，吴王夫差来讨伐陈国，夺取了三个城邑后离去。接着，晋国的赵鞅也来攻打卫国的朝歌。随后，楚国围攻蔡国，蔡国就把都城迁到吴国境内。而吴王则在会稽打败了越王勾践。一天，有一只鹰落在陈国宫廷前死了，身上被枯木做的箭射穿，箭头是用石头做的，箭杆长一尺八寸。陈湣公派使者询问孔子。孔子说："这只鹰是从很远的地方飞来的，身上带的是肃慎人的箭。当初周武王灭商后，沟通了与四方蛮夷的联系，让他们进贡各自的地方特产，使他们不要忘记自己的职责义务。于是肃慎人进贡用楛木做箭杆、用石头做箭头的箭，长一尺八寸。先王为了显示他臣服远方的盛德，就把肃慎人进贡的箭给长女大姬做嫁妆，把她嫁给虞胡公，虞胡公又封到陈国。周武王把珍宝玉器分赐给同姓诸侯，是为了表示亲上加亲；把远方的贡品分赐给异姓诸侯，是为了让他们不忘记服从王命。所以他才把肃慎人进贡的箭分赐给陈国。"陈湣公就派人试着到旧府库中去查找，果然找到了这种箭。

【原文】

孔子居陈三岁，会晋楚争强，更伐陈，及吴侵陈，陈常被寇。孔子曰："归与归与！吾党之小子狂简，进取不忘其初。"于是孔子去陈。过蒲，会公叔氏以蒲畔，蒲人止孔子。弟子有公良孺者，以私车五乘从孔子。其为人长贤，有勇力，谓曰："吾昔从夫子遇难于匡，今又遇难于此，命也已。吾与夫子再罹难，宁斗而死。"斗甚疾。蒲人惧，谓孔子曰："苟毋适卫，吾出子。"与之盟，出孔子东门。孔子遂适卫。子贡曰："盟可负邪？"孔子曰："要盟也，神不听。"

【释义】

孔子在陈国住了三年，适逢晋国和楚国争霸，轮番来攻伐陈国。加上吴国也来侵犯陈国，陈国经常受到侵略。见此情形，孔子无奈地说："回去吧！回去吧！我们家乡的那些弟子志向远大，只是行事疏略些，他们都很有进取心，也没忘掉自己的初衷。"于是孔子离开了陈国。经过卫国的蒲邑时，正遇上公孙氏依据蒲邑发动叛乱，叛乱的蒲邑人扣留了孔子。弟子中有个叫公良孺的，带了自己的五辆车跟随着孔子。他身材高大，为人贤能，勇猛有力，见此情形对孔子说："我以前跟随先生在匡邑遇险，现在又在这里遇到危难，这是命中注定的吧。我和先生一再遭遇危难，宁愿搏斗而死。"说罢，他就跟蒲邑人猛烈地拼斗起来。蒲邑人害怕了，对孔子说："如果你们不去卫国，我们就放你们走。"于是孔子和蒲邑人订立了盟约，蒲邑人放孔子他们从东门离去。孔子脱险后一路前往卫国。子贡说："盟誓怎么可以违背呢？"孔子说："在被胁迫的情况下订立的盟约，神灵是不会认可的。"

【原文】

卫灵公闻孔子来，喜，郊迎。问曰："蒲可伐乎？"对曰："可。"灵公曰："吾大夫以为不可。今蒲，卫之所以待晋、楚也，以卫伐之，无乃不可乎？”孔子曰：“其男子有死之志，妇人有保西河之志，吾所伐者不过四五人。”灵公曰：“善。”然不伐蒲。灵公老，怠于政，不用孔子。孔子喟然叹曰：“苟有用我者，期月而已，三年有成。”孔子行。

【释义】

卫灵公听说孔子来了，很高兴，亲自出城来迎接。他问孔子：“我们可以讨伐蒲邑吗？”孔子回答说：“可以。”灵公说：“我的大夫们认为不可以。如今蒲地是卫国抵御晋国、楚国的屏障，用我们卫国的兵力去攻打，恐怕不可以吧？”孔子说：“蒲地的男子有誓死效忠卫国的信念，妇女有保卫河西这块土地的愿望。我们所要讨伐的，不过是四五个叛乱的头目罢了。”灵公说：“说得对。”但是他最终没有去讨伐蒲邑的叛乱。卫灵公老了，懒于过问政事，没有任用孔子。孔子长叹一声说：“如果有人起用我的话，保证他一年初见成效，三年大有所成。”孔子于是上路离去。

【原文】

佛肸为中牟宰。赵简子攻范、中行，伐中牟。佛肸畔，使人召孔子，孔子欲往。子路曰：“由闻诸夫子：‘其身亲为不善者，君子不入也’。今佛肸亲以中牟畔，子欲往，如之何？”孔子曰：“有是言也。不曰坚乎，磨而不磷；不曰白乎，涅而不淄。我岂匏瓜也哉，焉能系而不食？”

【释义】

佛肸担任晋国中牟的长官。晋国大夫赵简子打败范氏和中行氏两家后，进而讨伐中牟。佛肸率邑人叛离晋国，并派人召请孔子。孔子打算前往。子路说：“我听先生说过：‘看到本身在做坏事的人，君子是不会到他那里去的’。如今佛肸依据中牟发动叛乱，先生却想到他那里去，这是为什么呢？”孔子说：“有过这样的话。但我不是也说过真正坚硬的东西是磨不坏的，真正洁白的东西是染不黑的。我难道是个葫芦吗？

怎么能只是挂着中看不中吃呢?”

【原文】

孔子击磬,有荷蒉而过门者,曰:“有心哉,击磬乎！硁硁乎,莫己知也夫而已矣!”

【释义】

一天,孔子在屋里敲磬,有个背着草筐的人从门前经过,说:“这是心里有心事啊,所以才敲磬！叮叮当当地敲着,没有人能赏识自己吗,那就算了吧!”

【原文】

孔子学鼓琴师襄子,十日不进:师襄子曰:“可以益矣。”孔子曰:“丘已习其曲矣,未得其数也。”有间,曰:“已习其数,可以益矣。”孔子曰:“丘未得其志也。”有间,曰:“已习其志,可以益矣。”孔子曰:“丘未得其为人也。”有间,有所穆然深思焉,有所怡然高望而远志焉。曰:“丘得其为人:黯然而黑,几然而长,眼如望羊,如王四国,非文王其谁能为此也!”师襄子辟席再拜,曰:“师盖云《文王操》也。”

【释义】

孔子向鲁国的乐师襄子学习弹琴,一连十天都在练习原来的曲子,没有学新的内容。师襄子说:“可以学习新的内容了。”孔子说:“我已经熟习了它的曲调,但还没有掌握弹奏的技法要领。”过了一段时间,师襄子说:“你已经掌握了弹奏的技法要领,可以学习新的内容了。”孔子说:“我还没有领会乐曲的意蕴。”过了一段时间,师襄子又说:“你已经领会乐曲的意蕴了,可以学习新的内容了。”孔子说:“我还没有体会出作曲者是个什么样的人。”又过了一段时间,孔子进入一种肃穆深思的状态,显现出心旷神怡、视野开阔、志向高远的神情,说:“我体会出作者是什么样的人了:他肤色黝黑,身材高大,‘目光明亮而远大,好像是统治四方诸侯的王者,不是周文王还有谁会是这个样子呢！”师襄子离开座位向孔子拜了两拜，恭敬地说：“我的老师好像说过，这首琴曲名叫《文王操》。”

【原文】

孔子既不得用于卫，将西见赵简子。至于河而闻窦鸣犊、舜华之死也，临河而叹曰：“美哉水，洋洋乎！丘之不济此，命也夫！”子贡趋而进曰：“敢问何谓也？”孔子曰：“窦鸣犊、舜华，晋之贤大夫也。赵简子未得志之时，须此两人而后从政；及其已得志，杀之乃从政。丘闻之也，刳胎杀夭则麒麟不至郊，竭泽涸渔则蛟龙不合阴阳，覆巢毁卵则凤皇不翔。何则？君子讳伤其类也。夫鸟兽之于不义也尚知辟之，而况乎丘哉！”乃还息乎陬乡，作为《陬操》以哀之。而反乎卫，入主蘧伯玉家。

【释义】

孔子在卫国已得不到重用，就打算西行至晋国去见赵简子。刚到黄河边，就听到窦鸣犊、舜华被赵简子杀害的消息，于是孔子就对着黄河叹息说：“黄河水真壮美啊！多么浩荡盛大！我不能渡过黄河了，这也许是命中注定的吧！”子贡快步走上前问道：“请问这话是什么意思？”孔子说：“窦鸣犊和舜华都是晋国贤能的大夫。赵简子没有得势之前，是靠着这两人的提拔才上的台；等到他一旦得势，竟然把这两个人给杀了。我听说，哪里有人剖腹取胎、杀害幼兽，麒麟就不会在近郊出现；哪里有人排干了池塘来捉鱼，蛟龙就不肯为那个地方调和阴阳、兴云致雨；哪里有人捅翻了鸟巢、毁坏了鸟卵，凤凰就不会在那里飞翔起舞。这是为什么呢？因为君子忌讳伤害他的同类。飞鸟走兽对于不义的行为还知道躲避呢，更何况我孔丘呢！”于是孔子回到家乡陬邑休养，创作《陬操》来哀悼窦鸣犊、舜华这两位贤能的大夫。后来他又返回卫国，住在蘧伯玉家里。

【原文】

他日，灵公问兵陈。孔子曰：“俎豆之事则尝闻之，军旅之事未之学也。”明日，与孔子语，见蜚雁，仰视之，色不在孔子。孔子遂行，复如陈。夏，卫灵公卒，立孙辄，是为卫出公。六月，赵鞅内太子蒯聩于戚。阳虎使太子絻，八人衰绖，伪自卫迎者，哭而入，遂居焉。冬，蔡迁于州来。是岁鲁哀公三年，而孔子年六十矣。齐助卫围戚，以卫太子蒯聩在故也。

【释义】

有一天，卫灵公问起军队作战的列阵之法。孔子说："关于祭祀典礼的事，我倒听说过；至于排兵布阵的事，却是不曾学过。"第二天，灵公正和孔子在谈话，见有雁群飞过，只顾抬头仰望，注意力不在孔子身上。于是孔子就离开卫，又到陈国去。同年夏天，卫灵公死了，卫人拥立灵公的孙子辄即位，这就是卫出公。六月，晋国的赵鞅把卫灵公的太子蒯聩送入卫国的戚邑。阳虎让太子身穿丧服，另外派八个人穿麻戴孝，装成是从卫都来接太子回去奔丧的样子，哭着进入戚邑。但他们未能回到卫都，就在戚邑居住下来。同年冬天，蔡国从新蔡迁都至州来。这一年正是鲁哀公三年，而孔子已六十岁了。紧接着齐国就出兵协助卫国围攻戚邑，因为卫太子蒯聩住在那儿的缘故。

【原文】

夏，鲁桓、釐庙燔，南宫敬叔救火。孔子在陈，闻之，曰："灾必于桓、釐庙乎？"已而果然。

【释义】

这年夏天，鲁桓公、鲁釐公的庙失火烧了起来，南宫敬叔前去救火。这时孔子在陈国，听说鲁庙失火了，说道："火灾一定发生在桓公、釐公的庙里吧！"后来消息证实，果然如他所言。

【原文】

秋，季桓子病，辇而见鲁城，喟然叹曰："昔此国几兴矣，以吾获罪于孔子，故不兴也。”顾谓其嗣康子曰：“我即死，若必相鲁；相鲁，必召仲尼。”后数日，桓子卒，康子代立。已葬，欲召孔子。公之鱼曰：“昔吾先君用之不终，终为诸侯笑：今又用之，不能终，是再为诸侯笑。”康子曰：“则谁召而可？”曰：“必召冉求。”于是使使召冉求。冉求将行，孔子曰：“鲁人召求，非小用之，将大用之也。”是日，孔子曰：“归乎归乎！吾党之小子狂简，斐然成章，吾不知所以裁之。”子赣知孔子思归，送冉求，因诫曰“即用，以孔子为招”云。冉求既去，明年，孔子自陈迁于蔡。蔡昭公将如吴，吴召之也。前昭公欺其臣迁州来，后将往，大夫惧复迁，公孙翩射杀昭公。楚侵蔡。秋，齐景公卒。

【释义】

到了秋天，季桓子病重，乘着辇车巡视鲁城，感叹地说：“以前这个国家几乎要兴盛起来了，只因我得罪了孔子，没有好好用他，所以才没有兴盛啊！”他回头看着他的继承人季康子说：“我死了以后，你必然要任鲁国的宰相；任宰相后，你一定得请孔子回来。”过了几天，季桓子死了，季康子继承了卿位。丧事办完之后，季康子想派人召孔子。公之鱼劝他说：“以前我们先君用他没能善始善终，最后被诸侯耻笑。现在你再用他，如果又是半途而废，是要再被诸侯笑话的。”季康子说：“那要召谁才好呢？”公之鱼说：“应该召冉求。”于是季康子就派了使者去召冉求。冉求正要起程，孔子对弟子们说：“鲁国当局来召冉求，不会小用他，只会重用他的。”就在这一天，孔子感叹地说：“回去吧！回去吧！我家乡的那些弟子志气都很大，只是行事疏略些，他们文采斐然而有章法，我都不知道该从何处下手去指导他们了。”子贡知道孔子想回乡去，于是在送冉求时，他叮嘱冉求道：“你要是受到重用了，就要设法让他们来请老师回去。”冉求回去后的第二年，孔子从陈国迁居到蔡国。这时蔡昭公要到吴国去，因为吴王召他。在此之前昭公瞒着大臣把都邑迁到位于吴国境内的州来，现在又将应召前往吴国，大夫们担心他又要迁都，于是公孙翩就在路上把他给射杀了。不2久，楚军乘乱前来进犯蔡国。同年秋天，齐景公去世了。

【原文】

明年，孔子自蔡如叶。叶公问政，孔子曰："政在来远附迩。"他日，叶公问孔子于子路，子路不对。孔子闻之，曰："由，尔何不对曰'其为人也，学道不倦，诲人不厌，发愤忘食，乐以忘忧，不知老之将至'云尔。"

【释义】

第二年，孔子从蔡国前往楚国的叶邑，叶公问孔子如何为政，孔子说："为政的关键在于使远方的人才都来投奔你，使身边的百姓都能亲近你。"有一天，叶公问子路孔子是个什么样的人，子路没回答他。孔子知道后就对子路说："仲由，你怎么不回答他说：'他这个人嘛，不过是学习道理不知疲倦，教导别人不会厌烦，发奋时连饭也会忘了吃，常常自得其乐而忘记了忧愁，甚至不知道衰老就要到来。'"

【原文】

去叶，反于蔡。长沮、桀溺耦而耕，孔子以为隐者，使子路问津焉。长沮曰："彼执舆者为谁？"子路曰："为孔丘。"曰："是鲁孔丘与？"曰："然。"曰："是知津矣。"桀溺谓子路曰："子为谁？"曰："为仲由。"曰："子，孔丘之徒与？"曰："然。"桀溺曰："悠悠者天下皆是也，而谁以易之？且与其从辟人之士，岂若从辟世之士哉！"耰而不辍。子路以告孔子，孔子怃然曰："鸟兽不可与同群，天下有道，丘不与易也。"

【释义】

孔子离开了楚国的叶邑，返回蔡国。路遇长沮、桀溺两人一起在田里耕作，孔子看出他们是隐居的高士，就叫子路前去向他们打听渡口在哪里。长沮说："那车上拉着缰绳的人是谁？"子路说："是孔丘。"长沮说："是鲁国的孔丘吗？"子路说："是的。"长沮说："那他自己该知道渡口在哪儿。"桀溺随后又问子路说："你是谁？"子路说：

“我是仲由。”桀溺说：“那你是孔丘的门徒喽？”子路说：“是的。”桀溺说：“天下哪儿都是一样的动荡呵，但是又有谁能改变这种局势呢？与其跟着那逃避暴君乱臣的人到处奔波，还不如追随躲避乱世的人呢！”两人说完仍然耕作不息。子路回来把经过情形报告了孔子，孔子怅然地说：“我是不能终日与鸟兽生活在一起的。天下如果有正道的话，那我也用不着为改变这个世道而操心了。”

【原文】

他日，子路行，遇荷蓧丈人，曰：“子见夫子乎？”丈人曰：“四体不勤，五谷不分，孰为夫子！”植其杖而芸。子路以告，孔子曰：“隐者也。”复往，则亡。

【释义】

又有一天，子路一个人在路上走，遇到一位背着锄具的老人。子路请问道：“您看见我的老师了吗？”老人说：“一个人空长着四肢不劳动，五谷也分不清楚，那算什么老师？”说完，他就放下拐杖锄起草来。子路回来后把经过告诉孔子，孔子说：“那是一位隐士啊。”他叫子路回去找老人，而老人却已走了。

【原文】

孔子迁于蔡三岁，吴伐陈。楚救陈，军于城父。闻孔子在陈、蔡之间，楚使人聘孔子。孔子将往拜礼，陈、蔡大夫谋曰：“孔子贤者，所刺讥皆中诸侯之疾。今者久留陈、蔡之间，诸大夫所设行皆非仲尼之意。今楚，大国也，来聘孔子。孔子用于楚，则陈、蔡用事大夫危矣。”于是乃相与发徒役围孔子于野。不得行，绝粮。从者病，莫能兴，孔子讲诵弦歌不衰。子路愠，见曰：“君子亦有穷乎？”孔子曰：“君子固穷，小人穷斯滥矣。”子贡色作。孔子曰：“赐，尔以予为多学而识之者与？”曰：“然。非与？”孔子曰：“非也，予一以贯之。”孔子知弟子有愠心，乃召子路而问曰：“《诗》云‘匪兕匪虎，率彼旷野’。吾道非邪？吾何为于此？”子路曰：“意者吾未仁邪？人之不我信也。意者吾未知邪？人之不我行也。"孔子曰："有是乎！由，譬使仁者而必信，安有伯夷、叔齐？使知者而必行，安有王子比干？"子路出，子贡入见。孔子曰："赐，《诗》云'匪兕匪虎，率彼旷野'。吾道非邪？吾何为于此？"子贡曰："夫子之道至大也，故天下莫能容夫子。夫子盖少贬焉？"孔子曰："赐，良农能稼而不能为穑，良工能巧而不能为顺。君子能修其道，纲而纪之，统而理之，而不能为容。今尔不修尔道而求为容，赐，而志不远矣！"子贡出，颜回入见。孔子曰："回，《诗》云'匪兕匪虎，率彼旷野'。吾道非邪？吾何为于此？"颜回曰："夫子之道至大，故天下莫能容。虽然，夫子推而行之。不容何病，不容然后见君子！夫道之不修也，是吾丑也。夫道既已大修而不用，是有国者之丑也。不容何病，不容然后见君子！"孔子欣然而笑曰："有是哉颜氏之子！使尔多财，吾为尔宰。"于是使子贡至楚，楚昭王兴师迎孔子，然后得免。

【释义】

孔子到蔡国的第三年，吴国进攻陈国。楚国前来救援陈国，军队驻扎在城父。听说孔子住在陈蔡两国的边境地带，楚国就派了专人来聘请孔子。孔子正打算前往答谢，陈蔡两国的大夫就商议说："孔子是位有才德的贤者，凡他所讽刺批评的，都切中诸侯的弊病所在。如今他长久居住在我们陈、蔡两国之间，我们两国大夫们的所作所为都与孔子的主张不合。现在的楚国，是个强大的国家，却来礼聘孔子。如果孔子在楚国受到重用的话，那我们陈、蔡两国掌政的大夫就危险了。"于是双方都派了人把孔子一行围困在荒野上。孔子无法动身，粮食也断绝了。随行弟子饿病了，都打不起精神来。而孔子却照样不停地讲他的学，读他的书，弹他的琴，唱他的歌。子路气愤地来见孔子，说道："君子也有这样困窘的时候吗？"孔子说："君子在困窘面前能坚守节操，小人遭到困窘就会不择手段地乱来了。"子贡也是一脸的不高兴。孔子对他说："赐啊，你认为我是博学而强记的人吧？"子贡说："是的。难道您不是这样的人吗？"孔子说："不是的，我是用一种基本的思想把所学的知识贯穿起来的。"孔子知道弟子心中懊恼不平，于是召子路前来问他说："《诗》上说：'既不是犀牛也不是老虎，却整天徘徊在旷野中。’难道是我奉行的道义不对吗？我为什么会被困在这里？”子路说：“想必是我们的仁德不够吧？所以人家不信任我们。想必是我们的智谋不足吧？所以人家不让我们通行。”孔子说：“有这个道理吗？仲由，假使有仁德的人便能获取人们的信任，那伯夷、叔齐怎会饿死在首阳山呢？假使有智谋的人就能通行无阻，那王子比干又怎会被纣王剖心呢？”子路出去后，子贡进来相见。孔子说：“赐啊，《诗》上说：‘既不是犀牛也不是老虎，却整天徘徊在旷野中。’难道是我奉行的道义不对吗？为什么我会被围困在这里？”子贡说：“老师奉行的道义最为广大了，所以天下没有哪一个国家能容纳老师。老师何不稍微降低一点标准呢？”孔子说：“赐，好农夫虽然善于播种五谷，但却不一定准有好收成；好工匠虽有精巧的手艺，但却未必能使人们都称心如意。君子能够提出自己的政治理想和主张，能够想出一定的办法治理社会，统筹管理国家，但不一定能容合于当世。现在你不坚持自己的理想而只想让人家容纳你。赐啊，你的志向可不够远大啊！”子贡出去后，颜回进来相见。孔子说：“回啊，《诗》上说：‘既不是犀牛也不是老虎，却整天徘徊在旷野中。’难道是我奉行的道义不对吗？为什么我会被围困在这里？”颜回说：“老师奉行的道义最为广大了，所以天下没有哪一个国家能够容纳您。虽然如此，老师还是努力推行自己的主张，不被容纳又有什么关系？人家不能容，才显出老师是一位不苟合取容的君子！不能完善自己的理想主张，是我们的耻辱；我们的理想主张已经很完善了，却不被人采纳，那是当权者的耻辱了。不被容纳又有什么关系？人家不能容，才显出您是一位不苟合取容的君子呢！”孔子听了欣慰地笑了，说道：“是这样呀，颜家的子弟！假使你能有很多财富的话，我情愿做你的管家！”于是孔子派子贡到楚国去报信，楚昭王便派兵前来迎护孔子，才免去了这场灾祸。

【原文】

昭王将以书社地七百里封孔子，楚令尹子西曰：“王之使使诸侯有如子贡者乎？”曰：“无有。”“王之辅相有如颜回者乎？”曰：“无有。”“王之将率有如子路者乎？”曰：

"无有。""王之官尹有如宰予者乎?"曰:"无有。""且楚之祖封于周,号为子男五十里。今孔丘述三五之法,明周召之业,王若用之,则楚安得世世堂堂方数千里乎?夫文王在丰,武王在镐,百里之君卒王天下。今孔丘得据土壤,贤弟子为佐,非楚之福也。"昭王乃止。其秋,楚昭王卒于城父。

【释义】

楚昭王想把带有户籍的七百里地封给孔子。楚国的令尹子西阻止说:"大王派到诸侯各国的使臣,有像子贡这样称职的吗?"昭王说:"没有。"子西又问:"大王左右的辅佐大臣,有像颜回这样贤能的吗?"昭王说:"没有。"子西又问:"大王的将帅,有像子路这样英勇的吗?"昭王说:"没有。"子西再问:"大王手下各部门主事的臣子,有像宰予这样干练的吗?"昭王也说:"没有。"子西接着说:"我们楚国的祖先当初在受周天子分封时,封号是子男爵,封地只有五十里。如今孔丘推行三皇五帝的治国方略,申明周公、召公的德业,大王如果用了他,那么楚国还能世世代代公然保有几千里的土地吗?想当初文王在丰邑,武王在镐京,从只有百里小国的君主,经过两代经营终而统一天下。现在孔丘如拥有那七百里土地,又有那么多贤能弟子辅佐,对楚国来说并不是福音。"昭王听了就放弃了原来的打算。这年秋天,楚昭王死在城父。

【原文】

楚狂接舆歌而过孔子,曰:"凤兮凤兮,何德之衰!往者不可谏兮,来者犹可追也!已而已而,今之从政者殆而!"孔子下,欲与之言。趋而去,弗得与之言。于是孔子自楚反乎卫。是岁也,孔子年六十三,而鲁哀公六年也。

【释义】

楚国装疯自隐的贤士接舆,哼着歌从孔子的车旁走过。他唱道:"凤鸟呀凤鸟!为什么你的品行会这么差啊?过去的事既然无法挽回,就赶紧解决自己今后的问题吧。算了，算了，现在的执政者都已经不可救药了！”孔子下了车，想和他谈谈。他却快步走开了，孔子没能跟他说上话。于是孔子从楚国回到了卫国。这一年，孔子六十三岁，是鲁哀公在位的第六年。

【原文】

其明年，吴与鲁会缯，征百牢。太宰嚭召季康子，季康子使子贡往，然后得已。

【释义】

第二年，吴国和鲁国在缯邑会盟，吴王向鲁国索取猪牛羊各一百头作为贡礼。吴国的太宰伯嚭召见季康子。康子就请子贡前去交涉，经子贡据理力争才得以免除。

【原文】

孔子曰：“鲁卫之政，兄弟也。”是时，卫君辄父不得立，在外，诸侯数以为让。而孔子弟子多仕于卫，卫君欲得孔子为政。子路曰：“卫君待子而为政，子将奚先？”孔子曰：“必也正名乎！”子路曰：“有是哉，子之迂也！何其正也？”孔子曰：“野哉由也！夫名不正则言不顺，言不顺则事不成，事不成则礼乐不兴，礼乐不兴则刑罚不中，刑罚不中则民无所错手足矣。夫君子为之必可名，言之必可行。君子于其言，无所苟而已矣。”

【释义】

孔子说：“鲁、卫两国的政治局势，如同兄弟一般，好坏都差不多。”这个时候，卫出公辄的父亲蒯聩流亡在外不能继位，各国诸侯纷纷拿此事指责卫国。而孔子的弟子很多都在卫国做官，卫出公也想让孔子来辅佐政事。子路就问孔子说：“卫君想要老师去帮他治理国家。老师打算先做什么？”孔子说：“一定要先正名分！”子路说：“有这样做的吗？老师您太迂腐而不切实际了！何必去端正什么名分呢？”孔子说：“仲由

啊,你太粗野了!要知道名分不正,说出来的话就不顺理;说话不顺理,政事就没法成功;政事不成功,礼乐教化就不能兴盛;礼乐不兴盛,刑罚就无法适中;刑罚不适中,那老百姓就会手足无措。所以君子办事必须符合名分,说话必须切实可行。君子对他说出来的话,应该毫不苟且马虎。"

【原文】

其明年,冉有为季氏将师与齐战于郎,克之。季康子曰:"子之于军旅,学之乎?性之乎?"冉有曰:"学之于孔子。"季康子曰:"孔子何如人哉?"对曰:"用之有名,播之百姓,质诸鬼神而无憾。求之至于此道,虽累千社,夫子不利也。"康子曰:"我欲召之,可乎?"对曰:"欲召之,则毋以小人固之,则可矣。"

【释义】

又过一年,冉有为季孙氏率领军队,和齐国在鲁国的郎邑交战,把齐兵给打败了。季康子对冉求说:"你的军事才能,是学来的呢。还是天生就懂的呢?"冉有说:"是向孔子学的。"季康子说:"孔子究竟是怎么样的一个人呢?"冉有回答说:"起用他就会有名声,将他宣扬到百姓中间去,向鬼神质询他的为人,都毫无缺憾可言。像我现在所做的这些事情,即使您拿出两万五千户的封地去吸引他,老师也会毫不动心的。"康子说:"我想召请他回来,可以吗?"冉有回答说:"如果真想召请他来,就不要让小人来约束他,那是可以的。"

【原文】

而卫孔文子将攻太叔,问策于仲尼。仲尼辞不知,退而命载而行,曰:"鸟能择木,木岂能择鸟乎!"文子固止,会季康子逐公华,公宾、公林,以币迎孔子,孔子归鲁。孔子之去鲁凡十四岁而反乎鲁。

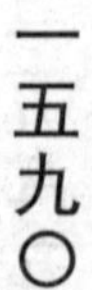

【释义】

这时卫国的孔文子想攻打卫文公的后人太叔,向孔子询问计策。孔子推说自己不懂军事,出门后就命令弟子驾车上路。他说:“鸟可以选择树木来栖息,树木哪能选择鸟呢?”孔文子一再坚决地挽留他,正好这时季康子赶走了公华、公宾、公林这几个人,带着礼物来迎接孔子,孔子就回到了鲁国。孔子离开鲁国奔波于各诸侯国之间,一共经过了十四年的时间才又回到鲁国。

【原文】

鲁哀公问政,对曰:“政在选臣。”季康子问政,曰:“举直错诸枉,则枉者直。”康子患盗,孔子曰:“苟子之不欲,虽赏之不窃。”然鲁终不能用孔子,孔子亦不求仕。

【释义】

鲁哀公问孔子如何治理国家,孔子回答说:“治理国家的关键在于选好大臣。”季康子也问孔子如何治理国家,孔子说:“提拔正直的人,废弃奸邪的人,这样就能使其他奸邪的人也逐渐变正直了。”季康子忧虑国内的盗贼为患,孔子告诉他说:“如果你自己没有贪欲,那么你就是鼓励别人去偷窃,他们也不会去干的。”然而由于种种原因,鲁国终究没能再次起用孔子,而孔子也不再主动去谋求官位。

【原文】

孔子之时,周室微而礼乐废,《诗》《书》缺。追迹三代之礼,序《书传》,上纪唐虞之际,下至秦缪,编次其事。曰:“夏礼吾能言之,杞不足征也。殷礼吾能言之,宋不足征也。足,则吾能征之矣。”观殷、夏所损益,曰:“后虽百世可知也,以一文一质。”“周监二代,郁郁乎文哉,吾从周。”故《书传》《礼记》自孔氏。

【释义】

在孔子生活的时代，周朝王室衰微而礼崩乐坏，《诗》《书》典籍零散残缺。于是孔子追寻探索夏、商、周三代以来的礼制遗规，厘定《尚书》的篇次，把上起唐尧虞舜，下至秦穆公的相关史料，按时间顺序编排起来。他说："夏代的礼制，我还能讲述个大概，只可惜夏人的后代杞人没有留下足够证明这些制度的文献。殷代的礼制，我也能讲述个大概，只可惜殷人的后代宋人也没有留下足够证明这些制度的文献。要是杞、宋两国保有足够的文献的话，我就能有更充分的证据证实这些制度了。"孔子考察了殷、夏两代礼制方面的变化后，说道："往后即使再过一百代，我也可以推知那时的礼制面貌，其演变大体上都是文采和质朴的交替。""周王朝参照了夏、殷两代的制度，呈现出多么丰富多彩的礼制文化呀！我遵从周朝的制度。"所以《尚书》《礼记》也都是经过孔子整理编定的。

【原文】

孔子语鲁大师："乐其可知也，始作翕如，纵之纯如，皦如，绎如也，以成。""吾自卫反鲁，然后乐正，《雅》《颂》各得其所。"

【释义】

孔子对鲁国的乐官说："音乐的演奏规律是可以通晓的。刚开始的时候，要协调五音，随着音调的展开声音要和谐清晰，要顿挫鲜明，要悠扬回环，就这样一直到最后。"又说："我从卫国回到鲁国之后，就开始整理古乐，使《雅》乐和《颂》乐都回归到各自原来位置上。"

【原文】

古者《诗》三千余篇，及至孔子，去其重，取可施于礼义，上采契、后稷，中述殷周之盛，至幽厉之缺，始于衽席，故曰“《关雎》之乱以为《风》始，《鹿鸣》为《小雅》始，《文王》为《大雅》始，《清庙》为《颂》始。”三百五篇孔子皆弦歌之，以求合《韶》《武》《雅》《颂》之音。礼乐自此可得而述，以备王道，成六艺。

【释义】

古代流传下来的《诗》原有三千多篇，到了孔子手中后，他就把重复的去掉，选取那些可以用来配合礼仪教化的诗篇。所取诗篇，上采殷人始祖契、周人始祖后稷的史迹，中述殷、周的兴盛，下至周幽王、周厉王时政治制度的败坏，而编排的顺序又首先是从夫妻之间的关系开始的，所以说“《关雎》是《国风》的开篇，《鹿鸣》是《小雅》的开篇，《文王》是《大雅》的开篇，《清庙》是《颂》的开篇。”选出的三百零五篇诗，孔子都将其入乐歌唱，以求合乎古代《韶》乐、《武》乐、《雅》乐、《颂》乐的乐舞之音。儒家所倡导的礼乐，经过孔子的这种努力就可以讲清其源流了，而这又是实行王道所不可缺少的，是儒家六艺的重要组成部分。

【原文】

孔子晚而喜《易》，序《彖》《系》《象》《说卦》《文言》。读《易》，韦编三绝。曰：“假我数年，若是，我于《易》则彬彬矣。”

【释义】

孔子晚年特别喜欢《周易》，并编注了《彖辞》《系辞》《象辞》《说卦》《文言》等篇。他读《易》很勤奋，以致把编书简的皮绳都弄断了多次。他还说过：“如果再让我多活几年，这样的话，我对《周易》就会理解得更透彻、更深入了。”

【原文】

孔子以《诗》《书》《礼》《乐》教，弟子盖三千焉，身通六艺者七十有二人。如颜浊

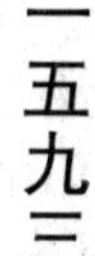

邹之徒,颇受业者甚众。

【释义】

孔子把《诗》《书》《礼》《乐》作为教育弟子的主要内容,就学的门生大约有三千人,而其中精通六艺的有七十二人。像颜浊邹那样受到过孔子的教诲却没有正式入籍的学生,为数就更多了。

【原文】

孔子以四教:文,行,忠,信。绝四:毋意,毋必,毋固,毋我。所慎:齐,战,疾。子罕言利与命与仁。不愤不启,举一隅不以三隅反,则弗复也。

【释义】

孔子从四个方面入手教育学生:文献、操行、忠恕、信义。他严格推行四种禁律:不妄加揣测、不主观臆断、不固执己见、不自以为是。他所特别谨慎对待的事有:斋戒、战争和疾病。孔子很少把私利与天命、仁德联系到一起来讨论。孔子教育人,不到弟子实在弄不懂而烦闷发急的时候,不会去启发开导他;弟子如果不能举一反三,孔子就不会重复讲述。

【原文】

其于乡党,恂恂似不能言者。其于宗庙朝廷,辩辩言,唯谨尔。朝,与上大夫言,訚訚如也;与下大夫言,侃侃如也。入公门,鞠躬如也;趋进,翼如也。君召使傧,色勃如也。君命召,不俟驾行矣。鱼馁,肉败,割不正,不食。席不正,不坐。食于有丧者之侧,未尝饱也。是日哭,则不歌。见齐衰、瞽者,虽童子必变。

【释义】

孔子在自己的乡里,总是显得恭敬温厚,好似不大会讲话的样子。但他在宗庙祭祀和朝廷议政时，却很善于明辨，只是很恭谨小心，不敢放肆谈论。他在朝中与上大夫交谈，态度中正而能直言；与下大夫交谈，就显得和悦而又轻松了。孔子进国君的宫门时，总要低头弯腰以示恭敬；然后急行而前，态度端谨有礼。国君命他接待宾客时，他的神色立刻就会变得庄重起来。国君有命召见时，他就会不等车驾备好就尽快出发前往。鱼不新鲜，肉已变味，食物切割不合规矩的，他都通通不吃。座位没有摆正，他就不去坐。在有丧事的人旁边吃饭，他从没有吃饱过的。只要在这一天里哭过，他就不会在这一天里唱歌。见到穿麻戴孝的人或双目失明的人，即使那是个小孩子，他也必然会改变脸色表示同情。

【原文】

"三人行，必得我师。""德之不修，学之不讲，闻义不能徙，不善不能改，是吾忧也。"使人歌，善，则使复之，然后和之。子不语怪，力，乱，神。

【释义】

孔子说："三人同行，其中必有可做我老师的。"又说："不去修养品德，不去深入钻研学业，见到人家做好事却不向人家学习，对待错误和缺点不能加以改正，这些都是我忧虑的。"孔子听人唱歌，要是唱得好，就会请他再唱，然后自己也跟着唱起来。孔子不谈论有关怪异、暴力、叛乱以及鬼神这四个方面的问题。

【原文】

子贡曰："夫子之文章可得闻也；夫子言天道与性命，弗可得闻也已。"

【释义】

子贡说："关于诗、书、礼、乐方面的论述，我们听老师讲过；关于天道与人生命运的见解，我们没有听老师讲过。"

【原文】

颜渊喟然叹曰:“仰之弥高,钻之弥坚,瞻之在前,忽焉在后。夫子循循然善诱人,博我以文,约我以礼,欲罢不能。既竭我才,如有所立,卓尔,虽欲从之,蔑由也已。”

【释义】

颜渊无限感慨地说:“老师的学问,我越是仰慕它就越觉得崇高无比,越是钻研探究就越觉得它坚实深厚,看上去仿佛在眼前,忽然间又在身后了。老师善于循序渐进地诱导人,用典籍文献来丰富我的知识,用礼仪道德来规范我的言行,使我想停止学习都不可能。我已经用尽了自己的所有才力,也似乎有所建树,而那个崇高的目标却依然耸立在我的面前。虽然我也想努力靠近,但总不能达到老师的那种境界。”

【原文】

达巷党人曰:“大哉孔子,博学而无所成名。”子闻之曰:“我何执?执御乎?执射乎?我执御矣!”牢曰:“子云:‘不试故艺。’”

【释义】

有个居住在达巷的人说:“孔子真是伟大啊!他学问渊博,无所不通,使人无法说清他是哪一方面的专家。”孔子听了这话,说道:“我精通什么呢?驾车?还是射箭?我看还是精通驾车罢。”他的弟子子牢说:“老师说过‘因为我得不到国家的重用,所以才有工夫多学些东西’。”

【原文】

鲁哀公十四年春,狩大野。叔孙氏车子钼商获兽,以为不祥。仲尼视之,曰:“麟也。”取之。曰:“河不出图,雒不出书,吾已矣夫!”颜渊死,孔子曰:“天丧予!”及西狩见麟，曰："吾道穷矣！"喟然叹曰："莫知我夫！"子贡曰："何为莫知子？"子曰："不怨天，不尤人，下学而上达，知我者其天乎！"

【释义】

鲁哀公十四年春天，哀公带领众人在大野泽打猎。叔孙氏的乘车武士钮商猎获了一只罕见的野兽，大家认为是不祥之兆。孔子见了，说："这是一只麒麟。"于是大家就把它运回去。孔子早就说过："黄河里再也看不到龙马背着八卦图出现，洛水中也不再见神龟驮着洛书浮出。看来我这辈子大概是没什么希望了！"后来颜渊死时，孔子更是悲痛地说："是老天要亡我了吧！"等到见到这只在曲阜西边猎获的麒麟时，他更绝望地说："我的理想和主张走到尽头了！"孔子很感慨地说："没有人能了解我啊！"子贡说："为什么说没有人了解您呢？"孔子说："我上不怨天，下不尤人；下学人事，上达天命，能了解我的，看来只有上天了！"

鲁哀公

【原文】

"不降其志，不辱其身，伯夷、叔齐乎！"谓："柳下惠、少连降志辱身矣。"谓："虞仲、夷逸隐居放言，行中清，废中权。""我则异于是，无可无不可。"

【释义】

孔子说："能够不降低自己的志向，不辱没自己的人格的，大概只有伯夷、叔齐了吧！"又说："柳下惠和少连则相反，既降低了自己的志向，又辱没了自己的人格。"他说："虞仲、夷逸避世隐居，放肆直言，行事合乎清高，弃官合乎权变。"又说："我就跟他们的做法不一样，没有什么绝对可以，也没有什么绝对不可以。"

【原文】

子曰："弗乎弗乎，君子病没世而名不称焉。吾道不行矣，吾何以自见于后世哉？"乃因史记作《春秋》，上至隐公，下讫哀公十四年，十二公。据鲁，亲周，故殷，运之三代。约其文辞而指博。故吴楚之君自称王，而《春秋》贬之曰"子"；践土之会实召周天子，而《春秋》讳之曰"天王狩于河阳"：推此类以绳当世，贬损之义，后有王者举而开之。《春秋》之义行，则天下乱臣贼子惧焉。孔子在位听讼，文辞有可与人共者，弗独有也。至于为《春秋》，笔则笔，削则削，子夏之徒不能赞一辞。弟子受《春秋》，孔子曰："后世知丘者以《春秋》，而罪丘者亦以《春秋》。"

【释义】

孔子说："君子最遗憾的就是死后没有留下好名声。难道不是吗？难道不是吗？我的理想在今世肯定行不通了，我要用什么将自己呈现给后世呢？"于是他就依据鲁国的史料记载作了《春秋》一书，这部书上起鲁隐公元年，下至鲁哀公十四年，一共包括十二位国君的相关史事。这部书以鲁国历史为依据，尊奉周王室为正统，借鉴殷朝的旧制，贯通夏商周三代的历史变迁。《春秋》文辞简约而旨趣深广。比如，吴国、楚国的国君自称为王，《春秋》就依据当初周王册封时的等级，贬称他们为"子"爵；践土会盟，实际上是晋侯召周天子，《春秋》避讳说"周天子巡狩到了河阳"：孔子推行此类记史的笔法，以矫正当世不符名分的行为。孔子之所以要采取这种褒贬大义的笔法，目的在于让后代的君王加以倡导推广。《春秋》的义法如果得以通行天下，那么普天之下的乱臣贼子都会感到恐惧。孔子过去任官审案时，文辞上如有需要与人共同商量斟酌的，他从不专断。到他写春秋时就不同了，认为该记录的就振笔直录，该删削的就断然删削，就连子夏这些擅长文学的弟子，都不能改动一字一词。弟子们听孔子讲《春秋》时，孔子说："后人了解我孔丘，只有靠这部《春秋》；而后世怪罪我孔丘，也是因为这部《春秋》。"

【原文】

明岁，子路死于卫。孔子病，子贡请见。孔子方负杖逍遥于门，曰：“赐，汝来何其晚也？”孔子因叹，歌曰：“太山坏乎！梁木摧乎！哲人萎乎！”因以涕下。谓子贡曰：“天下无道久矣，莫能宗予。夏人殡于东阶，周人于西阶，殷人两柱间。昨暮予梦坐奠两柱之间，予始殷人也。”后七日卒。孔子年七十三，以鲁哀公十六年四月己丑卒。

【释义】

第二年，子路死在卫国。当时孔子正在生病，子贡前来看望他。孔子正拄着手杖在门口散步，一见子贡就说：“赐啊！你怎么来得这么迟呢？”他随即叹了一声，口里哼道：“泰山就这样崩坏了吗？栋梁就这样折断了吗？智慧出众的人就这样老死了吗？”哼完不禁流下眼泪。稍后他又对子贡说：“天下偏离正道已经很久了，没有人能尊崇我的治国理想了。夏人死了停棺在东厢台阶，周人是在西阶，殷人则在厅堂的两柱之间。昨天夜里我梦见自己坐在厅堂两柱之间享受祭奠，可见我的始祖是殷人啊！”七天后，孔子就死了。孔子享年七十三岁，死在鲁哀公十六年四月己丑日。

【原文】

哀公诔之曰：“旻天不吊，不憖遗一老，俾屏余一人以在位，茕茕余在疚。呜呼哀哉！尼父，毋自律！”子贡曰：“君其不没于鲁乎！夫子之言曰：‘礼失则昏，名失则愆。失志为昏，失所为愆。’生不能用，死而诔之，非礼也；称‘余一人’，非名也。”

【释义】

鲁哀公在给孔子写的诔文上说：“上天不怜悯我啊，不肯给我留下这样一位老人，把我一个人抛弃在君位上，让我独自品尝痛苦的滋味。唉，多么悲痛啊！仲尼老人，没有人可以再做我学习的楷模了！”子贡听后批评道：“我们这位国君今后恐怕不能在鲁国得到善终啊！借用老师的话说：'一个人要是在礼法上有缺失，他的头脑就会昏乱；要是在名分上有缺失，他的行为就会出错。所谓昏乱就是神志不清，不能正常地思考问题；所谓出错就是所作所为不合规矩。'人活着时不能用他，等到死了才来悼念他，这是不合礼的；而他还自称'余一人'，这是不合名分的。"

【原文】

孔子葬鲁城北泗上，弟子皆服三年。三年心丧毕，相诀而去，则哭，各复尽哀；或复留。唯子贡庐于冢上，凡六年然后去。弟子及鲁人往从冢而家者百有余室，因命曰孔里。鲁世世相传以岁时奉祠孔子冢，而诸儒亦讲礼乡饮、大射于孔子冢。孔子冢大一顷，故所居堂弟子内，后世因庙，藏孔子衣冠琴车书，至于汉二百余年不绝。高皇帝过鲁，以太牢祠焉。诸侯卿相至，常先谒然后从政。

【释义】

孔子死后葬在鲁国都城北面的泗水边上，弟子们都在那里为他服丧三年。三年的心丧服完，大家在告别离去时痛哭一场，每个人都很悲痛，有的就又留了下来。子贡甚至在墓旁搭了草棚住下，前后一共守了六年才离开。孔子的弟子以及其他鲁国人，自愿搬到墓旁定居的有一百多家，因而人们管那个地方叫"孔里"。鲁国人世代相传每年都要按时到孔子墓前祭拜，而儒生们讲习乡饮、乡射之礼，也都在孔子的墓场举行。孔子的基地大小有一顷左右。孔子故居的堂屋以及弟子所住的内室，后来就改成了圣庙，里面收藏孔子生前的衣服、冠帽、琴、车仗和书籍。直到汉朝建国，孔子已经去世二百多年了，人们时他的祭祀却一直没有断绝过。汉高祖刘邦路过鲁地时，也用了太牢之礼祭拜孔子。诸侯卿相到这里就任，常是先到庙里祭拜之后才正式履行政务。

【原文】

孔子生鲤，字伯鱼。伯鱼年五十，先孔子死。伯鱼生伋，字子思，年六十二，尝困于宋。子思作《中庸》。子思生白，字子上，年四十七。子上生求，字子家，年四十五。子家生箕，字子京，年四十六。子京生穿，字子高，年五十一。子高生子慎，年五十七，尝为魏相。子慎生鲋，年五十七，为陈王涉博士，死于陈下。鲋弟子襄，年五十七。尝为孝惠皇帝博士，迁为长沙太守，长九尺六寸。子襄生忠，年五十七。忠生武，武生延年及安国。安国为今皇帝博士，至临淮太守，蚤卒。安国卬，卬生驩。

【释义】

孔子生了孔鲤，字伯鱼。伯鱼享年五十岁，比孔子早死。伯鱼生了孔伋，字子思，享年六十二岁，曾经受困于宋国，著有《中庸》。子思生了孔白，字子上，享年四十七岁。子上生了孔求，字子家，享年四十五岁。子家生了孔箕，字子京，享年四十六岁。子京生了孔穿，字子高，享年五十一岁。子高生了子慎，享年五十七岁，曾经做过魏国宰相。子慎生了孔鲋，享年五十七岁，做过陈涉的博士，死在陈郡。孔鲋的弟弟叫子襄，享年五十七岁，做过汉惠帝的博士，后来改任长沙太守，身高九尺六寸。子襄生了孔忠，享年五十七岁。孔忠生了孔武，孔武生了孔延年和孔安国。孔安国做了汉武帝的博士，后来又做过临淮太守，短命早死。孔安国生了孔卬，孔卬生了孔驩。

【原文】

太史公曰：《诗》有之："高山仰止，景行行止。"虽不能至，然心乡往之。余读孔氏书，想见其为人。适鲁，观仲尼庙堂车服礼器，诸生以时习礼其家，余祗回留之不能去云。天下君王至于贤人众矣，当时则荣，没则已焉；孔子布衣，传十余世，学者宗之。自天子王侯，中国言"六艺"者折中于夫子，可谓至圣矣！

【释义】

太史公说：《诗经》上有这样的话："像高山一样令人敬仰，像大道一样让人神驰。"我虽然无法达到孔子那样的境界，但内心深处却十分向往。我读孔子的著作时，

心里总是想象着他的为人。我到鲁国去的时候,参观了仲尼的庙堂以及他遗留下来的车仗、衣帽、礼器等,目睹了儒生们按时在孔子故居演习礼仪的情景。我由衷敬仰,恋恋不舍以至久久不愿离去。自古以来,天下的君王直至贤人实在是够多了,他们活着时都很荣耀,死后就悄无声息了。孔子仅是一个平民百姓,声名却流传了十几代,学者们直到现在仍然推崇他。自天子王侯以下,中国凡是研讨"六经"的人,都把孔夫子的话当作最高的准则。孔子真可说是一位至高无上的圣人了!

第九章　《仲尼弟子列传》原典释义

【原文】

孔子曰“受业身通者七十有七人”,皆异能之士也。德行:颜渊、闵子骞、冉伯牛、仲弓。政事:冉有、季路。言语:宰我、子贡。文学:子游、子夏。师也辟,参也鲁,柴也愚,由也颜,回也屡空。赐不受命而货殖焉,亿则屡中。

【释义】

孔子说:“在我门下求学且学业精通的弟子,有七十七人。”他们都是具有异常才能的杰出人物。其中,以德行见长的有:颜渊、闵子骞、冉伯牛、仲弓;以政事见长的有:冉有、季路;以言辞辩论见长的有:宰我、子贡;以文章学术见长的有:子游、子夏。其他弟子中,颛孙师略嫌偏激浮夸,曾参迟缓笃实,高柴憨直忠厚,仲由粗率勇猛,颜回经常处于穷困之中。端木赐则不受命运的约束而去经商,不过他料度事理经常准确无误。

【原文】

孔子之所严事:于周则老子;干卩,蘧伯玉;于齐,晏平仲;于楚,老莱了;丁郑,子产;于鲁,孟公绰。数称臧文仲、柳下惠、铜鞮伯华、介山子然,孔子皆后之,不并世。

【释义】

孔子所敬重的人,周朝有老子,卫国有蘧伯玉,齐国有晏婴,楚国有老莱子,郑国有子产，鲁国有孟公绰。孔子也常称颂臧文仲、柳下惠、铜鞮伯华、介子推的言行事迹。孔子出生的时间比他们都晚，并不是同一时代的人。

【原文】

颜回者，鲁人也，字子渊。少孔子三十岁。颜渊问仁，孔子曰："克己复礼，天下归仁焉。"孔子曰："贤哉回也！一箪食，一瓢饮，在陋巷，人不堪其忧，回也不改其乐。""回也如愚；退而省其私，亦足以发，回也不愚。""用之则行，舍之则藏，唯我与尔有是夫！"

回年二十九，发尽白，蚤死。孔子哭之恸，曰："自吾有回，门人益亲。"鲁哀公问："弟子孰为好学？"孔子对曰："有颜回者好学，不迁怒，不贰过。不幸短命死矣，今也则亡。"

【释义】

颜回，鲁国人，字子渊，比孔子小三十岁。颜渊向孔子请教如何为仁。孔子说："为仁就是要克制自己，一切循礼而行。达到了这种境界，天下人就敬服你的仁德了。"孔子赞叹地说："颜回真是难能可贵啊！清汤淡饭，身居陋巷，别人都不能忍受这种烦忧困苦，颜回却泰然处之，并没有改变他向道好学的乐趣啊！"又说："颜回平日在我传授学问时，表面上像是愚笨迟钝，可是事后细察他的言行，发现他对所学的东西颇能加以发挥。颜回实在不笨！"孔子曾经对颜渊说："有人任用你，就出来辅佐政事；不被赏识，就藏道在身，大概只有我和你能有这种处世的态度吧！"

颜回二十九岁时，头发就已全白了，过早地离开人世。他死时，孔子为他伤心痛哭，说道："自从我有了颜回之后，弟子们就更加亲密团结了。"鲁哀公问孔子："你的学生中谁最好学？"孔子回答："有个叫颜回的最好学。他从不把愤怒转移到别人身上，也不会犯重复的错误。可惜他短命死了，如今再没有像他这样好学的人了。"

【原文】

闵损字子骞，少孔子十五岁。孔子曰："孝哉闵子骞！人不间于其父母昆弟之言。"不仕大夫，不食污君之禄。"如有复我者，必在汶上矣。"

【释义】

闵损，字子骞，比孔子小十五岁。孔子赞美他道："闵子骞真是个孝子啊！难怪旁人对他的父母兄弟给予他的赞扬都无可非议。"他洁身自爱，不做权臣的家臣，不接受昏君的俸禄。季孙氏曾派使者来请他做官，他谢绝说："如果再来召我的话，那我就逃到汶水北岸去。"

【原文】

冉耕字伯牛，孔子以为有德行。伯牛有恶疾，孔子往问之，自牖执其手，曰："命也夫！斯人也而有斯疾，命也夫！"

【释义】

冉耕，字伯牛。孔子认为他很有德行。伯牛患了难治之症，孔子前去探望他，从窗口握着他的手，说："这是命啊！这样的好人会得这种病，这是命啊！"

【原文】

冉雍字仲弓。仲弓问政，孔子曰："出门如见大宾，使民如承大祭。在邦无怨，在家无怨。"孔子以仲弓为有德行，曰："雍也可使南面。"仲弓父，贱人。孔子曰："犁牛之子骍且角，虽欲勿用，山川其舍诸？"

【释义】

冉雍，字仲弓。仲弓问孔子处理政务的方法，孔子说："在外接人待物，要像会见贵宾一般谦恭有礼;使用民力,要像承办重大祭祀一样郑重其事。能够做到这样,那无论是在诸侯邦国或卿大夫的家邑里任职做事,都不会有人对你怨恨不满。”孔子认为仲弓很有德行,曾经说:“冉雍是可以坐北朝南,处理国家大事的人。”仲弓父亲是个身份卑贱的人,家世不好。但孔子曾经譬喻说:“即使是杂色牛所生的小牛,只要毛色纯赤、两角端正,就具备了做祭牛的条件。即使人们因顾忌它出身低微而不想用它来做祭牛,山川的神灵难道肯舍弃它吗?”

【原文】

冉求字子有,少孔子二十九岁,为季氏宰。季康子问孔子曰:“冉求仁乎?”曰:“千室之邑,百乘之家,求也可使治其赋,仁则吾不知也。”复问:“子路仁乎?”孔子对曰:“如求。”

求问曰:“闻斯行诸?”子曰:“行之。”子路问:“闻斯行诸?”子曰:“有父兄在,如之何其闻斯行之!”子华怪之:“敢问问同而答异?”孔子曰:“求也退,故进之;由也兼人,故退之。”

【释义】

冉求,字子有,比孔子小二十九岁,曾做过季孙氏的管家。季康子问孔子:“冉求算有仁德吗?”孔子说:“拥有千户人家的大城邑、拥有百辆战车的大夫家,冉求能把那里的赋税管理得很好。至于算不算有仁德,我就不知道了。”季康子接着又问:“那子路算有仁德吗?”孔子回答说:“他与冉求不相上下。”

有一天,冉求问孔子道:“听到一件该做的事情要马上付诸行动吗?”孔子说:“是的,马上就去行动!”过一会儿,子路也问孔子:“听到一件该做的事情要马上付诸行动吗?”孔子却说:“都父亲兄长都健在,应该先与他们商量,怎么可以一听到就去做呢?”子华在旁听了觉得奇怪,不解地说:“请问,两人的问题相同,为什么您的回答却不一样呢?”孔子解释道:“冉求生性畏缩多虑,所以我就激励他;仲由做事胆大、好胜,所以我要抑制他。”

【原文】

仲由字子路，卞人也，少孔子九岁。子路性鄙，好勇力，志伉直，冠雄鸡，佩豭豚，陵暴孔子。孔子设礼稍诱子路，子路后儒服委质，因门人请为弟子。

子路问政，孔子曰：“先之，劳之。”请益，曰：“无倦。”子路问：“君子尚勇乎？”孔子曰：“义之为上。君子好勇而无义则乱，小人好勇而无义则盗。”子路有闻，未之能行，唯恐有闻。孔子曰：“片言可以折狱者，其由也与！”“由也好勇过我，无所取材。”“若由也，不得其死然。”“衣敝缊袍与衣狐貉者立而不耻者，其由也与！”“由也升堂矣，未入于室也。”季康子问：“仲由仁乎？”孔子曰：“千乘之国可使治其赋，不知其仁。”

子路喜从游，遇长沮、桀溺、荷蓧丈人。

子路为季氏宰，季孙问曰：“子路可谓大臣与？”孔子曰：“可谓具臣矣。”子路为蒲大夫，辞孔子。孔子曰：“蒲多壮士，又难治。然吾语汝：恭以敬，可以执勇；宽以正，可以比众；恭正以静，可以报上。”

初，卫灵公有宠姬曰南子。灵公太子蒉聩得过南子，惧诛出奔。及灵公卒，而夫人欲立公子郢。郢不肯，曰：“亡人太子之子辄在。”于是卫立辄为君，是为出公。出公立十二年，其父蒉聩居外，不得入。子路为卫大夫孔悝之邑宰。蒉聩乃与孔悝作乱，谋入孔悝家，遂与其徒袭攻出公。出公奔鲁，而蒉聩入立，是为庄公。方孔悝作乱，子路在外，闻之而驰往。遇子羔出卫城门，谓子路曰：“出公去矣，而门已闭，子可还矣，毋空受其祸。”子路曰：“食其食者不避其难。”子羔卒去。有使者入城，城门开，子路随而入。造蒉聩，蒉聩与孔悝登台。子路曰：“君焉用孔悝？请得而杀之。”蒉聩弗听。于是子路欲燔台，蒉聩惧，乃下石乞、壶黡攻子路，击断子路之缨。子路曰：“君子死而冠不免。”遂结缨而死。

孔子闻卫乱，曰：“嗟乎，由死矣！”已而果死。故孔子曰：“自吾得由，恶言不闻于耳。”是时子贡为鲁使于齐。

【释义】

仲由,字子路,卞邑人,比孔子小九岁。子路这个人性格很粗野,喜欢逞勇斗力,心志刚猛爽直,头戴鸡冠式的帽子,身佩用野猪皮装饰的剑,还欺凌过孔子。孔子设礼仪慢慢诱导子路。后来子路受到感化,穿着儒服,带着拜师礼,通过孔门弟子的引荐,请求做孔子的学生。

子路请教如何处理政事,孔子说:"领导民众要以身作则,凡事先做个榜样给他们看;等大家把事情做好了,还要慰劳他们。"子路请孔子再多传授一些道理。孔子说:"只要坚持不懈地努力,就会功成名就。"子路问道:"君子也崇尚勇力吗?"孔子说:"君子把义看得比勇还重。君子只好勇而不尚义,就会叛逆作乱;小人只好勇而不尚义,就会偷窃抢夺。"子路只能专注地做一件事,最怕听到一件事还没来得及去做,又听到另一件事。孔子评论子路说:"只听一面之词就能判断讼案曲直的,恐怕只有仲由了吧!"又说:"仲由好勇超过我,只是还不能深刻地衡量事理。""像仲由这种性子,我真担心难得寿终。""穿着破旧衣裳,与穿裘皮大衣的人站在一起而不觉得耻辱的,恐怕只有仲由了吧!""仲由的学问,已经到了'登堂'的地步,只是还没到达'入室'的境界罢了。"季康子问:"仲由称得上有仁德吗?"孔子说:"拥有一千辆兵车的国家,可以让他掌理军政之事。至于他是否有仁德,我就不知道了。"

子路喜欢追随孔子周游各国,他曾在途中遇到过长沮、桀溺和背着锄具的老人等隐逸高士。

子路出任鲁国季孙氏的管家,季孙氏问孔子:"子路可以称得上是大臣吗?"孔子说:"他现在只是备位的臣子罢了。"子路要出任卫国蒲邑的大夫,向孔子辞行。孔子嘱咐他说:"蒲邑这个地方勇武壮士不少,很难治理。不过我告诉你:只要态度能恭敬谦谨,就可以统御那些勇武的人;办事能宽和公正,民众就会归附、听命于你;恭谨宽正对人,又能冷静稳健谋事,那必定不会辜负君上的使命。"

当时,卫灵公有个受宠的夫人名叫南子。灵公的太子蒉聩曾经得罪过她,因怕她进谗陷害,便逃到国外去。等到灵公驾崩,夫人南子想让公子郢继位。公子郢不肯接受,他说:“太子虽然逃亡在外,但他的儿子辄却在国内呀!继位的应当是他。”于是卫人就立辄做国君,这就是卫出公。出公继位后的十二年间,他的父亲蒉聩一直居住在国外,不能回到卫国来。这时子路正担任卫国大夫孔悝采邑的长官。蒉聩勾结孔悝一同作乱,先偷偷潜回到孔悝家里,乘机带领孔悝的家丁去袭击卫出公。出公败走鲁国,蒉聩入宫继位,这就是卫庄公。孔悝作乱的时候,子路在外办事,听到消息马上就赶了回来,正好碰上刚出卫都城门的子羔。子羔便对子路说:“卫出公已败逃了,城门也关上了,你还是退回去为好,不要平白受到他的牵连。”子路说:“吃了人家的饭,人家有灾难就不能够逃避!”子羔最后还是一个人走了。这时正巧有使者要进城,城门打开后,子路就跟着他们进去。子路去拜见蒉聩,见蒉聩和孔悝都在宫台上。子路嚷着说:“君上怎么能够重用孔悝呢?请把他交给我,让我把他给杀了。”蒉聩没有听从他的话。于是子路就要放火烧台。蒉聩慌了,急忙叫卫士石乞、壶黡下来围攻子路。子路受了伤,帽带也被砍断了。子路说:“君子死也不能让帽子掉落。”说完,他系上帽带就死了。

孔子听说卫国发生变乱,说道:“哎呀,糟了!仲由要死了!”事后传来消息,果然子路遇难了。孔子不无怀念地说:“自从我有了仲由的护侍,恶言恶语就再也没听见了。”卫国发生变乱的时候,子贡正为鲁君出使齐国。

【原文】

宰予字子我,利口辩辞。既受业,问:“三年之丧不已久乎?君子三年不为礼,礼必坏;三年不为乐,乐必崩。旧谷既没,新谷既升,钻燧改火,期可已矣。”子曰:“于汝安乎?”曰:“安。”“汝安则为之。君子居丧,食旨不甘,闻乐不乐,故弗为也。”宰我出,子曰:“予之不仁也!子生三年然后免于父母之怀。夫三年之丧,天下之通义也。”

宰我昼寝。子曰:“朽木不可雕也,粪土之墙不可圬也。”宰我问五帝之德,子曰:“予非其人也。”宰我为临菑大夫,与田常作乱,以夷其族,孔子耻之。

【释义】

宰予，字子我。他口齿伶俐，能言善辩。宰予到孔子门下拜师求学后，曾经问道："父母过世了子女要守孝三年，时间不是太长了吗？君子三年不修礼乐，则礼乐一定会败坏。陈粮已经吃完了，新粮已经入仓了，钻木取火的木头也换遍了。我看守孝一年也就够了。"孔子说："父母去世一年就一切如常，你能心安吗？"宰予说："心安。"孔子说："你能心安那就这么做吧。君子为父母守孝期间，即使吃美味的食物也不会觉得甘美，即使听动听的音乐也不会觉得快乐，所以才不忍心这样做啊！"宰予出去后，孔子说："宰予太不仁义了！小孩子生下三年后才能脱离父母的怀抱。子女为父母守孝三年，乃是天下共同遵行的礼仪啊！"

宰予大白天睡觉，孔子责备说："腐朽的木头是不能用来雕刻的，粪土砌成的墙壁是很难粉饰整洁的。"宰我向孔子询问上古五帝的功德。孔子说："宰予啊，你不是问这种问题的人啊！"宰我出任齐国临菑的大夫，与田常一起阴谋叛乱，事败后被灭族，孔子很为有他这样的弟子而感到羞耻。

【原文】

端沐赐，卫人，字子贡。少孔子三十一岁。子贡利口巧辞，孔子常黜其辩。问曰："汝与回也孰愈？"对曰："赐也何敢望回！回也闻一以知十，赐也闻一以知二。"子贡既已受业，问曰："赐何人也？"孔子曰："汝器也。"曰："何器也？"曰："瑚琏也。"

陈子禽问子贡曰："仲尼焉学？"子贡曰："文武之道未坠于地，在人，贤者识其大者，不贤者识其小者，莫不有文武之道。夫子焉不学，而亦何常师之有！"又问曰："孔子适是国必闻其政。求之与？抑与之与？"子贡曰："夫子温良恭俭让以得之。夫子之求之也，其诸异乎人之求之也。"

子贡问曰："富而无骄，贫而无谄，何如？"孔子曰："可也；不如贫而乐道，富而好礼。"

田常欲作乱于齐，惮高、国、鲍、晏，故移其兵欲以伐鲁。孔子闻之，谓门弟子曰："夫鲁，坟墓所处，父母之国，国危如此，二三子何为莫出？"子路请出，孔子止之。子张、子石请行，孔子弗许。子贡请行，孔子许之。

遂行，至齐，说田常曰："君之伐鲁过矣。夫鲁，难伐之国，其城薄以卑，其地狭以泄，其君愚而不仁，大臣伪而无用，其士民又恶甲。兵之事，此不可与战。君不如伐吴。夫吴，城高以厚，地广以深，甲坚以新，士选以饱，重器精兵尽在其中，又使明大夫守之，此易伐也。"田常忿然作色曰："子之所难，人之所易；子之所易，人之所难：而以教常，何也？"子贡曰："臣闻之，忧在内者攻强，忧在外者攻弱。今君忧在内。吾闻君三封而三不成者，大臣有不听者也。今君破鲁以广齐，战胜以骄主，破国以尊臣，而君之功不与焉，则交日疏于主。是君上骄主心，下恣群臣，求以成大事，难矣。夫上骄则恣，臣骄则争，是君上与主有郤，下与大臣交争也。如此，则君之立于齐危矣。故曰不如伐吴。伐吴不胜，民人外死，大臣内空，是君上无强臣之敌，下无民人之过，孤主制齐者唯君也。"田常曰："善。虽然，吾兵业已加鲁矣，去而之吴，大臣疑我，奈何？"子贡曰："君按兵无伐，臣请往使吴王，令之救鲁而伐齐，君因以兵迎之。"田常许之，使子贡南见吴王。

说曰："臣闻之，王者不绝世，霸者无强敌，千钧之重加铢两而移。今以万乘之齐而私千乘之鲁，与吴争强，窃为王危之。且夫救鲁，显名也；伐齐，大利也。以抚泗上诸侯，诛暴齐以服强晋，利莫大焉。名存亡鲁，实困强齐。智者不疑也。"吴王曰："善。虽然，吾尝与越战，栖之会稽。越王苦身养士，有报我心。子待我伐越而听子。"子贡曰："越之劲不过鲁，吴之强不过齐，王置齐而伐越，则齐已平鲁矣。且王方以存亡继绝为名，夫伐小越而畏强齐，非勇也。夫勇者不避难，仁者不穷约，智者不失时，王者不绝世，以立其义。今存越示诸侯以仁，救鲁伐齐，威加晋国，诸侯必相率而朝吴，霸业成矣。且王必恶越，臣请东见越王，令出兵以从，此实空越，名从诸侯以伐也。"吴王大说，乃使子贡之越。

越王除道郊迎，身御至舍而问曰："此蛮夷之国，大夫何以俨然辱而临之？"子贡曰："今者吾说吴王以救鲁伐齐，其志欲之而畏越，曰：'待我伐越乃可。'如此，破越必矣。且夫无报人之志而令人疑之，拙也；有报人之志，使人知之，殆也；事未发而先闻，危也。三者举事之大患。"勾践顿首再拜曰："孤尝不料力，乃与吴战，困于会稽，痛人于骨髓，日夜焦唇干舌，徒欲与吴王接踵而死，孤之愿也。"遂问子贡。子贡曰："吴王为人猛暴，群臣不堪；国家敝于数战，士卒弗忍；百姓怨上，大臣内变；子胥以谏死，太宰嚭用事，顺君之过以安其私：是残国之治也。今王诚发士卒佐之以徼其志，重宝以说其心，卑辞以尊其礼，其伐齐必也。彼战不胜，王之福矣。战胜，必以兵临晋。臣请北见晋君，令共攻之，弱吴必矣。其锐兵尽于齐，重甲困于晋，而王制其敝，此灭吴必矣。"越王大说，许诺。送子贡金百镒，剑一，良矛二。子贡不受，遂行。

报吴王曰："臣敬以大王之言告越王，越王大恐，曰：'孤不幸，少失先人，内不自量，抵罪于吴，军败身辱，栖于会稽，国为虚莽，赖大王之赐，使得奉俎豆而修祭祀，死不敢忘，何谋之敢虑！'"后五日，越使大夫种顿首言于吴王曰："东海役臣孤勾践使者臣种，敢修下吏问于左右。今窃闻大王将兴大义，诛强救弱，困暴齐而抚周室，请悉起境内士卒三千人，孤请自被坚执锐，以先受矢石。因越贱臣种奉先人藏器，甲二十领，铁屈卢之矛，步光之剑，以贺军吏。"吴王大说，以告子贡曰："越王欲身从寡人伐齐，可乎？"子贡曰："不可。夫空人之国，悉人之众，又从其君，不义。君受其币，许其师，而辞其君。"吴王许诺，乃谢越王。于是吴王乃遂发九郡兵伐齐。

子贡因去之晋，谓晋君曰："臣闻之，虑不先定不可以应卒，兵不先辩不可以胜敌。今夫齐与吴将战，彼战而不胜，越乱之必矣；与齐战而胜，必以其兵临晋。"晋君大恐，曰："为之奈何？"子贡曰："修兵休卒以待之。"晋君许诺。

子贡去而之鲁。吴王果与齐人战于艾陵，大破齐师，获七将军之兵而不归，果以兵临晋，与晋人相遇黄池之上。吴晋争强，晋人击之，大败吴师。越王闻之，涉江袭吴，去城七里而军。吴王闻之，去晋而归，与越战于五湖。三战不胜，城门不守，越遂围王宫，杀夫差而戮其相。破吴三年，东向而霸。

故子贡一出，存鲁，乱齐，破吴，强晋而霸越。子贡一使，使势相破，十年之中五国各有变。

子贡好废举，与时转货赀。喜扬人之美，不能匿人之过。常相鲁、卫，家累千金，卒终于齐。

【释义】

端沐赐（也作"端木赐"），卫国人，字子贡，比孔子小三十一岁。子贡口才好，能言善辩，孔子常驳斥他的说辞。孔子问子贡说："你和颜回相比哪一个强些？"子贡回答说："我怎敢跟颜回比呢！颜回听到一个道理，就能推知十个，我听到一个只能推知两个。"子贡受业完毕，问孔子："先生认为我是什么样的人呢？"孔子说："你像个有用的器物。"子贡问："是什么样的器物？"孔子说："就像宗庙里盛祭品的宝器瑚琏呀！"

陈子禽问子贡说："仲尼是从哪儿获得这么渊博的学问的？"子贡说："文王、武王所创制的文化道统，并没有完全失传，现在还传承于世，只是贤人记住其中的重要部分，不贤的只记得些细枝末节，但无处不有文武之道。老师从哪里不能学，何必要有什么固定不变的老师啊！"子禽又问道："孔子每到一个国家，必然预先知道这个国家的政事。是自己去找人问来的，还是人家自愿告诉他的？"子贡说："老师是凭他温和、善良、恭谨、节制、谦让这些美德来得到他想知道的。老师的这种求取方法，和别人的求取方法可能是有所不同的！"

子贡问孔子道："一个人富贵而不傲慢自恣，贫困而不谄媚求怜，您认为怎么样？"孔子说："不错！但是还不如能够做到贫困而能乐道好学，富贵而能谦恭守礼。"

田常想在齐国作乱，却惧怕掌权的高昭子、国惠子、鲍牧、晏圉这几个人从中作梗，所以想把他们的兵调开，用来攻打鲁国。孔子听到这件事，就对学生们说："鲁国是我们祖先坟墓所在的地方，是生养我们的国度，现在国势危在旦夕，你们怎么没有人挺身而出呢？"于是子路就来请求前去救鲁，孔子阻止了他。子张、子石也要求前往，孔子还是不答应。最后子贡请求前去，孔子同意了。

子贡出发来到齐国。劝田常说："你要攻打鲁国，那就错了。鲁国是很难攻打的，因为它的城墙单薄低矮,领地窄小浅薄,君主愚昧而不仁慈,朝中大臣既虚伪又无能,士兵百姓都厌恶出征打仗,因此你不能够跟鲁国作战。我看你不如去攻打吴国。那吴国的城墙又高大又厚实,领地又广又深,兵甲既坚固又是新造的,士卒既精锐又吃得好,精兵强将全集中在城里,又派了英明的大夫来防守,这才是容易攻打的。"田常听了很生气,脸色一变,说道:"你说难办的,别人倒认为是容易的;你认为是容易的,别人却说是难办的。你对我说这些话,究竟怀有什么用意呢?"子贡说:"我听说,忧患在于国内的,必去攻打强国;忧患在于国外的,才去攻击弱国。现在你的忧患是在国内。我听说你三次要受封都封不成,那是朝中有了反对你的大臣。现在你若战胜鲁国并扩充了齐国的领土.你的君主将更骄横狂妄;要是攻破了鲁国,你国中的大臣则愈加尊贵,而你的功劳却得不到肯定,你和君主的关系就会一天天疏远。这样的话,你对上使君主骄傲,对下使群臣放肆,想因此来成就大事,实是难上加难。主上骄傲了,他就会无所顾忌;臣子骄傲了,他便会争权夺利。你上和君主心存隔阂,下与群臣明争暗斗。到这个地步,那你在齐国的处境就危险了。所以我说你不如去打吴国。攻打吴国而没取胜,士兵百姓在外效死力,大臣率兵作战而使朝内空虚,这样一来你在上没有强大的群臣相对抗,在下没有百姓的责怪,孤立主上、控制齐国的只有你了。"田常说:"很好!虽然你说得很对,但是我的军队已经开到鲁国边境了,现在离开转而攻打吴国,大臣们一定会怀疑我,怎么办呢?"子贡说:"你只要按兵不动,让我出使吴国去见吴王,劝他出兵救援鲁国并来讨伐齐国,你就趁机发兵迎击吴军就是了。"田常答应了,就派遣子贡南下去见吴王。

子贡见了吴王,说道:"我听说,一个王者是不会眼看着其他诸侯国被人灭绝的.一个霸主也不容许天下出现强敌,这好比相平衡的千钧重量无论在哪一方添加一点点的重量都会破坏原来的均势,使重心发生偏移。现在拥有万辆兵车的齐国想悄悄兼并只有千辆兵车的鲁国,并借此来和吴国争强,我私下替你感觉到危险。何况,救援鲁国,可以扬名于诸侯;讨伐齐国,可以获取大利益。这样既可以安抚泗水一带的诸侯,又可以惩罚蛮横的齐国而镇服强大的晋国,好处没有比这再大的了。而且,这样做名义上是去挽救鲁国的危亡，实际上是阻扼强齐的扩张，这个道理，聪明的人是不会怀疑的。”吴王说：“很好！但是我曾和越国作战，把越王围困在会稽山上。越王不辞辛苦，磨炼自己，教养士卒，有报复我的决心。你且等我攻下越国后再照你的话行事罢。”子贡说：“越国不如鲁国强大，你吴国也不如齐国强大。现在你听任齐国吞并鲁国而去攻打越国，怕你打下越国时，齐国已经平定鲁国了。况且你正以保存危亡、延续将灭的名义作号召，去攻打小小的越国，而害怕强大的齐国，这不是勇者的作为。真正的勇者不躲避艰难，真正的仁者不看着别人陷入穷困，真正的智者不失掉良机，真正的王者不让他国灭绝，他们是凭借这个来建立道义。现在你借着保存越国来向各国表示你的仁慈：出兵解救鲁国，攻伐齐国，向晋国显示你的威势，到时诸侯各国必然相约而来朝见吴国，那你称霸诸侯的事业就成功了。如果你真的担心越国，那请让我到东边去见越王，叫他出兵追随你，这样做名义上是号令越国共讨齐国，实际上是使越国的国内空虚，无力对吴国构成威胁。”吴王听了很高兴，就派遣子贡到越国去。

越王已清扫好道路在城外迎接子贡的到来，并亲自引导子贡到住的地方。问他说：“我们越国是个落后不开化的地方，大夫怎么会如此郑重其事地屈驾前来呢？”子贡说：“现在我正在劝说吴王去援救鲁国、讨伐齐国，吴王心里愿意，只是顾虑越国乘虚进攻吴国，所以他说：‘等我攻下越国之后才行。’要是真如他说的做，那他攻破越国不过是早晚的事。况且，要是没有报仇的心思而被人怀疑，这是很拙劣的；有报仇的心思却被对方知道了，这是很危险的；事情还没有发动就先被探知风声，那就更岌岌可危了。这三点是成就大事的最大顾忌。”勾践听了伏地磕头，连连跪拜道：“我曾不自量力和吴国决战，弄得现在困守在会稽这个地方，这种怨痛真是痛进了骨髓。我日夜不休地吸取教训，图谋再起，弄得唇焦舌干、疲惫不堪，只想和吴王拼个生死，这是我唯一的愿望啊！”于是他问子贡有什么上乘之策。子贡说：“吴王为人凶狠残暴，群臣都不堪忍受；国家屡次征战，疲惫得很，兵士们也忍不住了；百姓们怨恨朝廷，朝中大臣图谋内变；伍子胥因进谏言被杀，太宰嚭主政弄权，用迎合主上过失的方法来保全自己的私利。这是行将灭亡之国的种种政治表现啊！现在你如果调遣军队协助吴王来迎合他，用重金宝物来获取他的欢心，用谦恭的言辞和礼仪来恭维他，那他一定会去攻打齐国的。如果他打输了，那就是你的福气；如果打赢了，他必然会乘胜带领军队威逼晋国、争霸中原。到时就让我北上去见晋君，请他一同来攻打吴国，那么吴国的势力一定会被削弱的。等他的精锐部队在齐国被消耗得差不多了，重兵又被晋国牵制住，那你就可以趁他疲惫不堪的时候去攻打他，绝对可以一举灭掉吴国。"越王听了很高兴，答应按照计谋行事。他送给子贡黄金两千两，宝剑一口，上好的矛两把，以示酬谢。子贡拒不接受，就辞别越王上路了。

子贡回到吴国，向吴王禀报说："我已经把大王的话郑重地告诉了越王，越王听了很恐惧。他说：'我真不幸，从小就死去了父亲，又不自量力，得罪了吴国，结果打了败仗，自取其辱，被围困在会稽山上，国家变成一片废墟。幸赖大王的恩赐，使我能保全祖先宗庙，四时奉享祭祀，到死都不敢忘记吴王的大恩大德，哪还敢图谋不轨？'"过了五天，越国派遣大夫文种来到吴国，他磕着头对吴王说："在东海之滨为您服役的罪臣勾践谨派使者文种，前来修好您的属下，敬托他们代向大王您请安。现在听说大王将发动正义之师，讨伐强暴，扶救弱小，制裁强暴的齐国，匡扶周朝王室。请允许我出动国中所有的三千兵士前来听候调遣，我愿意亲自披上盔甲、持着兵器，为大王充当先锋。现在我派下臣文种，献上先人收藏的器物——战甲二十套、铁斧、屈卢之矛，步光之剑，向您的将士们致敬。"吴王听了欢喜异常，把这件事告诉子贡，说道："越王愿意亲自来跟随我去攻打齐国，可以吗？"子贡说："不可以。把人家国里弄空，带走所有的士兵，又要其国君跟着出征，这是不义的。你可以收下他奉献的礼物，接受他派来军队，而辞退他的国君。"吴王同意且辞谢了越王，于是便调集吴国九郡的兵士北上伐齐。

子贡随后就离开吴国，赶到晋国。他对晋君说："我听说，不预先制定计策，对于突然而至的紧急情况就无法应付；兵士不事先训练好，是不能战胜敌人的。现在齐国正要和吴国开战，要是吴国打败了，越国必然会趁机去扰乱吴国；如果和齐国的一仗打胜了，吴王必然会趁势带兵进逼晋国，到时晋国就危险了。”晋君听了这话非常紧张了，问道：“那该怎么办？”子贡说：“你先修好兵器，养好士卒，等他来就是了。”晋君就照办了。

子贡离开晋国回到鲁国。吴王果然和齐人在艾陵地方打了一仗，把齐兵打得大败，掳获了齐国七个将军的兵马，却不肯班师回去，果真就带兵向晋国进逼，和晋人在黄池相遇。两国争强斗勇，结果晋人发动突击，打得吴兵大败。越王听到吴兵被晋人打败了，便渡过钱塘江进袭吴国，在吴国都城外七里的地方驻扎军队。吴王得了消息，马上撤军离开晋国赶回来，和越人在五湖一带打了起来，一连打了三仗，吴国都没取胜，最后连都城大门也守不住了。越兵就包围了吴国的王宫，杀了吴王夫差和他的宰相。越国在灭吴之后的第三年，就在东边称霸了。

所以子贡一出，保存了鲁国，扰乱了齐国，破灭了吴国，强大了晋国而使越国得以称霸。子贡一出使，便使各国之间原有的格局相继被打破，十年之中，齐、鲁、吴、晋、越五国的情势都各自发生了变化。

子贡善于贱买贵卖做生意，随着时节供需的情况来转手获利。他喜欢赞扬别人的优点，却也不隐匿别人的过失。他曾在鲁、卫两国任过重臣，家境富裕，财产累达千金，晚年死于齐国。

【原文】

言偃，吴人，字子游，少孔子四十五岁。子游既已受业，为武城宰。孔子过，闻弦歌之声。孔子莞尔而笑曰：“割鸡焉用牛刀？”子游曰：“昔者偃闻诸夫子曰，君子学道则爱人，小人学道则易使。”孔子曰：“二三子，偃之言是也，前言戏之耳。”孔了以为子游习于文学。

【释义】

言偃，吴国人，字子游，比孔子小四十五岁。子游在孔子门下受业完毕，出任鲁国武城的县宰。有一天，孔子路过武城，听见了琴瑟歌咏的声音，就微微地笑了，说道："杀鸡何必用上宰牛刀呢？"子游听了连忙说："从前我听老师说过，君子学了礼乐之道，就能修养仁心，爱护百姓；普通人学了礼乐，就能遵规循矩，容易治理。"孔子听了就对随行的弟子说："弟子们，言偃的话说得很有道理。我刚才说的只是开玩笑罢了。"孔子认为子游深通学术。

【原文】

卜商字子夏，少孔子四十四岁。子夏问："'巧笑倩兮，美目盼兮，素以为绚兮'，何谓也？"子曰："绘事后素。"曰："礼后乎？"孔子曰："商始可与言《诗》已矣。"子贡问："师与商孰贤？"子曰："师也过，商也不及。""然则师愈与？"曰："过犹不及。"子谓子夏曰："汝为君子儒，无为小人儒。"

孔子既没，子夏居西河教授，为魏文侯师。其子死，哭之失明。

【释义】

卜商，字子夏。比孔子小四十四岁。子夏问道："'巧笑倩兮（美女甜甜的笑容多美丽呀），关目盼兮（明亮的眼珠拨动秋波），素以为绚兮（素色添加其上，更显得绚丽多姿）'，这三句诗说的是什么？"孔子说："这是说绘画，画成之后，需加素色。"子夏说："这么说，人也要在真善的本质之外，以礼来提高、完善自己啊！"孔子说："卜商啊！像你这样能推理联想的人可以一起来谈《诗》啦！"子贡问："颛孙师和卜商哪一个更贤能？"孔子说："颛孙师做事有些过头，卜商做事略显不足。"子贡随即又问："那是颛孙师比卜商强吗？"孔子说："过头和不足，都是一样不完美的。"孔子勉励子夏说："你要立志做个修身明道的儒者，不要做只知图利的儒者。"

孔子逝世以后，子夏定居在魏国的西河郡，教授学生，还做过魏文侯的老师。后来他的儿子死了，他伤心得眼睛都哭瞎了。

【原文】

颛孙师，陈人，字子张。少孔子四十八岁。子张问干禄，孔子曰：“多闻阙疑，慎言其余，则寡尤；多见阙殆，慎行其余，则寡悔。言寡尤，行寡悔，禄在其中矣。”

他日从在陈、蔡间，困，问行。孔子曰：“言忠信，行笃敬，虽蛮貊之国行也；言不忠信，行不笃敬，虽州里行乎哉！立则见其参于前也，在舆则见其倚于衡，夫然后行。”子张书诸绅。

子张问：“士何如斯可谓之达矣？”孔子曰：“何哉，尔所谓达者？”子张对曰：“在国必闻，在家必闻。”孔子曰：“是闻也，非达也。夫达者，质直而好义，察言而观色，虑以下人，在国及家必达。夫闻也者，色取仁而行违，居之不疑，在国及家必闻。”

【释义】

颛孙师，陈国人，字子张。比孔子小四十八岁。子张问孔子要怎样才能求得官爵俸禄，孔子说：“多听人家说话，保留有疑问的地方，慎于谈论那些人所共知的事情，这样因讲错话招致怨恨的事就少了；多看人家行事，回避那些有危险的工作，谨慎地去做其他无危险的事情，这样因做错而悔恨的事就少了。说话少出错，做事少悔恨，言行能够平正笃实，你要求的禄位就在这里面了。”

有一天，子张跟着孔子在陈、蔡两国之间遭到困厄，就问孔子，人要怎样才能处处畅行无阻。孔子说：“一个人说话忠诚信实，做事笃厚恭敬，就是到蛮貊的异邦也能畅行无阻；说话不忠诚信实，做事不笃厚恭敬，即使在自己的本乡本土也寸步难行。站着的时候，就像看见忠信笃敬摆列在你的面前；乘着车子，就像看见忠信笃敬倚靠在车前横木上，能够随时做到这样，自然就到处行得通了。”子张当时就把这些话写在自己束身的衣带上。

子张问道：“读书人要怎样才能称得上是显达呢？”孔子反问说：“你所说的显达，是什么意思呢？”子张回答说：“在诸侯邦国中享有盛誉，在卿大夫家中也有声望。”孔

子说："那是'闻'，不是'达'。所谓'达'，必然是立身正直而好义，又能体会别人的言语，观察别人的神情，处事谦虚退让，这样，不论是在邦国或家邑，一定能够处处通达。至于所谓的'闻'，只是外表装着仁厚的样子，实际行为却违背常理，自己却安然处之，以仁义自居。这样的人，不论是在邦国或家邑，也必然享有声名。"

【原文】

曾参，南武城人，字子舆，少孔子四十六岁。孔子以为能通孝道，故授之业。作《孝经》，死于鲁。

【释义】

曾参，鲁国南武城人，字子舆，比孔子小四十六岁。孔子认为曾参能通达孝道，所以传授他学业。曾参著了《孝经》一书，晚年死在鲁国。

曾参

【原文】

澹台灭明，武城人，字子羽，少孔子三十九岁。状貌甚恶。欲事孔子，孔子以为材薄。既已受业，退而修行，行不由径，非公事不见卿大夫。南游至江，从弟子三百人，设取予去就，名施乎诸侯。孔子闻之，曰："吾以言取人，失之宰予；以貌取人，失之子羽。"

【释义】

澹台灭明，武城人，字子羽。比孔子小三十九岁。子羽的相貌长得很丑陋。他想向孔子拜师求学，孔子以为他才识浅陋。可是等他学成之后，回家更加注重修养品行。他的为人方正规矩，不走歪门邪道，不做非分之想，如果不是为公事，就从来不去私见公卿大夫。后来他南下游历到达长江一带，追随他的学生有三百多人。他在人事取舍、行为进退方面很有原则，所以清誉传遍了四方诸侯。孔子听到了这些事后说："凭着一个人的言谈就断言一个人的为人，我对宰予是看偏了；凭着一个人的相貌就断言一个人不成材，我对子羽是看走眼了。"

【原文】

宓不齐字子贱，少孔子三十岁。孔子谓子贱："子贱君子哉！鲁无君子，斯焉取斯？"子贱为单父宰，反命于孔子，曰："此国有贤不齐者五人，教不齐所以治者。"孔子曰："惜哉不齐所治者小，所治者大则庶几矣。"

【释义】

宓不齐，字子贱，比孔子小三十岁。孔子赞美子贱说："子贱真是个君子啊！鲁国要是没有君子的话，那他又从哪儿学到这样好的品德呢？"子贱做过鲁国单父的县宰，回来向孔子报告说："这里有五个人比我宓不齐贤能，他们教授我施政治民的方法。"孔子听了说："可惜呀！凭宓不齐的贤明，他所治理的地方太小了，要是治理地方能大一些就好了。"

【原文】

原宪字子思。子思问耻。孔子曰："国有道，谷；国无道，谷，耻也。"子思曰："克、伐、怨、欲不行焉，可以为仁乎？"孔子曰："可以为难矣，仁则吾弗知也。"

孔子卒，原宪遂亡在草泽中。子贡相卫，而结驷连骑，排藜藿入穷阎，过谢原宪。宪摄敝衣冠见子贡。子贡耻之，曰："夫子岂病乎？"原宪曰："吾闻之，无财者谓之贫，学道而不能行者谓之病。若宪，贫也，非病也。"子贡惭，不怿而去，终身耻其言之过也。

【释义】

原宪，字子思。子思问孔子什么样的为人处世是可耻的。孔子说："国家政治清明的时候，出来做官，领取俸禄，这是可行的；国家政治昏乱的时候，也出来做官，享受俸禄，这是可耻的。”子思问道：“一个人好胜、自夸、忌妒、贪欲的弊病都能革除改正，这样可以算是‘仁’了吗？”孔子说：“这可以称得上是难能可贵了，至于说算不算‘仁’，那我就不知道了。”

孔子死了以后，原宪跑到杂草丛生的水泽边隐居起来。这时子贡在卫国做了高官。有一天，他驾着四匹马拉的大车，带着众多骑马的随从，推开草编的门，进入狭小的陋室，来看望原宪。原宪穿戴着破旧的衣帽迎接子贡。子贡见了觉得很羞耻，就问他说：“难道你真的困窘到这种地步了吗？”原宪说道：“我听说，一个人没有钱叫作贫穷，而学了一身道义而不能去施展才能叫作困窘。像我现在这个样子，那只是贫穷，并不是困窘啊！”子贡听了觉得很惭愧，闷闷不乐地走了，一辈子都为这次说错话而感到内疚。

【原文】

公冶长，齐人，字子长。孔子曰：“长可妻也，虽在累绁之中，非其罪也。”以其子妻之。

【释义】

公冶长，齐国人，字子长。孔子说：“子长这个人值得把女儿嫁他为妻。虽然他被官府拘捕囚禁过，但实在不是他的过错。”于是孔子便把自己的女儿嫁给他。

【原文】

南宫括字子容。问孔子曰：“羿善射，奡荡舟，俱不得其死然；禹、稷躬稼而有天下。”孔子弗答。容出，孔子曰：“君子哉若人！上德哉若人！”“国有道，不废；国无道，免于刑戮。”三复“白珪之玷”，以其兄之子妻之。

【释义】

南宫括，字子容。子容问孔子说："羿擅长射箭，養力能拖舟，二人崇尚勇力，但都不得善终；大禹和后稷亲自下田耕种，反而能得到天下。这说明什么？"孔子没有回答。子容退出之后，孔子说："此人是一位君子啊！是一位崇尚德行的人啊！"有一次孔子又谈起子容说："国家政治清明时，像他这样的人总是可以得位行道，而不使才能埋没废弃；国家政治混乱时，像他这样的人也能明哲保身，不受刑罚。"子容常常讽诵"白硅之玷，尚可磨也；斯言之玷，不可为也"这样的诗句，于是孔子便把自己哥哥的女儿嫁给他为妻。

【原文】

公皙哀字季次。孔子曰："天下无行，多为家臣，仕于都；唯季次未尝仕。"

【释义】

公皙哀，字季次。孔子说："天下人都不讲德行，许多人做了大夫的家臣，却在诸侯的国都里任职；只有季次能独善其身，不为名利所动，不曾出来做官。"

【原文】

曾蒧字皙。侍孔子，孔子曰："言尔志。"蒧曰："春服既成，冠者五六人，童子六七人，浴乎沂，风乎舞雩，咏而归。"孔子喟尔叹曰："吾与蒧也！"

【释义】

曾蒧，字皙。有一天曾蒧陪侍在孔子旁边，孔子说："谈谈你的志向吧。"曾蒧说："穿上刚做好的春装，带着五六个年轻人、六七个小孩子，到沂水里去游游泳，到祈雨台上吹吹风，然后哼着歌愉快地回来。"孔子喟然赞叹地说："我与蒧的志趣相同啊！"

【原文】

颜无繇字路。路者，颜回父，父子尝各异时事孔子。颜回死，颜路贫，请孔子车以葬。孔子曰："材不材，亦各言其子也。鲤也死，有棺而无椁，吾不徒行以为之椁，以吾从大夫之后，不可以徒行。"

【释义】

颜无繇，字路。颜路是颜回的父亲，他们父子俩曾经先后在孔子门下求过学。后来颜回死了，颜路因家里穷发不了丧，就请求孔子把车子卖了来帮他安葬。孔子说："回和鲤虽有才与不才的区别，但他们都是我们各自的儿子呀！鲤死的时候，也只有一层棺而没有外椁。我总不能步行走路而把车卖了替他买椁；因为我曾经位居大夫的行列，照礼是不可以步行的。"

【原文】

商瞿，鲁人，字子木，少孔子二十九岁。孔子传《易》于瞿，瞿传楚人馯臂子弘，弘传江东人矫子庸疵，疵传燕人周子家竖，竖传淳于人光子乘羽，羽传齐人田子庄何，何传东武人王子中同，同传菑川人杨何。何元朔中以治《易》为汉中大夫。

【释义】

商瞿，鲁国人，字子木，比孔子小二十九岁。孔子传授《周易》给商瞿，商瞿把它传给楚人馯臂（字子弘），子弘传给江东人矫疵（字子庸），矫疵传给燕人周竖（字子家），周竖传给淳于人光羽（字子乘），光羽传给齐国人田何（字子庄），田何传给东武县人王同（字子中），王同传给菑川人杨何。杨何在汉武帝元朔年间因为研究《周易》成就显著而做了汉朝的中大夫。

【原文】

高柴字子羔。少孔子三十岁。子羔长不盈五尺，受业孔子，孔子以为愚。子路使子羔为郈宰，孔子曰：“贼夫人之子！”子路曰：“有民人焉，有社稷焉，何必读书然后为学！”孔子曰：“是故恶夫佞者。”

【释义】

高柴，字子羔，比孔子小三十岁。子羔的身高不满五尺，在孔子门下求学，孔子认为他为人憨直忠厚。当时子路在季孙氏那里任职，他举荐子羔去做郈邑的长官。孔子说：“这是误人子弟啊！”子路说：“那里既有居民百姓，又有祭祀宗庙，同样可以修养道行，又何必要读书才算有学问呢！”孔子说：“这就是我之所以讨厌那些油嘴滑舌、文过饰非之人的缘故了。”

【原文】

漆雕开字子开。孔子使开仕，对曰：“吾斯之未能信。”孔子说。

【释义】

漆雕开，字子开。孔子叫漆雕开去做官，漆雕开回答说：“我对于从政还缺乏信心。”孔子对漆雕开的态度感到高兴。

【原文】

公伯缭字子周。周愬子路于季孙，子服景伯以告孔子，曰：“夫子固有惑志，缭也，吾力犹能肆诸市朝。”孔子曰：“道之将行也，命也；道之将废也，命也，公伯缭其如命何？”

【释义】

公伯缭，字子周。子周在季孙氏的面前诽谤子路，子服景伯把这件事告诉了孔子，并且说："季孙氏对子路已产生怀疑了。但是对于公伯缭，我还是有能力把真相辨明，杀了他陈尸示众。"孔子说："正道能够在世上通行，是天意；正道要是被败坏废弃，这也是天意。公伯缭又能把天意怎么样呢？"

【原文】

司马耕字子牛。牛多言而躁，问仁于孔子。孔子曰："仁者其言也切。"曰："其言也切，斯可谓之仁乎？"子曰："为之难，言之得无切乎？"问君子，子曰："君子不忧不惧。"曰："不忧不惧，斯可谓之君子乎？"子曰："内省不疚，夫何忧何惧！"

【释义】

司马耕，字子牛。子牛喜欢说话，且性子急躁。他向孔予请教怎样才算有仁德。孔子说："一个有仁德的人，性格笃厚，说话慎重。"司马牛接着问："说话慎重了，这就可以算得上有仁德了吗？"孔子说："真把一件事做好并不容易，说话能不慎重些吗？"司马牛又问怎样才算是君子。孔子说："一个君子是没有忧愁、没有恐惧的。"司马牛接着问："没有忧愁、没有恐惧，这就可以叫作君子了吗？"孔子说："扪心自问，对自己的所作所为觉得光明正大而无愧疚，那还有什么好忧愁、好恐惧的！"

【原文】

樊须字子迟，少孔子三十六岁。樊迟请学稼，孔子曰："吾不如老农。"请学圃，曰："吾不如老圃。"樊迟出，孔子曰："小人哉樊须也！上好礼，则民莫敢不敬；上好义，则民莫敢不服；上好信，则民莫敢不用情。夫如是，则四方之民襁负其子而至矣，焉用稼！"樊迟问仁，子曰："爱人。"问智，曰："知人。"

【释义】

樊须，字子迟，比孔子小三十六岁。樊须向孔子请教耕种的方法。孔子说："这方面我不如一个老农夫。"他又请教种菜的方法，孔子说："这方面我不如一个老菜农。"樊迟退出后，孔子说："樊须真是个志向短小的人啊！读书人学习的是治国安民的道理。只要君王重视礼，民众就没有谁敢不恭敬的；君王重视义，民众就没有谁敢不服从的；君王重视信，民众就没有谁敢不真诚的。如果真能这样，那四方的百姓都会自动携子带眷来依附你了，又何必本末倒置自己下田学种庄稼呢！"樊迟问怎样才算仁德，孔子说："要能够爱护众人。"他又问怎样才算智慧，孔子说："要能明辨人家的长短善恶。"

【原文】

有若少孔子十三岁。有若曰："礼之用，和为贵，先王之道斯为美。小大由之，有所不行；知和而和，不以礼节之，亦不可行也。""信近于义，言可复也；恭近于礼，远耻辱也；因不失其亲，亦可宗也。"

孔子既没，弟子思慕，有若状似孔子，弟子相与共立为师，师之如夫子时也。他日，弟子进问曰："昔夫子当行，使弟子持雨具，已而果雨。弟子问曰：'夫子何以知之？'夫子曰：'《诗》不云乎：月离于毕，俾滂沱矣。昨暮月不宿毕乎？'他日，月宿毕，竟不雨；商瞿年长无子，其母为取室。孔子使之齐，瞿母请之。孔子曰：'无忧，瞿年四十后当有五丈夫子。'已而果然，敢问夫子何以知此？"有若默然无以应。弟子起曰："有子避之，此非子之座也！"

【释义】

有若，比孔子小十三岁。有若曾说过："礼的应用，以能够斟酌损益、从容中和为最高境界。先王遗留下来的道义中，最美的就是礼。如果大大小小的事情都死守着礼规不放，有时也会行不通的；但是只知道和的重要而一味地强调和，不用礼来规范，那也是不行的。”又说：“与人的信约如果能够合理合义，那说出去的话就能经得起检验了；对人恭敬而能合于礼节常规，就可以远离耻辱；亲近那些可亲近的人，也可以为我们所尊敬效法。”

孔子死了之后，学生们都很怀念他。因有若的长相像孔子，于是大家就共同推举他当老师，就像当年对待孔子一般尊敬他。有一天，弟子进来问他说：“以前有一次老师正要出游，吩咐弟子们要带好雨具，后来果然下雨了。弟子就追问道：‘老师何以预知会下雨呢？’老师说：‘《诗》上不是说了吗？月亮运行到毕星附近，跟着就会下滂沱大雨。昨天夜里，月亮不正是运行到毕星附近吗？’可是后来有一次，月亮运行到毕星附近，却没有下雨。这是怎么回事呢？另外还想向您请教一事：商瞿年纪大了，膝下没有儿子，他母亲想替他另娶。这时孔子正要派商瞿出使齐国，他的母亲就前来请求不要派他。孔子说：‘不要担心！商瞿在四十岁以后会有五个儿子。’后来果然如孔子所说的。请问孔子当年怎么能够预先知道这些呢？”有若被问得一句都回答不出来。于是弟子就站了起来，说道：“有若先生，你走开吧！这个位子不是你能坐的！”

【原文】

公西赤字子华，少孔子四十二岁。子华使于齐，冉有为其母请粟。孔子曰：“与之釜。”请益，曰：“与之庾。”冉子与之粟五秉。孔子曰：“赤之适齐也，乘肥马，衣轻裘。吾闻君子周急不继富。”

【释义】

公西赤，字子华，比孔子小四十二岁。子华出使齐国，冉有替子华的母亲向孔子请求安家的粮食。孔子说：“给她一釜！”冉有请求多给点。孔子说：“那就给她一庾！”冉有却自作主张地给了她五秉。孔子知道了，说：“公西赤这次出使齐国，坐着肥马拉的车子，穿着轻暖的裘衣。我听说，君子是周济有急难的人而不是富人。”

【原文】

巫马施字子旗，少孔子三十岁。陈司败问孔子曰："鲁昭公知礼乎?"孔子曰："知礼。"退而揖巫马旗曰："吾闻君子不党，君子亦党乎？鲁君娶吴女为夫人，命之为'孟子'。孟子姓姬，讳称同姓，故谓之'孟子'。鲁君而知礼，孰不知礼！"施以告孔子，孔子曰："丘也幸，苟有过，人必知之。臣不可言君亲之恶，为讳者，礼也。"

【释义】

巫马施，字子旗，比孔子小三十岁。陈司败问孔子说："鲁昭公懂礼吗?"孔子说："懂礼。"陈司败退出来后，向巫马施作揖道："我听说君子是不袒护他人之过的。难道不是吗？鲁昭公娶来吴女做夫人，称她为'孟子'。孟子和鲁君同是姓姬(当时同姓结婚为非礼的行为)，鲁君为了掩人耳目而叫她'孟子'。鲁君如果是懂礼的人，那还有谁不懂礼！'，巫马施把这些话告诉了孔子。孔子说："我真幸运，但凡有了过失，人家一定会知道。不过做人臣子的，不可言说自己君亲的罪过。君亲有过而避开不说，这也是礼啊！"

【原文】

梁鳣字叔鱼，少孔子二十九岁。

【释义】

梁鳣，字叔鱼，比孔子小二十九岁。

【原文】

颜幸字子柳，少孔子四十六岁。

【释义】

颜幸，字子柳，比孔子小四十六岁。

【原文】

冉孺字子鲁，少孔子五十岁。

【释义】

冉孺，字子鲁，比孔子小五十岁。

【原文】

曹卹字子循，少孔子五十岁。

【释义】

曹卹，字子循，比孔子小五十岁。

【原文】

伯虔字子析，少孔子五十岁。

【释义】

伯虔，字子析，比孔子小五十岁。

【原文】

公孙龙字子石，少孔子五十三岁。

【释义】

公孙龙，字子石，比孔子小五十三岁。

【原文】

自子石已右三十五人，显有年名及受业闻见于书传。其四十有二人，无年及不见书传者纪于左：

冉季字子产。公祖句兹字子之。秦祖字子南。漆雕哆字子敛。颜高字子骄。漆雕徒父。壤驷赤字子徒。商泽。石作蜀字子明。任不齐字选。公良孺字子正。后处字子里。秦冉字开。公夏首字乘。奚容箴字子晳。公肩定字子中。颜祖字襄。鄡单字子家。句井疆。罕父黑字子索。秦商字子丕。申党字周。颜之仆字叔。荣旂字子祈。县成字子祺。左人郢字行。燕伋字思。郑国字子徒。秦非字子之。施之常字子恒。颜哙字子声。步叔乘字子车。原亢籍。乐欬字子声。廉絜字庸。叔仲会字子期。颜何字冉。狄黑字晳。邦巽字子敛。孔忠。公西舆如字子上。公西蒧字子上。

【释义】

从子石以上三十五人，都有明确的年龄、姓名以及求学的经过和事迹记录在古籍上。其余的四十二人，没有年龄可考，古籍上也没有记载，现记录在下面：

冉季，字子产。公祖句兹，字子之。秦祖，字子南。漆雕哆，字子敛。颜高，字子骄。漆雕徒父。壤驷赤，字子徒。商泽。石作蜀，字子明。任不齐，字选。公良孺，字子正。后处，字子里。秦冉，字开。公夏首，字乘。奚容箴，字子晳。公肩定，字子中。颜祖，字襄。鄡单，字子家。句井疆。罕父黑，字子索。秦商，字子丕。申党，字周。颜之仆，字叔。荣旂，字子祈。县成，字子祺。左人郢，字行。燕伋，字思。郑国，字子徒。秦非，字子之。施之常，字子恒。颜哙，字子声。步叔乘，字子车。原亢，字籍。乐欬，字子声。廉絜，字庸。叔仲会，字子期。颜何，字冉。狄黑，字晳。邦巽，字子敛。孔忠。公西舆如，字子上。公西蒧，字子上。

【原文】

太史公曰：学者多称七十子之徒，誉者或过其实，毁者或损其真，钧之未睹厥容貌。则论言弟子籍，出孔氏古文近是。余以弟子名姓文字悉取《论语》弟子问并次为篇，疑者阙焉。

【释义】

太史公说：后世的学者都常常讨论孔子门下七十多个弟子的事迹。但是，有的赞誉言过其实，有的批评又失其真，总之大家都没有见过他们的全貌。因此要论述孔子门下弟子的生平事迹，还是根据孔壁出土的文字资料比较可信。我把关于弟子们的名字、姓氏和言行资料，都从《论语》弟子问学的记录中摘取下来，排列组合成为一篇，有疑问的地方就空缺着。

第十章 《孔子家语》原典释义

原序

王肃

【原文】

郑氏学行五十载矣[①]。自肃成童，始志于学，而学郑氏学矣。然寻文责实，考其上下义理[②]，不安违错者多，是以夺而易之[③]，然世未明其疑情，[不]谓其苟驳前师以见异于前人。乃慨然而叹曰："予岂好难哉，予不得已也。圣人之门。方壅不通；孔氏之路，枳棘充焉[④]，岂得不开而辟之哉？若无由之者[⑤]，亦非予之罪也。"是以撰《经礼》申明其义，及朝论制度，皆据所见而言。孔子二十二世孙有孔猛者，家有其先人之书，昔相从学，顷还家，方取已来。与予所论，有若重规叠矩。昔仲尼曰："文王既没，文不在兹乎？天之将丧斯文也，后死者不得与于斯文也；天之未丧斯文也，匡人其如予何！"[⑥]言天丧斯文，故今已传斯文于天也。今或者天未欲乱斯文，故令从予学。而予从猛得斯论，以明相与孔氏之无违也。斯皆圣人实事之论，而恐其将绝，故特为解，以贻好事之君子。《语》云："牢曰：'子云：吾不试，故艺。谈者不知为谁。多妄为之说。《孔子家语》弟子有琴张，一名牢，字子开、子张，卫人也。宗鲁死。将往吊，孔子止焉。《春秋外传》曰[⑦]："昔尧临民以五。"说者曰："尧五载一巡狩。"五载一巡狩，不得称临民以五也。《经》曰五载一巡狩[8]，此乃说舜之文，非说尧。孔子说论五帝[9]，各道其异事。于舜云："巡狩天下，五载一始。"则尧之巡狩年数未明。周十二岁一巡，宁可言周临民十二乎？孔子曰：尧以火德王天下[10]，而尚黄；黄，土德，五，土之数，故曰"临民以五"。此其义也。

【注释】

①郑氏学：即郑学，东汉经学大师郑玄的学术思想。郑玄，字康成，北海高密（今属山东）人。治学以古文经说为主，兼采今文经说，遍注群经，成为两汉经学的集大成者，对后世儒学发展有很大影响，世称郑学。

②义理：经义名理。宋代以后称讲求儒家经义探究名理的学问为。"义理之学"，相当于后世所谓的道理。

③夺而易之：改变，变更。夺，使之改变。《孟子·告子上》："先立乎其大者，则其小者不能夺也。"

④枳棘：枳与荆棘。枳，一种灌木，多刺。文中枳棘泛指荆棘。

⑤由：照着做，遵循。《论语·秦伯》："民可使由之，不可使知之。"

⑥"昔仲尼曰"数句：仲尼，印孔子。引文出自《论语·子罕》。文，印大道，文化。兹，指孔子自己。后死者，也指孔子。匡人，印匡地之人。孔子与阳货面貌相似，阳货曾经掠杀匡人，孔子经过匡地，匡人误以为是阳货，因此将孔子围禁起来。

⑦《春秋外传》：即《国语》。相传《左传语》都是春秋末期左丘明所编撰，后世就将《左传》称为《春秋内传》，而将《国语》称为《春秋外传》。

⑧《经》：指《春秋》，孔子删削鲁国史书而成，后世奉为《五经》（或《六经》）之一，因此称之为《（春秋经》。

⑨五帝：上古之时的五位圣明帝王，具体说法不同。《史记·五帝本纪》以黄帝、颛项，帝喾，唐尧、虞舜为五帝。

⑩火德：古人以金、木、水、火、土为五行，也称五德。

【释义】

郑玄的学说流传天下已经五十年了。我在童年之时，就开始立志从事学问，那时候学的就是郑玄的学说。但是当我按照郑玄的文章寻求真理，考察那些著作前后阐述的经义名理时，却发现不妥当以及违背、误会经文原意的地方很多，因此我将这些错误改正过来。但是世人并不了解我在阅读过程中产生诸多疑惑的情况，认为我是随便驳斥前代经师，以此来表现自己与前人迥然不同。对于这种议论，我只有感慨地叹道："我难道喜欢驳斥辩难吗？我实在是迫不得已啊。通向先圣孔子学术道德的大门业已堵塞不通，孔子开创的学术道路已经布满荆棘，面对这种情形，难道我还可以置之不顾，不去铲除堵塞其中的荆棘，打开通往大道的门路吗？如果我已经打开通往大道的门路，却没有人顺着这条道路前进，也就不再是我的罪过了。"因此我撰写《经礼》来阐明孔子的学术思想，至于朝堂之上所发的议论以及典章制度之类，都根据我亲眼见到的资料来加以论说。孔子第二十二代子孙之中，有一人名叫孔猛，孔猛家中藏有他们祖先的书籍，他过去曾跟随在我身边求学，不久辞别回家，这才将书拿来，书中阐述的观点，与我平日所论述的若合符节、如出一辙。从前孔子曾经说过："周文王逝世以后，文化难道不是在我身上吗？上天如果要毁灭这些文化，那么我作为后世之人就不可能掌握这些文化，如果上天不想毁灭这些文化，那么文化自然不会从我这里开始断绝，既然天意如此，匡人又能将我怎么样呢？"既然说上天毁灭文化，那么文化来自上天，也就不问而知了，所以孔子已经从上天那里接受了这些文化，并且通过文字流传下来。现在上天或许不想搅乱这些文化，因此才让孔猛跟随在我身边求学。而我从孔猛那里看到这些藏书，因此知道我所理解的学说，与孔子原有的学说之间，并没有相互违背矛盾的地方。这些藏书都是圣人实事求是的论说，我担心这些论说将会灭绝，因此特地为这些藏书做出注解，以此送给世间所有好学的君子。《论语·

子罕》之中说道:“牢曰:‘子云:吾不试,故艺。’”谈论解释之人不知道这个“牢”究竟是谁,于是大多会胡乱解释一番。《孔子家语》所列举的孔子弟子之中,有一个人名叫琴张,他又有一个名字叫“牢”,字子开,又字子张,卫国人氏。卫人宗鲁去世的时候,他想过去凭吊一番,孔子阻止了他。《春秋外传》之中说道:“昔尧临民以五。”解释之人说道:“唐尧每隔五年巡视一遍天下四方。”每隔五年巡视一遍天下四方,并不能称之为“临民以五”。《春秋》之中说“五载一巡狩”(每隔五年巡视一遍天下四方),这是叙说虞舜的文字,并不是在说唐尧。孔子谈论五帝之时,分别叙说他们的一些奇异事迹。谈到虞舜之时说道:“巡狩天下,五载一始(巡视天下四方,每隔五年重复一次)。”那么唐尧巡视天下的间隔年数并不清楚。周朝每隔十二年巡视一遍天下四方,难道就可以说周朝“临民以十二”吗?据《孔子家语》记载,孔子曾经说过:唐尧虽然是用火德统治天下,但却崇尚黄色;黄色,那是属于土德的颜色,五,则是属于土德的数字,所以说“临民以五”(用土德统治天下)。这才是“临民以五”的真正意义。

卷一

相鲁第一

【题解】

本书以《相鲁》为首篇,突出了孔子对政事的重视,也显示了孔子为政的非凡才能。“相”有辅助、帮助之义,也有主持礼仪的意思。本篇依次记载了孔子在鲁国做中都宰、司空和大司寇时的经历。

孔子初仕,为中都宰。在那里孔子大力推行礼乐教化,取得了很好的效果,以至于四方诸侯都向他学习,史称“化行中都”。孔子首次将自己的政治主张付诸实践,既

展现了自己卓越的政治才干，也以实践的方式证明了儒家思想和学说在社会治理方面的合理性和优越性。

孔子最为卓越的事迹就是夹谷之会和隳三都。夹谷之会之前，孔子提出“有文事者，必有武备；有武事者，必有文备”，显示出他为政主张宽猛相济、文武兼备的特点。盟会的时候，孔子运用自己掌握的礼仪知识，数次指出了齐国礼节的不合礼之处。面对蛮横的齐国，孔子既机智又勇敢，言辞行为有礼有节，不卑不亢，挫败了齐国的锐气，为鲁国赢得了尊严。正是由于孔子的努力，齐景公不得不将曾经侵占的土地归还给鲁国。孔子以一己之身，维护了鲁国的利益，给我们留下了一个更加光辉的圣人形象。

“正名”是孔子思想的重要方面，正是从此出发，孔子利用三桓与其家臣不合的有利局势，毅然说服鲁定公“隳三都”。虽然孔子的这一主张没有最终实现，但是却在一定程度上削弱了三桓的实力，而更为重要的是，孔子以自己的行动表达了自己的“正名”主张，这对于维护鲁国的统治秩序是十分重要的。

但是由于当时的无道政治，孔子最终没有机会充分施展自己的政治才能。但是从此篇当中我们可以看到，孔子不仅重视理论，其政治才能也很卓越。

【原文】

孔子初仕，为中都宰[①]，制为养生送死之节[②]：长幼异食，强弱异任，男女别途，路无拾遗。器不雕伪[③]，为四寸之棺、五寸之椁[④]，因丘陵为坟，不封不树[⑤]。行之一年，而四方之诸侯则焉。

定公谓孔子曰[⑥]：“学子此法以治鲁国，何如？”孔子对曰：“虽天下可乎，何但鲁国而已哉！”于是二年，定公以为司空[⑦]。乃别五土之性，而物各得其所生之宜，咸得厥所。[⑧]

先时季氏葬昭公于墓道之南。孔子沟而合诸墓焉。谓季桓子曰：“贬君以彰己

罪,非礼也。今合之,所以掩夫子之不臣。”[9]由司空为鲁大司寇[10],设法而不用,无奸民。

【注释】

①中都宰:中都这个地方的地方官。中都,地名,春秋时鲁国邑名。宰,采邑的长官,泛指地方官吏。

②养生:指人在世的时候生活能有保障。送死:指人死后能够好好安葬。节,礼节,制度。

③雕伪:雕琢伪饰,泛指华丽装饰。

④四寸之棺、五寸之椁:棺厚四寸,椁厚五寸。古代棺木一般分为两层(也有多层),里层为棺,外层为椁。

⑤不封不树:封,聚土为坟。树,在坟墓周围种上树木。

⑥定公:即鲁定公,春秋末期鲁国国君,姓姬,名宋,谥号为“定”,因而称为定公。

⑦司空:周代六卿之一,主管土木建筑、器械制造。

⑧“乃别五土之性”三句:五土,即山林、川泽、丘陵、水边平地、低洼沼泽这五种地形,泛指各类地形。咸,全,都。厥,通“其”。

⑨“先时”七句:季氏,指季平子,鲁国权臣。昭公,即鲁昭公。昭公受人撺掇,想要讨伐季氏,失败之后流亡晋国,季平子拒绝晋国送回昭公,最后昭公客死晋国。季平子将昭公葬在鲁国先君陵寝的墓道以南,使其无法与先君合葬,以此发泄私愤。事见《史记·鲁周公世家》及《孔子世家》。《左传·定公元年》:“秋七月癸巳,葬昭公于墓道南。孔子之为司寇也,沟而合诸墓。”与此处所载略有不同。季桓子,季平子之子。夫子,指季平子。

⑩大司寇:官名,周代开始设立,六卿之一,主管刑狱讼。

【释义】

孔子刚开始从政的时候，做了中都的地方长官，在那里他制定了养生送死的礼节。尊敬长者，年龄不同的人享有不同的食物；帮扶弱者，身体强弱状况不同的人从事不同的工作，各尽其能；严守礼教，男女走路的时候各走一边；掉在路上的东西，没有人捡起来据为己有；崇尚节俭，器物不做过多的雕饰；安葬死者的时候用四寸厚的棺材，五寸厚的椁；凭借丘陵修建坟墓，禁止聚土成坟，也不准在坟墓旁种植松柏。孔子的政策在中都实行了一年之后，西方的各个诸侯国都竞相效仿孔子的做法。

鲁定公对孔子说："将您的方法推而广之以治理整个鲁国，怎么样?"孔子回答道："即使用我的办法治理全天下也是可以的，何止鲁国而已！"在此之后的第二年，鲁定公即任命孔子为鲁国的司空。孔子根据鲁国的土地特点，具体区分了五种土地的不同特性，并据此在不同的土地上种植不同的物种。这样，万物都得到了适宜的生长环境，各得其所。

早先的时候，季平子将鲁昭公葬在鲁国先君墓地的南面，孔子担任司空之后，将昭公之墓和先君之墓沟合为一体。并向季桓子解释说："(季平子)贬损国君的地位，同时也彰显了自己的过错，这是不符合礼制要求的。现在我把墓地合为一体，就是为了掩盖令尊当年的不臣之心。"后来，孔子又由司空升职为司寇(由于孔子治理得当教化有方)。虽然制定了法令，但是无须使用，不干预百姓的日常生活(就使得鲁国秩序井然了)。

【原文】

定公与齐侯会[①]于夹谷，孔子摄相[②]事，曰："臣闻有文事者，必有武备。有武事者，必有文备。古者诸侯并出疆，必具官以从，请具左右司马。"定公从之。

至会所，为坛位，土阶三等，以遇礼相见，揖让而登。献酢[③]既毕，齐使莱人以兵鼓噪，劫[4]定公。孔子历阶[5]而进，以[6]公退曰："士，以兵之，吾两君为好，裔夷之俘，敢以兵乱之！非齐君所以命诸侯也！裔不谋夏，夷不乱华，俘不干[7]盟，兵不偪[8]好，于神为不祥，于德为愆义，于人为失礼。君必不然。"齐侯心怍[9]，麾[10]而避之。

【注释】

①会：会盟。

②相：司仪、赞礼之人。

③献酢：主客之间互相献酒。

④劫：威胁。

⑤历阶：一步一个台阶地快走，古代的礼制规定要双脚登同一个台阶慢行。

⑥以：保护。

⑦干：干扰。

⑧偪：威胁。

⑨怍：惭愧。

⑩麾：指挥。

【释义】

定公和齐侯在夹谷举行盟会，孔子当时担任司仪，向定公说道："我听说举行和平会盟这样的事，也一定要有武力做后盾。而进行军事活动也一定要有和平外交的准备。古代的诸侯离开自己的疆域进行外交时，随从的官员一定是文武齐备，请您带上左右司马。"定公听从了孔子的话。

到了会盟的场所，举行盟会仪式的高台已经筑好了，并设好了位次，台上设了三个台阶。双方以会遇之礼相见，谦让着登上了高台，然后互相献酒。献酒完毕以后，齐国派了莱人的军队敲击战鼓．以威胁定公。孔子马上快步登上台阶，保护定公退

避，并下令："鲁国的兵士们，你们快去攻打莱人。我们两国的国君在这里举行和平会盟，如果让那些裔夷的俘虏拿着武器扰乱了，就一定不是齐君和天下诸侯的邦交之道。远方的异国不能够图谋我华夏，蛮夷之人不能够扰乱我中华，俘虏不能够干扰我们的盟会，武力不能逼迫友好，否则的话，对于神灵来就是不敬，在道义上也是行小通的，在礼节上史是不符合礼的。齐侯肯定不会这么做。"齐听了以后心中很惭愧，就指挥那些莱人退下。

【原文】

有顷[①]，齐奏宫中之乐，俳优侏儒戏于前。孔子趋[②]进，历阶而上，不尽一等[③]，曰："匹大荧侮诸侯者，罪应诛，请右司马速刑焉。"丁是行侏儒，于足异处。齐侯惧，有惭色。将盟，齐人加载[④]书曰："齐师[⑤]出境[⑥]，而不以兵车三百乘从我者，有如此盟。"孔子使兹无还对曰："而[⑦]不返我汶阳之田，吾以供命[⑧]者，亦如之。"齐侯将设享礼，孔子谓梁丘据曰："齐鲁之故[⑨]，吾子何不闻焉？事既成矣，而又享之，是勤[⑩]执事。且牺象[⑪]不出门，嘉乐不野合[⑫]。享而既具[⑬]，是弃礼；若其不具，是用秕稗。用秕稗君辱。弃礼名恶.子盍图之？夫享，所以昭德也，不昭，不如其已。"乃不果享。齐侯归，责其群臣曰："鲁以君子道辅其君，而子独以夷狄道教寡人，使得罪。"于是，乃归所侵鲁之四邑及汶阳之田。

【注释】

①有顷：一会儿。②趋：快走。③不尽一等：没有登上最后一级台阶，这是符合礼制的。④载：记载。⑤师：军队。⑥出境：指出境攻打他国。⑦而：通"尔"，你。⑧供命：派军队任凭齐国调遣。⑨故：原有的礼节传统。⑩勤：麻烦，劳烦。⑪牺象：装饰有鸟羽或象骨的酒器。⑫野合：在好外演奏。⑬具：具备、齐全。

【释义】

过了一会儿，齐国奏起了宫廷的舞乐，唱歌的俳优和侏儒小丑在鲁君面前表演歌舞杂技、调笑嬉戏。孔子快步走向前，站在第二个台阶上说："卑贱的人竟敢戏弄诸侯，应当诛杀，请右司马赶快对他们施刑。"于是那些侏儒被斩杀，手足都被斩断。齐侯看了以后很恐惧，面有惭色。正要盟誓的时候，齐国在盟书上记载道："以后齐国的军队出兵征战的时候，如果鲁国不派遣三百辆兵车跟从出征的话，就要按照盟约的规定予以惩罚。"孔子就派兹无还回应道："如果齐国不归还我们鲁国汶河以北的鲁领地，却让鲁国派兵车跟从的话，齐国也要按照盟约的规定被处以严惩。"齐侯准备设宴款待定公(以示炫耀)，孔子就对齐国的大夫梁丘据说道："齐国和鲁国的传统礼节，难道你不知道吗？会盟既然已经完成，再设宴款待的话，就只是白白劳烦你们的群臣而已。况且牺像这样的酒器不应当带出宫门，雅乐也不应当在野外演奏。假如宴席配备了这些酒器，那就相当于违背了礼仪。如果宴会上的东西简陋的话，那就等于是舍弃了五谷而用那些秕稗，而秕稗则有辱于君王的尊贵。违背礼仪又会背上不好的名声，你们这么做是图什么呢？而设宴是为了显示君王的功德的，如果不能够显示功德的话，还不如没有更好。"于是齐国就取消了设宴。齐侯回去以后，责备群臣说：鲁国的君子是用君子之道来辅助君王的，你们却单单用夷狄的行为来误导我，使我招致这么多的羞辱。于是就把所侵占的四座城邑以及汶阳以南的土地都归还给了鲁国。

【原文】

孔子言于定公曰："家不藏甲[①]，邑无百雉之城[②]，古之制也。今三家过制[③]，请皆损之。"乃使季氏宰仲由隳三都[④]。叔孙不得意于季氏[⑤]，因费宰公山弗扰率费人以袭鲁[⑥]。孔子以公与季孙、叔孙、孟孙入于季氏之宫[⑦]，登武子之台[⑧]。费人攻之，及台侧，孔子命申句须、乐颀勒士众下伐之[⑨]，费人北。遂隳三都之城。强公室，弱私家，尊君卑臣，政化大行。

【注释】

①家：指卿大夫。甲：王注："甲，铠也。"即武装。

②邑：卿大夫所居城邑。雉：古代计算城墙面积的单位。一雉之墙长三丈，高一丈。王注："高丈、长丈曰堵，三堵曰雉。"

③三家：指当时鲁国势力很大的权臣季孙、叔孙、孟孙三家。他们都是鲁桓公的后代，又称鲁三桓。

④宰：卿大夫家臣或采邑长官。仲由：字子路，孔子弟子。隳：毁坏。三都：指鲁三桓的采邑，分别为季孙氏之费、叔孙氏之郈、孟孙氏之成。此时三都之宰又各控制三都以凌三家，三家甚苦之，子路因势利导，故叔孙、季氏能从其言。

狩猎纹壶

⑤叔孙：指叔孙氏庶子叔孙辄。不得意于季氏：季氏当作"叔孙氏"，《春秋左传·定公十二年》杜注："辄不得志于叔孙氏。"即得不到叔孙氏重用。

⑥费宰：费城长官。公山弗扰：人名，费城宰。率费人以袭鲁：此时子路已率兵隳费，鲁国国都空虚，公山弗扰等因而能入鲁。

⑦季氏之官：季氏住宅。

⑧武子之台：旧说台在季氏宅内。

⑨申句须、乐颀：鲁大夫。

【释义】

孔子对鲁定公说："卿大夫的家中不能私藏兵器铠甲，封地内不能建筑一百雉规模的都城，这是古代的礼制。当前季孙氏、叔孙氏、孟孙氏三家大夫的城邑都逾越了礼制，请您削减他们的势力。”于是派季氏家臣仲由拆除三家大夫的城池——季孙氏的都城费、叔孙氏的都城郈、孟孙氏的都城成。叔孙氏的庶子叔孙辄得不到叔孙氏的器重，联合费城的长官公山弗扰率领费人进攻鲁国都城曲阜。孔子保护着鲁定公，和季孙氏、叔孙氏、孟孙氏三大夫躲入季氏的住宅，登上武子台。费人进攻武子台，攻到鲁定公所居的台的一侧，孔子命令申句须、乐颀两位大夫统领士卒前去抵挡，费人败退。这样，终于削减了三座都邑的城池。这一行动使鲁国国君的权力得到加强，大夫的势力被削减，国君得到尊崇，臣子地位下降，政治教化措施得到执行。

【原文】

初，鲁之贩羊有沈犹氏者[①]，常朝饮其羊以诈市人[②]。有公慎氏者，妻淫不制。有慎溃氏，奢侈逾法。鲁之鬻六畜者[③]，饰之以储价[④]。及孔子之为政也，则沈犹氏不敢朝饮其羊，公慎氏出其妻，慎溃氏越境而徙。三月，则鬻牛马者不储价，卖羊豚者不加饰，男女行者别其涂，道不拾遗。男尚忠信，女尚贞顺。四方客至于邑者，不求有司[⑤]，皆如归焉。

【注释】

①沈犹氏：沈犹氏及下文的公慎氏、慎溃氏，皆鲁人。

②朝饮其羊：早晨在羊肚内灌满水。

③鬻：卖。

④饰：装饰。储价：抬高价格。

⑤不求有司：王注：“有司常供其职，客不求而有司在焉。”有司，官吏。古代设官分职，事各有专司，故称有司。

【释义】

早先，鲁国有一个贩羊的沈犹氏，他经常在早上用水把羊灌饱增加重量欺诈买羊的人。有一个叫公慎氏的人，他的妻子与别人淫乱他也管不了。还有一个人叫慎溃氏，生活豪华奢侈，逾越了礼法规定的限度。鲁国贩卖牲口的商人，在牲口身上做手脚从而抬高售价。到孔子当政时期，沈犹氏不敢在早上卖羊前给羊灌水，公慎氏休了他的妻子，慎溃氏逃出国境迁居到别国去了。过了三个月，贩牛马的商人不敢漫天要价；卖猪羊的商人也不敢在猪羊身上搞小动作谋取不正当的利润；男女走在路上，根据礼法各走路的一边；路上遗失的东西没有人私自占为己有。男子崇尚忠诚信义，女子崇尚贞洁顺从。四方来的客商到鲁国城邑，不用请求主管商旅官员的帮助，就像回到家乡一样安全方便。

始诛第二

【题解】

本篇由两个故事组成。前者记述有关孔子诛杀少正卯的事情，后者记述有关孔子处理父子争讼的事情。两则故事意义关联，较为系统地反映了孔子的政治教化思想。因前者有“夫子为政而始诛”之语，故以“始诛”名篇。

孔子诛杀少正卯有无其事，学术界存在较大争议。在文献记载中，除《孔子家语》外，较早记录该事的还有《荀子·宥坐》篇，其后，《史记》《淮南子》《说苑》《论衡》等也有与《家语》一致的说法。但是，自南宋开始，此事的真实性开始受到质疑，朱熹认为此事“《论语》所不载，子思、孟子所不言……乃独荀况言之。是必齐、鲁陋儒，愤圣人之失职，故为此说，以夸其权耳”。其后的阎若璩、崔述等也支持这样的观点，因为孔子向来主张以德服人，反对刑杀，如《论语》曰：“季康子问政于孔子，曰：‘如杀无道

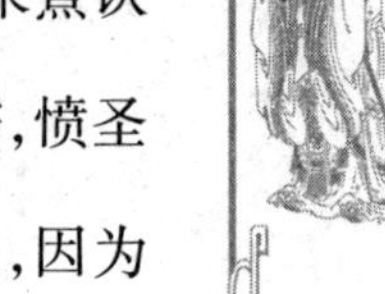

以就有道,何如?'孔子曰:'子为政,焉用杀!'"据此,人们认为"此盖申韩之徒言刑名者,诬圣人以自饰,必非孔子之事"。

除了由于所谓"元典不载"而被认为是后人伪造之外,历来学者们对孔子诛杀少正卯存在不少疑问,总括起来,主要是基于两点:第一,孔子诛杀少正卯的理由是"五恶",而这都属于"意识形态"范畴,并无其他确实罪状;第二,以春秋政治中处置大夫的惯例和孔子执政实听命于季氏的身份,难以专杀大夫。

与上述观点相反,郭克煜先生等所著的《鲁国史》(人民出版社1994年版)认为孔子诛杀少正卯当有其事。因为《春秋》《左传》《论语》《孟子》等书的性质与《孔子家语》等书不同,其撰述体例各有取舍,《论语》等书不载之事未必没有发生;孔子一贯主张"为政以德",反对"齐之以刑",乃是与"齐之以礼"相比较而言,孔子并不排斥刑杀,在《左传》的记载中,孔子就是主张"宽猛相济"的;春秋时代擅杀大夫实际上早已司空见惯。此时鲁国内乱,孔子临危受命,以卿位的大司寇身份诛杀少正卯是完全有可能的。

我们认为,孔子诛杀少正卯之事应有所本,确有其事,郭克煜先生等《鲁国史》的说法很有道理。在本篇中,孔子就明确表达了"不教以孝而听其狱,是杀不辜"的教化观念,主张"必教而后刑","其有邪民不从化者,然后待之以刑"。实际上,《论语》中也有类似表述,如孔子说"不教而杀谓之虐;不戒视成谓之暴;慢令致期谓之贼"。孔子的一贯主张是"德主刑辅",正如《家语》的《刑政》篇中所言:"圣人之治,化也,必刑政相参焉。太上以德教民,而以礼齐之。其次以政焉导民,以刑禁之,刑不刑也。化之弗变,导之弗从,伤义以败俗,于是乎用刑矣。"孔子的行为与他的思想应该是一致的。

【原文】

孔子为鲁司寇,摄①行相事,有喜色。仲由问曰:"由闻君子祸至不惧,福至不喜,今夫子得位而喜，何也？’’孔子曰：“然，有是言也。不曰‘乐以贵下人’乎？”于是朝政②七日而诛乱政大夫少正卯，戮之于两观③之下，尸④于朝三日。

子贡进曰：“夫少正卯，鲁之闻人⑤也。今夫子为政而始诛之，或者为失乎？”孔子曰：“居，吾语汝以其故。天下有大恶者五，而窃盗不与⑥焉。一曰心逆而险⑦，二曰行僻而坚⑧，三曰言伪而辩⑨，四曰记丑⑩而博，五曰顺非而泽⑪。此五者，有一于人，则不免君子之诛，而少正卯皆兼有之。其居处足以撮徒成党，其谈说足以饰褒莹众，其强御足以反是独立⑫，此乃人之奸雄者也，不可以不除。夫殷汤诛尹谐、文王诛潘正，周公诛管蔡，太公诛华士，管仲诛付乙，子产诛史何，是此七子皆异世而同诛者。以七子异世而同恶，故不可赦也。《诗》云：‘忧心悄悄，愠于群小。’小人成群，斯足忧矣。”

【注释】

①摄：代理。

②朝政：执掌朝政。

③两观：宫殿门外的两座高台。

④尸：暴尸。

⑤闻人：名人，有名望的人。

⑥不与：不在其中。

⑦险：险恶。

⑧坚：固执。

⑨辩：善辩。

⑩丑：怪异的事。

⑪泽：润泽，这里指理直气壮。

⑫反是独立：反对正道，违背常理而自成一家。

【释义】

孔子做了鲁国的大司寇,还兼任为国君的职务,脸上显现出喜悦的颜色。子路问孔子说:“我听说对于君子来说祸患来了不应该害怕,福禄来了也不欢喜,但是老师您现在得到了高官厚禄却十分的高兴,这是为什么呢?”

孔子回答道:“是的,是有这样的话。但是大家不也经常说‘以谦虚对待下人为乐事’吗?”

孔子当政七天就诛杀了扰乱鲁国朝政的大夫少正卯,在宫门前行刑,并陈尸于朝廷三天。

子贡向孔子进言道:“少正卯是鲁国非常著名的人物,您刚当政就将其诛杀,是不是于理不当?”

孔子说:“坐下来,我告诉你这样做的原因。天下有最不可宽恕的五大罪行,而盗窃并不包含其中。第一种是心思乖违而为人险恶,第二种是行为古怪而固执,第三种是言论不实却又有诡辩之才,第四种是对于怪异的事情很是精通,第五种是顺从不端的言行却又能广施恩惠。一个人有这五大恶行之一就免不了受君子的诛杀,但是少正卯却每一种都有。在他活动的地方就有足够的力量聚集徒众,结党营私。他的不当言论足以粉饰自己,迷惑众人。他的强大足以自成一派,与国家分庭抗礼。这就是人中之奸雄,所以不能不把他除掉!当初商汤诛杀尹谐,周文王诛杀潘正,周公旦诛杀管叔、蔡叔,太公诛杀华士,管仲诛杀付乙,子产诛杀史何,这七个人虽然处在不同的时代,但是同样都当杀。因为这七个人的言行都与当时的世道相违背,都罪无可赦,所以不能宽恕他们。(《诗经》上说:‘忧虑重重难除掉,小入成群真可恼。’小人成群,很令人担忧的。”

【原文】

孔子为鲁大司寇[①],有父子讼者,夫子同狴执之[②],三月不别。其父请止,夫子赦之焉。

季孙闻之不悦[3]，曰："司寇欺余，曩告余曰[4]：'国家必先以孝。'余今戮一不孝以教民孝，不亦可乎？而又赦，何哉？"冉有以告孔子[5]。

子喟然叹曰："呜呼！上失其道而杀其下，非理也。不教以孝而听其狱，是杀不辜[6]。三军大败，不可斩也；狱犴不治[7]，不可刑也。何者？上教之不行，罪不在民故也。夫慢令谨诛[8]，贼也；征敛无时，暴也；不试责成，虐也。政无此三者，然后刑可即也。《书》云[9]：'义刑义杀[10]，勿庸以即汝心，惟曰未有慎事[11]。'言必教而后刑也。既陈道德，以先服之；而犹不可，尚贤以劝之；又不可，即废之；又不可，而后以威惮之。若是三年，而百姓正矣。其有邪民不从化者，然后待之以刑，则民咸知罪矣。《诗》云[12]：'天子是毗[13]，俾民不迷[14]。'是以威厉而不试[15]，刑错而不用[16]。今世则不然，乱其教，繁其刑，使民迷惑而陷焉。又从而制之，故刑弥繁而盗不胜也[17]。夫三尺之限[18]，空车不能登者，何哉？峻故也。百仞之山[19]，重载陟焉[20]，何哉？陵迟故也[21]。今世俗之陵迟久矣，虽有刑法，民能勿逾乎？"

【注释】

①大司寇：鲁有三卿，司空兼司寇，孟孙兼职。司空下有小司寇，孔子似乎是小司寇，《荀子·宥坐》作"孔子为鲁司寇"。

②同狴执之：关在同一监牢。王注："狴，狱牢也。"

③季孙：鲁桓公子季友后裔，又称季孙氏，三卿之一，司徒兼冢宰。自鲁文公后，季孙行父、季孙宿等都是鲁国实权人物。

④曩：往昔，从前。

⑤冉有：即冉求，字子有，孔子弟子，季氏家臣。

⑥不辜：没有罪的人。

⑦狱犴：这里指刑狱。

⑧慢令谨诛：法令松弛而刑杀甚严。“诛”，原作“昧”，据《四部丛刊》本《家语》改。

⑨《书》：这里指《尚书·康诰》，文字有出入。

⑩义刑义杀：刑杀要符合正义。

⑪勿庸以即汝心，惟曰未有慎事：王注：“庸，用也。即，就也。刑杀皆当以义，勿用以就汝心之所安，当谨之。自谓未有顺事，且陈道德以服之，以无刑杀而后为顺，是先教而后刑也。”意为不能要求只符合你的心意，假如完全顺从你的意志断案才叫顺当，可以说没有顺当的事。

⑫《诗》：指《诗经·小雅·节南山》。

⑬毗：辅佐。王注：“毗，辅也。”

⑭俾：王注：“俾，使也。”迷：迷失。

⑮威厉而不试：严酷的刑罚不使用。

⑯错：放置。

⑰刑弥繁而盗不胜：刑罚繁多而盗贼越多。

⑱限：门槛。这里指险阻。《荀子·宥坐》作“岸”。

⑲仞：古代长度单位。七尺或八尺为一仞。

⑳陟：登。

㉑陵迟：这里指坡度斜缓，逐步由低到高。在下一句的陵迟则指衰败、败坏。

【释义】

孔子做鲁国的大司寇，有父子二人来打官司，孔子把他们羁押在同一间牢房里，过了三个月也不判决。父亲请求撤回诉讼，孔子就把父子二人都放了。

季孙氏听到这件事，很不高兴，说：“司寇欺骗我，从前他曾对我说过：‘治理国家一定要以提倡孝道为先。’现在我要杀掉一个不孝的人来教导百姓遵守孝道，不也可以吗？司寇却又赦免了他们，这是为什么呢？”

冉有把季孙氏的话告诉了孔子，孔子叹息说：“唉！身居上位不按道行事而滥杀百姓，这违背常理。不用孝道来教化民众而随意判决官司，这是滥杀无辜。三军打了败仗，是不能用杀士卒来解决问题的；刑事案件不断发生，是不能用严酷的刑罚来制止的。为什么呢？统治者的教化没有起到作用，罪责不在百姓一方。法律松弛而刑杀严酷，是杀害百姓的行径；随意横征暴敛，是凶恶残酷的暴政；不加以教化而苛求百姓遵守礼法，是暴虐的行为。施政中没有这三种弊害，然后才可以使用刑罚。《尚书》说：‘刑杀要符合正义，不能要求都符合自己的心意，断案不是那么顺当的事。’说的是先施教化后用刑罚。先陈说道理使百姓明白敬服，如果还不行，就应该以贤良的人为表率引导鼓励他们；还不行，才放弃种种说教；还不行，才可以用威势震慑他们。这样做三年，而后百姓就会走上正道。其中有些不从教化的顽劣之徒，对他们就可以用刑罚，这样一来百姓都知道什么是犯罪了。《诗经》说：‘辅佐天子，使百姓不迷惑。’能做到这些，就不必用严刑峻法，刑法也可搁置不用了。当今之世却不是这样，教化紊乱，刑罚繁多，使民众迷惑而随时会落入陷阱。官吏又用繁多的刑律来控制约束，所以刑罚越繁盗贼越多。三尺高的门槛，即使空车也不能越过，为什么呢？是因为门槛高的缘故。一座百仞高的山，负载极重的车子也能登上去，为什么呢？因为山是由低到高缓缓升上去的，车就会慢慢登上去。当前的社会风气已经败坏很久了，即使有严刑苛法，百姓能不违犯吗？”

王言解第三

【题解】

王道政治是孔子心目中的理想政治，本篇通过孔子与弟子曾子的对话，记述了孔子的王道言论。篇中有孔子所说“吾以王言之”，又有曾子所问“何谓王之言”，故以

“王言”名篇。所谓“王言”，即关于王道的言论。

本篇是有关孔子政治理想的重要文献。在论述中，孔子“祖述尧舜，宪章文武”，他借助前代帝王事迹，描绘了自己心目中的理想政治面貌，并将前代王者之道提炼为“内修七教，外行三至”。孔子认为：“凡上者，民之表也，表正则何物不正?”要求君主首先应该修身立己，以德治国，实现统治者的美德与适宜政治措施的结合，君主做到了“爱人”“知贤”“官能”，就可以达到“内修七教而上不劳，外行三至而财不费”的客观效果，这种“不劳不费”的“明王”之道，是早期儒家“无为而治”政治理想的具体化。“无为而治”是我国上古社会一种由来已久的理想政治模式，儒家继承并继续阐发了“无为而治”的思想。如《论语·卫灵公》记孔子说：“无为而治者其舜也与？夫何为哉？恭己正南面而已。”只是，到了汉初，经学化的儒学与当时流行的黄老思想形成对立，儒家逐渐放弃王道思想中的无为概念，“无为而治”竟被后人认为是道家的标志性概念。

该篇又见于《大戴礼记》，《大戴礼记》作《主言》。“王言”“主言”一字之差，引起后人的争论。清朝前期的王聘珍长期研习《大戴礼记》，作《大戴礼记解诂》十三卷，《目录》一卷。他以《大戴礼记》为尊，反对依据他书如《孔子家语》等增删《大戴礼记》的字句。对古籍本文随意“增删改易”的做法自不可取，但他认为该篇本为“主言”，《孔子家语》由王肃“私定”，而改作“王言”。所以他反对依据《家语》而改称“王言”，认为这种做法是“俗儒”之为。清末，孙诒让作《大戴礼记斠补》，认为《大戴礼记》作“主言”应当改正。

其实，将两篇对读，很容易看出《大戴礼记》的改编痕迹。在《大戴礼记》中，《家语》中作“王”的字几乎都被改为“主”，但篇中有“朝覲于王”，一个“王”字透露两篇的关联。孔子忠君尊王，倡导王道思想，《家语》该篇谈论“不出户牖而化天下”的“王”，是本来应该作“王”，而非“主”。在先秦儒家那里，王、霸相对，篇中所言“明王之道”就是通常所说的“王道”。戴德处西汉后期，而整个西汉的前期，中央与藩王的关系一直是政治的主线，一会儿封王置藩，一会儿又削藩平乱。开始，异姓诸王曾经拥兵自重，专制一方；后来，刘邦所封的同姓王也自为法令，僭越礼制，不仅对朝廷态度傲慢，甚至公开举兵叛乱。到汉武帝时期，他依然不得不将一部分精力倾注到打击地方割据势力，解决诸侯王的问题上面。戴德改"王"为"主"，很可能与之有关。

当初，孔子弟子撰集《孔子家语》，根据自己的记录而"叙述首尾"，从中可以看出孔门师徒往复问对时的一些具体情景。戴圣重编后，删除了此类记载，而将重点放在了表述孔子思想的内容方面。对于这些，戴圣也做了进一步的润色和加工。与《家语》相比，《大戴礼记》该篇的不同主要是整齐句子、修饰语词，排斥《家语》往往造成不应有的错误。如《家语·王言解》谈论"上下相亲"，曰："上之亲下也，如手足之于腹心；下之亲上也，如幼子之于慈母矣。"而《大戴礼记·主言》却变成"上之亲下也如腹心，则下之亲上也如保子之见慈母也"。《家语》两个分句本为并列的关系，改编后成了因果关系。在这里，《大戴礼记》的"保子"就是《家语》的"幼子"，这里的"保"与"葆""褓"通，"保子"的意思为"襁褓之子"。有意思的是，王聘珍排斥《家语》，解"保"曰"养也"，失离了本义。经过此类的改编、解诂，只会离开"夫子本旨"越来越远。

在《大戴礼记解诂·目录》中，王聘珍云："王肃私定《孔子家语》，盗窃此(《主言》)篇，改作《王言》，俗儒反据肃书，改窜本经。"对读两篇本文，不难发现，正是王氏本人主仆颠倒，婢作夫人，诚可谓孔衍所说"灭其原而存其末"。

【原文】

孔子闲居，曾参侍。孔子曰："参乎，今之君子，唯士与大夫之言可闻也。至于君子之言者，希[1]也。於乎！吾以王言之，其不出户牖而化天下。"

【注释】

①希：同"稀"，稀少。

【释义】

孔子空闲在家，曾参在身边陪伴。孔子说："曾参啊，现在的身居高位的人之中，只能听到士和大夫那些治国理政的言论，国君如何治理国家的言论那是几乎听不到的。唉！我若将治国的道理讲给国君听，他们足不出户就可以教化天下了。"

【原文】

曾子起，下席而对曰："敢问何谓王之言？"孔子不应，曾子曰："侍夫子之闲也难，是以敢问。"孔子又不应。曾子肃然而惧，抠衣[1]而退，负席[2]而立。

【注释】

①抠衣：提起衣服。

②负席：席，就为"序"，东西墙为序。负，背靠着。

【释义】

曾子站起来，离开座席问："请问什么是国君治国的道理呢？"孔子没有回答。曾子说："赶上先生您有空闲的时候也难，所以敢大胆向你请教。"孔子还是没有回答。曾子肃然生畏，提起衣服有礼貌地退下去了，背靠着墙站立在旁边。

【原文】

有顷[1]，孔子叹息，顾[2]谓曾子曰："参，汝可语明王之道与？"曾子曰："非敢以为足也，请因[3]所闻而学焉。"子曰："居，吾语汝。夫道者，所以明德也。德者，所以尊道也。是以非德道不尊，非道德不明。虽[4]有国之良马，不以其道服乘之，不可以道[5]里。虽有博地众民，不以其道治之，不可以致霸王。是故昔者明王内修七教，外行三至，七教修，然后可以守，三至行，然后可以征。明王之道，其守也，则必折冲⑥千里之外，其征也，则必还师衽席之上。故曰内修七教而上不劳，外行三至而财不费。此之谓明王之道也。”

【注释】

①有顷：一会儿。

②顾：回头。

③因：通过。

④虽：即使。

⑤道：行驶。

⑥折冲：打败敌人。冲，兵车。

【释义】

一会儿，孔子发出一声叹息。回头对曾子说：“曾参，可以和你谈论古代明君治国之道吗？”曾参说：“我不敢认为自己所掌握的知识已经完备了，我请求通过听老师的讲解来学习。”孔子说：“你坐下，我告诉你。道是用来表明德行的，德行是用来尊崇道义的。所以缺少了德行，道义就不会被尊崇；缺少了道义，德行就不能彰显。即使拥有全国最好的马，如果不按照一定的方法驯服、驾驭、训练它驾车，那么它也是不会在道路上行进的。即使有广博的土地、众多的国民，如果不用正确的方法治理，那么也不能取得霸王的事业。因此，过去贤明的君王在国内实行‘七教’，在国外实行‘三至’。‘七教’实行得好，那么守国应该没有问题了；‘三至’实行了，就可以征讨其他国家了。贤明君王治理国家的方法是：保卫本国，一定能打败千里之外的敌人；征讨他国，就一定胜利归来。因此，在国内实行‘七教’，在位者可以不必劳苦；在国外实行‘三至’，就不会在外交上浪费财物。这就是贤明君王的做法。”

【原文】

曾子曰："不劳不费之谓明王，可得闻乎？"孔子曰："昔者帝舜左禹而右皋陶，不下席而天下治。夫如此，何[1]上之劳乎？政之不平[2]，君之患[3]也，令之不行[4]，臣之罪也。若乃[5]十一而税[6]，用民之力，岁不过三日。入山泽以其时而无征，关讥[7]市鄽[8]皆不收赋，此则生财之路，而明王节之，何财之费乎？"

曾子曰："敢问[9]何谓[10]七教？"孔子曰："上敬老则下益[11]孝，上尊齿[12]则下益悌[13]，上乐施则下益宽，上亲贤则下择友，上好德则下不隐[14]，上恶贪则下耻争，上廉让则下耻节，此之谓七教。七教者，治民之本也。政教定，则本正也。凡上者，民之表[15]也，表正则何物不正？是故，人君先立[16]仁于己，然后大夫忠而士信[17]，民敦[18]俗璞[19]，男悫[20]而女贞，六者，教之致[21]也，布[22]诸天下四方而不怨，纳诸寻常之室而不塞。等[23]之以礼，立之以义，行之以顺，则民之弃恶如汤之灌雪焉。"

【注释】

①何：什么。

②平：太平。

③患：忧虑，担心。

④行：实行。

⑤若乃：如果。

⑥十一而税：征收十分之一的税收。

⑦讥：查看。检察。

⑧鄽：集市中的旅舍。引申为市场。

⑨敢问：请问。

⑩谓：叫作。

⑪益：更加。

⑫齿：代指年长的人。

⑬悌：尊敬兄长。

⑭隐：归隐。

⑮表：表率。

⑯立：树立。

⑰信：诚信。

⑱敦：敦厚。

⑲璞：淳朴。

⑳悫：诚实、谨慎。

㉑致：结果。

㉒布：广布，广泛实施。

㉓等：划分等级。

【释义】

曾参说："不劳苦、不破费就可以称为贤明的君王了吗？老师可以讲给我听吗？"孔子说："以前，舜帝的左右有禹和皋陶辅佐，不用离开座席，天下就被治理得井井有条了。像这样，君王有什么劳苦的呢？政治不太平，是君王所担忧的；政令不能有效实行，是臣下的罪过。如果只向百姓征收十分之一的税收，爱惜民力，每年百姓劳役的时间不超过三天，按照一定的时令让百姓入山打猎、入湖打鱼而不滥征捐税，交易市场也不滥收税赋。这些都是国家生财之道，但贤明的君王会控制使用这些手段，又怎么会浪费民力财力呢？"

曾参说："请问什么叫作'七教'呢？"孔子说："在上位的人尊敬老人，那么百姓就更加讲孝道；在上位的人遵从长幼次序，那么百姓就更加尊敬兄长；在上位的人乐善

好施,那么百姓就更加宽容待人;在上位的人亲近贤人,那么百姓们就会选择良友;在上位的人亲近有德行的人,那么百姓中就不会有人归隐山林了;在上位的人厌恶贪婪,那么百姓中就会把争利当成耻辱;在上位的人廉洁谦让,那么百姓中就会以不讲礼节为耻。这就叫作七教。七教是治理人民的基本原则。政治教化有这样的基本原则,那么治民的根本就正确了。在上位的人是下民的表率,表率正,那么还有什么不正呢? 因此君王首先用'仁'的标准要求自己,这样大夫就会忠于职守而士就会诚信,民风淳朴,男子诚实谨慎而女子忠贞。这六个方面是教化达到的效果,把它散布到天下四方,没有人埋怨,把它贯彻到一般百姓家也不会觉得行不通。用礼仪划分等级,用道义立身,遵守礼义来做事,那么百姓抛弃恶念,就像用热水灌洗积雪一样简单了。"

【原文】

曾子曰:"道则至[①]矣,弟子不足以明之。"孔子曰:"参以为姑止[②]乎？又有焉。昔者明王之治民也,法必裂地以封之,分属以理之,然后贤民无所隐[③],暴民无所伏[④]。使有司[⑤]日省[⑥]而时[⑦]考之,进用[⑧]贤良,退贬不肖[⑨],然则贤者悦而不肖者惧。哀鳏寡[⑩],养孤独,恤[⑪]贫穷,诱[⑫]孝悌,选才能。此七者修,则四海之内无刑民矣。上之亲下也,如手足之于腹心。下之亲上也,如幼子之于慈母矣。上下相亲如此,故令则从[⑬],施[⑭]则行,民怀其德,近者悦服,远者来附,政之致也。夫布[⑮]指知寸,布手知尺,舒肘知寻[⑯],斯[⑰]不远之则也。周制,三百步为里,千步为井,三井而埒,埒三而矩,五十里而都,封百里而有国,乃为福积资求焉,恤行者有亡。是以蛮夷诸夏,虽衣冠不同,言语不合,莫不来宾。故曰无市而民不乏,无刑而民不乱。田猎罩弋[⑱],非以盈[⑲]宫室也。征敛[⑳]百姓,非以盈府库也。惨怛[㉑]以补不足,礼节以损有余。多信而寡貌,其礼可守,其言可覆[㉒],其迹可履。如饥而食,如渴而饮。民之信之,如寒暑之必验。故视远若迩[㉓],非道迩也,见明德也。是故兵革不动而威,用利不施而亲,万民怀其惠,此之谓明王之守，折冲[24]千里之外者也。”

【注释】

①至：达到极点，很好。

②姑止：仅仅这些。

③隐：埋没。

④伏：隐藏。

⑤有司：官员。

⑥省：省察。

⑦时：按照一定的时候。

⑧进用：推荐。

⑨不肖：不称职，没有能力的。

⑩鳏寡：无妻或丧妻称为鳏，丧夫称为寡。

⑪恤：同情、怜悯。

⑫诱：诱导。

⑬从：服从。

⑭施：措施。

⑮布：伸开、伸展。

⑯寻：度量单位，两臂伸开为一寻。

⑰斯：这。

⑱弋：以绳系箭而射。

⑲盈：充盈、填满。

⑳征敛：征收赋税。

㉑惨怛：忧伤，这里是同情的意思。

㉒覆：遵从。

㉓迩：近。

㉔折冲：打败敌人。冲，兵车。

【释义】

曾参说："这种治国之道是非常好的，只是我还不是很明白。"孔子说："你以为就止于这些吗？还有呢。以前贤明的君王治理人民，制定法令，把土地分封下去，派官吏去管理。这样贤良的人不会被埋没，残暴的小人没有藏身之处。派主管官员经常去考察民情，举荐贤才，罢免不称职的官员，这样以后贤良的人就会感到愉快，而不称职的官吏就会有所畏惧。同情鳏夫寡妻，养活老年无所养之人和孤儿，怜恤穷苦的人，诱导人们孝敬父母尊敬兄长，选拔有才能的人。做到了这七点，那么四海之内，就没有人受刑罚了。在上位的人亲近百姓，像手脚爱护自己的胸腹一样。百姓亲近在上位的人，就像幼童依恋慈爱的母亲一样。上下之间相亲相爱，百姓就会遵从法令，措施就能有效执行。百姓感激君王的恩德，身边的人都心悦诚服，远方的人就会来投奔，这是政治达到的最高境界。伸开手指就会知道寸有多长，伸开手掌就知道尺有多长，伸开胳膊就知道寻有多长。这就是身边的准则。周代的制度是以三百步为一里，一千步见方为一井，三井为一埒，三埒为一矩，五十平方里的地方可以建大城市，分封一百平方里的地方可以建立国都。这些都是谋求幸福，积累生活资料的基本条件，关心在路上奔波的行人有无行资。因此蛮夷和华夏虽然穿戴不同，说话也不一样，但是没有不来臣服朝拜的。所以说，即使没有市场，百姓却不缺乏生活物资，没有刑罚，百姓也不会作乱。打猎并不是为了使宫室充盈；向百姓征收赋税也不是为了充实国库。国君忧民，遇到天灾人祸就会用国库的粮食补给缺少粮食的百姓，用礼节来节制奢侈浪费，多树立诚信而少用文饰，国家的礼法就可以得到遵守，君王的言论百姓就听从，君王的行为可以成为百姓的表率。国君和百姓的关系就像饿了要吃饭，渴了要喝水，百姓信任君王，就像寒暑随四季变化一样。所以说百姓觉得君王看似距离遥远，又近在身边，不是因为离君王道路近，而是四海之内都散布了他圣明的教化。因此不用动用武力就能树立威信，不用利诱就能让百姓亲近，并且百姓都会感激君王的恩惠，这就是贤明君王守御国家的方法，能在千里之外打败敌人的原因。”

【原文】

曾子曰：“敢问何谓三至？”孔子曰：“至礼不让[1]而天下治，至赏不费[2]而天下士悦，至乐无声[3]而天下民和。明王笃行三至，故天下之君可得而知，天下之士可得而臣，天下之民可得而用。”曾子曰：“敢问此义何谓？”孔子曰：“古者明王必尽知天下良士之名，既知其名，又知其实，又知其数及其所在焉。然后因[4]天下之爵以尊之，此之谓至礼不让而天下治。因天下之禄以富天下之士，此之谓至赏不费而天下之士悦。如此则天下之民名誉[5]兴焉，此之谓至乐无声而天下之民和。故曰：‘所谓天下之至仁者，能合天下之至亲也；所谓天下之至明者，能举天下之至贤者也。’此三者咸通，然后可以征。是故仁者莫大乎爱人，智者莫大乎知贤，贤政者莫大乎官能[6]。有土之君修此三者，则四海之内供命[7]而已矣。夫明王之所征，必道之所废者也，是故诛其君而改其政，吊[8]其民而不夺其财。故明王之政，犹时雨之降，降至则民悦矣。是故行施弥博，得亲弥众。此之谓还师衽席之上。”

【注释】

①至礼不让：至高境界的礼不用讲求谦让。

②至赏不费：至高境界的奖赏不用耗费财物。

③至乐无声：至高境界的音乐没有声音。

④因：凭借，借助。

⑤名誉：名誉，声望。

⑥官能:让贤能之人做官,给贤能之人以职位。官,动词,让……做官,给……以官职。

⑦供命:执行命令,听从差遣。

⑧吊:体恤,抚恤,慰问。

【释义】

曾子说:"请问老师什么是'三至'?"孔子说:"至高境界的礼节不用讲求谦让,而天下就自然会得到治理;至高境界的赏赐不用耗费财物,而天下之士就会欢欣鼓舞;至高境界的音乐没有声音,而天下的百姓就会和睦相处。圣明的君王努力奉行'三至',那么全天下的国君就都会知道他的英明,天下的士人也都会前来臣服,天下的百姓也都会为他所用。"曾子说:"请问老师这怎么解释呢?"孔子说:"古代圣明的君王一定会知道天下最为贤良的人的姓名,知道他们的名字之后,还要弄清楚他们的实际才能,技艺水平以及他们所居住的地方。然后将天下的爵位封给他们,使他们得到应有的尊崇,这就叫作'至礼不让而天下治'。用天下的爵禄使士人的生活变得富足,这就叫作'至赏不费而天下士悦'。这样天下的百姓都会自然地追求声誉而不会甘心堕落,这就叫作'至乐无声而天下民和'。所以说:'天下最有仁德的人,一定能使天下百姓和睦相处;天下最圣明的君王,一定能任用天下最为贤良的人才。'如果这三点都可以做到的话,就可以征伐不义之国。因此,仁德莫过于关爱百姓,智慧莫过于了解贤才,而为政莫过于给有能之人以官职。拥有疆土的君王做好了这三点,那么四海之内的人都会听命于他。圣明的君王所征伐的对象,必定是道义废弛的国家,因此才要诛杀它的国君,改变这个国家的政治局势,抚慰国家的百姓而不抢掠他们的财物。圣明君王施行的贤明政治,就如同及时雨的降临一样,一旦降雨百姓就会欢欣鼓舞。所以,他的德行施行得越广博,就会得到越多人的亲附,这就是所谓军队凯旋的道理。"

大婚解第四

【题解】

“大婚”是指天子、诸侯的婚姻事宜，乃是相对于平民百姓的普通婚姻而言的。本篇记孔子与鲁哀公的对话，以“大婚”问题为核心，故以名篇。

在春秋宗法社会中，天子、诸侯等贵族的婚姻不仅是氏族的内部事务，也是国家政治生活中的重要事件。孔子与哀公的谈话中着力阐述了“大婚”对国家政治生活的重大影响。从论述的逻辑上看，孔子由人道逐步深入而论及大婚：人道—政—爱人—礼—敬—大婚。从这里不难看出，孔子思考问题的终点仍然是如何治理社会、管理民众。

在继承和发扬传统宗法观念的基础上，孔子从人道应该合于天道的高度出发，全面论述了诸侯婚姻的重要意义。他首先指出：“天地不合，万物不生。大婚，万世之嗣也”，认为诸侯的婚配既是合于天道的人道行为，也是国家政治延续的根本所在，并最后得出“仁人之事亲也如事天，事天如事亲”的天人合一的论断，使人间的伦理法则与天道自然达到和谐统一，为宗法伦理政治建立了坚实的形上基础。事实上，孔子这里强调指出诸侯婚姻的天道根源，正是出自孔子本人对人间政治伦理的高度重视，孔子的此类论述，不过是为了明确“政者，正也。君为正，则百姓从而正”的主题，其落脚点还是在于君主品德的培养，体现了孔子对君主人格品质的一贯要求。

本篇也见于《礼记·哀公问》《大戴礼记·哀公问于孔子》，可参阅。

【原文】

孔子侍坐于哀公[1]，公曰：“敢问人道孰为大[2]？”孔子愀然作色而对曰[3]：“君及此言也，百姓之惠也，固臣敢无辞而对。人道政为大。夫政者，正也。君为正，则百姓从

而正矣。君之所为,百姓之所从。君不为正,百姓何所从乎!"

公曰:"敢问为政如之何?"

孔子对曰:"夫妇别,男女亲[④],君臣信[⑤]。三者正,则庶物从之[⑥]。"

公曰:"寡人虽无能也,愿知所以行三者之道,可得闻乎?"

孔子对曰:"古之政,爱人为大;所以治爱人,礼为大;所以治礼,敬为大;敬之至矣,大婚为大。大婚至矣,冕而亲迎者,敬之也。是故君子兴敬为亲,舍敬则是遗亲也。弗亲弗敬,弗尊也。爱与敬,其政之本与?"

【注释】

①哀公:鲁定公之子,名将。

②人道:人类社会的道德规范。

③愀然:忧惧貌。作色:变了脸色。

④男女亲:《礼记·哀公问》《大戴礼·哀公问于孔子》作"父子亲"。

⑤君臣信:《礼记·哀公问》作"君臣严"。《大戴礼·哀公问于孔子》作"君臣义"。

⑥庶物:指一般的事情。

【释义】

孔子陪鲁哀公坐着说话,哀公问道:"请问治理民众的措施中,什么最重要?"

孔子的神色变得严肃起来,回答道:"您能谈到这个问题,真是百姓的幸运了,所以为臣敢不加推辞地回答这个问题。在治理民众的措施中,政事最重要。所谓政.就是正。国君做得正,那么百姓也就跟着做得正了。国君的所作所为.百姓是要跟着学的。国君做得不正,百姓跟他学什么呢?"

哀公问:"请问为政该怎么做呢?"

孔子回答说："夫妇要有别.男女要相亲，君臣要讲信义。这三件事做好了，那么其他的事就可以做好了。"

哀公说："我虽然没有才能，但还是希望知道实行这三件事的方法，可以说给我听听吗？"

孔子回答说："古人治理政事，爱人最为重要；要做到爱人，施行礼仪最重要；要施行礼仪，恭敬最为重要；最恭敬的事，以天子诸侯的婚姻最为重要。结婚的时候，天子诸侯要穿上冕服亲自去迎接，是表示敬慕的感情。所以君子要用敬慕的感情和她相亲相爱，如果没有敬意，就是遗弃了相爱的感情。不亲不敬，双方就不能互相尊重。爱与敬，大概是治国的根本吧！"

【原文】

公曰："寡人愿有言也。然冕而亲迎，不已重乎？"

孔子愀然作色而对曰："合二姓之好，以继先圣之后，以为天下宗庙社稷之主，君何谓已重乎？"

公曰："寡人实固[1]，不固安得闻此言乎！寡人欲问，不能为辞，请少进。"

孔子曰："天地不合，万物不生。大婚，万世之嗣也[2]，君何谓已重乎？"孔子遂言曰："内以治宗庙之礼，足以配天地之神[3]；出以治直言之礼，足以立上下之敬。物耻则足以振之，国耻足以兴之。故为政先乎礼，礼其政之本与！"孔子遂言曰："昔三代明王，必敬妻子也，盖有道焉。妻也者，亲之主也[4]。子也者，亲之后也。敢不敬与？是故君子无不敬。敬也者，敬身为大。身也者，亲之枝也，敢不敬与？不敬其身，是伤其亲；伤其亲[5]，是伤其本也；伤其本，则枝从之而亡。三者，百姓之象也[6]。身以及身，子以及子，妃以及妃，君以修此三者，则大化忾乎天下矣[7]，昔太王之道也。如此，国家顺矣。"

【注释】

①固:鄙陋。这是哀公自谦之辞。

②万世之嗣:使朝代延续万代的子孙后代。嗣,后嗣、子孙。

③足以配天地之神:此指宗庙是仅次于天地的神,即能和天地之神相配。王注:“言宗庙,天地神之次。”

④亲之主也:指侍奉宗祧的主人。

⑤伤其亲:此三字原无,据《四部丛刊》本《家语》补。

⑥百姓之象:此指百姓会按照国君的做法去做。象,形貌,样子。王注:“言百姓之所法而行。”

⑦大化:良好的教化。忾:王注:“忾,满。”

【释义】

哀公说:“我还想问问您,天子诸侯穿冕服亲自去迎亲,不是太隆重了吗?”

孔子脸色更加严肃地回答说:“婚姻是两个不同姓氏的和好,以延续祖宗的后嗣,使之成为天地、宗庙、社稷祭祀的主人,您怎么能说太隆重了呢?”

哀公说:“我这个人很浅陋,不浅陋怎能听到您这番话呢?我想问,又找不到合适的言辞,请慢慢给我讲一讲吧。”

孔子说:“天地阴阳不交合,万物就不会生长。天子诸侯的婚姻,是诞生使社稷延续万代的后嗣的大事,怎么能说太隆重了呢?”孔子接着又说:“夫妇对内主持宗庙祭祀的礼仪,足以与天地之神相配;对外掌管发布政教号令,能够确立君臣上下之间的恭敬之礼。事情不合礼足以改变,国家有丧乱足以振兴。所以治理政事先要有礼,礼不就是执政的根本吗?”孔子继续说:“从前夏商周三代圣明的君主治理政事,必定敬重他们的妻子,这是有道理的。妻子是祭祀宗祧的主体,儿子是传宗接代的人,能不敬重吗？所以君子对妻儿没有不敬重的。敬这件事，敬重自身最为重要。自身，是亲人的后代，能够不敬重吗？不敬重自身，就是伤害了亲人；伤害了亲人，就是伤害了根本；伤害了根本，支属就要随之灭绝。自身、妻子、儿女这三者，百姓也像国君一样都是有的。由自身想到百姓之身，由自己的儿子想到百姓的儿子，由自己的妻子想到百姓的妻子，国君能做到这三方面的敬重，那么教化就通行天下了，这是从前太王实行的治国方法。能够这样，国家就顺畅了。”

【原文】

公曰："敢问何谓敬身？"

孔子对曰："君子过言则民作辞①，过行则民作则。言不过辞，动不过则，百姓恭敬以从命。若是则可谓能敬其身，敬其身则能成其亲矣。"

公曰："何谓成其亲？"

孔子对曰："君子者，乃人之成名也。百姓与名谓之君子，则是成其亲为君而为其子也。"孔子遂言曰："爱政而不能爱人，则不能成其身；不能成其身，则不能安其土；不能安其土，则不能乐天；不能乐天，则不能成其身。"

公曰："敢问何能成其身？"

孔子对曰："夫其行己不过乎物，谓之成身。不过乎，合天道也。"

公曰："君子何贵乎天道也？"

孔子曰："贵其不已也。如日月东西相从而不已也，是天道也；不闭而能久，是天道也；无为而物成，是天道也；已成而明之，是天道也。"

【注释】

①过言：言辞错误。

【释义】

哀公问:"请问什么是敬重自身?"

孔子回答说:"国君说错了话民众就跟着说错话,做错了事民众就跟着效法。君主不说错话,不做错事,百姓就会恭恭敬敬地服从国君的号令了。如果能做到这点,就可以说能敬重自身了,这样就能成就其亲人了。"

哀公问:"什么是成就其亲人?"

孔子回答道:"所谓君子,就是有名望的人。百姓送给他的名称叫作君子,就是称他的亲人为有名望的人,而他是有名望人的儿子。"孔子接着说:"只注重政治而不能爱护民众,就不能成就自身;不能成就自身,就不能使自己的国家安定;不能使自己的国家安定,就不能无忧无虑;不能无忧无虑,就不能成就自身。"

哀公问:"请问怎么做才能成就自身?"

孔子回答说:"自己做任何事都合乎常理不越过界限,就可以说成就自身了。不逾越常理,就是合乎天道。"

哀公问:"请问君子为何尊重天道呢?"

孔子回答说:"尊重它是因为它不停顿地运行,就像太阳月亮每天东升西落一样,这就是天道;运行无阻而能长久,这也是天道;不见有所作为而万物发育成长,这也是天道;成就了自己而功业也得到显扬,这也是天道。"

【原文】

公曰:"寡人且愚冥,幸烦子之于心。"

孔子蹴然避席而对曰[1]:"仁人不过乎物,孝子不过乎亲。是故仁人之事亲也如事天,事天如事亲,此谓孝子成身。"

公曰:"寡人既闻如此言,无如后罪何[2]?"

孔子对曰："君之及此言，是臣之福也。"

【注释】

①蹴然避席：恭敬地离开座席。蹴然，恭敬不安的样子。

②无如后罪何：将来出了过错怎么办呢？

【释义】

哀公说："我实在愚昧，幸亏您耐心地给我讲这些道理。"

孔子恭敬地离开座席回答说："仁人不能逾越事物的自然法则，孝子不能超越亲情的规范。因此仁人侍奉父母，就如同侍奉天一样；侍奉天，就如同侍奉父母一样，这就是所说的孝子成就自身。"

哀公说："我既然听到了这些道理，将来还会有过错怎么办呢？"

孔子说："您能说出这样的话，这是臣下的福分啊！"

儒行解第五

【题解】

本篇主要讲述了孔子心目中的儒者的德行，故名为"儒行"。

全篇通过孔子回答鲁哀公的问题，表达了孔子心目中儒者应有的理想形象。孔子通过阐述儒者的自立、容貌、备预、近人、特立、刚毅、进仕、忧思、宽裕、交友、尊让等，把自己所赞赏的特立独行，卓尔不群，宽厚仁义，恭敬谦让，严于律己的儒者形象栩栩如生地刻画出来。

在孔子的论说中，原本柔弱的"儒"的形象完全颠覆了，孔子赋予了"儒"以新的形象。儒不再是柔弱的书生形象，而增加了"儒有不宝金玉，而忠信以为宝，不祈土

地，而仁义以为土地，不求多积，多文以为富"，"见利不亏其义，见死不更其守"，"可亲而不可劫，可近而不可迫，可杀而不可辱"的刚毅果决的性格。

孔子关于"儒行"的论述既是孔子自身人格的写照，也被后世儒者奉为处世之圭臬，产生了深远的影响。中国古代颇不乏杀身成仁、舍生取义的儒者，他们的形象已经铭刻在了中国人的心中。因此，孔子所阐述的"儒行"已经深化为中华民族的民族性格。"儒行"对于今人的修身养性和人格的完善也是大有裨益的。

另，《礼记》中也有《儒行》一篇，但是二者有所不同，可为参照。

【原文】

孔子在卫，冉求[①]言于季孙[②]曰："国有圣人而不能用，欲以求治，是犹却步而欲求及前人，不可得已。今孔子在卫，卫将用之。己有才而以资邻国，难以言智也，请以重币迎之。"季孙以告哀公，公从之。孔子既至，舍哀公馆焉。公自阼阶，孔子宾阶，升堂立侍。公曰："夫子之服，其儒服与？"孔子对曰："丘少居鲁。衣逢掖[③]之衣。长居宋，冠章甫[④]之冠。丘闻之，君子之学也博，其服以乡。丘未知其为儒服也。"公曰："敢问儒行？"孔子曰："略言之，则不能终其物，悉数之，则留仆[⑤]未可以对。"

【注释】

①冉求：孔子的学生，名求，字子有。

②季孙：鲁国的大夫，在鲁国专权。

③逢掖：宽袖的衣服，古代儒者穿的衣服。

④章甫：礼帽。

⑤留仆：太仆长时间地侍奉，比喻时间之长。

【释义】

孔子在卫国，冉求对季孙氏说："现在国家有贤人却不重用，这样的话想要把国家治理好，就像停下脚步却想要赶上前面的人一样，是做不到的。现在孔子在卫国，卫国将要重用他。自己国家的人才却要让给邻国，很难说您是有智谋的。我请求您用丰厚的聘礼迎接孔子回来。”季孙把这话告诉了鲁哀公，鲁哀公听从了冉求的建议。孔子回来之后，居住在鲁哀公招待客人的馆舍中。鲁哀公在大堂东面的台阶上迎接孔子，孔子在西侧台阶上晋见哀公，到大堂里面，孔子侍立一边。鲁哀公问道：“先生穿的衣服是儒服吗？”孔子回答说：“我年少的时候住在鲁国，穿着宽袖的衣服。长大后居住在宋国，就戴着殷朝曾流行的黑色的礼帽。我听说，君子学问广博，服装是入乡随俗的。我不知道这是不是儒服。”鲁哀公说：“请问什么是儒者的行为？”孔子说：“简单地说就不能说完整，详细地说则很长时间也说不完。”

【原文】

哀公命席，孔子侍坐，曰：“儒有席上之珍[①]以待聘[②]，夙夜强学以待问，怀忠信以待举，力行以待取，其自立有如此者。儒有衣冠中，动作慎，其大让如慢，小让如伪，大则如威，小则如媿，难进而易退，粥粥[③]若无能也，其容貌有如此者。儒有居处齐难，其起坐恭敬，言必诚信，行必忠正，道涂不争险易之利，冬夏不争阴阳之和。爱其死以有待也，养其身以有为也。其备预有如此者。儒有不宝金玉，而忠信以为宝，不祈土地，而仁义以为土地；不求多积，多文以为富；难得而易禄也，易禄而难畜也；非时不见，不亦难得乎？非义不合，不亦难畜乎？先劳而后禄，不亦易禄乎？其近人情有如此者。儒有委之以财货而不贪，淹之以乐好而不淫，劫之以众而不惧，阻之以兵而不慑；见利不亏其义，见死不更其守；鸷虫攫搏不程其勇，引重鼎不程其力，往者不悔，来者不豫；过言不再，流言不极；不断其威，不习其谋；其特立有如此者。儒有可亲而不可劫，可近而不可迫，可杀而不可辱；其居处不过，其饮食不溽[④]；其过失可微辩而不可面数也；其刚毅有如此者。儒有忠信以为甲胄[⑤]，礼义以为干橹[⑥]；戴仁而行，抱德而处；虽有暴政，不更其所；其自立有如此者。儒有一亩之宫，环堵之室，荜门[⑦]圭窬[⑧]，蓬户瓮牖，易衣而出，并日而食；上答之，不敢以疑，上不答之，不敢以谄；其为士有如此者。儒有今人以居，古人以稽，今世行之，后世以为楷，若不逢世，上所不受，下所不推；诡谄之民，有比党而危之者；身可危也，其志不可夺也；虽危起居，犹竟信其志，乃不忘百姓之病也；其忧思有如此者。儒有博学而不穷，笃行而不倦，幽居而不淫，上通而不困；礼必以和，优游以法；慕贤而容众，毁方而瓦合；其宽裕有如此者。儒有内称不避亲，外举不避怨；程功积事，不求厚禄，推贤达能，不望其报；君得其志，民赖其德，苟利国家，不求富贵；其举贤援能有如此者。儒有澡身浴德，陈言而伏；静言而正之，而上下不知也；默而翘[9]之，又不急为也；不临深而为高，不加少而为多；世治不轻，世乱不沮；同己不与，异己不非；其特立独行有如此者。儒有上不臣天子，下不事诸侯，慎静尚宽，底厉[10]廉隅，强毅以与人，博学以知服；虽以分国，视之如锱铢[11]，弗肯臣仕；其规为有如此者。儒有合志同方，营道同术，并立则乐，相下不厌；久别则闻，流言不信，义同而进，不同而退，其交有如此者。夫温良者，仁之本也；慎敬者，仁之地也；宽裕者，仁之作也；逊接者，仁之能也；礼节者，仁之貌也；言谈者，仁之文也；歌乐者，仁之和也；分散者.仁之施也；儒皆兼此而有之，犹且不敢言仁也；其尊让有如此者。儒有不陨获[12]于贫贱，不充诎[13]于富贵；不溷君王，不累长上，不闵有司，故曰儒。今人之名儒也忘，常以儒相诟疾。"哀公既得闻此言也，言加信，行加敬。曰："终殁吾世，弗敢复以儒为戏矣。"

【注释】

①席上之珍：比喻人具有美好的德行才能，就像席上珍贵的菜肴一样。

②聘：任用。

③粥粥：软弱的样子。

④漏：油腻。

⑤甲胄：盔甲。

⑥干橹：盾牌。

⑦荜门：荆条编织的门。

⑧圭窬：门旁边像圭形的小窗户。

⑨翘：观望等待。

⑩底厉：锻炼。

⑪锱铢：锱、铢，都是古代很小的重量单位。

⑫陨获：堕落。

⑬充诎：洋洋自得。

【释义】

鲁哀公命人摆设座席。孔子在旁侍坐，说："儒者就像宴席上的珍品一样等待君王聘用，早晚勤奋学习等待别人来问，内怀忠信等待别人荐举，努力做事等待别人录用。他们是这样立身行事的。儒者穿着适宜，行动顺从礼仪规范。做大事推让，让人觉得很傲慢；做小事也推让，让人觉得虚伪。做大事谨慎小心，好像心里十分害怕。做小事也从不轻慢，好像内心很愧疚。难于进取而易于退让，让人觉得他们特别无能。他们的外表就是这样的。儒者的日常生活也让一般人难以企及。他们坐立总是毕恭毕敬，说话讲究诚信，做事一定正直不屈。走路时不和别人争着走省力易行的小路，冬天不和人抢暖和的地方，夏天不和人抢阴凉的地方。珍惜生命以图成就大事，保养身体以待有所作为。儒者就是这样准备的。儒者不以金玉为宝，而把忠信当作最好的宝贝。不抢占土地，却把仁义当作土地。不追求多多积蓄财富，而把积累知识当作财富。这种人十分难得却很容易供养，容易供养却难以据为己有。不到一定的时候不轻易出仕，这不叫难得吗？不符合义的行为不做，这难道不叫难以据为己有吗？首先效力然后获得报酬，这不叫容易供养吗？他们就是这样处理人情世故的。儒者不贪图别人送的财物，不会沉迷于玩乐爱好；被众人威逼却不害怕；用武器来恐吓他，他也不畏惧；见利却不忘义，面临死亡也不改变操守。遇到猛禽猛兽的攻击不度量自己的力量与之搏斗，推举重鼎不度量自己的力量心力而为。已经过去的事情就不再后悔，对于将来的事情也不预先打算。说过的错话不再重复，不追究流言。时刻保持自身的威严，不研究计谋。他们就是这样傲然独立于世上的。对于儒者，可以跟他亲昵却不可胁迫，可以亲近却不可以威逼，可以杀害却不能够侮辱。他们起居不奢侈，他们的饮食不油腻；对于他们的过错，可以含蓄地提醒却不可以当面指责。他们就是这样的刚毅。儒者把忠信诚实当作自己的盔甲，把礼义作为自己的盾牌。按照仁德行事居处。即使赶上暴虐的政治，也不改变操守。他们就是这样自立的。儒者的居室只有长宽各十步大，房屋只有四面墙壁。正门是荆竹编成的，旁边是窄小的侧门，用蓬草塞着门，用破瓮做的窗户，外出时才换上干净的衣服，两天吃一天的粮食。上级采纳他的建议，他不怀疑自己的才识；上级不采纳他的建议，他也不会献谄媚上。他就是这样的读书人。对于儒者，能和现在的人相处，与古代的人相合。他的所作所为，能成为后世的楷模。如果生不逢时，国君不能任用，大臣也不举荐，卑鄙小人结党营私设计陷害他，虽然身处险境，但是仍然不改变志向。虽然处于危难之中，仍然始终坚定信念，不忘百姓的苦难。儒者就是这样忧国忧民的。儒者十分博学但是仍不放弃学习，做事情能够始终坚持不懈。独居却不放纵自己，通达不固执。礼以和谐为贵，以宽容为法则，尊慕贤人，包容众人，像陶瓦一样方圆都可，儒者就是这样的宽容。儒者称赞别人，对内不因是亲人而有所避讳，对外举荐贤人也不因为有怨仇而不举。凡事量力而行而不贪求高官厚禄，推举贤能不图回报。君王得到他的辅助，百姓仰赖他的德行。对国家做了有利的事情却不贪求富贵。儒者就是这样推举帮助贤能的人的。儒者清洁身体，沐浴德行，提出自己的建议而静静地等待采纳，心平气和，严守正道，但是君王却不知道。安静地等待着观望着，又不急于有所作为。不必到深处就可以觉得他的高大，不必和少的相比就可以知道他的丰富。世道清明的时候不会看不起自己，世道混乱的时候也不沮丧。不与志向相同的人结党，也不谈论与

自己意见不同的人的是非。儒者就是这样傲然屹立在世上的。儒者有时候不会让自己成为君王的臣子,也不服侍诸侯,谨慎安静崇尚宽容,时刻严格要求自己、锻炼自己,品行廉洁,为人刚强坚毅。他的渊博让人信服。即使君王分封土地给他,他也将之视为不值一提,不肯称臣臣服。儒者就是这样要求自己的。儒者结交和自己志趣相同、道路一致的人,他们共同钻研道德学术,彼此有建树就会很开心,彼此不得志也不会相互厌弃,即使分别很久了,听到有关对方的流言也不会相信,志向相同就增进友谊,不同就分道扬镳。他们就是这样结交朋友的。温良是仁的根本;谨慎恭敬是仁的基础;宽容是实行仁义的做法;谦逊是仁义的作用;礼节是仁义的表现;言语谈话是仁义的修饰;歌舞是仁义和睦的表现;分散给众人是仁义实施的表现。这些方面儒者都具备,但是他们仍不敢称自己为仁。儒者就是这样的谦让。儒者不因为身处贫贱而自暴自弃,也不因为身处富贵而洋洋自得,不蒙骗君王,不连累长辈,不干涉官员的执政,因此被称为'儒'。现在人们所称的儒其实不是真正的儒者,所以他们经常为别人所轻视,让别人称为'儒'来讥刺他们。"鲁哀公听了孔子这番话后,对孔子的言语更加信任,对孔子的行为更加敬重。并且说:"一直到我死去的那一天,都不敢再戏弄儒者了。"

问礼第六

【题解】

本篇分为两部分,分别是鲁哀公和孔子弟子言偃与孔子的对话,因为二人都是向孔子问礼,故本篇以"问礼"名篇。

无论是回答鲁哀公问礼,还是回答言偃的问礼,孔子都谈到了礼的重要性,把礼与人伦社会的密切关联提高到了无以复加的地步。孔子指出,礼是事奉天地神灵的法度,是处理君臣、男女、父子、兄弟等关系的准则,还是教化百姓的最好工具。所以,孔子认为君子应该极其重视礼。

孔子在回答言偃的问题时，还谈到了对“礼之初”的认识，对于今人研究礼的起源与最初发展有重要价值。孔子说：“夫礼初也，始于饮食。太古之时，燔黍擘豚，汙樽抔饮，蒉桴土鼓，犹可以致敬鬼神。”显而易见，孔子认为礼起源于祭祀，即礼起源于宗教，这与《说文解字》所谓“礼，履也，所以事神致福也”完全一致。学术界认为，盛玉以奉神人的器物谓之“豊”，推之而奉神人之酒醴亦谓之“醴”，进而又推之，奉神人之事通谓之礼。还有学者认为上古五礼之中仅有祭礼，冠礼、婚礼、丧礼全部为祭礼所包括在内。可见，人类社会最初可能仅有祭礼，随着社会的发展，其他的礼才渐次出现。

本篇第一部分孔子与哀公对话又见于《礼记·哀公问》《大戴礼记·哀公问于孔子》。第二部分孔子与言偃对话又见于《礼记·礼运》。与二戴《礼记》相比，本文所记话语连贯，语义完整，保存文字古意较多。如本篇“古之明王，行礼也如此”，而《礼记》则作“今之君子，行礼也如此”，周代的“王”为天下共主，而西汉的“王”是汉朝天子分封的诸侯。汉朝出现了藩王乱政，有迹象显示，汉人编辑先秦书籍，往往对“王”字比较敏感。再如“丘也鄙人”，《礼记》《大戴礼记》皆为“丘也小人”。从《论语》所记孔子对“小人”的评价看，孔子一般不会自称“小人”。因此，本篇本来应该作“鄙人”，而非“小人”，《礼记》《大戴礼记》作“丘也小人”，显然是汉人改动的结果。“鄙人”乃是孔子自谦。

【原文】

哀公问于孔子曰：“大礼[①]何如？子之言礼，何其尊[②]也！”孔子对曰：“丘也鄙人[③]，不足以知大礼也。”公曰：“吾子[④]言焉！”

孔子曰：“丘闻之，民之所以生者，礼为大。非礼则无以节事天地之神焉[⑤]；非礼则无以辩[⑥]君臣、上下、长幼之位焉；非礼则无以别男女、父子、兄弟、婚姻、亲族、疏数之交焉[7]。是故君子此之为尊敬，然后以其所能教顺百姓，不废其会节[8]。既有成事，而后治其文章[9]、黼黻[10]，以别尊卑、上下之等[11]。其顺之也，而后言其丧祭之纪[12]、宗庙之序[13]，品其牺牲[14]，设其豕腊[15]，修其岁时[16]，以敬其祭祀，别其亲疏，序其昭穆[17]。而后宗族会宴[18]，即安其居，以缀恩义[19]。卑其宫室，节其服御，车不雕玑[20]，器不彤镂[21]，食不二味[22]，心不淫志[23]，以与万民同利。古之明王，行礼也如此。"

公曰："今之君子，胡莫之行也？"

孔子对曰："今之君子，好利无厌，淫行不倦[24]，荒怠慢游[25]，固民是尽[26]，以遂其心，以怨其政[27]。忤[28]其众，以伐有道。求得当欲，不以其所[29]；虐杀刑诛，不以其治[30]。夫昔之用民者由前，今之用民者由后。是即今之君子莫能为礼也。"

【注释】

①大礼：隆重的礼节。

②尊：重，尊重。

③鄙人：鄙陋之人，这里是孔子自己的谦称。

④吾子：对孔子的敬称，就像说"我的先生"。

⑤非礼则无以节事天地之神焉：没有礼就不能用礼节来祭祀天地之神灵。节事，用礼节来侍奉。

⑥辩：通"辨"。辨别，辨明，分辨。

⑦疏数：疏远的人和亲密的人，就是指远近亲疏的关系。交，交往，关系。

⑧会节：即礼节。会，相见。节，礼节。

⑨文章：指车服旌旗等物。文，文献典籍。章，典制，规章。

⑩黼黻：古代礼服上所绣的花纹，这里指礼服。黼，古代贵族衣物上黑白相间的斧形图案。黻，古代贵族礼服上青黑相间的图案。

⑪等：等级，级别。

⑫丧祭之纪:丧葬祭祀的原则。纪,法度,准则。未葬之祭称为奠,葬后之祭称为丧祭。

⑬宗庙之序:宗庙排列的顺序。序,次序,顺序。

⑭品其牺牲:区别好祭祀时使用的牺牲。品,品评,区分,区别。牺牲,祭祀时用的牲畜。

⑮设其豕腊:摆设祭祀时用的干肉。

豕,猪。腊,干肉。

⑯修其岁时:确定一年中祭祀的时间。岁时,每年中一定的时节。

⑰序其昭穆:排列好祖先的位次。序,动词,依照次序排列。昭穆,昭穆制度源于古代宗法制,主要是为了区别祖宗的亲疏,祖宗宗庙、陵墓、神主一般按照昭穆的次序依次排列,始祖庙居中,以下按照父、子的顺序排列为昭穆,昭居左,穆居右。

⑱会宴:会聚宴饮。

⑲即安其居,以缀恩义:大家都安于自己在宗族中所处的位置,并且把同族人之间的情谊连接起来。居,处在某种地位或者某个地方。缀,缀合,连接。

⑳车不雕玑:车上不雕刻凹凸不平的花纹。玑,原意指不圆的珠子,这里是指各种各样雕刻的花纹。

㉑器不彤镂:指器物上不装饰彩色的花纹也不雕刻出花纹。彤,朱红色。镂,雕刻。

㉒食不二味:饮食简单,不追求多种多样的味道。

㉓心不淫志:内心没有过分强烈的欲望。淫,过度,过分。

㉔淫行不倦:放纵自己的行为而没有停止的时候。

㉕荒怠慢游:荒淫懒散,好逸恶劳。

㉖固民是尽:必定使百姓将竭尽财力。固,一定,必定。

㉗以怨其政:使百姓怨恨统治者的所作所为。

㉘忤：违逆，违背。

㉙求得当欲，不以其所：为了满足自己的欲望，会不择手段。

㉚不以其治：不按照法度办事。

【释义】

鲁哀公问孔子说："隆重的礼仪是怎么样的呢？您谈到礼的时候.往往都很重视它。"孔子说："我是一个鄙陋的人，不能确切地说出到底什么是隆重的礼仪。"

哀公又说道："您还是为我讲讲吧！"

孔子说："我听说，在老百姓的生活中，最重要的事情就是礼仪了。没有礼仪就不能侍奉大地神灵；没有礼仪就没有办法区分君臣、上下、长幼之间所处的位置；没有礼仪也没有办法区别男女、父子、兄弟之间的关系和婚姻、亲族之间交往的亲疏关系。因此，君子一般都把礼仪的地位看得非常高，认识到了这一点，他们都会尽自己最大的力量去对百姓施行礼乐教化，不会使百姓将彼此之间的各种礼节搞乱。等到礼乐教化已经起到一定的作用之后，他们才开始纹饰车马、礼服来区别上下尊卑。当百姓顺从了这些礼乐教化的时候，然后才能谈到丧葬祭祀的原则，宗庙的排列顺序，区分开祭祀时使用的牺牲，摆设好祭祀时用的干肉，选定一年中特定的时间祭祀，这样才能够恭敬地举行祭祀礼仪，才能区别远近亲疏的关系.才能排列好祖先的位次。然后同族的人会聚在一起宴改，使大家都知道自己在宗族中的位置，并且可以把同族人之间的情谊连接起来。住着低矮的房子，节约使用日常用的车马和衣服。车子不加雕饰，日常器物也不做装饰，食物简单.没有什么美味佳肴，心中没有过分的欲望，这样他们才能与老百姓共享利益。古代圣明的君王，他们就是这样严格地遵行礼制的。"

哀公又问道："但现在居上位的人，怎么没人能做到这些呢？"

孔子回答说："现在处在上位的人，贪婪好利没有满足的时候，放纵自己的行为从没有停止的时候。他们荒淫懒散，好逸恶劳，必定会使百姓竭尽财力以满足自己的私

欲,这样下去是一定会引起百姓的怨恨的。违背百姓的意愿,去侵犯有道义的国家。为了满足自己的欲望,无所不用其极;用极其残酷的手段对待百姓,从不按照法度行事。从前统治百姓的人用的是前面说到的那种方法,而现在统治百姓的人用的是后面说到的方法。现在居上位的人之所以不能施行礼教就是因为这样的原因。"

【原文】

言偃[1]问曰:"夫子之极言[2]礼也,可得而闻乎?"

孔子言:"我欲观夏道,是故之杞[3],而不足征[4]也,吾得《夏时》[5]焉。我欲观殷道,是故之宋[6],而不足征也,吾得《乾坤》[7]焉。《乾坤》之义,《夏时》之等[8],吾以此观之。

"夫礼初也,始于饮食。太古之时,燔黍擘豚[9],污樽抔饮[10],蒉桴土鼓[11],犹可以致敬鬼神。及其死也,升屋而号[12],告曰:'高[13]!某复[14]!'然后饮腥苴熟[15]。形体则降,魂气则上,是谓天望而地藏也[16]。故生者南向,死者北首,皆从其初也[17]。昔之王者,未有宫室,冬则居营窟,夏则居橧巢[18]。未有火化[19],食草木之实、鸟兽之肉,饮其血,茹[20]其毛。未有丝麻,衣其羽皮。后圣有作[21],然后修火之利,范金合土[22],以为宫室户牖,以炮以燔[23],以烹以炙,以为醴酪[24]。治其丝麻,以为布帛。以养生送死,以事鬼神:

故玄酒在室[25],醴醆在户[26],粢醍在堂[27],澄酒在下[28]。陈其牺牲,备其鼎俎[29],列其琴、瑟、管、磬、钟、鼓,以降上神与其先祖[30],以正君臣,以笃父子,以睦兄弟,以齐上下,夫妇有所,是谓承天之祜[31]。作其祝号[32],玄酒以祭,荐其血毛[33],腥其俎,熟其殽[34]。越席以坐,疏布以幂[35]。衣其浣帛[36],醴醆以献,荐其燔炙。君与夫人交[37]献,以嘉[38]魂魄。然后退而合亨[39],体[40]其犬豕牛羊,实其簠簋笾豆铏羹[41]。祝以孝告,嘏以慈告[42],是为大祥[43]。此礼之大成也。"

【注释】

①言偃:姓言,名偃,字子游,又称言游,孔子弟子,以文学和明礼著称。

②极言:说道极点,说道最高的境界,说得很重要。

③杞:杞国,周初所封的诸侯国。姒姓,相传开国君主是夏禹后裔东楼公。初都雍丘(今河南杞县),后东迁至今山东新泰境内。公元前445年为楚所灭。因为杞国君主是夏禹的后裔,因此它保存了很多夏朝的东西,故孔子如此说。

④征:证,验证。

⑤《夏时》:夏历,夏代的历法,今存有《夏小正》,收入《大戴礼记》中。

⑥宋:宋国,周初所封的诸侯国。子姓,开国君主是商纣王的庶兄微子启。周公平定了武庚的叛乱之后,将商的旧都周围的地区封给了微子启,建都商丘(今河南商丘附近)。

⑦《乾坤》:古《易》书。

⑧《乾坤》之义,《夏时》之等:意为《乾坤》所体现出的变化之义和《夏时》所体现的等级区分。

⑨燔黍擘豚:烤黍米,剖猪肉。燔,炙.烤。黍,黍米,黍子。擘,剖,分裂。豚,小猪,泛指猪。

⑩污樽杯饮:在地上挖一个坑当作酒樽,用手捧着酒喝。污,挖土,掘地。樽,古代盛酒的器具。抔,用手捧。

⑪蒉桴土鼓:用草扎成鼓槌,敲打在用土做的鼓上。蒉,植物名,即赤苋。桴,鼓槌。

⑫升屋而号:登上屋顶大声呼喊。升,登。号,呼喊,呼叫。这是古代为死者招魂的习俗。死者刚断气的时候,要登上屋顶呼唤他的魂魄归来。

⑬高:通"嗥"。拖长声音叫,相当于"啊""唉"等大声呼号的声音。

⑭某复:某某你回来啊。某,代指刚刚失去的亲人。复,回来。

⑮饮腥苴熟:这是古代的葬俗,人刚死的时候,要在他的嘴里放置珠贝等物,称饭含。将要下葬的时候,用蒲草包裹一些熟食,奠送死者,使死者不致挨饿。腥,指生的东西,如珠贝等物。苴,用蒲草等物包裹。熟,熟食。

⑯形体则降,魂气则上,是谓天望而地藏也:古代人认为,死者的身体虽然埋在地下,但是他的魂魄却已经升上天去。

⑰故生者南向,死者北首,皆从其初也:古人认为南方属阳,北方属阴,故活着的人以南为尊,死去的人下葬时头要朝北。

⑱橧巢:在高处用草木堆积而成的巢或巢形居所。

⑲火化:用火把食物做熟。

⑳茹:吃。

㉑作:起,兴,出现。

㉒然后修火之利,范金合土:然后才知道利用火的作用,用模子浇铸金属器皿,用泥土等烧制砖瓦。范,模子,浇铸金属器皿时所使用的型范,此处用作动词。

㉓以炮以燔:炮,烧烤,古代的一种烹饪方法,把食物涂上泥放在火上烤熟。燔,炙,烤。

㉔醴酵:醴,甜酒。酪,乳酪。

㉕玄酒在室:把祭祀用的清水放在室内。玄酒,古代时祭祀用的清水,上古时无酒,以水为酒.又因其色黑,故谓之玄酒。室内在北,地位最尊,故把玄酒摆在室内。

㉖醴醆在户:把稍微浑浊的酒放在靠近门口的地方。古时酒按其清浊和厚薄分为五等,叫"五齐"。《周礼·天官·酒正》:"辨五齐之名:一曰泛齐,二曰醴齐,三曰盎齐,四曰缇(醍)齐,五曰沈齐。"醴,指醴齐。醆,稍微清澈的浊酒。

㉗粢醍在堂:把浅赤色的清酒放在行礼的堂上。粢醍,一种浅赤色的清酒。

㉘澄酒在下:最为清澈的淡酒放在堂下。澄酒,淡酒。

㉙鼎俎:古代祭祀时盛放祭品的礼器。鼎为青铜器,三足两耳,也可用来煮或者盛放食物,多为贵族使用。俎,原是指切肉用的小案子,形状为两端有足的长方形平板,古代祭祀或者宴会时也用其来盛放祭品或者食品。

㉚以降上神与其先祖:以使上神和先祖的神灵降临人间。古代人认为祭祀上神和祖先会让他们降临以护佑族人。这源于上古时期的降神仪式,有明显的宗教痕迹。

㉛承天之祜:承奉了上天的护佑。

㉜祝号:即祝辞中特别加美的名号,祭祀时神鬼皆加美号,如称神为"皇天上帝"。祝,祭祀时的祝告祝祷。

㉝荐其血毛:进献牺牲的血毛。荐,进献。

㉞腥其俎,熟其殽:进献生肉以及熟的鱼肉等。腥,生肉。殽,诵"肴"。煮熟的鱼肉。

㉟越席以坐.疏布以幂:踩踏着蒲席走上座席,端着用粗布覆盖的酒樽。越席以坐,王肃注:"蒴蒲席也。"蒴,通"践"。蒲席.指蒲草编成的草席。古代习俗,主人主妇都要踏着蒲席走上座席。疏布以幂,王肃注:"幂,覆酒巾也。质,故用疏也。"疏布,即粗布。幂,盖,覆盖。

㊱衣其浣帛:穿着新织的绸衣。衣,动词,穿着。浣帛,新织的绸衣。

㊲交:交替。

㊳嘉:嘉赞,赞美。

㊴合烹:把半生不熟的祭品放在一起烹煮。

㊵体:动词,分解肢体。

㊶实其簠簋笾豆铏羹:簠簋盛满粮食,笾豆盛满果脯和肉酱,用铏盛放肉羹。簠簋,两种盛黍稷稻粱的礼器。簠方形,有短足,有盖。簋圆形。笾和豆是古代祭祀和宴会时盛食品的两种礼器。笾,用竹制,盛果脯等。豆,用木制,也有用铜或陶制的,形似高脚盘,一般有盖,盛畜酱等。铏,盛羹及菜的器皿。

㊷祝以孝告，嘏以慈告：祝告的言辞将主人的孝心告诉给先祖的神灵，致福的话语则把先祖神灵的慈爱转达给主人。祝，祭祀时主持祝告的人，这里是指祝告辞。嘏，古代祭祀，执事人代神灵为受祭者向主人致福叫嘏。

㊸大祥：大善，大吉。

【释义】

言偃问孔子说："老师您把礼看得如此重要，能不能给我讲讲礼的精髓呢？"

孔子说："我想看看夏朝的礼仪制度，因此我曾经到杞国去过，但是因为年代过于久远，已经无法考证夏朝的礼仪了，但是我却看到了他们的历书《夏时》。我想看看殷商的礼仪制度，因此我曾到宋国去过，同样是因为年代久远，商朝的礼仪也无从考证了，但是我看到了他们的《易》书《乾坤》。我从《乾坤》中看到了阴阳变化的道理，从《夏时》中看到了礼的等级区分，我从中看到了礼的重要性。

"礼最初肇端于饮食。上古的时候，人们只知道用火把黍米烤熟，把猪剖开放在火上烧熟，在地上挖一个坑当作酒樽，用手捧着酒喝，用草扎成鼓槌，敲打在用土做的鼓上，当时人们就是用这样简单的方法向鬼神表达自己的诚敬之心。当自己的亲人死的时候，人们登上屋顶大声呼喊，向上天祷告说：'啊！某某快回来吧！'这样之后就在死者的口中放入珠贝等物作为饭含之礼，并在下葬的时候给死者包裹一些熟食(以防死者挨饿)。尸体埋在地下，灵魂却在天上，这就是为什么尸体埋在地下而招魂时却仰望天空的缘故。之所以活着的人要面向南方而死去的人头朝着北面，就是因为这是很早的时候就传下来的习俗。

"早先的君王没有居住的宫室，他们冬天就住在用土垒成的土窟里面，夏天居住在树上面用草木堆积而成的巢穴里。当初的人们还不知道用火把食物做熟，因此只能生吃草木的果实和鸟兽的肉，喝动物的血，有时候把毛也吞到了肚子里。当时也没有麻布和蚕丝，因此人们只能穿着动物的羽毛和皮毛。后来有圣人出现，然后人们才开始利用火的作用,他们用模子来浇铸金属器皿,用泥土来烧制砖瓦,再用这些东西建造宫室和门窗。用火来烧、烤、煨、炸食物,酿造出甜酒以及乳酪。人们开始种植桑蚕和麻,用来做麻布和丝绸。人们用这些东西使得活着的人更好地生存,也用来安葬死者和祭祀鬼神。

"因此,祭祀的时候要把用于祭祀的清水放在地位最高的屋内,稍微浑浊的酒放在靠近门口的地方,浅赤色的清酒放在行礼的大堂上,而最为澄澈的淡酒就只能放在堂下。然后开始陈列祭祀时使用的牺牲,把它们放在盛放祭品的大鼎和肉俎上,同时也要把琴、瑟、管、磬、钟、鼓等乐器陈放好,用这些东西来迎接神祇和祖先神灵的降临。这些祭祀活动可以端正君臣之间的位置,可以加深父子之间的孝慈之情,可以使兄弟之间变得更加团结和睦,整齐上下尊卑之间的关系,男女都知道自己所处的位置。这就是因为承奉了上天的护佑。主祭的人向上天祝祷,用酒来祭祀神明,并且进献牺牲的血液和皮毛,同时进献禽兽的生肉以及煮熟的鱼。祭者踩踏着蒲席走上座席,端着用粗布覆盖的酒樽,穿着新织的绸衣,向神灵进献醴酦以及烤熟的肉。主人与夫人交替进献祭品,以此来嘉赞神明。然后将祭祀时使用过的半生不熟的祭品合在一起煮熟,把那些狗、猪、牛、羊的肢体分解开来,将簠簋盛满粮食,笾豆盛满果脯和肉酱,肉羹则盛入铏中,用这些事物来飨尸及招待参加祭祀的族人。祝告辞把主人的孝心传达给了祖先神灵,致福辞则把祖先神灵的慈爱传达给主人,这样才能叫作大吉。到此祭礼才完满结束。"

五仪解第七

【题解】

本篇所记述的全部是孔子回答哀公的问话,因首记孔子论述人分为庸人、士人、君子、贤人和圣人五仪(即五等),并详述了五仪的不同标准,故以"五仪"名篇。

孔子积极关注现实政治，提倡仁、礼结合，主张修身与为政的内在统一，本篇关于治国取士和立身处世之道的论述就是对这一思想的具体阐发，体现了孔子"内圣外王""修齐治平"的思想。孔子回答哀公取人之法的发问，反映出孔子的人才观。在五仪之教的推行上，孔子认为君主应当见微知著，居安思危。孔子主张"朝廷有礼，上下其亲"，与"道之以德，齐之以礼"完全一致。在谈及国家的存亡祸福时，孔子认为"存亡祸福，皆己而已"，"天灾地妖不能加也"，并以纣王和太戊为例进行说明，这表明他虽然还未完全摆脱天命思想的羁绊，但已经更注重人事，更主张尽人事以待天命。

该文还涉及立身处世之道，孔子阐释"君子不博"，体现了他重仁德、求善道的思想；他回答"智者寿乎，仁者寿乎"，反映了儒家伦理思想的中庸观念。不难看出，孔子心目中的理想人格是坚持中庸之道的仁、智统一的君子。

儒家以修身为本，但不限于"修己"，还要推己及人，成己成物，由仁学到仁政，把自身道德修养作为治国、平天下的起点，同时又把治国、平天下作为自身道德修养的归宿，这体现出儒家的"内圣外王""修齐治平"的思想，如将本篇与《王言解》《大婚解》等篇章结合研究，会对这一思想有更为深刻的理解。篇中的"夫君者，舟也；庶人者，水也。水所以载舟，水所以覆舟"是对儒家仁政思想的生动诠释，它深刻地揭示了君主与臣民之间的政治伦理关系。这一政论警句经荀子发扬光大，为后世学者及政治家所重视和借鉴，对中国古代政治伦理思想的发展产生了积极而深远的影响。

本篇材料还散见于《荀子》《大戴礼记》《新序》《韩诗外传》《说苑》等典籍。本篇中的许多材料可以与相关儒家典籍联系起来考察，例如，篇中的"生今之世，志古之道"与《中庸》中孔子的相关言论，孔子对"圣人"的论述与《易传》的有关内容等，这样会更为全面地理解孔子思想，更能清晰地认识《家语》的价值。

【原文】

哀公问于孔子曰："寡人欲论鲁国之士，与之为治，敢问如何取之？"孔子对曰：

“生今之世，志古之道，居今之俗，服古之服，舍此而为非者，不亦鲜乎？”曰：“然则[①]章甫、絇履，绅带、缙[②]笏者，皆贤人也？”孔子曰：“不必然[③]也。丘之所言，非此之谓也。夫端衣玄裳，冕而乘轩者，则志不在于食荤；斩衰[④]菅菲，杖而歠[⑤]粥者，则志不在于酒肉。生今之世，志古之道，居今之俗，服古之服，谓此类也。”

【注释】

①然则：既然这样，那么。

②缙：通“搢”，插。

③然：这样。

④斩衰：亦作“斩缞”。旧时五种丧服中最重的一种。用粗麻布制成，不缝边。服制三年。子及未嫁女为父母，媳为公婆，承重孙为祖父母，妻妾为夫，均服斩衰。先秦诸侯为天子、臣为君亦服斩衰。

⑤歠：喝。

【释义】

鲁哀公问孔子说：“我想要讨论一下鲁国的有识之士，想要跟他们一起治理国家，请问怎样选取人才呢？”孔子回答说：“生活在现在，却有志于古代的道德礼仪；生活于现在的风俗之中，却要穿着古代的服饰。有这样的行为而为非作歹的人不是很少见吗？”鲁哀公说：“既然这样，那么戴着殷代的帽子，穿着有绚饰的鞋子，系着大带子并把笏板插在带子里的人，都是贤人了吗？”孔子说：“不一定是这样。我所说的，不是这个意思。那些穿着礼服，戴着礼帽乘着大车的，他们的志向不在鲜美的食物上；穿着斩衰丧服，穿着草鞋，拿着丧棒喝着粥的人，他们的志向不在于酒肉。生在当今之世，却有志于古代的道德礼仪，生活于现在的风俗之中，却要穿着古代的服饰，我说的是这一类人。”

【原文】

公曰:“善哉[1]!尽此而已乎?”孔子曰:“人有五仪[2],有庸人、有士人、有君子、有贤人、有圣人,审[3]此五者,则治道毕[4]矣。”

【注释】

①善哉:太好了。

②五仪:五种。

③审:考察。

④毕:完成。

【释义】

鲁哀公说:“很好,就这些吗?”孔子说:“人有五种:庸人、士人、君子、贤人、圣人。仔细观察审视这五种人,那么就可以找到所有治世的方法了。”

【原文】

公曰:“敢问何如斯[1]可谓之庸人?”孔子曰:“所谓庸人者,心不存慎终之规[2],口不吐训格之言,不择贤以托其身,不力行以自定;见小暗大,而不知所务,从物如流,不知其所执。此则庸人也。”

【注释】

①何如斯:怎么样。

②规:规诫。

【释义】

鲁哀公说:“请问什么样的人被称为庸人呢?”孔子说:“庸人就是那些心里没有谨慎行事、善始善终的计划,说出的话没有道理,不知道投靠贤人使自己有依靠,不努力行事使自己有安定的生活。他们往往只看见小事,却不能谋虑深远,不知道自己该做些什么;随波逐流,不知道追求什么。这种人就叫作庸人。”

【原文】

公曰:“何谓士人?”孔子曰:“所谓士人者,心有所定,计有所守,虽不能尽道术之本,必有率[1]也;虽不能备[2]百善之美,必有处也。是故知不务多,必审其所知;言不务多,必审其所谓;行不务多,必审其所由。智既知之,言既道之,行既由之,则若性命之形骸之不可易也。富贵不足以益,贫贱不足以损。此则士人也。”

【注释】

①率:遵循。

②备:具备。

【释义】

鲁哀公说:“什么叫作士人呢?”孔子说:“所谓士人,是指心中有一定原则,有一定计划,即使不能尽到行道义治国家的本分,但是一定有所遵循;虽然不能具备所有的美德,但是必有自己的处事方法。因此他们的知识不一定广博,但是一定仔细审视他们所学的东西是否有道理;言论不求多,但一定要审查说得是否确当;走的路不求多,但是必定要弄清楚所走的道路是否正确。所学的知识既然都明白了,所说的话也都有所依据,走的道路遵循一定的原则,就像有生命的形体不可改变一样。身处富贵

之中不会有什么增益，身处贫贱之中也不会对自己有所损害。这就是士人。”

【原文】

公曰：“何谓君子？”孔子曰：“所谓君子者，言必忠信而心不怨，仁义在身而色无伐[①]，思虑通明而辞不专[②]；笃行信道，自强不息，油然[③]若将可越，而终不可及者。此则君子也。”

【注释】

①伐：夸耀。

②专：专横。

③油然：容易的样子。

【释义】

鲁哀公说：“什么叫君子呢？”孔子说：“所谓的君子，言语忠诚可信，心中无所怨悔，虽然自己具备仁义的德行却不夸耀，思想开明而言语不专横；忠诚地履行道义，自强不息，从容的样子，让人以为可以超越而终究不能赶上，这就是君子。”

【原文】

公曰：“何谓贤人？”孔子曰：“所谓贤人者，德不逾[①]闲，行中[②]规绳，言足以法于天下而不伤于身，道足以化于百姓而不伤于本；富则天下无宛[③]财，施则天下不病贫。此则贤者也。”

【注释】

①逾：超越。

②中：符合。

③宛：同“怨”，怨恨。

【释义】

鲁哀公说：“什么叫作贤人呢？”孔子说：“所谓的贤人，他们的品行不越轨，行为符合礼法，他们的言论足以让天下人效法而不会招来灾祸，思想可以教化百姓而不会给自己带来伤害；即使富贵天下也没有人忌妒怨恨他的，施舍的话天下就没有贫穷困苦的人。这就是贤人。”

【原文】

公曰：“何谓圣人？”孔子曰：“所谓圣者，德合于天地，变通无方，穷[1]万事之终始，协[2]庶品[3]之自然，敷其大道而遂成情性；明并日月，化行若神，下民不知其德，睹者不识其邻。此谓圣人也。”

【注释】

①穷：推究、探源。

②协：调和。

③庶品：万物。

【释义】

鲁哀公说：“什么叫做圣人呢？”孔子说：“所谓的圣人，他们的德行和天地相和谐，行为处事灵活多变，探究万物的来龙去咏，调和世间万物的自然品性，依照万事万物的自然规律来成就它们。和日月同辉，像神明一样教化万民，民众不知道他的德行，看到他的人也不知道他就在自己身边。这就是圣人。”

【原文】

公曰："善哉！非子之贤，则寡人不得闻此言也。虽然，寡人生于深宫之内，长于妇人之手，未尝知哀，未尝知忧，未尝知劳，未尝知惧，未尝知危，恐不足以行五仪之教。若何？"孔子对曰："如君之言.已知之矣。则丘亦无所闻焉。"公曰："非吾子[1]，寡人无以启其心，吾子言也。"孔子曰："君子入庙，如右，登自阼阶[2]，仰视榱桷[3]，俯察机筵[4]，其器皆存，而不睹其人。君以此思哀，则哀可知矣。昧爽[5]夙兴，正其衣冠，平旦视朝，虑其危难，一物失理，乱亡之端，君以此思忧，则忧可知矣。日出听政，至于中冥。诸侯子孙，往来为宾，行礼揖让，慎其威仪，君以此思劳，则劳亦可知矣。缅然长思，出于四门，周章远望，睹亡国之墟，必将有数焉，君以此思惧，则惧可知矣。夫君者，舟也；庶人者，水也；水所以载舟，亦所以覆舟。君以此思危，则危可知矣。君既明此五者，又少留意于五仪之事，则于政治。何有失矣。"

【注释】

①吾子：对人的敬称，您。

②阼阶：东边的阶梯。

③榱桷：房屋的椽子。

④机筵：案几和座席。

⑤昧爽：天刚亮的样子。

【释义】

鲁哀公说："太好了！没有先生您这样的贤才，我就不能听到这些言论了。即使这样，我生长在深宫之中，由妇女们一手带大的，并不知道什么是哀思、忧愁、劳苦、畏惧、危险，因此恐怕不知道怎样对百姓进行五种等级的教化。那怎么办呢？"孔子回答说："我从您的话听出，您已经明白其中的道理了。我对此也没什么好说的了。"鲁哀公说："不是您的话，我的心智就不会得到启发，请您讲一下吧。"孔子说："君王到庙中祭祀，从东阶进入堂内，仰望房椽，俯视案几和座席。祖先用过的器具还都在，但是人已经不在了。您通过这种体验哀思，就可以知道什么叫作哀思了。天刚亮就早早起来，穿戴好，天亮的时候上朝听政，思考忧虑国家的危难，一件事情处理不好，就有可能成为国家混乱甚至灭亡的导火索。您通过这种方式体验担忧，就知道什么叫作忧愁了。从日出的时候开始听取朝政，直到天黑的时候回寝宫休息。诸侯国的子孙到来的时候，以礼相待，揖让如宾。时刻谨慎自己的威严仪态。您通过这种方式体验劳苦，那么就可以知道什么是劳苦了。思考现在和未来，走出都城，四处游览看到已经灭亡国家的废墟，由此想到国家的命运是已经注定了的。您通过这种方式体验畏惧，那么就可以知道什么是畏惧了。把君王比作船的话，百姓就是水。水是用来承载船的，但是也可以翻船。您通过这种方式体验危难，那么就知道什么是危难了。您能明了这五点，并且稍微留意国家中的五种人，那么治理国家又有什么失误呢？"

【原文】

哀公问于孔子曰："请问取人之法？"

孔子对曰："事任于官，无取捷捷[①]，无取钳钳[②]，无取哼哼[③]。捷捷，贪也；钳钳，乱也；哼哼，诞也[④]。故弓调而后求劲焉，马服而后求良焉，士必悫而后求智能者[⑤]。不悫而多能，譬之豺狼不可迩[⑥]。"

【注释】

①捷捷：贪得无厌。王注："捷捷而不已食，所以为贪也。"

②钳钳：胡乱妄语，不谨诚。王注："钳钳，妄对不谨诚。"

③哼哼：多言而欺诈。

④诞:王注:"诞,欺诈也。"

⑤悫:谨慎诚实。王注:"言人无智者,虽性悫信,不能为大恶。不悫信而有智,然后乃可畏也。"

⑥迩:亲近。

【释义】

鲁哀公问孔子说:"请问选取官吏的方法是什么呢?"

孔子回答说:"按他擅长的事来任用他,不要选取那些有贪心的人,不要选取那些胡乱应付不踏实的人,不要选取那些多言不谨慎的人。捷捷,是贪婪的表现;钳钳,是胡乱应付;哼哼,是多言欺诈。比如弓箭,弓弦调好以后箭射出去才会有力;又如选马,经过使用才能选到好马;选拔人才,必须要求诚实谨慎,然后再看他的聪明才智。不诚实谨慎而精明多智,这样的人就如豺狼一样不可亲近。"

【原文】

哀公问于孔子曰:"寡人欲吾国小而能守,大则无攻,其道如何?"

孔子对曰:"使君朝廷有礼,上下相亲,天下百姓皆君之民,将谁攻之?苟违此道[①],民畔如归[②],皆君之仇也,将与谁守?"

公曰:"善哉!"于是废泽梁之禁,弛关市之税,以惠百姓。

【注释】

①苟:假如。

②畔:通"叛".背叛。

【释义】

鲁哀公问孔子说:"我想让我们的国家做到弱小可以防守,强大也不进攻别国,怎么才能做到这样呢?”

孔子回答说:“让您的朝廷讲礼制,君臣上下相亲相敬,那么天下百姓就都成为您的子民了,谁还会去攻打您呢?假如违背这种做法,百姓背叛您就像回家一样急切,他们都会成为您的仇敌,您与谁一起守御呢?”

哀公说:“您说得很好。”于是废除了禁止百姓上山打柴狩猎和到河流湖泊捕鱼的禁令,减轻关卡和交易场所的税收,以使百姓得到恩惠。

【原文】

哀公问于孔子曰:“吾闻君子不博[1],有之乎?”

孔子曰:“有之。”

公曰:“何为?”

对曰:“为其二乘[2]。”

公曰:“有二乘,则何为不博?”

子曰:“为其兼行恶道也。”

哀公惧焉。

有间,复问曰:“若是乎,君子之恶恶道至甚也?”

孔子曰:“君子之恶恶道不甚,则好善道亦不甚;好善道不甚,则百姓之亲上亦不甚。《诗》云[3]:‘未见君子,忧心惙惙[4]。亦既见止,亦既觏止[5],我心则悦。’《诗》之好善道甚也如此。”

公曰:“美哉!夫君子成人之善,不成人之恶。微吾子言焉,吾弗之闻也。”

【注释】

①不博:知识不广博。

②二乘:指事物的正反、善恶等两个方面。

③诗云:此指《诗经·召南·草虫》。

④惙惙:忧郁貌。

⑤覯:见。止:语气词。

【释义】

鲁哀公问孔子:“我听说君子并不是事事通晓,有这回事吗?”

孔子说:“有的。”

哀公问:“这是为什么呢?”

孔子回答说:“因为知识也分为两个方面。”

鲁哀公问:“分为两个方面为什么就不能博通呢?”

孔子回答说:“因为知识也可以用来作恶啊!”

哀公有些吃惊。

过了一会儿,哀公又问:“如果是这样,君子厌恶恶行是很厉害的吧?”

孔子回答说:“如果君子不是十分厌恶恶行,那么他也就不会非常喜好善行。不十分喜好善行,那么百姓也就不会倾心亲附君子了。《诗经》说:‘不见君子,忧心忡忡。见了君子,心中高兴。’诗中描写人们对善行追求的迫切就是这样的。”

鲁哀公叹道:“说得太好了!君子喜欢成人之善,不成人之恶。如果不是您说了这些话,我怎能听到这些道理呢?”

【原文】

哀公问于孔子曰:“夫国家之存亡祸福,信有天命[①],非唯人也?”

孔子对曰:“存亡祸福,皆己而已,天灾地妖,不能加也。”

公曰:“善!吾子之言,岂有其事乎?”

孔子曰:“昔者殷王帝辛之世[②],有雀生大鸟于城隅焉,占之者曰:‘凡以小生大,

则国家必王，而名必昌。'于是帝辛介雀之德[3]，不修国政，亢暴无极[4]，朝臣莫救，外寇乃至，殷国以亡。此即以己逆天时，诡福反为祸者也[5]。又其先世殷王太戊之时[6]，道缺法圮，以致夭蘖[7]，桑穀生于朝[8]，七日大拱[9]，占之者曰：'桑穀野木而不合生朝，意者国亡乎？'太戊恐骇，侧身修行，思先王之政，明养民之道，三年之后，远方慕义，重译至者[10]，十有六国。此即以己逆天时，得祸为福者也。故天灾地妖，所以儆人主者也[11]；寤梦征怪[12]，所以儆人臣者也。灾妖不胜善政，寤梦不胜善行。能知此者，至治之极也，唯明王达此。"

公曰："寡人不鄙固此[13]，亦不得闻君子之教也。"

【注释】

①信：的确。

②帝辛：即商纣王。

③介雀之德：王注："介，助也，以雀之德为助也。"介，因，依赖。

④亢暴：非常残暴。

⑤诡：奇异，怪异。

⑥太戊：商王名。太庚子。时商朝衰微，太戊用伊陟、巫成等贤人，商朝复兴。

⑦夭蘖：反常的树木。

⑧桑穀：古时以桑木、穀木合生于朝为不祥之兆。穀，楮木。

⑨大拱：长大到两手可以围抱。

⑩重译：辗转翻译。指远方国家的使者经过多重翻译才能交流。

⑪儆：告诫，警告。

⑫寤梦：半睡半醒，似梦非梦，恍惚如有所见。征怪：怪异的征兆。

⑬鄙：鄙陋，浅陋。固：鄙陋。

【释义】

鲁哀公问孔子："国家的存亡祸福，的确是由天命决定的，不是人力所能左右的吗？"

孔子回答说："国家的存亡祸福都是由人自己决定的，天灾地祸都不能改变国家的命运。"

哀公说："好！您说的话，有什么事实根据吗？"

孔子说："从前，殷纣王时代，在国都的城墙边，有一只小鸟生出一只大鸟，占卜者说：'凡是以小生大，国家必将成为霸主，声名必将大振。'于是，商纣王凭借小鸟生大鸟的好兆头，不好好治理国家，残暴之极，朝中大臣也无法挽救，外敌攻入，殷国因此灭亡。这就是以自己的肆意妄为违背天时，奇异的福兆反而变成灾祸的事例。纣王的先祖殷王太戊时代，社会道德败坏，国家法纪紊乱，以致出现反常的树木，朝堂上长出桑榖，七天就长得两手合抱之粗。占卜者说：'桑榖野木不应共同生长在朝堂上，难道国家要灭亡吗？'太戊非常恐惧，小心地修养自己的德行，学习先王治国的方法，探究养民的措施，三年之后，远方的国家思慕殷国的道义，偏远之国的使者经过多重翻译来朝见，有十六国之多。这就是以自己的谨身修治改变天时，祸兆反变为福的事例。所以说，天灾地祸是上天来警告国君的，梦见怪异是上天来警告臣子的。灾祸胜不过良好的政治，梦兆也胜不过善良的行为。能明白这个道理，就是治国的最高境界，只有贤明的国君才能做到。"

鲁哀公说："我如果不是如此浅陋，也就不能听到您这样的教诲了。"

【原文】

哀公问于孔子曰："智者寿乎？仁者寿乎？"

孔子对曰："然。人有三死，而非其命也，行己自取也。夫寝处不时，饮食不节，逸劳过度者，疾共杀之[1]。居下位而上干其君[2]，嗜欲无厌而求不止者，刑共杀之。以少犯众,以弱侮强,忿怒不类[③],动不量力者,兵共杀之。此三者,死非命也,人自取之。若夫智士仁人,将身有节[④],动静以义,喜怒以时,无害其性,虽得寿焉,不亦可乎?”

【注释】

①疾:病。

②干:冒犯。

③不类:不合常理。

④将身:立身行事。王注:“将,行。”

【释义】

鲁哀公问孔子:“智者长寿吗?仁者长寿吗?”

孔子回答说:“是的。人有三种死,不是命定的,是咎由自取的。生活没有规律,饮食没有节制,过度的安逸或劳碌,就会百病丛生而死。居于下位而冒犯国君,贪欲无厌而攫取不止的人,就会因触犯刑律而死。以少数冒犯多数,以弱小去欺辱强大,愤怒怨恨不合常理,不量力而行,就会在战乱中被杀掉。这三者,死亡不是命中注定的,是人自己招来的。至于那些智士仁人,立身行事有自己的准则,动静合乎道义,喜怒适时,不戕害自己的天性,他们能够长寿,不是应该的吗?”

卷二

致思第八

【题解】

“致思”二字来于篇中“于斯致思”,是集中精神思考的意思。本篇由许多小段落组成,每则都讲出值得深思的道理。“孔子北游”章仿照《论语》“风乎舞雩”事,让子路、子贡、颜渊各言其志,于此孔子表达了“不伤财,不害民,不繁词”的仁政思想。“鲁有俭啬者”章,讲孔子高兴地接受了一位节俭者送的味道差的食品,表现他尊重仁爱而忽视鄙简。“孔子之楚”章从馈鱼说起,可以看出孔子尊重节俭的人。“季羔为卫之士师”章,孔子称赞季羔仁恕树德、“公以行之”的执法精神,有借鉴意义。“季孙之

蟠虺纹铜盖鼎

赐”章,孔子从别人馈赠他粟和车,从而使他的道更加推行的事,得出了“道虽贵,必有时而后重,有势而后行”的名言,对后人很有启发。“王者有似乎春秋”章,孔子讲了王者“正其身以正其国,正其国以正天下”的道理。“曾子曰”章,孔子赞扬曾子对人忠信和泽施于百姓的思想。“子路为蒲宴”章,孔子批评子路惠民的做法彰显了国君的不惠,会危及自身。可见孔子有丰富的处世经验。“子路问管仲为人”章,可看出孔子观察和评价人物是从大处着眼。丘吾子有三失的故事,告诫弟子要及早孝敬父母。其中“树欲静而风不停,子欲养而亲不待,往而不来者年也,不可再见者亲也”,成为千古名言。“孔子谓伯鱼”章,教育伯鱼终生要不断地学习。“子路见于孔子”章,赞扬子路对父母“生事尽力,死事尽思”。“孔子之郯”章,送束帛给路途相遇的贤士,可看出孔子对贤者的尊重。“孔子自卫返鲁”章,从一人安渡激流的事,强调忠信的重要。“孔子将行”章,讲子夏为人吝啬,孔子不让门人向他借伞盖,并说与人往,要推扬他的长处,避开他的短处,这样交情才能长久。看出孔子与人相处的细心与体贴。“楚昭王渡江”章,虽然有些神秘色彩,仍可看出孔子的见多识广。“子贡问死者有知无知”章,孔子的回答是多么巧妙啊!他说:“吾欲言死之有知,将恐孝子顺孙妨生以送死;吾欲言死之无知,将恐不孝之子弃其亲而不葬。赐不欲知死者有知与无知,非今之急,后自知之。”值得我们借鉴。“子贡问治民”章,孔子回答“凛懔焉若持腐索之扞

马”,概括得多么深刻,执政者都能以此态度治国,何愁国家不治。“鲁国之法”章,批评子贡为了显示自己廉洁而影响穷人的利益。“子路治蒲”章,孔子强调德治的重要。

【原文】

孔子北游于农山[①],子路、子贡、颜渊侍侧[②]。孔子四望,喟然而叹曰:“于斯致思[③],无所不至矣[④]。二三子各言尔志,吾将择焉。”

子路进曰:“由愿得白羽若月[⑤],赤羽若日[⑥],钟鼓之音上震于天,旍旗缤纷下蟠于地[⑦]。由当一队而敌之[⑧],必也攘[⑨]地千里,搴旗执聝[⑩]。唯由能之,使二子者从我焉。”夫子曰:“勇哉!”

子贡复进曰:“赐愿使齐楚合战于漭瀁之野[⑪],两垒[⑫]相望,尘埃相接,挺[⑬]刃交兵。赐着缟衣白冠[⑭],陈说其间,推论利害,释国之患。唯赐能之,使夫二子者从我焉。”夫子曰:“辩哉!”颜回退而不对。

孔子曰:“回,来!汝奚[⑮]独无愿乎?”颜回对曰:“文武之事,则二子者既言之矣,回何云焉?”孔子曰:“虽然,各言尔志也,小子言之。”对曰:“回闻薰、莸不同器而藏[⑯],尧、桀不共国而治,以其类异也。回愿得明王圣主辅相[⑰]之,敷其五教[⑱],导之以礼乐,使民城郭不修,沟池[⑲]不越,铸剑戟以为农器,放牛马于原薮[⑳],室家无离旷之思[㉑],千岁无战斗之患。则由无所施其勇,而赐无所用其辩矣。”

夫子凛然[㉒]曰:“美哉德也!”

子路抗手[㉓]而对曰:“夫子何选焉?”孔子曰:“不防财,不害民,不繁词[㉔],则颜氏之子有矣。”

【注释】

①农山:山名,在鲁国北部。

②子路、子贡、颜渊侍侧:子路、子贡、颜渊三人在孔子旁边陪侍。子路,即仲由,

孔子弟子,以军事才能著称。子贡,即端木赐,孔子弟子,有雄辩之才,具有极强的政治和经商才能。颜渊,即颜回,孔子弟子,最为孔子所赞赏,得孔子之真传。

③于斯致思:在此处进行深刻的思考。斯,此处。致思,集中心思进行思考。

④无所不至矣:指心中千头万绪,什么都可以想到。

⑤白羽若月:像月亮一样洁白的帅旗。白羽,军队中主帅所执的指挥旗,也称白旄。羽,旌旗。

⑥赤羽若日:像太阳一样鲜红的战旗。赤羽,红色的战旗。

⑦旍旗缤纷下蟠于地:旌旗飘扬,有的拖在地面上。旍,同“旌”。蟠,委曲环绕。

⑧由当一队而敌之:我率领一支军队与敌人战斗。当,率领。

⑨攘:夺取,占领。

⑩搴旗执聝:一定能够夺取敌人的军旗,割取敌人的左耳。指胜利完成战斗。搴,取,拔取。聝,割掉所杀敌人的左耳,论数计功。

⑪漭瀁之野:广阔的原野。

⑫垒:堡垒,壁垒.古代战争中用于防护军营的建筑物。

⑬挺:举起。

⑭缟。衣白冠:白色的衣冠。缟,一种白色的绢。

⑮奚:为什么,怎么。

⑯薰莸不同器而藏:薰、莸不应该放在同一个器皿中收藏。薰,香草。莸,一种臭草。

⑰辅相:辅佐,辅助。

⑱敷其五教:施行五种教化。敷,敷施,施行。五教,五种教化,即父义、母慈、兄友、弟恭、子孝。

⑲沟池:护城河。

⑳原薮:原野,草地。薮,湖泽,低湿的水草地。

㉑室家无离旷之思：妻子不用再思念离家在外的丈夫。室家，指妻子。离旷之思，指妻子思念在外的丈夫。

㉒凛然：神情严肃的样子。

㉓抗手：举手行礼。抗，举。

㉔不繁词：不用太多的言辞。

【释义】

孔子向北游览到了农山，子路、子贡、颜渊在旁边陪着他。孔子四处张望，然后深深地感叹说："在这儿凝神思虑，思绪万千。你们都谈一下你们的志向吧，我来做出选择。"子路走上前说："我想要得到像月亮一样洁白的将帅令旗，像太阳一样赤红的战旗，钟鼓的声音响彻云霄，战旗飘飞，像地上盘旋的飞龙一样。这种情况下，我带领一队人马来抵抗敌人，一定可以夺取千里的土地，夺取敌人的战旗，割下敌人的左耳。这些只有我能做到，让他们两个人跟着我吧。"孔子说："多么勇敢啊！"子贡也上前说："我希望当齐楚两国在广阔的野外交战的时候，两军营垒遥遥相对，战场扬起的灰尘连成一片，士兵们拿着兵器交战。这时候，我再穿白衣，头戴白帽，在两军之间进行劝说，陈述各种利害，然后排除两国的忧患。这种事只有我可以做到，让他们两个人跟着我吧。"孔子说："多有辩才啊。"颜回后退不说话。孔子说："颜回，你过来，只有你没有什么志愿吗？"颜回回答说："文武二事，他们两个人都已经说过了，我还能说什么呢？"孔子说："即使这样，各自说各自的志愿，你也说吧。"颜渊回答说："我听说薰草和莸草不能放在一个容器中，尧和桀不能共同治理一个国家，因为他们不是同类的。我希望辅佐贤明的君主圣王，向他的人民宣传五教，用礼乐来教导人民，使百姓不加固城墙，不越过护城河，把剑、戟这些兵器熔铸成农具使用，平原湖泽上放养成群的牛马。家家都没有离别相思之苦，千年没有战争的忧患。那么子路就没办法施展他的勇猛善战，子贡也没法施展他的辩才了。"孔子神情肃穆地说："多么美好的德行啊!”子路举手说:“那么老师会选择谁呢?”孔子说:“不破费财物,不伤害百姓,不费太多的口舌,只有颜回具备了这样的想法。”

【原文】

鲁有俭啬[1]者,瓦鬲[2]煮食,食之,自谓其美,盛之土型之器[3],以进孔子。孔子受之,欢然而悦,如受大牢之馈[4]。子路曰:“瓦甂[5],陋器也;煮食,薄膳[6]也。夫子何喜之如此乎?”子曰:“夫好谏者思其君,食美者念其亲。吾非以馔具之为厚[7],以其食厚而我思焉[8]。”

【注释】

①俭啬:节俭吝啬。

②瓦鬲:指瓦釜,一种陶制炊具。

③土型之器:一种陶制的瓦罐。型,铸造器物的模子,用泥做的叫型。

④如受大牢之馈:就像接受了太牢用的牛羊豕这样的馈赠。大牢,即“太牢”,指祭祀时牛羊猪三牲皆备。大,同“太”。

⑤瓦甂:小瓦盆。⑥薄膳:寡薄无味的饭食。

⑦吾非以馔具之为厚:我高兴并不是因为食物的丰厚。馔具,原义指陈设或准备食物的餐具,此处意谓餐具及其里边盛的食物。

⑧以其食厚而我思焉:而是因为他吃丰厚的食物的时候想起来让我尝尝。我思,即思我,想起了我。

【释义】

鲁国有一个吝啬的人,用瓦锅煮了食物,自己尝了尝,感觉味道十分鲜美,就用小瓦盆盛好了,进献给孔子。孔子接受了这些食物,非常喜悦,就像接受了作为太牢的牛羊猪的馈赠一样。子路说:“小瓦盆是十分简陋的食器,煮出来的食物也寡薄无味,老师您却为什么这么高兴呢?”

孔子说:“喜欢进谏的人总是想着自己的国君,吃美味的人总会想起自己的亲人。我感到高兴并不是因为食物的丰厚,而是因为他吃好的食物的时候会想着让我也尝尝。”

【原文】

孔子之楚,而有渔者而献鱼焉,孔子不受。

渔者曰:“天暑市远,无所鬻也。思虑弃之粪壤[1],不如献之君子,故敢以进焉。”于是夫子再拜[2]受之,使弟子扫地,将以享祭[3]。门人曰:“彼将弃之,而夫子以祭之,何也?”孔子曰:“吾闻诸惜其腐饪而欲以为施者,仁人之偶也[4]。恶[5]有受仁人之馈,而无祭者乎?”

【注释】

①粪壤:粪土。

②再拜:拜了两拜。

③享祭:祭祀。

④吾闻诸惜其腐饪而欲以为施者,仁人之偶也:我听说因怜惜食物会变得腐烂而想把它送给别人的人,这和仁人是一样的。腐饪,食物腐烂。偶,同伴,同类。

⑤恶:疑问词,哪里,怎么。

【释义】

孔子到楚国去,有渔人给孔子送来了鱼,孔子不接受。打鱼的人说:“天热,市场又远,没有地方卖,想着与其扔到粪土里,还不如送给您这样的君子呢,所以我才冒昧

地送来了。”于是孔子拜了又拜,之后接受了,并且让弟子把地打扫干净准备祭祀。弟子们说:“渔人本要把鱼丢掉,而您却要祭祀,为什么呢?”孔子说:“我听说因为怕食物变质而想要把它们赠给别人的人,是和仁人一样的人。哪有接受了仁人的馈赠而不祭祀的呢?”

【原文】

季羔为卫之士师[①],刖[②]人之足。俄而[③],卫有蒯聩之乱[④],季羔逃之,走郭门。刖者守门焉,谓季羔曰:“彼有缺[⑤]。”季羔曰:“君子不踰[⑥]。”又曰:“彼有窦[⑦]。”季羔曰:“君子不隧[⑧]。”又曰:“于此有室[⑨]。”季羔乃人焉。既而追者罢,季羔将去,谓刖者:“吾不能亏主之法而亲刖子之足矣[⑩]。今吾在难[⑪],此正子之报怨之时,而逃我者三[⑫],何故哉?”刖者曰:“断足固我之罪,无可奈何。曩者君治臣以法令,先人后臣,欲臣之免也,臣知;狱决罪定,临当论刑,君愀然[⑬]不乐,见君颜色,臣又知之。君岂私臣哉[⑭]?天生君子,其道固然。此臣之所以悦君也。”

孔子闻之曰:“善哉为吏,其用法一也。思仁恕则树德,加严暴则树怨,公以行之,其子羔乎?”

【注释】

①季羔为卫之士师:季羔担任卫国的狱官。季羔,即高柴,字子羔,孔子弟子。士师,狱官。

②刖:砍断人的脚。古代的一种酷刑。

③俄而:不久,过了一段时间。

④蒯聩之乱:发生于春秋末年卫国的一次动乱。卫灵公太子蒯聩有罪,出奔到晋国。灵公卒后,立了蒯聩的儿子辄,蒯聩从晋国攻袭卫国以夺取君位。当时孔子的弟子子羔、子路都在卫国做官。

⑤彼有缺：那儿的城墙上有缺口。缺，城墙上的缺口。

⑥踰：同“逾”。本义为越过，超越，此处指逾墙，跳墙。

⑦彼有窦：那边有个洞口。窦，洞，孔穴。

⑧隧：地道，这里作动词，意思是从洞口爬出去。

⑨室：房子。

⑩吾不能亏主之法而亲刖子之足矣：过去我因为不能破坏国君的法令，所以亲自下令砍断了你的脚。亏，破坏。亲，亲自下令。

⑪在难：处在困难之中。

⑫而逃我者三：而三次想办法让我逃走。逃.使……逃。

⑬愀然：忧伤的样子。

⑭君岂私臣哉：你哪里对我存在私自偏心呢？

【释义】

子羔担任卫国的狱官，判了一个人刖足之刑。不久之后，卫国发生了蒯聩之乱。子羔准备逃走，跑到了卫国都城的门口。正好是那个曾经受刖刑的人守城门，对子羔说：“那儿城墙上有个缺口。”子羔回答说：“君子不跳墙。”他又说：“那边有个洞口。”子羔说：“君子不钻洞。”又说：“那里有间房子。”于是子羔就到房子里面去躲避。过了一会儿，追捕子羔的人走了。子羔准备马上离开，对受刖刑的那个人说：“过去我因为不能破坏国君的法令，所以亲自下令砍断了你的脚。现在我处在困难当中，这正是你报仇的好时机，而你却三次想办法让我逃走，这是为什么呢？”断足的人说：“被砍掉脚本来就是我罪当如此，这是没有什么办法的。以前你是依据法令审理我的案子。您当时下令先审理别人的案件，再审理我的案件，您是希望我能免除刑罚，这我都知道。案件审完，确定了我的罪行，等到行刑的时候，您显得十分忧伤，看见您的表情，我再一次明白了您的心情。您哪里对我心存偏私呢？那些天生的君子，他们的为人

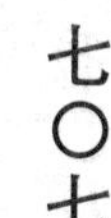

之道本来就是这样，这就是我之所以爱戴您的原因。”

孔子听说这件事之后说：“子羔真是善于做官啊，审理案件的时候对所有人使用的都是同一个法度。常存仁义宽恕之心就会树立恩德，而用刑严酷暴虐就会树立仇怨。能够公正地执行法度的，大概只有子羔吧！”

【原文】

孔子曰：“季孙之赐我粟千钟也，而交益亲[①]；自南宫敬叔之乘我车也，而道加行[②]。故道虽贵，必有时而后重[③]，有势而后行[④]。微夫二子之贶[⑤]财，则丘之道殆将废矣。”

【注释】

①季孙之赐我粟千钟也，而交益亲：此处不是指和季孙氏“交益亲”。

②南宫敬叔之乘我车也，而道加行：此事是指孔子想去拜访老聃，顺便去周朝看看。敬叔将这件事报告给了鲁国国君，国君为孔子提供了车马，孔子这才得以问礼于老聃，并参观了周朝的庙堂。从周回来之后，各地的学生都来向孔子求教、学礼。南宫敬叔，原姓孙名仲，孟僖子之子，鲁国大夫，僖子去世时遗言让南宫敬叔兄弟二人向孔子学礼。

③故道虽贵，必有时而后重：因此道义主张虽然重要，必须在得到有利的时机后才能被看重。时，时机。

④有势而后行：得到有利的条件后才能得到推行。势.条件，形势。

⑤贶：赐，赠送。

【释义】

孔子说：“季孙氏送给了我千钟的粮食，而我却把这些粮食都转送给了我的那些短缺粮食的亲朋,自此之后,我和亲朋的关系变得更加亲密了。自从南宫敬叔帮我弄到了乘坐的车子之后,我的道义主张就可以更好地推行了。因此,道义主张虽然很重要,可是必须得到有利的时机,然后才能被看重,必须在得到了一定的条件之后才能得以推行。没有这两个人资助给我财物,那么我的道义主张可能就会被废弃了。"

【原文】

孔子曰:"王者有似乎春秋[①],文王以王季为父,以太任为母,以太姒为妃,以武王、周公为子,以太颠、闳夭为臣,其本美矣[②]。武王正其身以正其国,正其国以正天下,伐无道,刑有罪,一动而天下正,其事成矣。春秋致其时而万物皆及[③],王者致其道而万民皆治,周公載己行化[④],而天下顺之,其诚至矣。"

【注释】

①王者有似乎春秋,意思是说文王能够称王,就像四季的变换一样正常自然。

②文王以王季为父,以太任为母,以太姒为妃,以武王、周公为子,以太颠、闳夭为臣,其本美矣。这里旱在铺陈文王所具备的各种可以称王的因素。文王,即周文王,姬姓,名昌,西周王朝的奠基者。王季,周先王,名季历,周文王的父亲。太任,王季之妃,周文王的母亲。太姒,周文王之妃,生子周武王、周公等人。武王,周武王,名发,周文王的第二子,西周王朝的建立者。周公,周文王之子,周武王之弟,名旦,西周初年杰出的政治家。太颠、闳夭,二人是辅佐周文王的大臣。本,根基,根本。美,美好。

③春秋致其时而万物皆及:如果春夏秋冬按照正常的规律运转,那么万物的生长就会正常。致其时,季节按一定的规律转换。及,及时生长。

④載己行化:以身作则来教化百姓。載,饰,修饰。

【释义】

孔子说:"王者之所以能够称王就像四季的变换一样顺利、自然,文王有王季这样的父亲，太任这样的母亲，太姒这样的妃子，有武王、周公这样的儿子，还有太颠、闳天这样的大臣辅佐，所以文王的根基是非常好的。武王首先端正自身，然后再去治理好自己的国家；治理好自己的国家，然后再去治理好全天下。征伐无道之国，惩罚有罪之人，他以自己的行动使天下得到了治理，完成了千载的伟业。如果春夏秋冬都按照正常的规律运转，那么万物也都会正常地生长；如果王者能够遵循一定的道义，那么天下百姓都能得到有效的治理。周公以身作则推行教化，而天下百姓都望风归顺，他的诚心可以说已经达到了最高的境界。"

【原文】

曾子[①]曰："入是国也，言信于群臣，而留可也[②]；行忠于卿大夫[③]，则仕可也；泽施于百姓，则富可也。"

孔子曰：一参之言此，可谓善安身[④]矣。"

【注释】

①曾子：即曾参，孔子高徒。

②而留可也：意思是这样就可以留下来。

③行忠于卿大夫：意思是行为被卿大夫认为是忠信的。

④安身：安身立命。

【释义】

曾参说："到了一个国家，如果他的言行被这个国家的大臣们认为是可信的，那么他就可以留下来；如果他的行为被这个国家的卿大夫们认为是忠诚的，那么他就可以在那里做官了；如果他的恩泽能够施行于百姓之中，那么他就可以在那里求富了。"孔子说："曾参能够说出这样的话，可以说他是很精通安身立命的道理了。"

【原文】

子路为蒲宰[1],为水备[2],与其民修沟渎[3]。以民之劳烦苦也,人与之一箪食一壶浆[4]。孔子闻之,使子贡止之。子路忿然[5]不悦,往见孔子,曰:“由也以暴雨将至,恐有水灾,故与民修沟洫以备之,而民多匮饿[6]者,是以箪食壶浆而与之。夫子使赐止之,是夫子止由之行仁[7]也。夫子以仁教而禁其行,由不受也。”孔子曰:“汝以民为饿也,何不白[8]于君,发仓廪以赈之[9]?而私以尔食馈[10]之,是汝明[11]君之无惠,而见[12]己之德美矣。汝速已则可[13],不则汝之见罪必矣[14]。”

【注释】

①为蒲宰:担任蒲地的地方长官。蒲,卫国城邑。

②为水各:建设防备水患的设施。为,做,建设。水备,防备水患设施、工程。

③沟渎:沟渠,水渠。

④人与之一箪食一壶浆:给每人一篮食物和一壶水。箪,古代盛饭的圆形竹器。浆,古代一种带酸味的饮料。

⑤忿然:忿怒、怨恨的样子。

⑥匮饿:因缺少粮食而挨饿。

⑦行仁:施行仁德。

⑧白:告诉。

⑨发仓廪以赈之:打开粮仓以赈济百姓。发,打开。仓廪,粮仓。赈,赈济。

⑩馈:馈赠,以食物送人。

⑪明:表明,彰显。

⑫见:表现,使显现。

⑬汝速已则可:你赶快停止这件事还来得及。已,停止。

⑭不则汝之见罪必矣：不然的话你肯定会被治罪。不，同“否”。见罪，被治罪。

【释义】

子路在蒲地做地方长官，为了防备水患，就率领蒲地的百姓修建沟渠。因为百姓的劳动繁重而且辛苦，所以子路给了每人一篮食物和一壶水。孔子听说了这件事，就让子贡去阻止子路这样做。子路非常不高兴，就去拜见孔子说：“弟子担心暴雨将要到来，害怕出现水患，所以和百姓一起修理沟渠以作防备。但是百姓在劳动过程中却因为缺少粮食而忍饥挨饿，所以我才给了他们每人一篮食物和一壶水。老师您让子贡去阻止我，您这是在阻止我施行仁德啊！老师您用仁德来教育我们却不让我们按照仁德的要求来行动，我不能接受您的做法！”孔子说：“您觉得百姓都在忍饥挨饿，为什么不告诉国君，好让国君去开仓赈民呢？私自用自己的粮食来救济民众，你这是在彰示国君没有对百姓施加恩惠，而显示自己德行的高尚。你现在赶快停止这件事还来得及，否则你必将会被治罪的。”

【原文】

子路问于孔子曰：“管仲[1]之为人何如?”子曰：“仁也。”子路曰：“昔管仲说[2]襄公[3]，公不受，是不辩[4]也；欲立公子纠而不能，是不智也；家残于齐而无忧色，是不慈也[5]；桎梏而居槛车[6]，无断心，是无丑[7]也；事所射之君，是不贞也；召忽死之，管仲不死，是不忠也[8]。仁人之道，固若是乎?”孔子曰：“管仲说襄公，襄公不受，公之暗[9]也；欲立子纠而不能，不遇时也；家残于齐而无忧色，是知权命[10]也；桎梏而无断心，自裁审[11]也；事所射之君，通于变也；不死子纠，量轻重也。夫子纠未成君，管仲未成臣[12]。管仲才度义，管仲不死束缚而立功名，未可非也[13]；召忽虽死，过与取仁[14]，未足多[15]也。”

【注释】

①管仲:名夷吾,春秋时代齐国政治家,辅佐齐桓公成为春秋霸主。在辅佐桓公之前.管仲曾经和召忽一起辅佐公子纠(齐襄公之弟,公子小白之兄),齐襄公被杀后,管仲和召忽领着公子纠从鲁国好回齐国,想争夺君位,不料公子小白捷足先登,抢先赶回做了国君,是为齐桓公,并派人杀了公子纠。

②说:劝谏。

③襄公:齐襄公,名诸儿,骄淫奢侈,被臣下所杀。

④辩:雄辩,有口才,善言辞。

⑤家残于齐而无忧色,是不慈也:管仲的父母家人在齐国因罪被杀,他却没有忧伤的神色,这是他没有慈爱之心。残,伤害,杀害。慈,慈爱。

⑥桎梏而居槛车:戴着脚镣、手铐被关在囚车里。桎梏,原指拘系犯人的脚镣、手铐,此处指戴着脚镣,手铐而被拘禁。槛车,囚禁押解犯人的车。在公子纠争夺君位失败之后。管仲就被押解回齐国。

⑦丑:羞耻之心。

⑧事所射之君,是不贞也;召忽死之,管仲不死,是不忠也:管仲在陪同公子纠赶回齐国的时候,鲍叔牙也带着公子小白日夜兼程赶回齐国,两方在路上恰恰相遇,管仲以箭射公子小白,不料却射在其带钩(腰带)上,公子小白诈死,躲过一劫。公子纠以为除掉了公子小白,就没有了争夺君位的竞争者,于是放慢了行程。而公子小白却利用了公子纠的这一心理,日夜兼程地往齐国赶,终于赶在公子纠之前到达,顺利继承王位。公子纠被杀,召忽从其而去,而管仲却做了桓公的宰相。

⑨暗:昏庸,无道。

⑩知权命:懂得审视度命。

⑪自裁审:自己裁断慎重。裁,裁断,决定。甚,审慎,谨慎,认真。

⑫夫子纠未成君，管仲未成臣：意思是公子纠没有成为国君，管仲也没有成为公子纠的臣子。

⑬管仲才度义，管仲不死束缚而立功名，未可非也：管仲的才能超过了他的道义，他没有死于囚禁却建立了功名.这是无可非议的。度，超过，越过。束缚，囚禁。

⑭过与取仁：为了成仁做得太过度了。过，过度，过分。

⑮多：称赞。

【释义】

子路问孔子说："管仲的为人怎样？"孔子说："他是个仁人。"子路说："以前管仲劝说齐襄公，襄公没有接纳他的劝说，说明他没有口才；他想要立公子纠为国君，但是没有成功，说明他缺少智慧；在齐国的家庭遭到摧残，但是他没有流露出哀伤，说明他没有慈爱之心；戴着枷锁坐在囚车里，但是毫无羞惭，说明他没有耻辱之心；侍奉自己用箭射过的君主，说明他是不够忠贞；公子纠失败了，召忽为公子纠所死，但是管仲却不死，证明他不够忠诚。仁人做事，难道就是这样吗？"孔子说："管仲劝说襄公，襄公没有采纳，是因为襄公很愚昧昏庸；管仲要立公子纠为国君，但是没有成功，是没有合适的机遇；在齐国的家庭遭到摧残，但是没有流露出忧伤，是知道审时度命；身披枷锁没有羞愧之心，是懂得裁断审查；侍奉自己用箭射过的君主，是知道变通；不为公子纠献身，是知道判断轻重。公子纠不能成为君主，管仲也不能成为他的大臣而有所作为。管仲的才能超出他的德行，他不愿因为囚禁而死，而希望建立功名，这是无可厚非的。召忽虽然为公子纠献身了，是为了取得仁的名声，而做得过分了，他并不值得称赞的。"

【原文】

孔子适齐，中路[1]闻哭者之声，其音甚哀。孔子谓其仆曰："此哭哀则哀矣，然非丧者之哀矣。”驱[2]而前，少进[3]，见有异人[4]焉，拥镰带索[5]，哭音不衰。孔子下车，追而问曰：“子何人也？”对曰：“吾，丘吾子也。”曰：“子今非丧之所，奚哭之悲也？”丘吾子曰：“吾有三失，晚而自觉[6]，悔之何及？”曰：“三失可得闻乎？愿子告吾，无隐[7]也。”丘吾子曰：“吾少时好学，周遍天下，后还，丧吾亲，是一失也；长事齐君，君骄奢失士，臣节不遂[8]，是二失也；吾平生厚交[9]，而今皆离绝，是三失也。夫树欲静而风不停，子欲养而亲不待。往而不来者，年也；不可再见者，亲也。请从此辞。”遂投水而死。孔子曰：“小子识之[10]！斯足为戒矣。”自是弟子辞归养亲者十有三。

【注释】

①中路：中途，半路上。

②驱：驱车。

③少进：走了没多远。

④异人：不一般的人，非同寻常的人。

⑤拥镰带索：拿着镰刀，束着白色的带子。拥，持，拿着。索，绳子，带子。

⑥晚而自觉：到了晚年自己才醒悟过来。觉，觉醒，醒悟。

⑦隐：隐瞒。

⑧臣节不遂：没有尽到臣节。遂，实现，完成。

⑨厚交：重视交友。厚，重视，看重。交，交友。

⑩识：记住。

【释义】

孔子到齐国去，半路上听到有人在哭泣，声音甚是哀伤。孔子对跟随着的学生说：“哭声倒是很哀伤，但是并非死去亲人的那种哀伤。”于是驱车向前，没过多远，就看见有个非同寻常的人，手里拿着镰刀，身上束着白色的带子，一直不停地哭泣。孔

子从车上下来,追上那个人问道:"请问您是什么人?"

那个人回答说:"我是丘吾子。"

孔子问:"您现在不是在办丧事的地方,怎么哭得这么伤心呢?"

丘吾子说:"我一生做过三件大错事,到了晚年才觉醒过来,后悔莫及。"

孔子说:"我可以听听是哪三大错事吗?希望您告诉我,不要隐瞒。"

丘吾子说:"我年轻的时候十分好学,游学四方,等到回来的时候,我的父母却都已经去世了,这是第一大过失;等长大了做齐国国君的臣下,国君骄奢淫逸,失去臣下的拥护,我没有尽力于臣节,这是我的第二大过失;我一生重视交朋友,但是现在他们都离开了我,或者和我断绝了关系,这是我的第三大过失。树想静下来,但是大风却还在不停地刮;子女想要侍奉双亲而父母却已经不在身边。过去了就再也不会回来的是岁月;失去了就再也不能见到的是父母。就让我们从此诀别吧!"于是他投水自尽。

孔子说:"学生们都应该记住丘吾子说过的话,这些教训完全可以作为你们的警诫。"在这之后,弟子们告别老师回家侍奉父母的有十三人。

【原文】

孔子谓伯鱼[①]曰:"鲤乎,吾闻可以与人终日不倦者,其唯学焉!其容体[②]不足观[③]也,其勇力不足惮[④]也,其先祖不足称[⑤]也,其族姓不足道也。终而有大名,以显闻四方,流声后裔者,岂非学之效[⑥]也?故君子不可以不学,其容不可以不饬[⑦],不饬无类[⑧],无类失亲,失亲不忠,不忠失礼,失礼不立。夫远而有光者,饬也;近而愈明者,学也。譬之污池[⑨],水潦注焉[⑩],萑苇[⑪]生焉,虽或以观之,孰知其源乎[⑫]?"

【注释】

①伯鱼:即孔鲤,字伯鱼,孔子之子。

②容体:容貌、体态。

③观:炫耀,显示给人看。

④惮:畏惧,害怕。

⑤称:称颂,称道,赞许。

⑥效:功效,效果。

⑦饬:通"饰"。修饰,装饰。

⑧无类:没有好的容貌。

⑨污池:池塘,深池。

⑩水潦注焉:雨水流注到里面。水潦,雨水,积水。

⑪萑苇:两种芦类植物。

⑫孰知其源乎:有谁会知道它的源头呢?意思是只要将所学的东西真正据为己有,又何谓从哪里学来的呢?

【释义】

孔子对伯鱼说:"孔鲤啊,我听说整天做但是却不感到厌倦的,大概只有学习这一件事吧!一个人的容貌体态是不值得向别人炫耀的,勇猛和力量也是不足以使人害怕的,他的先祖也没有什么值得舒扬的地方,他的族姓也没有什么值得称道的。最后有了好的名声,扬名于四方,流芳于后世,这难道不是学习的结果吗?所以君子不能不学习,他的容貌也不能不修饰,不修饰的话就没有好的形容举止,没有好的形容举止别人就不会亲近,失去了彼此之间的亲近就会失去忠信,没有忠信也就失去了礼,没有礼就无法立足。让人远看起来有光彩,是修饰容貌的结果;靠近看更加耀眼,却是学习的结果。这就好像平静的深水池塘一样,经常有雨水流到里面,水面上苇草丛生,虽然有人来观看,但是谁又知道它的源头呢?"

【原文】

子路见于孔子曰:“负重涉远,不择地而休;家贫亲老,不择禄而仕。昔者由也事二亲之时,常食藜藿之实①,为亲负米百里之外。亲殁之后,南游于楚,从车百乘,积粟万钟,累茵而坐②,列鼎而食③,愿欲食藜藿,为亲负米,不可复得也。枯鱼衔索,几何不蠹④?二亲之寿⑤,忽若过隙。”孔子曰:“由也事亲,可谓生事尽力。死事尽思者也。”

【注释】

①藜藿之实:指粗劣的饭菜。藜,一种野菜,又名灰菜,嫩叶可吃。藿,豆叶。

②累茵而坐:坐在好几层的垫子上。累,堆叠,积累。茵,坐垫,车垫。

③列鼎而食:吃饭的时候,将盛有各种食物的鼎依次排开。

④枯鱼衔索,几何不蠹:枯鱼干串在绳子上,离生蠹虫还会久远吗?蠹,蛀蚀,为蛀虫所坏。几何,什么时候。

⑤寿:寿命

【释义】

子路见孔子说:“背着很重的东西走很远的路,累了的时候会不选择地方而休息;家庭贫穷、父母年老的话,就会不计较利禄的多少而做官。以前我在家侍奉父母的时候,经常吃野果、草实之类粗劣的食物,为了父母,到百里之外把米背回家。父母去世之后,我到南方的楚国,跟随的车子有一百辆之多。存储了一万种之多的粮食,坐在多层坐垫之上,排列鼎来吃饭。现在想要再吃野果、草实之类粗劣的食物,为父母到很远的地方背米,已是不可能了。绳索上串着的干鱼,很少有不被蠹虫吃掉的。父母的寿命,就像白驹过隙一样短暂。”孔子说:“仲由奉养父母,可以说是父母生时尽心尽

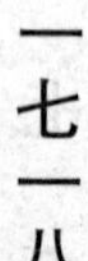

力，父母死后极尽哀思了。”

【原文】

孔子之郯[1]，遭程子[2]于涂，倾盖[3]而语，终日，甚相亲。顾[4]谓子路曰：“取束帛以赠先生。”子路屑然[5]对曰：“由闻之，士不中间见，女嫁无媒，君子不以交，礼也[6]。”有问，又顾谓子路。子路又对如初。孔子曰：“由，《诗》不云乎：‘有美一人，清扬宛兮。邂逅相遇，适我愿兮。[7]’今程子，天下贤士也。于斯不赠，则终身弗能见也。小子行之！”

【注释】

①郯：郯国，春秋时为鲁之属国，在今山东郯城北。

②程子：应为当时的贤达之士，具体事迹不详。

③倾盖：指车上的伞盖相互倾靠，意思就是两辆车子停放在一起。

④顾：回头。

⑤屑然：重视谨慎的样子。

⑥士不中间见，女嫁无媒，君子不以交，礼也：士人没有经过人介绍就互相见面，女子没有媒人就嫁到丈夫家.君子不能这样相互交往，这是礼的规定。中间，指经过中间人介绍。

⑦有美一人，清扬宛兮。邂逅相遇，适我愿兮：路上有一位美人，长得眉清目秀。和她邂逅相识，这正适合我的想法。出自《诗经·郑风·野有蔓草》。清扬，眉清目秀。宛，今本《毛诗》作“婉”，美好。邂逅，不期而遇。适，适合。

【释义】

孔子到郯国去，在路上遇见了程子，两人便把车子停放在一起交谈，整整谈了一

整天,彼此十分投机。于是孔子回头对子路说:"去取一束帛来送给先生。"子路极其谨慎地回答道:"士人没有经过人介绍就互相见面,女子没有媒人就嫁到丈夫家,君子不应该用这样的办法来相互交往的,这是礼的规定。"过了一会儿,孔子又回头对子路说了一声,子路还是用同样的话来回答。孔子说:"仲由啊,《诗经》上不是说:'路上有一位美人,长得眉清目秀。和她不期而遇,这正适合我的想法。'眼前的这位程先生,是天下贤士。如果现在不送给他东西,那么以后都没有机会再见到了。你还是按照我说的做吧!"

【原文】

孔子自卫反鲁,息驾于河梁而观焉[①]。有悬水三十仞,圜流九十里,鱼鳖不能导,鼋鼍不能居[②]。有一丈夫,方将厉[③]之。孔子使人并涯[④]止之曰:"此悬水三十仞,圜流九十里,鱼鳖鼋鼍不能居也,意者难可济[⑤]也。"丈夫不以措意[⑥],遂渡而出。孔子问之,曰:"子巧[⑦]乎?有道术乎?所以能人而出者,何也?"丈夫对曰:"始吾之人也,先以忠信;及吾之出也,又从以忠信。忠信措吾躯于波流[⑧],而吾不敢以用私[⑨],所以能人而复出也。"孔子谓弟子曰:"二三子识之,水且犹可以忠信成身亲之[⑩],而况于人乎?"

【注释】

①息驾于河梁而观焉:在桥上停下车来观赏河上的风景。息驾,停车。梁,桥梁。

②有悬水三十仞,圜流九十里,鱼鳖不能导,鼋鼍不能居:河上的瀑布高达三十仞,河水的旋涡急流长达九十里,鱼鳖不能游走,鼋鼍也无法停留。悬水,瀑布。仞,古代长度单位,以八尺(一说七尺)为一仞。圜流,。导,游,游走。鼋,大鳖。鼍,鳄鱼的一种,又称鼍龙。

③厉:涉水,渡水。

④并涯：靠近岸边。并，通“傍”。靠近。涯，指河边。

⑤济：过河，渡河。

⑥措意：在意，放在心上。措，放置，安放。

⑦巧：技巧，绝技。

⑧忠信措吾躯于波流：忠信将我安放在急流中。

⑨用私：怀着私心杂念。

⑩水且犹可以忠信成身亲之：以忠信成就自身尚且可以用来亲近水。亲，亲近。

【释义】

孔子从卫国返回鲁国的路上，在一条河的桥梁上停下车休息观赏。河上的瀑布高达三十仞，河水的漩涡急流长达九十里，鱼鳖不能游走，鼋鼍也无法停留。有个男子正要准备渡河过去。孔子派人过去劝阻道：“这个地方的瀑布高达三十仞，漩涡急流长达九十里，鱼鳖鼋鼍尚且不能在这儿停留，想来是很难渡过去的。”那个男子并不把这话放在心上，最后成功地渡河到达对岸。孔子问他说：“您是有什么绝技吗？还是有什么法术呢？您能进去又出来，是靠的什么呢？”那个男子回答说：“我刚开始潜入水中的时候，心中首先是充满了忠信之心；等到我游出来的时候，依然带着忠信之心，是忠信之心让我得以安然渡河，这是不能有丝毫私心的，这就是我之所以能安全出入急流的原因。”孔子对弟子们说：“你们要记住了，以忠信成就自身尚且可以用来亲近水，更何况亲近人呢？”

【原文】

孔子将行，雨而无盖[①]。门人曰：“商[②]也有之。”

孔子曰：“商之为人也，甚吝于财。吾闻与人交，推其长者[③]，违其短者[④]，故能久也。”

【注释】

①盖:车盖.即车上的伞盖。

②商:即卜商,字子夏.孔子高徒。

③推其长者推重他的长处。推,推重,推崇。长,长处,特长。

④违其短者:避开他的短处。建,避开。

【释义】

孔子马上就要出发,但是突然下起了雨,他却没有车盖。弟子们说:"子夏有个车盖。"孔子说:"卜商的为人是很看重财物的,我听说与人交往,一定要推崇他的长处,避开他的短处,这样才能长久地交往。"

【原文】

楚王渡江,江中有物,大如斗,网而赤,直触王舟[①]。舟人取之。王大怪之,遍问群臣,莫之能识。王使使聘于鲁[②],问于孔子。子曰:"此所谓萍实[③]者也,可剖而食之,吉祥也,唯霸者为能获焉。"使者反。王遂食之,大美。久之,使来,以告鲁大夫。大夫因[④]子游问曰:"夫子何以知其然乎?"曰:"吾昔之郑,过乎陈之野,闻童谣曰:'楚王渡江得萍实,大如斗,赤如日,剖而食之甜如蜜。'此是楚王之应[⑤]也,吾是以知之。"

【注释】

①直触王舟:径直向楚王的船碰过来。触,撞、碰。

②王使使聘于鲁:楚王派使者访问鲁国。使使,派使者。聘,诸侯之间或者诸侯与天子之间互派使节问候的礼节。

③萍实:萍草的果实。

④因:通过,借助。

⑤应:应验。

【释义】

楚王渡江的时候,看见江水中有一个东西,如斗般大小,又圆又红,径直向楚王的船碰过来。船夫将这个东西打捞上来。楚王看到之后感到非常奇怪,问遍了所有的大臣,没有一个认识这是什么东西。楚王就派使者去访问鲁国,向孔子询问。孔子说:"这就是所谓的萍草的果实啊!可以剖开来食用,这是吉祥的象征,只有能称霸的国君才能得到。"使者返回楚国,告诉楚王,楚王于是就把萍草的果实吃掉了,味道很是鲜美。很久之后,楚国的使者又去访问鲁国,并把这件事情告诉了鲁国大夫。大夫通过子游向孔子请教:"先生您是怎么知道那是萍草的果实的呢?"孔子回答说:"我曾经去过郑国,路过陈国国都的郊外,听到过这样的童谣:'楚王渡江得到萍实,如斗一样大小,像太阳一样鲜红,把他剖开吃掉,味道十分甜蜜。'那次楚王真的应验了,所以我才知道。"

【原文】

子贡问于孔子曰:"死者有知①乎?将②无知乎?"子曰:"吾欲言死之有知,将恐孝子顺孙妨生以送死③;吾欲言死之无知,将恐不孝之子弃其亲而不葬。赐欲知死者有知与无知,非今之急,后自知之。"

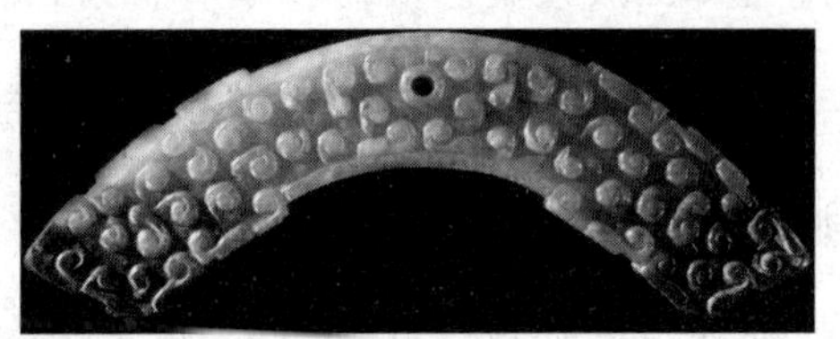

玉璜

【注释】

①知:知觉。

②将:抑或还是。

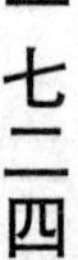

③将恐孝子顺孙妨生以送死：却担心孝子顺孙伤害自己的生命来葬送死者。将，却、又。妨，妨害，伤害。

【释义】

子贡问孔子说："死去的人有知觉吗？还是没有知觉呢？"孔子说："我如果说死者有知觉的话，担心世上孝子贤孙因为葬送死者而妨害了自己的生活；我如果说死者没有知觉的话，就担心世上不孝的子孙抛弃自己的亲人而不埋葬。赐啊，你还是不要知道死者有没有知觉了，这不是当务之急，以后你自然会明白的。"

【原文】

子贡问治民于孔子。子曰："凛懔焉若持腐索之扞马[①]。"子贡曰："何其畏也！"孔子曰："夫通达御皆人也，以道导之，则吾畜也[②]；不以道导之，则吾仇也。如之何其无畏也？"

【注释】

①懔懔焉若持腐索之扞马：要谨慎恐惧，好像拿着腐朽的缰绳驾驭凶猛的烈马一样。懔懔焉，谨慎恐惧的样子。腐索，腐朽的缰绳。扞马，凶猛的烈马。扞，通"悍"。

②夫通达御皆人也，以道导之，则吾畜也：在通畅顺达的地方驾驭马到处都会遇到人，用正确的方法引导它，它就会听自己的话。通达，名词，指四通八达的道路。御，此处指驾驭马。以道导之，用正确的方法引导它。畜，蓄养。

【释义】

子贡向孔子请教治理百姓的方法。孔子说："要谨慎恐惧，好像拿着腐朽的缰绳驾驭凶猛的烈马一样。"子贡说："那该是多么可怕的事情啊！"孔子说："在通畅顺达的地方驾驭马到处都会遇到人，用正确的方法引导它，它就会像自己蓄养的马一样听话。如果不用适当的方法加以引导，那么它就像是自己的仇敌。那样怎么能不害怕呢？”

【原文】

鲁国之法，赎人臣妾于诸侯者，皆取金于府[①]。子贡赎之，辞[②]而不取金。孔子闻之曰：“赐失之矣。夫圣人之举事[③]也，可以移风易俗，而教导可以施之于百姓，非独适[④]身之行也。今鲁国富者寡而贫者众，赎人受金则为不廉，则何以相赎乎？自今以后，鲁人不复赎人于诸侯。”

【注释】

①赎人臣妾于诸侯者，皆取金于府：谁要是从其他诸侯国赎回做奴隶的鲁国人，谁就可以从鲁国府库里领取金钱。赎，赎买。臣妾，此处指古时对奴隶的称谓，男称臣，女称妾。府，府库，官府储存财物等重要物品的仓库。

②辞：推辞，辞让。

③举事：做事情。

④适：合，迎合。

【释义】

鲁国的法律规定：向诸侯赎回臣妾的人，都从国库中拿钱。子贡赎回了臣妾却没有从国库拿钱。孔子听说这件事就说：“赐做错了。圣人的为人行事，是会移风易俗的，他的教导是会推广到百姓之中，而不只是适用于他一人而已。如今鲁国富人少而穷人多，如果说赎回臣妾接受国家的钱就是不廉洁，那么人们又拿什么去赎人呢？从今以后，鲁国人就不会从诸侯那里赎回臣妾了。”

【原文】

子路治蒲，请见于孔子曰："由愿受教于夫子。"子曰："蒲其何如？"对曰："邑多壮士，又难治也。"子曰："然，吾语尔，恭而敬，可以摄勇[①]；宽而正，可以怀强[②]；爱而恕，可以容困[③]；温而断[④]，可以抑奸[⑤]。如此而加[⑥]之，则正[⑦]不难矣。"

【注释】

①摄勇：使勇猛的人敬畏。摄，通"慑"。震慑，威慑，此处为使动词。

②怀强：怀柔强悍之人。怀，怀柔，安抚。

③容困：容纳贫困的人。

④温而断：温和而果断。

⑤抑奸：制服奸邪之人。抑.抑制，制服。

⑥加：施加，施行。

⑦正：通"政"。

【释义】

子路治理蒲地，请求拜见孔子，说："我想向老师您请求教诲。"孔子问道："蒲地的情况怎么样呢？"子路回答说："蒲地多勇士，难于治理。"孔子说："这样的话，我告诉你（治理的方法）。谦恭而尊敬，可以使勇者敬畏；宽容而正直，可以怀柔强悍之人；仁爱而宽恕，可以容纳贫困的人；温和而果断，可以制服奸邪之人。如此推行自己的措施，那么为政就不是那么困难了。"

三恕第九

【题解】

本篇主要记述孔子论述修身、治国的有关言论。因第一章中论述君子之“三恕”问题，故以“三恕”名篇。

本篇是研究孔子政治思想和修身思想的宝贵资料。其中，孔子提到君子有“三恕”，以此论述君臣、孝悌之礼。提出君子的“三思”，涉及修身学习、教育后人、仁义好施等内容。《论语·季氏》篇记载了孔子曾经说过的“九思”：“视思明，听思聪，色思温，貌思恭，言思忠，事思敬，疑思问，忿思难，见得思义。”可见，孔子非常注重“思”在“修己安人”上的重要性。孔子以后，曾子、子思、孟子继承了孔子内省修身的思路。《三恕》篇提到“三思”之内容，是贯穿君子一生的修身工夫，是对君子修身自觉性的总要求。

孔子善于利用事物的特性来认识社会人生。例如，欹器是古代先民用来汲水的陶器，孔子用欹器汲水的特性来论述“谦受益，满招损”之理。古代贤君置欹器于己侧，为“宥坐”之器，以此警诫自己。水是人们日用之物，水蕴涵着丰富的人生哲理。孔子观“东流之水”，深刻揭示乐水之德。他认为水生生不息，具有恩惠苍生的仁爱、遵循规则的道义、勇敢坚忍的意志等德行。老子也重视“水之德”，但是以老子为首的道家学者主要阐发了水柔弱的特性，而孔子、儒家则重视水蕴涵的仁义德行，发掘水积极有为的特性。

该篇最后提到“国无道，隐之可也；国有道，则衮冕而执玉”，表现了孔子对投身政治与保持知识分子气节的一贯看法。郭店楚简《穷达以时》篇显露的“时遇”思想与此处体现的思想主旨一致。

本篇大部分内容见于《荀子》，此外还散见于《淮南子》《韩诗外传》《说苑》《晏子春秋》。见于《荀子》共八章，分别分布于《法行》《宥坐》《子道》，这三篇在《荀子》书中顺次相连。《宥坐》征引的内容除了“孔子曰：吾有所耻”章外，从行文风格看，都是孔子以器物为喻，论说修身治国的道理。“欹器”“东流之水”“鲁庙之北堂”在孔子心目中都具备了灵性和德行，表明孔子具有仁爱万物的思想情怀。宋代张载提出“民胞物与”的思想，盖得孔子、儒学之主旨。《子道》征引的三篇皆为弟子问孔子修养“仁”“智”“孝”“忠”的问题。把《三恕》与《荀子》比较，不难看出《荀子》各篇比《三恕》结构更加严整，中心思想也较为明显。所以，《三恕》篇的材料可能更为质朴。

【原文】

孔子曰：“君子有三恕[1]，有君不能事，有臣而求其使，非恕也；有亲不能孝，有子而求其报，非恕也；有兄不能敬，有弟而求其顺，非恕也。士能明于三恕之本，则可谓端身矣[2]。”

【注释】

①恕：儒家的伦礼范畴之一，即推己及人。用孔子的话来说，就是“己所不欲，勿施于人”“我不欲人之加诸我也，吾亦欲无加诸人”。

②端身：正身，使行为端正。

【释义】

孔子说：“君子有三恕：有国君而不能侍奉，有臣子却要役使，这不是恕；有父母不能孝敬，有儿子却要求他报恩，这也不是恕；有哥哥不能尊敬，有弟弟却要求他顺从，这也不是恕。读书人能明了这三恕的根本意义，就可以算得上行为端正了。”

【原文】

孔子曰：“君子有三思，不可不察也。少而不学，长无能也；老而不教[1]，死莫之思也；有而不施，穷莫之救也。故君子少思其长则务学，老思其死则务教，有思其穷则务施。”

【注释】

①教：指教育自己的孩子。

【释义】

孔子说：“君子有三种思虑，是不能不深察的。小时候不爱学习，长大后就没有技能；年老不教导儿子，死后就没人思念；富有时不愿施舍，穷困时就没人救济。所以君子年少时想到长大以后的事就要努力学习，年老了想到死后的事就要好好教导儿孙，富有时想到穷困就要致力于施舍。”

【原文】

伯常骞问于孔子曰①：“骞固周国之贱吏也，不自以不肖，将北面以事君子②。敢问正道宜行，不容于世③；隐道宜行，然亦不忍④。今欲身亦不穷，道亦不隐，为之有道乎？”

孔子曰：“善哉！子之问也。自丘之闻，未有若吾子所问辩且说也⑤。丘尝闻君子之言道矣，听者无察，则道不入⑥；奇伟不稽，则道不信⑦。又尝闻君子之言事矣，制无度量，则事不成；其政晓察，则民不保⑧。又尝闻君子之言志矣，刚折者不终⑨，径易者则数伤⑩，浩倨者则不亲⑪，就利者则无不弊⑫。又尝闻养世之君子矣，从轻勿为先，从重勿为后⑬，见像而勿强⑭，陈道而勿怫⑮。此四者，丘之所闻也。”

【注释】

①伯常骞问于孔子曰：《晏子春秋》作“柏常骞去周之齐，见晏子曰”。伯常骞，春

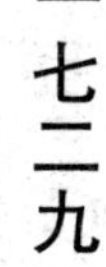

秋时齐国人。按:据《晏子春秋·内篇问下》"孔子"当作"晏子"。

②北面以事君子:古代以面向北为卑,面向南为尊。据《晏子春秋》,此指伯常骞将要到齐国去做官。君子指国君。

③"正道宜行"二句:王注:"正道宜行,而世莫之能贵,故行之则不容于世。""宜行",《晏子春秋》作"直行",较胜。

④"隐道宜行"二句:隐道指与正道相反之道。一说指隐居。王注:"世乱则隐道为行,然亦不忍为隐事。""宜行",《晏子春秋》作"危行",较胜。

⑤辩且说:王注:"辩当其理,得其说矣。"即善于辩论且说的有道理。

⑥听者无察,则道不入:王注:"言听者不明察,道则不能入也。"

⑦奇伟不稽,则道不信:王注:"稽,考也。听道者不能考校奇伟,则道不见信。此言苟非其人,道不虚行。"

⑧其政晓察,则民不保:王注:"保,安也。政太晓了分察,则民不安矣。"

⑨刚折者不终:王注:"刚则折矣,不终其性命矣。"

⑩径易者则数伤:王注:"径,轻也。志轻则数伤于义矣。"

⑪浩倨者则不亲:王注;"浩倨,简略不恭。如是则不亲矣。"

⑫就利者则无不弊:王注:"言好利者不可久也。"

⑬从轻勿为先,从重勿为后:王注:"赴忧患,从劳苦,轻者宜为后,重者宜为先,养世者也。"

⑭见像而勿强:王注:"像,法也。见法而已,不以强世也。"

⑮陈道而勿怫:王注:"怫,诡也。陈道而已,不与世相诡违也。"即所论道不违背世间通行的道理。

【释义】

伯常骞问孔子说:"我伯常骞固然是周国地位低贱的小吏,但我不认为自己不贤,我将要去侍奉君王。请问按照正道而行，不能被世道容纳；不按正道而行，却能行得通，然而我不忍心走歪门邪道。现在我既想被世道容纳，又不想违反正道，有什么办法吗？”

孔子说：“好啊！你提的这个问题。从我的听闻，还没有像您提的问题这样好这么有道理的。我曾经听君子谈到‘道’的问题，如果听的人不能理解，‘道，就不会被人接受；如果‘道’奇特而无法查验，就没人相信。我又曾听到君子谈如何做事，如果制度没有限度，事情就做不成；如果制度定得太细，民众就不能安宁。我又听说君子谈论志向，太刚直的人不会善终，简捷平易的人会多次受到伤害，简略傲慢的人无人亲近，追逐利益的人没有不失败的。我又曾听说那些善于安身处世的君子，做容易的事时不抢在前头，做繁重的事时不躲在后面，见到榜样不勉强去学，讲论了‘道’就不违反。这四个方面，就是我所听到的。”

【原文】

孔子观于鲁桓公之庙[①]，有攲器焉[②]。夫子问于守庙者曰：“此谓何器？”对曰：“此盖为宥坐之器[③]。”

孔子曰：“吾闻宥坐之器，虚则攲[④]，中则正[⑤]，满则覆。明君以为至诫，故常置之于坐侧。”顾谓弟子曰：“试注水焉！”乃注之。水中则正，满则覆。夫子喟然叹曰：“呜呼！夫物恶有满而不覆哉？”

子路进曰：“敢问持满有道乎[⑥]？”

子曰：“聪明睿智，守之以愚；功被天下，守之以让；勇力振世，守之以怯[⑦]；富有四海，守之以谦。此所谓损之又损之之道也[⑧]。”

【注释】

①鲁桓公：惠公子，名轨，在位十八年，后被杀。

②欹器:容易倾斜倒下的器物。王注:"欹,倾。"

③宥坐之器:放在座位右边以示警诫的器物,相当于后来的座右铭。

④虚则欹:空虚的时候就倾斜。

⑤中:指水不多不少,恰到好处。

⑥持满:据上下文意,此当指不盈不满,可理解为保守成业。

⑦怯:原作"法",据《四部丛刊》本《家语》改。

⑧损:减少。

【释义】

孔子到鲁桓公的庙里去参观,在那里看到一件容易倾倒的器物。于是他问守庙的人:"这是什么器物啊?"守庙人回答说:"这是国君放在座位右边以示警戒的欹器。"

孔子说:"我听说国君放在座位右边的欹器,没有水时就倾倒,水不多不少时就端正,水满时就倒下。贤明的国君把它作为最高警戒,所以常常把它放在座位边。"说完回头对弟子说:"灌进水试试。"弟子把水灌进欹器,水不多不少时欹器就端正,水满时就倒下。孔子感叹道:"唉,哪有东西盈满了不倒的呢!"

子路走上前去问道:"请问保守成业有什么方法吗?"

孔子说:"聪明睿智的人,用愚朴来保守成业;功盖天下的人,用谦让来保守成业;勇力震世的人,用怯懦来保守成业;富有四海的人,用谦卑来保守成业。这就是退损再退损的方法。"

【原文】

孔子观于东流之水。子贡问曰:"君子所见大水必观焉,何也?"

孔子对曰:"以其不息,且遍与诸生而不为也[①],夫水似乎德;其流也,则卑下倨邑必循其理[2]，此似义；浩浩乎无屈尽之期，此似道；流行赴百仞之嵠而不惧，此似勇；至量必平之[3]，此似法；盛而不求概[4]，此似正；绰约微达[5]，此似察；发源必东，此似志；以出以入，万物就以化絜，此似善化也。水之德有若此，是故君子见必观焉。”

【注释】

①遍与诸生而不为：普遍给予万物却不认为有功。诸生，指万物。

②倨邑：弯曲。

③至量：用水作标准来衡量。

④概：用量器量物时用来刮平的小木条。

⑤绰约：柔弱。微达：很细微的地方都能到达。

【释义】

孔子观赏东流的河水。子贡问道：“君子见到大水必定要观赏，这是为什么呢？”

孔子回答说：“因为它不停地奔流，滋润万物却不认为自己有什么功劳，这水就像德；水在高下弯曲的地方流动，必定遵循地理，这就像义；水浩浩荡荡地流淌没有穷尽之日，这就像道；水流向百仞深的山谷而无所畏惧，这就像勇；用水来测量必定是平的，这就像法；水盈满时不必用概来刮平，这就像正直端正；水虽柔弱但细微之处都能到达，这就像明察；水从发源地出来后一定向东流，这就像志；经水洗过的东西都干干静静，这就像善于教化。水具有这样的美德，所以君子看到就一定要观赏。”

【原文】

子贡观于鲁庙之北堂，出而问孔子曰：“向也赐观于太庙之堂[1]，未既辍[2]，还瞻北盖[3]，皆断焉[4]。彼将有说耶？匠过之也？”

孔子曰：“太庙之堂，官致良工之匠，匠致良材，尽其功巧，盖贵久矣。尚有

说也[5]。”

【注释】

①向也:从前,往昔。这里指刚才。赐:子贡的名,姓端木。孔子弟子。太庙:国君供奉祭祀祖先的地方。

②未及辍:还未看完。辍,停止,完毕。

③盖:梁启雄《荀子简释》曰:“盖,音盍,户扇也。”此指两扇门。

④皆断焉:王注:“辍,止。观北面之盖,断绝也。”断,《荀子简释》作“继”,梁注:“继,谓其材木断绝,相接继也。”

⑤尚有说也:王注:“尚犹必也,言必有说。”

【释义】

子贡参观鲁国太庙的北堂,出来后向孔子问道:“刚才我观看太庙的大堂,还未看完,回头看了看北面的门,都是用截开的木板拼接的。这样的做法有什么说法吗?还是工匠的过失造成的?”

孔子说:“建造太庙的大堂,官府选用的是优秀的工匠,工匠选用的是优良的材料,极尽功力和精巧,这是为了使太庙保持长久。用断木拼接做门,必定有独特的原因吧!”

【原文】

孔子曰:“吾有所耻,有所鄙,有所殆[1]。夫幼而不能强学,老而无以教,吾耻之;去其乡,事君而达[2],卒遇故人,曾无旧言,吾鄙之[3];与小人处而不能亲贤,吾殆之[4]。”

【注释】

①殆:危险。

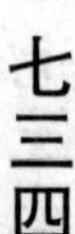

②达:显达。指做了大官。

③吾鄙之:王注:"事君而达,得志于君,而见故人曾无旧言,是弃其平生之旧交而无进之心者乎!"

④吾殆之:王注:"殆,危也。夫疏贤而近小人,是危亡之道。"

【释义】

孔子说:"我为有些人感到耻辱,对有些人很鄙视,对有些人感到很危险。年轻时不努力学习,老了无法教育子孙,对这种人,我为他感到耻辱;离开家乡,侍奉国君而做了大官,突然遇到旧日的朋友,没有一句忆旧的话,对这种人,我鄙视他;愿意与小人相处而不能亲近贤人,对这种人,我替他感到危险。"

【原文】

子路见于孔子。孔子曰:"智者若何?仁者若何?"子路对曰:"智者使人知己,仁者使人爱己。"子曰:"可谓士矣[①]。"

子路出,子贡入,问亦如之。子贡对曰:"智者知人,仁者爱人。"子曰:"可谓士矣。"

子贡出,颜回入,问亦如之。对曰:"智者自知,仁者自爱。"子曰:"可谓士君子矣。"

【注释】

①士:指有道德修养的读书人。

【释义】

子路被孔子召见。孔子说:"有智慧的人是怎么样?仁德的人又是怎么样?"子路

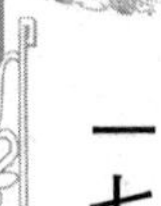

回答说："有智慧的人使别人了解自己，仁德的人使别人爱自己。"孔子说："你可以称为士了。"子路出去以后，子贡进来，孔子也问他这个问题。子贡回答说："有智慧的人了解别人，仁德的人爱护别人。"孔子说："你可以称为士了。"子贡出去以后，颜回进来了，孔子又问他这个问题。颜回回答说："有智慧的人有自知之明，仁德的人爱惜自己。"孔子说："你可以称为士中的君子了。"

【原文】

子贡问于孔子曰："子从父命，孝乎[①]？臣从君命，贞乎？奚疑焉？"

孔子曰："鄙哉！赐，汝不识也。昔者明王万乘之国[②]，有争臣七人[③]，则主无过举；千乘之国，有争臣五人[④]，则社稷不危也；百乘之家，有争臣三人[⑤]，则禄位不替[⑥]。父有争子，不陷无礼；士有争友，不行不义。故子从父命，奚讵为孝[⑦]？臣从君命，奚讵为贞？夫能审其所从[⑧]，之谓孝，之谓贞矣。"

【注释】

①孝乎："乎"字原无，据《荀子·子道》补。

②万乘之国：拥有万辆战车的国家。指国家很大。

③有争臣七人：争臣，即诤臣，直言敢谏之臣。王注："天子有三公四辅主谏诤，以救其过失也。四辅，前曰疑，后曰丞，左曰辅，右曰弼也。"

④有争臣五人：王注："诸侯有三卿，股肱之臣，有内外者也，故有五人焉。"

⑤有争臣三人：王注："大夫有臣室老、家相、邑宰凡三人，能以义谏诤。"

⑥不替：不废弃，不丢掉。

⑦奚讵：岂能，何能。

⑧审其所从：王注："当详审所宜从与不。"

【释义】

子贡向孔子问道："儿子听从父命，是孝顺吗？臣子听从君命，是忠贞吗？对此有什么可怀疑的吗？"

孔子说："多么浅陋啊！赐，你是不知道啊！过去拥有万辆战车之国的贤明君王，有七位直言敢谏的大臣，那么君王就不会有错误的行为了；拥有一千辆战车的诸侯国，有五位直言敢谏的大臣，国家就不会有危险了；拥有一百辆战车的卿大夫之家，有三位直言敢谏的家臣，俸禄和爵位就能保住了。父亲有直言敢谏的儿子，就不会陷入无礼行为之中；读书人有直言敢谏的朋友，就不会做不合道义的事。所以，儿子服从父亲的命令，怎能就是孝顺呢？臣下服从君王的命令，怎能就是忠贞呢？能看清应该服从的才服从，这才叫孝顺，这才叫忠贞。"

【原文】

子路盛服见于孔子[①]。子曰："由，是倨倨者何也[②]？夫江始出于岷山[③]，其源可以滥觞[④]，及其至于江津[⑤]，不舫舟[⑥]，不避风，则不可以涉，非唯下流水多耶？今尔衣服既盛，颜色充盈，天下且孰肯以非告汝乎？"

子路趋而出，改服而入，盖自若也[⑦]。子曰："由，志之，吾告汝：奋于言者华[⑧]，奋于行者伐[⑨]。夫色智而有能者[⑩]，小人也。故君子知之曰智，言之要也；不能曰不能，行之至也。言要则智，行至则仁。既仁且智，恶不足哉！"

【注释】

①盛服：穿着华贵的衣服。

②倨倨：《荀子·子道》注："衣服盛貌。"

③江：指长江。岷山：山名，在今四川境内，古人认为是长江的发源地。

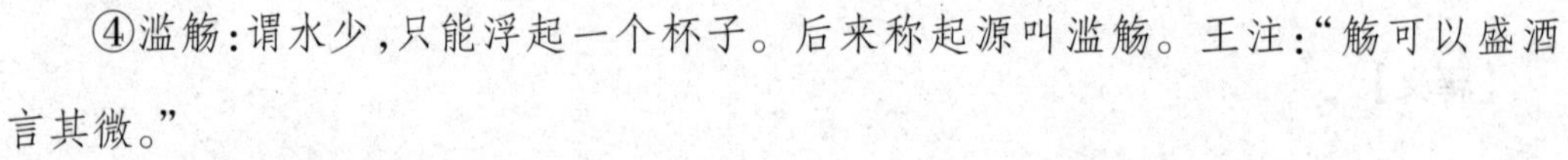

④滥觞:谓水少,只能浮起一个杯子。后来称起源叫滥觞。王注:“觞可以盛酒,言其微。”

⑤江津:地名,即今四川江津。

⑥舫:有舱室的船。

⑦自若:神态自如,保持原样。

⑧奋于言者华:夸夸其谈的人华而不实。王注:“自矜奋于言者,华而无实。”

⑨奋于行者伐:爱自我表现的人常常自夸。王注:“自矜奋行者,是自伐。”

⑩色智而有能;聪明和能力都在脸上表现出来。

【释义】

子路穿着华贵的衣服来见孔子。孔子说:“由,你穿得这样华贵是为什么呢?长江刚从岷山流出来的时候,它的水流很小,等到流至江津时,如果不借助有舱室的船,不回避大风,就不可能渡过。这岂不是因为水流太多的缘故吗?今天你穿的衣服这样华贵,颜色又这样鲜艳,天下还会有谁将你的缺点告诉你呢?”

子路快步走出去,换了衣服回来,表现出自如的样子。孔子说:“由,你记着,我告诉你:夸夸其谈的人华而不实,喜欢表现自己的人常常会自吹自擂。那些表面上表现出智慧和才能的人,只是小人罢了。所以,君子知道就说知道,这是说话的原则;做不到就说做不到,这是行动的准则。说话有原则就是智慧,行动按准则就是仁德。既有仁德又有智慧,还有什么不足的呢!”

【原文】

子路问手孔子曰:“有人于此,被褐而怀玉[①],何如?”子曰:“国无道,隐之可也;国有道,则衮冕而执玉[②]。”

【注释】

①被褐而怀玉:穿着粗布衣裳而怀抱着宝玉。比喻地位低下但有特殊才能。王注:“褐。毛布衣。”

②衮冕而执玉:指做官。衮冕,穿戴官服礼帽。玉,玉笏,官员上朝时所执的玉制手板。王注:“衮冕,文衣盛饰也。”

【释义】

子路问孔子说:“现在有一个人,地位低下却很有才德,该怎么办?”孔子说:“国家如果动荡不安的话,那么这个人隐居起来是可以的;国家如果政治清明的话,那么这个人就可以穿上官服,拿着玉笏上朝了。”

好生第十

【题解】

本篇主要记录孔子对古代史事的评论,以此阐发孔子的政治思想。因为首章谈论舜之为君,“其政好生而恶杀”,故以“好生”名篇。

本篇涉及儒家“六经”中的《周易》《春秋》《诗经》,为研究孔子与六经的关系提供了重要佐证。比如,孔子与《周易》的关系是中国学术史的大问题。随着长沙马王堆帛书、郭店楚简、上海博物馆竹书等地下简帛的不断涌现,孔子与《周易》的密切关系得到越来越多的证明。该篇“孔子常自筮其卦”章,是孔子亲自占卜,进而论述《周易》卦象的明证。本篇中引《诗》、论《诗》共六处,诗句均见于《毛诗》。本篇“小辩害义,小言破道”一章,孔子评论《关雎》和《鹿鸣》两篇有君子之义,又可以与其他文献互证,如《孔丛子·记义》篇便记载孔子论《诗》说:“于《鹿鸣》见君臣之有礼也。”有关孔子与《春秋》的关系,在本篇"孔子读史"一章有明确的体现。孔子对楚庄王恢复陈国政权之事大加赞赏,明确体现了孔子"君君臣臣"的政治思想。

孔子继承了古代先王的优秀思想文化,"祖述尧舜,宪章文武",追随周公。本篇首先提到孔子对舜好生之德的评论,盛赞舜的为政功绩和德行。本篇还以较长篇幅叙述了周族的起源、迁徙、崛起的过程,对后稷、公刘等人的仁德给予很高的评价。另外,文中涉及《豳风·鸱鸮》一诗,对周公的历史功绩予以高度评价。

综观孔子的思想演变,到了晚年,他对《周易》发生了特别浓厚的兴趣,对于心性之学和天道观有了独到体认。值得注意的是,本篇提到孔子论述心性之学,"君子以心导耳目"。而孔子之孙子思尤其擅长心性之学的探讨,郭店楚简《性自命出》篇是子思论心性的专文,《五行》篇则是心性通达于天道的具体体现。《五行》就有与《好生》篇"君子以心导耳目"相近的论述。孔子对舜好生之德的盛赞,对《周易》的研究,都表明孔子对天道有深刻的理解。

本篇材料丰富,其价值自然也表现在许多方面,除了研究孔子思想的来源,研究孔子与"六经"的关系,对孔子本人为政方式及其思想风貌也有展现,如"孔子为鲁司寇,断狱讼"章,体现了孔子善于听从众人意见,并不独断专行;"哀公问曰:'绅、委、章甫,有益于仁乎'"章,表现了孔子对外在装束与内心感受之间关系的理解。如此等等,不一而足。

本篇记载又散见于《荀子》《吕氏春秋》《礼记》《说苑》等书,尤以见。于《说苑》者居多。

【原文】

鲁哀公问于孔子曰:"昔者舜冠何冠乎?"孔子不对。公曰:"寡人有问于子而子无言,何也?"对曰:"以[1]君之问不先其大者,故方思所以为对。"公曰:"其大何乎?"孔子曰:"舜之为君也,其政好生而恶杀,其任授贤而替[2]不肖,德若天地而静虚,化若四时而变物，是以四海承风，畅于异类[3]，凤翔麟至，鸟兽驯德，无他，好生故也。君舍此道而冠冕是问，是以缓对。”

【注释】

①以：因为。

②替：废除。

③异类：指与人不是同类的动植物。一说指少数民族。

【释义】

鲁哀公问孔子说：“以前舜戴什么样的帽子呢？”孔子没有回答。鲁哀公说：“我问你话你却不回答，这是为什么呢？”孔子回答说：“因为你问的问题不是大问题，所以刚才我在思考怎么回答呢。”鲁哀公说：“什么算是大问题呢？”孔子说：“舜当君王的时候，他实行的政治是爱惜生灵而厌恶残杀的，任用贤能的人而废除不称职的人。他的德行像天地一样虚静无为，教化百姓像四季生养万物一样无声无息。因此，四海之内都接受了他的教化，甚至遍及动植物之类。凤凰盘旋，麒麟来到，鸟兽都被他的仁德所感化。没有其他的原因，都是因为他爱惜生灵的原因。您不问这些，却问他戴的帽子，因此我才迟于回答。”

【原文】

孔子读史，至楚复陈，喟然叹曰：“贤哉楚王！轻千乘之国，而重一言之信，匪[1]申叔[2]之信，不能达其义，匪庄王之贤，不能受其训。”

【注释】

①匪：通“非”。

②申叔:申叔时。

【释义】

孔子读史书读到楚国恢复陈国的时候,深深地感叹说:"楚王真是贤明啊!不看重拥有一千辆战车的陈国,却重视一句话的诚信,如果不是申叔时的忠信,就不能把道理讲明白,如果不是楚庄王这样贤明的人,也不会接受这样的劝告的。"

【原文】

孔子常自筮其卦,得贲焉,愀然[①]有不平之状。子张[②]进曰:"师闻卜者得贲卦,吉也,而夫子之色有不平,何也?"孔子对曰:"以其离耶!在周易,山下有火谓之贲,非正色之卦也。夫质也,黑白宜正焉,今得贲,非吾兆也。吾闻丹漆不文,白玉不雕,何也?质有余,不受饰故也。"孔子曰:"吾于甘棠,见宗庙之敬甚矣,思其人必爱其树,尊其人必敬其位,道也。"

【注释】

①愀然:忧心的表情。

②子张:孔子的弟子颛孙师,字子张。

【释义】

孔子常常自己卜卦,得到了个"贲"卦,脸上露出不平静的表情。子张上前说:"我听说占卜的人如果得到贲卦的话,就是吉祥的征兆。但是老师为什么会有忧虑的表情呢?"孔子回答说:"因为卦象中有一半是离象吧。《周易》中记载,山下有火就是贲卦,这不是颜色纯正的好卦象。从本质上来说黑就是黑,白就是白,这才叫颜色纯正。如今得到贲卦,不是我理想的吉兆。我听说红色的漆器就不用纹饰了,白玉用不着雕饰，为什么呢？因为它们的本质就非常好了，不用再修饰了。"孔子说："我看到一棵甘棠树，因为它长在宗庙之内而尊敬它，思念某个人就必然尊敬他种的树木，尊敬他就必定尊敬他的神位，这是常理。"

【原文】

子路戎服见于孔子，拔剑而舞之，曰："古之君子，以剑自卫乎？"孔子曰："古之君子，忠以为质，仁以为卫，不出环堵之室，而知千里之外。有不善，则以忠化之；侵暴[1]，则以仁固[2]之，何持剑乎？"

子路曰："由乃今闻此言，请摄齐以受教[3]。"

【注释】

①侵暴：侵凌欺侮，此处是指侵凌欺侮自己的人。

②固：使……稳定，限制，稳住……。

③摄齐以受教：提起衣襟登上堂去聆听您的教诲。摄，提起。齐，古代是指上衣下部所缝的缉边，泛指衣服的下摆。摄齐就是提起衣服的下摆，也就是登堂的动作，后来就代指登堂受教。

【释义】

子路穿着军装去拜见孔子，拔出宝剑并在孔子面前舞了起来，说："古时候的君子是用剑来保护自己的吗？"孔子说："古代的君子，都是以忠信为自己的质底，以仁义来护卫自己的。即使不走出房间也能知道千里之外发生的事情，有对自己不友善的人，那么就会用忠信来感化他；有侵凌欺侮自己的人，就会用仁义去把他稳定下来，这样一来还用得着用剑来保卫自己吗？"子路说："我今天才听到您的这番话，请让我登上堂去接受您的教诲吧！"

【原文】

楚恭王[①]出游。亡乌嗥之弓[②]，左右请求[③]之。

王曰:“止，楚王失弓，楚人得之，又何求之!”、

孔子闻之，曰:“惜乎其不大[④]也，不曰人遗弓人得之而已，何必楚也?”

【注释】

①楚恭王:名审，春秋时楚国国君.公元前590—前560年在位。

②亡乌嗥之弓:丢失了良弓。乌嗥之弓，具体不详。

③求:寻求，寻找。

④不大:指心胸不够宽广。

【释义】

楚恭王出去游猎，丢失了一把良弓，左右的人请求恭王允许他们把弓箭找回来。恭王说:“算了吧，楚王丢的弓箭，肯定还是楚人捡到，又去寻找它做什么呢!”孔子听说这件事后说:“很可惜啊，恭王的心胸还是不够宽阔啊，不说有人丢了弓箭还会有人捡到的，为什么非要是楚人呢?”

【原文】

孔子为鲁司寇，断狱讼，皆进[①]众议者[②]而问之，曰:

“子以为奚若? 某以为何若?”皆曰云云如是，然后夫子曰:“当从某子，几是[③]。”

【注释】

①进:请进，延请。

②众议者：众多对案件有自己看法的人。

③几是：基本正确。几，接近，基本。是，正确，事实。

【释义】

孔子在鲁国做司寇，审断案件的时候，都要邀请许多对案件有不同看法的人，说："你认为怎么样？某某认为怎么样？"大家都纷纷发表自己对案件的看法，在这之后孔子才说：

"应该听从某人的看法，大概就是正确的了。"

蟠龙盖兽面纹铜罍

【原文】

孔子问漆雕凭[①]曰："子事臧文仲[②]、武仲[③]及孺子容[④]，此三大夫孰贤？"对曰："臧氏家有守龟[⑤]焉，名曰蔡[⑥]。文仲三年而为一兆[⑦]，武仲三年而为二兆，孺子容三年而为三兆，凭从此之见[⑧]，若问三人之贤与不贤，所未敢识也。"孔子曰："君子哉！漆雕氏之子，其言人之美也，隐而显[⑨]；言人之过也，微而著[⑩]。智而不能及，明而不能见[⑪]，孰克如此。"

【注释】

①漆雕凭：事迹不详，当为孔子弟子。

②臧文仲：即臧孙辰，春秋时鲁国大夫，谥文仲。

③武仲：臧武仲，即臧孙纥，文仲之孙，谥武仲。

④孺子容：鲁国大夫，事迹不详。

⑤守龟：古代天子、诸侯占卜用的龟甲，因为都有专门的人看守，所以叫守龟。

⑥蔡：占卜用的大乌龟壳。

⑦兆：即卜兆，就是龟甲被炙烧后所呈现出的裂纹，据以判断吉凶。此处泛指占卜。

⑧凭从此之见：我从这看到了三人的行为特点。

⑨隐而显：含蓄却能表达明白。

⑩微而著：细微而不隐晦。

⑪明而不能见：有眼力却不能发现的人。

【释义】

孔子问漆雕凭说："你曾经侍奉臧文仲、武仲以及孺子容，你认为这三个大夫哪一个更加贤明呢？"回答说："臧氏家中有专门用来占卜的大守龟，叫作蔡。臧文仲三年占卜一次，臧武仲三年占卜两次，孺子容三年占卜三次。我从这里就看到了这三人的行为特点，但是如果问他们三人贤明还是不贤明，这是我所不了解的。"孔子说："漆雕凭真是君子啊！他说人的好处的时候，虽然含蓄却能表达明白；说别人的过失的时候，虽然细微但是并不隐晦。那些有智慧却不能达到以及有眼力却不能看到的人，谁又能做到这一点呢？"

【原文】

鲁公索氏将祭而亡其牲[①]。孔子闻之曰："公索氏不及二年将亡。"后一年而亡。门人问曰："昔公索氏亡其祭牲，而夫子日不及二年必亡。今过期[②]亡，夫子何以知其然？"孔子曰："夫祭者，孝子所以自尽[③]于其亲，将祭而亡其牲，则其余听亡者多矣。若此而不亡者，未之有也。"

【注释】

①亡其牲：丢失了祭祀用的牺牲。牲，牺牲，祭祀时供奉祖先或天地生灵的牲畜。

②期：一整年。

③自尽：尽心尽力表达自己的孝心。

【释义】

鲁国的公索氏将要祭祀祖先的时候，却突然发现准备的牺牲丢失了。孔子听说这件事之后，说："公索氏肯定不到两年就会败亡。"过了一年之后，公索氏果然败亡。弟子们问孔子说："从前公索氏丢失了祭祀先祖的牺牲，老师您就说公索氏不到两年肯定要败亡，如今刚过了一年就败亡了，您是怎么知道他一定会败亡的？"

孔子说："祭祀是孝子们尽心尽力表达自己对祖先的哀思的时候，快要祭祀却丢失了牺牲，那么他丢失的其他东西肯定还会有很多。像这样却不败亡的，从来没有过。"

【原文】

虞[①]、芮[②]二国争田而讼，连年不决，乃相谓曰："西伯[③]仁也，盍往质之[④]？"入其境，则耕者让畔[⑤]，行者让路；入其朝，士让[⑥]为大夫，大夫让为卿。

虞、芮之君曰："嘻！吾侪[⑦]小人也，不可以入君子之朝。"遂自相与[⑧]而退，咸以所争之田为闲田也。

孔子曰："以此观之，文王之道，其不可加[⑨]焉，不令而从，不教而听，至矣哉！"

【注释】

①虞：商末周初的诸侯国，在今山西平陆北。

②芮：商末周初诸侯国，在今陕西大荔朝邑城南。

③西伯：即周文王，殷商时西伯侯。

④盍往质之：何去让他主持公道。盍，何不。质，询问，质问。

⑤畔:田界,田埂。

⑥让:谦让,推让,辞让。

⑦侪:一类,等,辈。

⑧相与:一同,一起。

⑨不可加:无以复加。极赞文王之道。

【释义】

虞、芮两个诸侯国为了争夺田地而打起了官司,一连好几年都没有结果,于是相互提出:"听说西伯侯是个仁人,我们何不前去让他裁断呢?"到达了西伯侯的领地之后,就看到耕田的人都互相推让田界,行人也都互相让路;进入了西伯侯的朝堂,士都互相推让别人去做大夫,大夫都互相推让别人去做卿。虞、芮两国的君主说:"哎呀!我们这等人真是小人啊,是没有资格进入君子的朝堂的。"于是他们就一起离开回去了,都把以前所争的田地作为闲置的田地对待。

孔子说:"从这件事来看,文王的治国之道已经到了无可复加的至善地步了。不用下达命令人们就会自觉顺从,不用教化人们也能听从,这真是达到了至高无上的境界了。"

【原文】

曾子曰:"狎甚则相简[①],庄[②]甚则不亲,是故君子之狎足以交欢[③],其庄足以成礼。"孔子闻斯言也,曰:"二三子志之,孰谓参也不知礼乎?"

【注释】

①狎甚则相简:过分亲近就会相互轻视对方。狎,亲近,接近。简,轻视,怠慢。

②庄:庄重,严肃。

③交欢：一起欢乐，都很高兴。

【释义】

曾参说："过分地亲近对方就会互相轻视，过分严肃就会显得不够亲近。所以君子与对方的亲近只要能够让双方都高兴就足够了，他的严肃只要能够完成礼仪就足够了。"孔子听到这些话之后，说道："你们都记住了啊，谁说曾参不懂得礼仪呢？"

【原文】

哀公问曰："绅[①]、委[②]、章甫[③]，有益于仁乎？"孔子作色[④]而对曰："君胡然[⑤]焉？衰麻苴杖者[⑥]，志不存乎乐，非耳弗闻，服[⑦]使然也；黼黻衮冕[⑧]者，容不亵慢[⑨]，非性矜庄，服使然也；介胄执戈者[⑩]，无退孺之气，非体纯猛，服使然也。且臣闻之，好肆不守[⑪]折，而长者不为市[⑫]。窃[⑬]夫其有益与无益，君子所以知。"

【注释】

①绅：古代士大夫束在腰间的大带子。

②委：委帽，周代的一种帽子。

③章甫：商朝流行的一种的黑色礼帽。

④作色：变色，突然改变神情。

⑤胡然：为什么那样呢？胡，何，为什么。

⑥衰麻苴杖者：穿孝服、拄孝杖的人。衰麻，丧服，用粗麻布制成，披在胸前、缠于头部和腰间。苴杖，古代居父丧时孝子所拄的竹杖，俗称哭丧棒。

⑦服：衣服，丧服。

⑨黼黻衮冕：黼黻，古代礼服上所绣的一种花纹，也泛指花纹和有纹采的衣服，也指礼服。衮冕，朝服。

⑨容不亵慢：神色不怠慢。容，面容，神色。亵慢，怠慢，不庄重。

⑩介胄执戈者：身披铠甲，手拿武器的人。介，甲，铠甲。胄，头盔。

⑪好肆不守折：善于做买卖的人是不会亏本的。肆，原指商肆，此处是指商业活动。折，亏本，亏损。

⑫长者不为市：在上位者不应去做买卖。

⑬窃：谦辞，私下里，私自。

【释义】

哀公问孔子说："行礼时用的腰带、委帽、章甫这些东西，对于施行仁德有帮助的吗？"孔子突然间变了脸色，回答说："您为什么这样想呢？那些穿着丧服拄着拐杖的人，他们的心思是不在音乐上的，这并非是因为耳朵听不到，而是因为身上穿着丧眼的缘故；身穿端庄的礼服头戴礼帽的人，神色庄重，这并非是因为他们的本性就是端庄的，而是因为他们身上穿着礼服的缘故；身披铠甲手执武器的人，没有丝毫退让懦弱的样子，这并非是因为他们的身体本来就是勇猛的，而是因为他们身上穿着战服的缘故。而且臣曾经听说，善于做买卖的人是不会亏本的，因此在上位者不应该去做买卖。我个人认为有益还是无益，君子都是可以分辨出来的。"

【原文】

孔子谓子路曰："见长者而不尽其辞[①]，虽有风雨，吾不能入其门矣。故君子以其所能敬人，小人反是[②]。"

【注释】

①尽其辞：把话说完。

②反是：与此相反。

【释义】

孔子对子路说:“见到德高望重的长者却没有把话说完,那么即使有风雨,我也不会进入他家的大门。所以君子都是尽其所能去尊重别人,而小人却恰恰相反。”

【原文】

孔子谓子路曰:“君子以心导耳目,立义以为勇;小人以耳目导心,不愻[1]以为勇。故曰退之而不怨,先之斯可从已。”

【注释】

①愻:通“逊”。谦逊,驯顺。

【释义】

孔子对子路说:“君子都是用心来引导自己的耳目,在仁义的基础上去践行勇敢;而小人却总是用耳目来引导心,他所谓的勇敢都是建立在不顺服的基础上的。所以说,君子被屏退也不会埋怨,如果让他居于上位则可以让别人都跟着他做。”

【原文】

孔子曰:“君子有三患:未之闻,患不得闻;既得闻之,患弗得学;既得学之,患弗能行。有其德而无其言,君子耻之;有其言而无其行,君子耻之;既得之,而又失之,君子耻之;地有余,民不足,君子耻之;众寡均而人功倍已焉[1],君子耻之。”

【注释】

①众寡均而人功倍已焉:所用的人和东西一样多,但是别人的成果是自己的好几倍。

【释义】

孔子说："君子有三件事最值得担心：没有听过的知识，担心自己没有机会听到；听到以后，又担心自己没有机会学习；学到之后，又担心自己不能践行。有德行却没有相应的言辞，君子以此为耻；有言辞却没有付诸行动，君子以此为耻；得到之后，又失去了，君子以此为耻；土地有富余，但是百姓衣食不足，君子以此为耻；所用的人和物同别人一样多，但是别人的成果却是自己的好几倍，君子以此为耻。"

【原文】

鲁人有独处室者，邻之釐妇[①]亦独处一室。夜，暴风雨至，釐妇室坏，趋而托[②]焉。鲁人闭户而不纳，釐妇自牖[③]与之言："何不仁而不纳我乎？"鲁人曰："吾闻男女不六十不同居，今子幼，吾亦幼，是以不敢纳尔也。"妇人曰："子何不如柳下惠[④]然？妪不逮门之女[⑤]，国人不称其乱。"鲁人曰："柳下惠则可，吾固不可。吾将以吾之不可，学柳下惠之可。"孔子闻之曰："善哉！欲学柳下惠者，未有似于此者。期于至善，而不袭[⑥]其为，可谓智乎！"

【注释】

①釐妇：寡妇。釐，通"嫠"。

②趋而托：跑来借宿。趋，快走，奔跑。托，托宿，寄宿。

③牖：窗户。

④柳下惠：展氏，名获，字禽.死后其妻私谥惠，春秋时鲁国大夫，因其食邑在柳下（今山东新泰），故名。相传柳下惠夜宿郭门，有女子没有赶上时间走出郭门，而与柳下惠同宿，柳下惠恐其冻着，于是把她抱在怀中，至晓不为乱，此即"坐怀不乱"，被认为是遵守中国传统道德的典范。

⑤妪不逮门之女：怀抱没能赶上走出郭门的女子。妪，妪伏，鸟类以体伏卵，使之孵化，此指以体相温。逮，赶上，来得及。

⑥袭：因袭，模仿。

【释义】

鲁国有个人自己居住一间屋，他隔壁的寡妇也是独自居住一间屋。一天晚上，下起暴风雨，寡妇的屋被雨淋坏，于是就跑过来乞求借宿。这个鲁国人关上门拒绝让她进来，寡妇从窗口对他说："你怎么这么没有仁德呢，为什么不让我进去呢?"鲁国人说："我听说男女还不到六十岁的时候是不能同处一屋的，现在你还年轻，我也很年轻，因此我才不敢让你进来的。"那个妇人说："你为什么不能像柳下惠那样做呢？他虽怀抱着没来得及出城门的女子，但是国人却没有一个说他淫乱的。"鲁国人说道："柳下惠可以做到，但是我却没有办法做到。我打算用我所做不到的事情去模仿柳下惠所能做到的事情。"

孔子听说这件事之后，说道："好啊！想要学习柳下惠的人没有一个能像他这样做的。想要止于至善的境地，却不完全因袭别人的行为，这真的可以说是大智慧啊！"

【原文】

孔子曰："小辩[①]害义，小言破道。《关雎》[②]兴[③]于鸟，而君子美之，取其雄雌之有别；《鹿鸣》[④]兴于兽，而君子大[⑤]之，取其得食而相呼。若以鸟兽之名嫌之，固不可行也。"

【注释】

①小辩：于小事上争辩不休。

②《关雎》：《诗经·周南》的第一篇。

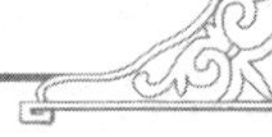

③兴：起兴，文学写作的一种手法，即托物起兴，先言他物以引出所咏之辞。《诗经》中尤多。

④《度鸣》：《诗经·小雅》的第一篇。

⑤大：推崇，看重，认为……重要。

【释义】

孔子说："在小事上争辩不休会损害大义，无关紧要的言论也会破坏大道。《关雎》一篇以鸟起兴，君子却赞美它，这是因为诗中雎鸟雌雄有别；《鹿鸣》一篇以兽起兴，但是君子却推崇它，这是因为诗中的鹿得到食物后就互相呼唤。如果单单因为这些诗以鸟兽取名而嫌弃它们，确实是行不通的。"

【原文】

孔子谓子路曰："君子而强气[①]，而不得其死[②]；小人而强气，则刑戮荐蓁[③]。《豳诗》曰：'殆天之未阴雨，彻彼桑土，绸缪牖户，今汝下民，或敢侮余！[④]'"

【注释】

①君子而强气：君子如果桀骜不驯。而，如果，表假设语气。强气，桀骜不驯，意气用事。

②不得其死：不能善终。

③荐蓁：连续不断地到来，一再遇到。蓁，通"臻"。

④殆天之未阴雨，彻彼桑土，绸缪牖户，今汝下民，或敢侮余：语出《诗经·豳风·鸱鸮》。趁着天还没下雨，急衔桑泥把巢筑，尤其缠好门窗户。如今树下这些人，有谁还敢欺侮我！殆，趁着。彻，剥。桑土，桑根与泥土。绸缪，紧密缠绕的样子。

【释义】

孔子对子路说："如果君子桀骜不驯意气用事，那么他将可能不得善终；如果小人桀骜不驯的话，那么就会有刑罚和杀戮不断地施加于其身。

《豳诗》上说：'趁着天还没下雨，急衔桑泥把巢筑，尤其缠好门窗户。如今树下这些人，有谁还敢欺侮我！'"

【原文】

孔子曰："能治国家之如此，虽欲侮之，岂可得乎？周自后稷[1]，积行累功，以有爵土[2]。公刘[3]重之以仁，及至太王亶甫[4]，敦以德让，其树根置本，备豫[5]远矣。初，太王都豳[6]，翟[7]人侵之。事之以皮币[8]，不得免焉，事之以珠玉，不得免焉，于是属[9]耆老[10]而告之：'所欲吾土地。吾闻之，君子不以所养而害人。二三子何患乎无君？'遂独与太姜[11]去之，逾梁山[12]，邑[13]于岐山之下[14]。豳人曰：'仁人之君，不可失也。'从之如归市[15]焉。天之与[16]周，民之去殷，久矣，若此而不能王天下，未之有也。武庚[17]恶能侮？《鄁诗》[18]曰：'执辔如组，两骖如舞。[19]'"

孔子曰："为此诗者，其知政乎！夫为组者，总纰[20]于此，成文[21]于彼。言其动于近，行于远也。执此法以御民，岂不化乎？《竿旄》[22]之忠告，至矣哉！"

【注释】

①后稷：周族始祖，名弃。善于农业生产，曾为尧舜时农官。封于邰，号后稷，姬姓。

②爵土：爵位和土地。

③公刘：周族领袖，后稷的曾孙。

④太王亶甫：即古公亶父。传为后稷十二代孙.周文王的祖父。武王克殷.追尊为

"太王"。

⑤备豫:预备,防备。

⑥豳:上古地名,在今陕西彬县东北。

⑦翟:通"狄"。北狄,特指活动在我国北方地区的少数民族。

⑧皮币:毛皮和布帛。币,指用于馈赠的帛。

⑨属:聚集,集合。

⑩耆老:泛指年长者或老年人。古人六十称耆,七十称老。

⑪太姜:古公亶父之妻,太伯、仲雍、王季之母。

⑫梁山:在今陕西乾县西北。

⑬邑:动词,营建都邑。

⑭岐山之下:在今陕西宝鸡境内。

⑮归市:拥往集市,形容人多。

⑯与:助,帮助。

⑰武庚:西周初分封的殷君,商纣之子,又名禄父。后趁机与三监联合叛乱,被杀。

⑱《郿诗》:诗出《诗经·国风·郑风》,故"郿"应为"郑"之误。

⑲执辔如组,两骖如舞:语出《诗经·郑风·大叔于田》。手握缰绳如同编织丝带,条理分明;两旁马儿奔驰像跳舞一样,有条不紊。辔,马缰绳。组,丝织的带子。骖,周代马车有驷马,外边两马为骖。

⑳总纰:汇聚丝缕布帛。总,聚合,汇集。纰,指丝织物稀疏或披散的布帛丝缕。

㉑文:文采.花纹。

㉒《竿旄》:《诗经·鄘风》中的一篇。竿,今本《毛诗》作"干"。旄,古代用牦牛尾作竿饰的旗子。

【释义】

孔子说："能够把国家治理得如此有条不紊，那么即使要欺侮它，谁又能做到呢？周族自后稷之后，一直都在积累德行和功绩，正是因为如此才能得到爵位和疆土。公刘开始实行仁德，等到了太王古公亶父的时候，开始用德行和恭让敦正自己，他为周族树立了根本，这都是在为自己做长远的打算。刚开始，古公亶父居住在豳地，而北方的狄人却屡屡侵犯周族。用皮毛和布帛来侍奉狄人，不能免于侵犯；用珠玉来侍奉狄人，也不能免于侵犯。于是太王召集当地的老人，告诉他们说：'狄人想得到的就是我们的土地。我听说，君子是不会因为养育人的土地而去残害百姓。你们大家怎么会担心没有君主呢？'"于是太王单独和太姜一起，翻越梁山，在岐山脚下建立城邑。豳人说：'这是个有仁德的君主，我们不能失去他。'于是跟从太王的人就像拥往集市的人一样多。上天帮助周族，人民想要离开殷商，这已经是很久的事实了，如果这样了还不能称王于天下的，那是没有的。武庚又怎么能欺侮周族呢？《邶诗》上说：'手握缰绳如同编织丝带，条理分明；两旁马儿奔驰像舞蹈，有条不紊。'"

孔子说："作这首诗的人，他是很懂得政治上的道理的！织丝带的人，这头汇聚着一丝一缕的细丝，那头却已经织成了各种各样的花纹。意思是在近的地方行动，但是在远的地方也会受到影响。用这样的办法去治理百姓，哪有不被教化的呢？《竿旄》的忠告，真是到了至高的境界了啊！"

卷三

观周第十一

【题解】

本篇以“观周”为篇题，记述了孔子到当时的文化中心东周洛邑参观访问的情况。

春秋末期，周王室“天下共主”的地位虽然已经一去不复返，对各诸侯国失去了政治上的控制力，但是，它毕竟还保存着周朝长期积淀的礼制文化精髓。因此，孔子不远千里，考察东周文化，并问礼于在洛邑担任史官的老子。

孔子在洛邑广泛参观游历了东周的宗庙、名堂等国家重要政治设施，流露出对周朝政治制度的无限向往，也极大地增强了他对周初著名政治家周公的倾心仰慕。他拜见苌弘，交流了音乐知识，更从老子那儿得到良多教益，由此，孔子“道弥尊矣”，慕名从学的人越来越多。据说，“远方弟子之进，盖三千焉”，他的学问与事业都获得了长足进展。

本篇保留了孔子的先祖世系等一些珍贵资料，可与《左传》《史记》等参照阅读，对研究孔子生平和思想有重要价值。本篇中的《金人铭》部分文句又见于今本《老子》。由于《老子》在战国时期经历过不断增补的过程，因此，《金人铭》对研究早期儒、道关系也具有重要价值。

【原文】

孔子谓南宫敬叔曰①：“吾闻老聃博古知今②，通礼乐之原，明道德之归，则吾师也。今将往矣。”对曰：“谨受命。”

遂言于鲁君曰："臣受先臣之命云[③]：'孔子，圣人之后也[④]，灭于宋[⑤]。其祖弗父何[⑥]，始有国而授厉公[⑦]。及正考父佐戴、武、宣[⑧]，三命兹益恭[⑨]。故其鼎铭曰[⑩]："一命而偻[⑪]，再命而伛[⑫]，三命而俯[⑬]。循墙而走[⑭]，亦莫余敢侮[⑮]。饘于是[⑯]，粥于是，以餬其口。"其恭俭也若此。'臧孙纥有言[⑰]：'圣人之后，若不当世[⑱]，则必有明德而达者焉。孔子少而好礼，其将在矣[⑲]。'属臣：'汝必师之。'今孔子将适周，观先王之遗制[⑳]，考礼乐之所极[㉑]，斯大业也。君盍以乘资之[㉒]，臣请与往。"

公曰："诺。"与孔子车一乘，马二匹，竖子侍御[㉓]。敬叔与俱。至周，问礼于老聃，访乐于苌弘[㉔]，历郊社之所[㉕]，考明堂之则[㉖]，察庙朝之度[㉗]。于是喟然曰："吾乃今知周公之圣，与周之所以王也。"

及去周，老子送之，曰："吾闻富贵者送人以财，仁者送人以言。吾虽不能富贵，而窃仁者之号，请送子以言乎：凡当今之士，聪明深察而近于死者，好讥议人者也；博辩闳达而危其身[㉘]，好发人之恶者也。无以有己为人子者[㉙]，无以恶己为人臣者[㉚]。"

孔子曰："敬奉教。"自周反鲁，道弥尊矣。远方弟子之讲，盖三千焉。

【注释】

①南宫敬叔：鲁国大夫，即孟僖子之子，原姓仲孙，名阅。

②老聃：即老子。王注："老聃，老子。博古知今而好道。"

③先臣：指南宫敬叔的父亲孟僖子。

④圣人：王注："圣人，殷汤。"即商汤。

⑤灭于宋：王注："孔子之先，去宋奔鲁，故曰灭于宋也。"

⑥弗父何：宋湣公共长子，孔父嘉之高祖，厉公兄。王注："弗父何，缗公世子，厉公兄也。让国以授厉公。《春秋传》曰：'以有宋而授厉公。'"

⑦始有国而授厉公：厉公，宋湣公之子，弗父何之弟，名鲋祀。王注："有者，始有也。始有宋也。"授，原作"受"，据《丛刊》本《家语》改。

⑧正考父：弗父何的曾孙，曾辅佐戴公、武公、宣公。生孔父嘉，即孔子的祖先。王注："正考父，何之曾孙也。戴、武、宣，三公也。"

⑨三命兹益恭：三命，三次任命。兹益恭，更加恭敬。王注："命为士，一命；为大夫，再命；为卿，三命是也。"

⑩鼎铭：王注："臣有功德，君命铭之于其宗庙之鼎也。"

⑪一命而偻：第一次接受任命时弯着腰。

⑫再命：第二次任命。伛：弯着身子。

⑬三命而俯：王注："伛恭于偻，俯恭于伛。"

⑭循墙而走：沿着墙边走。王注："言恭之甚。"

⑮亦莫余敢侮：王注："余，我也，我考父也。以其恭如此，故人亦莫之侮。"

⑯**饘**：稠粥。王注："**饘**，糜也，为糜粥于此鼎，言至俭也。"

⑰臧孙纥：弗父何的后代，即鲁大夫臧武仲，为人有远见。

⑱若不当世：如果不掌管天下。王注："纥、臧武仲、弗父何，殷汤之后，而不继世为宋君。"

⑲其将在矣：王注："将在孔子。"

⑳先王：原作"先生"，据文意改。

㉑极：所达到的最高点。

㉒盍以乘资之：何不资助他一辆车。

㉓竖子：对人的鄙称，犹谓"小子"，指派去为孔子驾车的人。侍：服侍。御：驾车。

㉔苌弘：周敬王大夫。

㉕郊社：祭天地。

㉖明堂：古代帝王宣明政教的地方。则：法。

㉗庙朝之度：王注："宗庙朝廷之法度。"

㉘闳达：宽宏通达。

㉙无以有己为人子者:意为作为人子要想到父母,即孝顺父母。王注:"身,父母之有也。"

㉚无以恶己为人臣者:意为作为臣子,既要忠心尽职,还要爱惜生命。王注:"言听则仕,不用则退,保身全行,臣之节也。"

【释义】

孔子对南宫敬叔说:"我听说老子博古知今,通晓礼乐的起源,明白道德的归属,那么他就是我的老师。现在我要到他那里去。"南宫敬叔回答说:"谨遵从您的意愿。"

于是南宫敬叔对鲁国国君说:"我接受父亲的嘱咐说:'孔子是圣人的后代,他的先祖在宋国消亡了。他的祖先弗父何,最初拥有了宋国,后来给了弟弟厉公。到了正考父时,辅佐戴公、武公、宣公三个国君,三次任命,他一次比一次恭敬。因此在宗庙的鼎上刻的铭文说:"第一次任命,他弯着腰;第二次任命,他弯着身子;第三次任命,他俯下身子。他靠着墙根走,也没有人敢欺侮他。在这个鼎里煮稠粥,煮稀粥,用来糊口。"他的恭敬节俭就到了这种地步。'臧孙纥曾说过这样的话:'圣人的后代,如果不能执掌天下,那么必定会有道德高尚而受到君王重用的人。孔子从小就喜好礼仪,他大概就是这个人吧。'我父亲又嘱咐我说:'你一定要拜他为师。'现在孔子将要到周国去,观看先王遗留的制度,考察礼乐所达到的高度,这是大事业啊!您何不提供车子资助他呢?我请求和他一起去。"

鲁君说:"好。"送给孔子一辆车,两匹马,派了一个人侍候他给他驾车。南宫敬叔和孔子一起到了周国。孔子向老子询问礼,向苌弘询问乐,走遍了祭祀天地之所,考察明堂的规则,察看宗庙朝堂的制度。于是感叹地说:"我现在才知道周公的圣明,以及周国称王天下的原因。"

离开周国时,老子去送他,说:"我听说富贵者拿财物送人,仁者用言语送人。我

虽然不能富贵，但私下用一下仁者的称号，请让我用言语送你吧：凡是当今的士人。因聪明深察而危及生命的，都是喜欢讥讽议论别人的人；因知识广博喜好辩论而危及生命的，都是喜好揭发别人隐私的人。作为人子不要只想着自己，作为人臣要尽职全身。”

孔子说：“我一定遵循您的教诲。”从周国返回鲁国，孔子的道更加受人尊崇。从远方来向他学习的，大约有三千人。

【原文】

孔子观乎明堂，睹四门墉[①]，有尧舜与桀纣之象，而各有善恶之状，兴废之诫焉。又有周公相成王[②]，抱之负斧扆南面以朝诸侯之图焉[③]。

孔子徘徊而望之，谓从者曰：“此周公所以盛也。夫明镜所以察形。往古者所以知今[④]。人主不务袭迹于其所以安存[⑤]，而忽怠所以危亡[⑥]，是犹未有以异于却走，而欲求及前人也，岂不惑哉！”

【注释】

①墉：墙壁。

②周公相成王：周公即周公旦。他是周文王的儿子，武王的弟弟，成王的叔父。辅助武王灭商，辅佐成王。相，辅佐。

③负：背对着。斧扆：古代帝王所用的状如屏风的器物，高八尺，上绣斧形图案。扆，屏风。

④往古：古昔，古代的事。

⑤袭迹：沿袭。

⑥忽怠：忽略轻视。原作“急怠”，据《四部丛刊》本《家语》改。

【释义】

孔子参观明堂，看到四面的墙壁上有尧舜和桀纣的画像，画出了每个人善恶的容貌，作为国家兴盛和衰败的警戒。又看到周公辅佐成王，周公抱着成王背对着斧扆面向南方接受诸侯朝拜的图像。孔子来回观看，对跟从的人说："这是周朝兴盛的原因啊。明亮的镜子是用来观察形貌的，审察以前的事情可以知道现在的事情，国君如果不遵从让国家安定的道路，反而让国家走向危亡的道路，这就像停下脚步的人仍然要跟上前面的人一样。难道不糊涂吗？"

【原文】

孔子观周，遂入太祖后稷[①]之庙。庙堂右阶之前，有金人焉。三缄其口[②]，而铭其背曰："古之慎言人也，戒之哉！无多言，多言多败；无多事，多事多患。安乐必戒[③]，无所行悔[④]。勿谓何伤，其祸将长；勿谓何害，其祸将大；勿谓不闻，神将伺[⑤]人。焰焰不灭，炎炎若何[⑥]；涓涓不壅[⑦]，终为江河；绵绵不绝，或成网罗[⑧]；毫末不札，将寻斧柯[⑨]。诚能慎之，福之根也。口是何伤[⑩]，祸之门也。强梁者不得其死[⑪]，好胜者必遇其敌。盗憎主人，民怨其上。君子知天下之不可上也，故下之；知众人之不可先也，故后之。温恭慎德，使人慕之；执雌[⑫]持下，人莫踰之。人皆趋彼，我独守此；人皆或之[⑬]，我独不徙。内藏我智，不示人技。我虽尊高，人弗我害，谁能于此？江海虽左，长于百川[⑭]，以其卑也。天道无亲，而能下人。戒之哉！"

孔子既读斯文也，顾谓弟子曰："小子识之！此言实而中[⑮]，情而信[⑯]。《诗》曰：'战战兢兢，如临深渊，如履薄冰。[⑰]'行身[⑱]如此，岂以口过患[⑲]哉？"

【注释】

①后稷：周朝始祖，名弃。

②三缄其口:嘴巴上被封了三层。缄,封,束。

③戒:警惕,谨慎。

④无所行悔:会使自己后悔的事情不去做。⑤伺:察,观察。

⑥焰焰不灭,炎炎若何:火苗初起时不扑灭,等到升腾时怎么办呢?焰焰,火苗初起的样子。炎炎,火苗升腾的样子。

⑦涓涓不壅:不趁着水流还小的时候去堵塞。涓涓,细小的水流。壅,堵塞。

⑧绵绵不绝,或成网罗:细细的丝连绵不断,就有可能织成网罗。绵绵,细细的丝。

⑨毫末不札,将寻斧柯:小树刚刚发芽的时候不将其拔去,长大了就要用斧头去砍。毫末,毫毛的末端,比喻极其细微的事物。札,拔。寻,用。柯,斧柄。

⑩口是何伤:人的嘴有什么坏处?伤,伤害,损害。

⑪强梁者不得其死:残暴凶狠的人不得好死。强梁,蛮横残忍,凶狠欺凌弱小的人。

⑫雌:犹“下”。古代常以雌雄来代表上下高低。

⑬或之:到某地去。之,往,去。

⑭江海虽左,长于百川:江海虽然居于下方,但是却比百川广大。

⑮实而中:切实而中肯。

⑯情而信:合情而且可信。

⑰战战兢兢,如临深渊,如履薄冰:语出《诗经·小雅·小曼》。兢兢,今本《毛诗》作“兢兢”。

⑱行身:立身处世。

⑲以口过患:因口说错话而招致祸患。

【释义】

孔子在周朝参观,进入了太祖后稷的庙堂。庙堂右边的台阶前面,有一个铜人,嘴巴上被封了三层,背上却刻着这样的铭文:"这是古代做事谨慎的人说过的话,要以此为戒啊!不要多说话,话越多过失就越多;不要多事,事越多忧患就越多。安逸快乐的时候一定要提高警惕,会使自己后悔的事情不要去做。不要说有什么伤害,祸害将会一天天增长;不要说有什么害处,祸害将会一天天增大;不要以为上天听不到,神人都在暗中观察着人们的言行。火苗刚起来的时候不去扑灭,等到火势熊熊的时候又该怎么办呢?细小的水流不去堵塞,终将会汇聚成江河。细细的丝绵绵不绝,终会交织成网罗。树苗刚长出来的时候不将其拔去,长大了就要用斧头才能砍掉。如果真的能慎重处事,这就是百福的根源。嘴有什么伤害啊,它是祸害的大门。残暴凶猛的人不得好死,争强好胜的人必将会遇到自己的敌人。盗贼憎恨财物的主人,百姓怨恨在上位者。君子知道不能身居天下之人的上位,因此总是居于人下;知道不能身居天下人之先,因此总是居于其后。君子温厚恭敬,谨慎仁德,使人倾慕自己;甘居人下,因此没有人逾越他。别人都向别处去,只有我坚守此处;别人都向往他处,只有我坚定不移。将我的智慧埋藏于胸中,不向别人显示自己的能力。这样的话我虽然身尊位高,但是没有人能伤害我,谁又能做到这样呢?江海虽然位居下方,但是比百川都要广大,这就是因为其甘居人下。天道不亲近任何人,而能常居人下。以此作为自己的儆诫!"

孔子读完这篇文章之后,回头看着自己的弟子说:"你们都要记住啊!这说的就是做事要切实而中肯,合情而可信。《诗经》上说:'战战兢兢,就像面临深渊,就像脚踩薄冰。'能够这样立身处世,又怎么会因说错话而招致祸患呢?"

【原文】

孔子见老聃而问焉,曰:"甚矣,道之于今难行也。吾比执道[①],而今委质以求当世之君[②],而弗受也。道于今难行也。"

老子曰:"夫说者流于辩[③],听者乱于辞[④],知此二者,则道不可以忘也。"

【注释】

①比:近来。执道:推行道。

②委质:古人相见,必献上礼品,称委质。一说指臣拜见君主,屈膝而委体于地。此处有归从、顺从之意。

③流于辩:王注:"流犹过也,失也。"辩,华美的言辞。

④乱于辞:被言辞扰乱。

【释义】

孔子见到老子,向他请教说:"太难了啊!道在今天太难推行了。我近来推行道,而今行大礼请求当政的君王能够采纳,但他们不接受。道在今天太难推行了。"

老子说:"游说的人言辞过于华丽,听的人就会受到扰乱。知道了这两点,道就不会被忘记了。"

弟子行第十二

【题解】

本篇记载了孔子弟子子贡与卫将军文子的对话,卫将军文子向子贡询问孔子弟子的情况,于是,子贡据其所知,对孔子几位主要弟子的形状加以介绍,因此,本篇以"弟子行"名篇。

卫国将军文子询问子贡同门师友的情况,子贡开始以不知相推辞,后在文子的一再请求下,谈了自己耳闻目睹的一些状况。子贡的评价涉及九位孔子弟子,他们分别是颜回、冉雍、仲由、冉求、公西赤、曾参、颛孙师、卜商、澹台灭明、言偃、南宫适、高柴。后来,子贡以其对卫将军文子所言俱告孔子,由此引发了孔子对于如何知人、识人问题的谈论。孔子认为“智莫难于知人”，认为了解一个人的品质，不仅需要“目之所睹，耳之所闻”，还必须用思维和智慧去考虑和想象。这是本篇的哲理所在，也是本篇的点睛之笔，寓意深刻。通过列举诸多古人包括伯夷、叔齐、赵文子、随武子、铜鞮伯华、蘧伯玉、柳下惠、晏平仲、老子、介子山、羊舌大夫等的品行，孔子进一步论证了知人、识人不能仅仅通过表面现象。本篇是孔子人才思想的重要论述，对于研究孔子弟子及孔子以前的“先贤”也是十分重要的材料。

兽面象首纹铜罍

本篇又见于《大戴礼记·卫将军文子》，两相比较，不难看出《大戴礼记》的修饰痕迹，结合本篇，可以对《大戴礼记》的成书问题有更好的认识。

【原文】

卫将军文子问于子贡曰：“吾闻孔子之施教也，先之以《诗》《书》，而道[①]之以孝悌，说之以仁义，观之以礼乐，然后成之以文德。盖入室升堂者，七十有余人，其孰为贤？”子贡对以不知。

【注释】

①道：引导。

【释义】

卫将军文子问子贡说：“我听说孔子教育学生，首先教授诗书，然后教他们孝顺父母尊敬兄长的道理，用仁义来劝说学生，让学生观看礼乐，然后用文学和德行来教育，使他们成为品德高尚的人。大概学有所成的有七十多个人，谁是最贤能的呢？”子贡

回答说不知道。

【原文】

文子曰："以吾子[1]常与学，贤者也，不知何谓？"子贡对曰："贤人无妄，知贤即难，故君子之言曰：'智莫难于知人。'是以难对也。"

【注释】

①吾子：对人的敬称，您。

【释义】

文子说："因为你经常和他们一起学习，你也是贤人，怎么会不知道呢？"子贡回答说："贤人是不轻举妄动的，知道谁是贤能的很难，所以君子说：'最难的是了解别人。'因此您的问题很难回答。"

【原文】

文子曰："若夫知贤，莫[1]不难，今吾子亲游[2]焉，是以敢问。"子贡曰："夫子之门人，盖有三千就焉。赐有逮及焉，未逮及焉，故不得遍知以告也。"

【注释】

①莫：没有。

②游：游学。

【释义】

文子说："对于了解贤人，没有不困难的。现在您亲自跟从孔子学习，因此我才冒昧问您。”子贡说：“先生的弟子大概有三千人，其中有我接触过的，也有我没接触过的，因此不能了解所有人，所以不能普遍地了解来告诉你。”

【原文】

文子曰：“吾子所及者，请问其行。”子贡对曰：“能夙兴夜寐，讽诵崇礼，行不贰过，夫称言不苟[1]，是颜回之行也。孔子说之以诗曰：‘媚兹一人，应侯慎德，永言孝思，孝思惟则。’

【注释】

①苟：苟且、随便。

【释义】

文子说：“就谈一下您所接触的人的德行吧。”子贡回答说：“能起早贪黑，背诵经书，崇尚礼仪，同一个错误不犯两次的、不随便说话的人是颜回。孔子用《诗经》中的话来称颂他说：‘如果遇到国君的宠爱，就能成就他的德业，永远讲究孝道，遵守孝道的规定。’

【原文】

“若逢有德之君，世受显命，不失厥[1]名，以御[2]于天子，则王者之相也。在贫如客，使其臣如借。不迁怒，不深怨，不录旧罪，是冉雍之行也。孔子论其材曰：‘有土之君子也，有众使也，有刑用也，然后称怒焉。’匹夫不怒，唯以亡其身。孔子告之以诗曰：‘靡[3]不有初，鲜克[4]有终。’

【注释】

①厥：代词，其、他的。

②御:辅助。

③靡:没有。

④克:能够。

【释义】

“如果遇到有德行的君主,就会世代享受帝王给予的美誉,不会失去他美好的名声,辅佐天子,他是帮助君王的人。处于贫困之中像客人一样拘谨庄重,役使他的下属像借用来的一样小心谨慎。不迁怒别人,不深深怨恨谁,不计较别人以前的过失,这是冉雍的为人。孔子评价他的才能说:‘拥有土地的君子,有百姓可以役使,有刑罚施用,然后才可以迁怒于人。普通人发怒,只会伤害自己的身体。’孔子用《诗经》中的话告诉冉雍说:‘什么都有开始,但是很少有人可以坚持到最后。’